Eckart Lohse
Markus Wehner
STEINBRÜCK

Eckart Lohse
Markus Wehner

STEINBRÜCK

Biographie

Droemer

Unseren Müttern Ursula Lohse und Ursula Wehner

Besuchen Sie uns im Internet:
www.droemer.de

© 2012 Droemer Verlag
Ein Unternehmen der Droemerschen Verlagsanstalt
Th. Knaur Nachf. GmbH & Co. KG, München
Alle Rechte vorbehalten. Das Werk darf – auch teilweise – nur mit
Genehmigung des Verlags wiedergegeben werden.
Satz: Adobe InDesign im Verlag
Druck und Bindung: CPI – Ebner & Spiegel, Ulm
Printed in Germany
ISBN 978-3-426-27593-1

2 4 5 3 1

Inhalt

Ohne Amt ganz oben

Im Juni des Jahres 2011 macht Peer Steinbrück einen großen Schritt, ohne dass er sich bewegen muss. Er steigt in den Umfragen zum wichtigsten deutschen Politiker auf. Dort wetteifert er seither mit den Größen der Politik: Kanzlerin Angela Merkel, Finanzminister Wolfgang Schäuble, Verteidigungsminister Thomas de Maizière, dem CSU-Vorsitzenden und bayerischen Ministerpräsidenten Horst Seehofer, aber auch seinem Parteifreund Frank-Walter Steinmeier, der Vorsitzender der SPD-Bundestagsfraktion ist. Bis fast zum Jahresende 2011 kann Steinbrück sich ganz an der Spitze halten, dann wird er – ehrenhaft – von der Bundeskanzlerin und CDU-Vorsitzenden auf Platz zwei verdrängt.[1]

Ein ganz normaler Wettbewerb von Politikern? Nicht ganz. Denn alle, mit denen Steinbrück sich messen lassen muss, haben politische Spitzenämter inne, tauchen deswegen regelmäßig in Nachrichtensendungen und Zeitungen auf und sind als Folge einem breiten Publikum bekannt. Steinbrück aber hat kein einziges als wichtig oder gar herausragend zu bezeichnendes Amt inne. Mit dem Ende der großen Koalition musste er im Jahr 2009 nicht nur als Bundesfinanzminister aufhören, sondern schleuderte seinen stellvertretenden SPD-Vorsitz gleich noch hinterher. Seitdem ist er einfacher Bundestagsabgeordneter ohne besondere Funktionen. Als Parlamentarier fällt er selten auf. Abgesehen davon, dass er vier Jahre lang Bundesfinanzminister war, kann er seine Popularität also nur aus seiner Person beziehen. Die Menschen müssen ihn als Typ gut oder gar wichtig finden. Vor diesem

Hintergrund sind die Plätze eins und zwei in den Rankings schon bemerkenswert.

Oder geht es am Ende gerade um das Amt? Um eines, das Steinbrück gar nicht hat? Ist für die Deutschen das, was aus Steinbrück werden könnte – Kanzlerkandidat oder gar Kanzler –, wichtiger als das, was er ist?

Vermutlich ist es so.

Denn in der Zeit, als er Finanzminister war, als die Deutschen ihn gerade kennenlernten als einen Politiker, der glaubhaft auf einen Haushalt ohne neue Schulden hinarbeitet, rangierten mehrere Sozialdemokraten vor ihm im Ansehen der Wahlbürger. Mal Frank-Walter Steinmeier, der Außenminister, mal einer der wechselnden SPD-Vorsitzenden, sei es Franz Müntefering, Matthias Platzeck oder Kurt Beck. Auch Klaus Wowereit, der Berliner Regierende Bürgermeister, schaffte es im Jahr 2006, vor Steinbrück zu landen. Sieht man einmal von Steinmeier ab, sind das aus heutiger Sicht Zustände aus einer anderen Welt.

Es bleibt nur eine Erklärung: Peer Steinbrück ist eine Projektionsfläche.

Fast zwei Legislaturperioden lang wird Deutschland nun von einer Frau regiert, die bei den Menschen zwar beliebt ist und ihnen über die Parteigrenzen hinweg den Eindruck vermittelt, bei ihr sei das Land in guten Händen. Gleichzeitig lässt sich aber nichts so wenig mit Angela Merkel verbinden wie das Bild eines klaren politischen Kurses, geschweige denn einer »klaren Kante«. Vom wirtschaftsliberalen Kurs des Leipziger CDU-Parteitags bis hin zum Mindestlohn, von der längeren Laufzeit für Kernkraftwerke bis zum Blitzausstieg aus der Atomkraft, vom Nein zur Griechenlandhilfe bis zur Überweisung gigantischer Milliardenbeträge ist bei »Mutti« – so der Spitzname der Kanzlerin – alles drin.

Hinzu kommt, dass sie sich zwar mit einiger Mühe den Zwängen des Medienzeitalters angepasst hat, ihre ständige optische Präsenz in Zeitungen, Fernsehen und Internet akzeptiert, diese aber mit keinerlei spektakulärem Material unterfüttert. Kinder, Ehepartner oder andere bunte, interessante Facetten eines Privatlebens gibt es entweder nicht oder sie tauchen kaum auf. Kurzum: Nach demnächst acht Jahren Angela Merkel fühlen die Deutschen sich zwar gut aufgehoben, es wird ihnen aber auch allmählich langweilig. Die geradezu rauschartige Begeisterung, mit der sich das Wahlvolk zwei Jahre lang dem CSU-Mann Karl-Theodor zu Guttenberg zu Füßen legte, ist ein Indiz dafür.

Nun hat die SPD keinen Guttenberg zu bieten. Aber immerhin einen Steinbrück. Einen Mann, der zwar kein Familienschloss und keine Ehefrau aus dem Geschlecht derer von Bismarck vorweisen kann, dafür aber einen Urahnen, der Mitbegründer der Deutschen Bank war, vor allem aber ein schon mehr als 65 Jahre währendes bewegtes, privat wie politisch erfülltes Leben, das mitten in Deutschland stattgefunden hat und daher vielen Menschen etwas Vertrautes bietet.

Entscheidend für die Beliebtheit Peer Steinbrücks ist aber etwas anderes. Auch ohne ein Spitzenamt innezuhaben, vermittelt er den Deutschen den Eindruck, er könne das Land auf einem klaren Kurs durch unsichere Zeiten führen. Als er 2011 auf Platz eins der Beliebtheitsliste aufsteigt, ist im Land gar nichts passiert, was den Ruf nach Steinbrück sofort naheliegend erscheinen ließe. Aber die Krise in Europa hat ein Ausmaß erreicht, das das Bedürfnis nach Führung verstärkt. 80 Prozent der Deutschen haben Sorge um den Euro, vor allem um ihre eigenen Bestände. Da nun sehen und hören sie Peer Steinbrück, mancher mag sogar sein Buch »Unterm Strich« lesen, in dem Steinbrück gut nachvollziehbar den Weltlauf in Zeiten der Krise erklärt.

Der Mann aus Hamburg macht die Leute glauben, dass hier einer steht, der genau weiß, wo vorne ist und wie man geradeaus fährt. Jedenfalls genauer als die Kanzlerin. So einen Ruf zu haben ist ein Trumpf im Poker um die politische Macht. Steinbrück spielt diesen Trumpf sehr gezielt aus. Das

geht schon los mit seiner Art zu sprechen. Das norddeutsche
Idiom suggeriert intellektuelle Schärfe, inhaltliche Klarheit.
Der gebürtige Hamburger hat sich zudem angewöhnt, mit
zusammengepressten Lippen Kunstpausen bei seinen zahlreichen Auftritten zu machen, was den Eindruck verstärkt,
hier habe jemand nicht einfach etwas erzählt, sondern etwas
von so großer Bedeutung mitgeteilt, dass er dem Publikum
Zeit zum Nachdenken mitliefern muss. Bei Steinbrück sitzt
jeder Satz, jedenfalls kann dem Zuhörer das leicht so vor-
kommen.

Dass er erhebliche Teile seiner ohnehin kurzen Zeit als
nordrhein-westfälischer Ministerpräsident für den Versuch
genutzt hat, die ihn tragende Koalition in die Luft zu spren-
gen, um dann doch mit ihr weiterzuregieren, dass er als Bundesfinanzminister noch bis zum Zusammenbruch der amerikanischen Investmentbank Lehman Brothers gedacht hat,
die Bankenkrise werde Deutschland nicht besonders hart
treffen, um kurz darauf vor den Trümmern der Hypo Real
Estate zu stehen, dass er also in diesen und anderen Fällen im
Kurshalten bisher keineswegs so unbeirrbar war, wie viele
glauben, daran erinnern sich die wenigsten. Das wollen sie
vielleicht auch nicht, weil ja das schöne Bild dadurch zer-
kratzt würde.

Was Steinbrück an Glanz fehlt, das leiht er sich bei anderen. Vor allem bei einem: Helmut Schmidt. Da der einstige
Kanzler der Auffassung ist, Steinbrück sei der beste Kandidat, um für die SPD das Kanzleramt zurückzuerobern, kann
dieser als Sozius von Schmidt ordentlich Fahrt aufnehmen im
Beliebtheitsrennen. Jedenfalls nutzt Steinbrück die Liaison
mit Deutschlands politischem Superprominenten, um das
Fehlen von politischen Spitzenämtern, wie sie seine Mit-
bewerber um die Kanzlerkandidatur Sigmar Gabriel und
Frank-Walter Steinmeier innehaben, zu kompensieren. Was
ist schon ein Parteivorsitz gegen einen Platz neben Helmut
Schmidt, und das noch vor den Kameras von Günther Jauch?

Zwei Publikumslieblinge sollen den dritten mit nach oben ziehen. Am besten nach ganz oben, ins Kanzleramt. Während Gabriel und Steinmeier bis dahin und lange darüber hinaus keine Silbe dazu gesagt haben, ob sie als Kanzlerkandidat der SPD bei der nächsten Bundestagswahl antreten wollen, lässt sich Steinbrück im Oktober 2011 von Schmidt in Jauchs Sendung zum Kandidaten ausrufen.

Wer ist dieser Mann, der einerseits ein bürgerliches Leben an der Seite einer Lehrerin in einer Doppelhaushälfte in Bad Godesberg führt, andererseits so eine ungewöhnliche Prominenz als Berliner Politiker genießt? Der seit Jahrzehnten treues SPD-Mitglied ist, sich aber – wie einst Helmut Schmidt – von den Menschen auf der Straße sagen lassen muss, sie fänden ihn gut, er sei aber in der falschen Partei? Der weiß, dass er ohne die SPD niemals Kanzlerkandidat werden kann, mit ihr aber auch nur schwer, weil er seine Genossen so oft vor den Kopf gestoßen hat? Der das reguläre Rentenalter bereits erreicht hat, aber nur so strotzt vor Vitalität? Kurzum: Wer ist dieser Politiker, der genügend Rätsel aufgibt, um ein Buch über ihn zu verfassen?

Diese Biographie versucht, Antworten zu geben. Steinbrücks Familiengeschichte wird bis zu seinen Urahnen zurückverfolgt, sein politisches Wirken in Bonn, Kiel, Düsseldorf und Berlin beschrieben. Seine Tätigkeit als Hilfsreferent bei Helmut Schmidt im Kanzleramt wird ebenso nachgezeichnet wie seine Zeit als Büroleiter von Johannes Rau, als Minister unter Heide Simonis, Regierungschef in Düsseldorf und schließlich Finanzminister an der Seite von Angela Merkel. Seine Stellung in der SPD wird beschrieben, die am Ende nicht ganz so schwach ist, wie die scharfen Kommentare seiner politischen Gegner innerhalb und außerhalb der Partei es nahelegen. Schließlich wird eine Prognose gewagt, ob Peer Steinbrück das Zeug hat, Kanzler einer der größten Wirtschaftsmächte der Erde und des politisch schwergewichtigsten Landes in Europa zu werden.

Wir hätten dieses Buch nicht schreiben können ohne die Unterstützung vieler hilfsbereiter Menschen. An erster Stelle
seien entgegen der üblichen Reihenfolge unsere Familien erwähnt, die – wieder einmal – zu ertragen hatten, dass viel
Freizeit, viele Sonn- und Urlaubstage der Arbeit am Manu-
skript gewidmet wurden. Für Geduld und Nachsicht danken
wir herzlich.

Viele Menschen haben mit uns über Peer Steinbrück geredet, haben uns von gemeinsamen Erlebnissen berichtet, ihre
Sicht auf das politische Wirken Steinbrücks kundgetan, haben Einschätzungen abgegeben über seine Stärken, aber auch
seine Schwächen. Gedankt sei vor allem dem früheren Bundeskanzler Helmut Schmidt, der sich zwei Stunden Zeit für
uns nahm. Peer Steinbrück selbst konnten wir nicht nur bei
seinen vielen Auftritten ausgiebig »studieren«, er sprach auch
zweimal ausführlich mit uns. Dafür sei ihm gedankt. Viele
aktive und ehemalige Politiker aus der SPD, aber auch von
der CDU und den Grünen stellten sich unseren Fragen. Manche taten das unter der Voraussetzung, dass ihr Name nicht
erwähnt werde. Danken möchten wir an dieser Stelle Bundesfinanzminister Wolfgang Schäuble, dem Vorsitzenden der
SPD-Bundestagsfraktion Frank-Walter Steinmeier, dem einstigen SPD-Vorsitzenden und Vizekanzler Franz Müntefering,
der früheren schleswig-holsteinischen Ministerpräsidentin
Heide Simonis, dem heutigen Regierungschef in Kiel Torsten Albig, dem ehemaligen hessischen Ministerpräsidenten
Roland Koch, der nordrhein-westfälischen Gesundheits-
ministerin Barbara Steffens, dem einstigen nordrhein-westfälischen Landesminister Michael Vesper, der Bundestagsabgeordneten Bärbel Höhn sowie zahlreichen weiteren Lan-
des- und Bundespolitikern.

Ermöglicht wurde die Abfassung dieses Buches, weil die
Zeitung, für die wir arbeiten, uns dabei unterstützt hat. Allen
Mitarbeitern der »Frankfurter Allgemeinen Zeitung« und
der »Frankfurter Allgemeinen Sonntagszeitung«, die uns

durch Ratschläge, kritische Anmerkungen und viel praktische Hilfe zur Seite standen, sei dafür herzlich gedankt. Britta Nehlsen-Marten und Jochen Golz sind wir für das gründliche Lesen des Manuskripts und der Druckfahnen zu großem Dank verpflichtet.

Eckart Lohse und Markus Wehner,
Berlin, im Juli 2012

Kapitel 1
Herkunft, Jugend, Familie

Ein Nachkriegskind

Es ist der Hungerwinter 1946/47, einer der kältesten Winter in Deutschland seit langem. Schon im November sinken die Temperaturen auf null Grad, Kälterekorde gibt es im Dezember und im Januar. Die Städte Deutschlands sind zerstört, Millionen Flüchtlinge und Vertriebene aus dem Osten suchen eine Bleibe. Es fehlt an Unterkünften, an Kohle, oft gibt es keinen Strom, die Versorgungslage ist katastrophal. Das, was es auf Lebensmittelkarten gibt, reicht kaum zum Überleben. Die Tage sind davon bestimmt, das Allernotwendigste zu besorgen. In den Großstädten ist die Lage besonders schlimm. Zehntausende werden diesen Winter nicht überleben.

An einem dieser Wintertage, es ist der 10. Januar 1947, wird Peer Steinbrück in Hamburg geboren. Das Thermometer steigt nicht über minus acht Grad, die Stadt erlebt eine Kältewelle, die von November bis Mitte März andauert. 85 Menschen fallen in Hamburg in diesen Wintermonaten dem »Schwarzen Hunger« und dem »Weißen Tod« zum Opfer. Der Krieg hat auch die Familie Steinbrück hart getroffen. Herbert Steinbrück, der Großvater des gerade geborenen Peer, kommt nicht zurück. Er ist als vermisst gemeldet. Noch im Februar oder März 1945 war er eingezogen worden, sollte sich mit hundert Mann den anrückenden Russen entgegenstellen. Später erfährt die Familie, dass er sich geweigert haben soll, diesen sinnlosen Auftrag auszuführen – deshalb sei er in einem Schnellverfahren bei Swinemünde hingerichtet worden.[1]

Vater Ernst Steinbrück kommt schon im Herbst 1945 aus britischer Kriegsgefangenschaft nach Hamburg. Er ist Marineoffizier, hat den Krieg als Kommandant eines Vorpostenboots mit rund hundert Mann Besatzung erlebt. In norwegischen Gewässern ist er von der Royal Navy gefangen genommen worden. Die Briten behandeln ihn anständig, lassen ihm Boot und Mannschaft, dafür muss er Transportfahrten für sie durchführen. Ein Offizierstyp ist Ernst Steinbrück, der aus Pommern stammt, eigentlich nicht, aber seine nautischen Kenntnisse sind gut, schon als Junge war er ein begeisterter Segler.

Geboren wird Ernst Steinbrück 1914 in Danzig, er besucht in Stettin die Oberrealschule und macht dort 1933 Abitur. Zum Studium des Städtebaus geht er an die Technische Hochschule Danzig, doch wegen des Kriegs kann er es nicht abschließen. 1942 lernt er auf der Insel Usedom, wo er in Heringsdorf einen Teil seiner Kindheit verbracht hat, seine zukünftige Frau Ilse Schaper, die Tochter eines Hamburger Kaufmanns, kennen. Sie beschließen, im Sommer 1943 in Hamburg zu heiraten. Doch Ende Juli und Anfang August des Jahres wird die Hansestadt durch eine Serie von Angriffen britischer und amerikanischer Bomber im Zuge der »Operation Gomorrha« hart getroffen. Es sind die bisher schwersten Luftangriffe des Krieges. Ernst Steinbrück und seine Braut flüchten aus dem brennenden Hamburg nach Stettin. Dort findet die Hochzeit statt.

Ernst Steinbrück teilt nach dem Krieg das Schicksal von Millionen Deutschen, die Vertreibung aus dem Osten. 1944 hat er noch einmal Stettin besuchen können, sein Elternhaus findet er bereits zerbombt vor. Den Verlust der Heimat in Pommern verwindet er nur schwer, auch wenn er sich nicht in Heimatverbänden engagiert. Im Jahr 1975, er ist damals schon über 60 Jahre alt, bedankt er sich in einem Leserbrief an das »Hamburger Abendblatt« für einen Artikel mit dem Titel »Wiedersehen mit Pommern nach 33 Jahren«, in dem die Orte seiner Kindheit beschrieben sind. Sein letztes Wiedersehen mit Stettin liege nun 31 Jahre zurück, und seitdem habe er es, »obgleich die Angebote in großer Zahl vorliegen«, nicht vermocht, »diese Gefilde einer glücklichen Jugend wiederzusehen«. Deshalb bedeute ihm der Artikel »unsagbar viel«.[2] Später unternimmt er eine Reise nach Polen, zeigt sich beeindruckt von der Renovierung der Stadt Danzig.

Zurück in die Nachkriegsjahre. Die Familie Steinbrück wohnt in einem Mietshaus am Schrötteringksweg auf der Uhlenhorst an der Außenalster, einem der besseren Viertel der Stadt. Das Milieu ist liberal und bürgerlich. Viereinhalb Jahre nach der Geburt des Sohnes Peer wird sein Bruder Birger geboren. Vater Ernst Steinbrück hat in Hamburg sein Studium abgeschlossen. Er arbeitet zunächst als freier Architekt, entwirft etwa das Gebäude der Gothaer Versicherung an der Alster. Später schwenkt er darauf um, Schadensgutachten für Gebäude zu erstellen – er schätzt sich selbst als mäßig originellen Architekten ein.

Das passt zu seinem Naturell. Er ist ein dem Leben gegenüber eher defensiv eingestellter Mann, zurückhaltend, introvertiert und künstlerisch veranlagt. Eine dominante Vaterfigur ist Ernst Steinbrück für seinen Sohn Peer und dessen Bruder nicht, ja, die Jungen hätten sich manchmal einen stärkeren Vater gewünscht. Zugleich schränkt er sie in ihrer Entfaltung nicht ein. Ernst Steinbrück stirbt mit Mitte 80 im Jahre 1998.

Dominiert wird die Familie von Mutter Ilse, einer großen, blonden, gutaussehenden Frau. Sie prägt Peer Steinbrück stärker als der Vater. Im Charakter unterscheidet sie sich erheblich von ihrem Ehemann, ist temperamentvoll, extrovertiert und herausfordernd. Wegen ihrer dänischen Mutter verbringt sie als junge Frau in den dreißiger Jahren ein gutes Jahr bei Verwandten in Dänemark und Schweden. Sie lernt dort

Schneiderin und Hutmacherin. Für die jugendliche Ilse Schaper sind die Monate in Skandinavien eine außerordentlich
wichtige Zeit, sie erlebt dort ein liberales Umfeld, ganz anders als Gleichaltrige in Deutschland. Als sie 1939 im Alter
von 20 Jahren nach Deutschland zurückkommt, empfindet
sie die Verhältnisse als bedrückend. Sie habe »mehr als nur
eine Aversion gegen die Nazis« gehabt, sagt ihr Sohn. Der
Bund Deutscher Mädel (BDM), wie die weibliche Hitlerju-
gend sich nannte, das Verbot von Jazzmusik, die Atmosphäre, in der kritische Worte gegen das Regime verboten sind –
das alles findet die junge Ilse befremdend und empörend. Im
Freundeskreis bekommt sie schnell mit, dass die Juden in
Deutschland verfolgt werden. Einigen ihrer jüdischen Freunde gelingt es, Deutschland rechtzeitig zu verlassen. Später
sieht sie die Waggons am Bahnhof in Hamburg, in denen die
Juden der Stadt nach Osten in die Konzentrationslager trans-
portiert werden.

Nach dem Krieg empfindet Ilse Steinbrück die Adenauer-
Zeit als verlogen und muffig, die Verbrechen der Nazis werden allerorten verdrängt. Sie habe nicht hinnehmen wollen,
so sagt Peer Steinbrück, dass viele Deutsche, die von der Ju-
denverfolgung wussten und sie mit eigenen Augen erlebt hatten, nun so taten, als sei das alles gar nicht geschehen. »Diese
Verleugnung wollte sie nicht akzeptieren. Diese Haltung hat
die Erziehung von mir und meinem Bruder geprägt.«[3] Die
Mutter rebelliert gegen diese Selbstgerechtigkeit eines Bür-
gertums, zu dem sie selbst gehört, sie liebt es auch, den *agent
provocateur* zu spielen.

Ein sozialdemokratisches Elternhaus hat Peer Steinbrück
nicht. Sein Vater ist eher konservativ, er schätzt Adenauer,
wählt bis 1965 CDU. Erst 1969 entscheidet er sich für die SPD
und ihren Kanzlerkandidaten Willy Brandt. So ist es wohl
auch bei Mutter Ilse gewesen, wenn auch in der Familie der
»Verdacht« besteht, sie könne schon früher als ihr Ehemann
SPD gewählt haben. Berichte darüber, dass seine Mutter ihn

zur SPD gebracht habe, stimmen für Peer Steinbrück allenfalls in einem übertragenen Sinn. Den Weg ihrer beiden Söhne und ihrer Enkelkinder kann Ilse Steinbrück lange begleiten und beobachten. Sie stirbt am 16. September 2011 in Hamburg, drei Tage nach ihrem 92. Geburtstag.

Neben der Mutter prägt den jungen Peer Steinbrück und seinen Bruder die dänische Großmutter, beide Buben hängen an ihr. Die für Deutschland ungewöhnlichen Vornamen Peer, eine dänische Form für Peter, und Birger gehen auf sie zurück. Die Großmutter stammt aus einer selbstbewussten dänischen Bürgerfamilie in Kopenhagen. Von dort wird die Familie Steinbrück unmittelbar nach dem Krieg mit Paketen versorgt, kann so die schwerste Zeit besser überstehen – ganz gemäß dem Wortspiel »Gut geht es Dänen und denen, denen Dänen nahestehen«. Im Jahre 1913 hatte die dänische Großmutter einen Hamburger Tabakhändler geheiratet, der mehrere Firmen besaß und der, so Peer Steinbrück, im Gegensatz zu seiner Frau »hanseatisch-korrekt« gewesen sei. Dessen Art habe seine Großmutter nur durch ihre Heiterkeit ertragen. Seinen eigenen trockenen Humor führt er maßgeblich auf die Großmutter zurück: »Sie hatte eine größere Leichtigkeit als der etwas schwerblütigere deutsche Teil unserer Familie.«[4] Die Mutter, sein Bruder und er hätten denselben Sinn für Komik und Ironie geerbt, während er dem Vater gefehlt habe, der sich dadurch zu Hause oft ausgegrenzt gefühlt, sich aber damit abgefunden habe.

Eine gewisse Leichtigkeit der Dänen, das Vermögen, über sich selbst lachen zu können, hat in der Familie Steinbrück eine große Rolle gespielt. Als Jungen haben Peer Steinbrück und sein Bruder in den fünfziger Jahren die Sommer oft bei Verwandten auf Jütland verbracht – damals, so erinnert er sich, brauchte man für Reisen nach Dänemark noch ein Visum. Großmutter und Mutter besuchten regelmäßig die verbliebenen Verwandten in Kopenhagen.

Die Kindheit im Hamburg der Nachkriegszeit ist rauh.

Mit den Jungs aus der Nachbarschaft und seinem Bruder Birger zieht Peer Steinbrück durch das Gelände rings um das Wohnhaus der Familie, die Gegend ist noch vom Krieg gezeichnet. Es gilt, das Terrain gegen andere »Kinderbanden« zu verteidigen. Der ältere Bruder sei zwar keiner der Anführer gewesen, habe sich aber durch einen besonderen Charakterzug ausgezeichnet, sagt Birger Steinbrück: »Peer wollte immer unbedingt gewinnen.«[5]

Das Verhältnis der Brüder ist eng. Birger wird später ein begeisterter Segelsportler und gewinnt Regatten, er eifert in dieser Hinsicht dem Vater nach. Seinen Wehrdienst leistet er bei der Marine ab, beginnt dann ein Jurastudium in Kiel, wohnt einige Monate mit Bruder Peer in einer Wohngemeinschaft. Birger Steinbrück wird Anwalt und Unternehmensberater, er hat drei Kinder, denen sich ihr Onkel Peer verbunden fühlt. Und Birger Steinbrück komplettiert das politische Familienbild. Während die Eltern lange CDU wählten, bevor sie zur SPD wechseln und somit Steinbrücks Neigung zu großen Koalitionen vorweggenommen haben mögen, steht Birger für die sozialliberale Variante. Er tritt in den siebziger Jahren in die FDP ein. Nachdem die FDP die sozialliberale Koalition 1982 aufgekündigt hat und ein Bündnis mit der CDU eingegangen ist, tritt er wieder aus. Birger Steinbrück ist einige Jahre Personalleiter bei Sony Deutschland, 2009 geht er in gleicher Funktion zum TV-Kabelnetzbetreiber Unity Media. Er hat einen Sinn für Situationskomik, ist ein guter Erzähler. Wenn er sich mit seinem Bruder trifft, wird viel gelacht.

Vorfahren I:
Zement, Politik und die Deutsche Bank

Peer Steinbrück ist, das verrät jeder Satz aus seinem Mund, ein Nordlicht, ein Hamburger. Seine Vorfahren väterlicherseits kommen allerdings zum größeren Teil nicht aus der Hansestadt an der Elbe, sondern aus dem Osten, vor allem dem Nordosten Deutschlands. Die Familiengeschichte bestimmen zwei Dynastien aus dieser Region in besonderem Maße: die Steinbrücks und die Delbrücks. Beginnen wir mit diesem Zweig der Familie, der zahlreiche Geschäftsleute und Politiker hervorgebracht hat. Als Ausgangspunkt nehmen wir den Ururgroßvater von Peer Steinbrück aus der väterlichen Linie: Hugo Delbrück. Er hat sich als Fachmann für die Zementproduktion und als Gründer eines Ostseebades von Weltrang einen Namen gemacht. Sein Vater Gottlieb Delbrück (1777–1842) dient zunächst als Geheimer Oberregierungsrat in Magdeburg und ist später Kurator der Universität Halle. In zwei Ehen zeugt er 17 Kinder, von denen elf das Erwachsenenalter erreichen. Aus der zweiten Ehe stammt Hugo Delbrück ebenso wie sein Bruder Adelbert, mit dem er eng verbunden war.

Hugo Delbrück, 1825 geboren, studiert in Halle Chemie, legt das Oberlehrerexamen ab und bekommt 1848 in Breslau eine erste Stelle. Es ist das Jahr der bürgerlichen Revolution in Deutschland, und als Führer der Breslauer Bürgerwehr mischt der gerade 23 Jahre alte Delbrück dabei kräftig mit. Sein politisches Engagement hat für ihn, wie für viele andere, unangenehme Folgen – er muss den Staatsdienst verlassen. Er nimmt eine Stelle an als technischer Direktor der gerade errichteten Portland-Zementwerke in Züllchow unweit von Stettin, heute heißt der Ort Zelechowo und ist ein Teil Stettins. Als Chemiker kümmert er sich selbst um die Qualität der Rohstoffe und Steine, stellt eigenhändig Kontrollanalysen an. Dadurch wird er über die Region hinaus bekannt, ist

später Vorsitzender des Verbandes deutscher Cement-Fabri-
ken, einer von vielen Posten, die er bekleidet und zu denen
etwa auch der Vorsitz im Verein zur Überwachung von
Dampfkesseln in Pommern gehört.

Seine zweite Berufung findet er während eines Sommerur-
laubs im Jahr 1863 in der Stadt Misdroy auf der Insel Wollin
(heute das polnische Międzyzdroje), den er mit seinem drei
Jahre älteren Bruder Adelbert verbringt. Die Delbrücks ver-
lieben sich in die Landschaft, speziell in die Gegend um Heringsdorf auf der Insel Usedom. 1871 kauft Hugo Delbrück
dort 711 Morgen Grund und Boden nebst Gebäuden und
Einrichtung vom Rittergut Gothen – Gothen ist heute ein
Ortsteil Heringsdorfs. Auf dem Grund werden erste sogenannte Logierhäuser errichtet. Im darauffolgenden Jahr
gründet Hugo Delbrück mit anderen zusammen die »Aktiengesellschaft Seebad Heringsdorf«, die er leitet. 1872 ist somit das Gründungsjahr des Seebads. Delbrück treibt den
Ausbau seiner Unternehmung engagiert voran. Er kauft weitere Strände auf, lässt Badestege errichten, ein Warmbade-
haus und herrschaftliche Gasthäuser werden gebaut. Heringsdorf wird so rasch zum mondänen Badeort. Kaufleute und
Fabrikanten erholen sich dort, später folgen Offiziere, Ärzte,
hohe Beamte und Künstler, selbst Mitglieder der kaiserlichen
Familie verbringen die Sommermonate in dem Badeort an
der Ostsee.

Das Luxuskurbad für den Hoch- und Geldadel, dessen
Angehörige dort Prachtvillen bauen lassen, erlebt einen gran-
diosen Aufschwung. Als 1894 die Eisenbahnstrecke bis nach
Heringsdorf verlängert wird, ist der Ort von der nur 160 Kilometer entfernten Reichshauptstadt in drei Stunden zu erreichen. Usedom ist zu dieser Zeit längst zur Badewanne der
Berliner geworden, manche Orte der Insel sind beliebt für
Familienurlaube, Heringsdorf genießt hingegen den Ruf
eines Nizza an der Ostsee. Zahlreiche Bankiers haben hier
ihr Feriendomizil errichtet, darunter viele aus dem jüdischen

Finanzadel, der hier »eine Art frei gewähltes und freies Getto« hatte, wie Victor Klemperer schrieb.[6] Zu den Gästen gehören über die Jahre die deutschen Schriftsteller Heinrich Mann und Theodor Fontane, ihre russischen Kollegen Maxim Gorki und Alexej Tolstoj, auch der Historiker Theodor Mommsen, ein Freund der Familie Delbrück, und der Maler Lyonel Feininger. Der residiert 1909 bis 1912 in der Villa Oppenheim, die Nachbarvilla ist die Villa Delbrück, errichtet von Hugo Delbrück. Steinbrück kennt sogar eine Familienanekdote, die mit Feininger zusammenhängt: Sein Großvater Herbert Steinbrück geht eines Tages die hölzerne Seebrücke in Heringsdorf entlang und sieht an deren Ende einen Maler mit einer Staffelei stehen. Der malt die Ostsee, aber in »merkwürdigen eckigen Formen«. Daraufhin fragt er den Künstler, was das Bild denn kosten solle. Der nennt einen Preis von etwa 1000 Reichsmark. Der Großvater entgegnet, das sei zu teuer, und geht. Der Maler sei, so Steinbrück, kein anderer gewesen als »Lyonel Feininger, der gerade eines seiner Ostseebilder malte, das auf diese Weise leider nicht in den Besitz meiner Familie gekommen ist«.[7] Jahrzehnte später fährt der Enkel, inzwischen Bundesfinanzminister, nach Usedom in Urlaub.

Die Unternehmungen Hugo Delbrücks werden von seinem Sohn unterstützt: Werner Delbrück studiert ebenfalls Chemie, wird Betriebschemiker in der Portland-Zementfabrik in Züllchow, die sich jetzt Lossius-Delbrück nennt, und 1899, kurz vor dem Tod des Vaters, Direktor der Aktiengesellschaft Seebad Heringsdorf. 1910 stirbt der begeisterte Ballonfahrer Werner Delbrück durch einen Unfall während einer Ballonfahrt von Stettin nach Rügen. Der Aufstieg Heringsdorfs zu einem Seebadeort von Weltrang wäre ohne die Delbrücks unvorstellbar gewesen, schreibt ein Familienforscher. Nach dem Ende der DDR ist es wiederum die Familie Delbrück, die – in Erinnerung an ihr Engagement für das Seebad – durch ihr Bankhaus eine neue Seebrücke für Heringsdorf finanziert.[8]

Der erste Fachmann für Geldangelegenheiten in der Familie ist allerdings Hugos Bruder Adelbert, der einen Teil seiner Geschäfte, etwa in Heringsdorf, gemeinsam mit Hugo betreibt. Seinen beruflichen Werdegang beginnt Adelbert Delbrück als Jurist. Nach dem Ende seines Studiums ist er als Anwalt und Justitiar einer Spinnerei und Weberei in Gladbach tätig und geht später als Generalagent der »Concordia Lebensversicherungsgesellschaft« nach Berlin. Doch dann entdeckt er seine eigentliche Berufung – Adelbert Delbrück wird Banker. Im Jahre 1854 gründet er in Berlin zusammen mit rheinischen Kaufleuten das Bankhaus »Delbrück, Leo & Co.«. Das Institut gehört nicht zur ersten Reihe der Berliner Banken, hat aber einen guten Ruf. Adelberts Sohn Ludwig baut das Geschäft aus, 1910 fusioniert das Bankhaus unter seiner Leitung mit dem Bankhaus »Gebr. Schickler« und wird zu »Delbrück Schickler & Co.«. Ein Teilhaber dieser Privatbank ist Jahrzehnte später Hermann Josef Abs, der wiederum einer der wichtigsten Männer im Vorstand der Deutschen Bank wird.

Und genau diese Bank ist es, durch die Adelbert Delbrück berühmt geworden ist: Im Jahre 1870 gründet er die »Deutsche Bank«, jenes Geldinstitut, das in den gut 140 Jahren seines Bestehens wohl mehr als alle anderen deutschen Bankhäuser für Furore gesorgt hat. Was hat Adelbert Delbrück dazu veranlasst, ein Institut mit einem so anmaßenden Namen zu gründen? Seine Idee ist es, eine große Bank zur Finanzierung des deutschen Außenhandels zu schaffen, »hauptsächlich für den überseeischen Handel, die uns unabhängig machen sollte von England und den Kreditgewährungen, die der deutsche Kaufmann nur in London fand und suchen konnte«, wie Delbrück sich erinnert.[9] Es ist also ein »wirtschaftlich-politischer« Plan, bei dem es nicht zuletzt darum geht, England Paroli zu bieten, den britischen Banken eine ebenbürtige deutsche entgegenzustellen. Dass die Regierung in Berlin den Plan unterstützt, hat auch mit innerdeutschen

Rivalitäten zu tun: Berlin will der gerade in Hamburg gegründeten »Internationalen Bank« das Wasser abgraben, die
sich ebenfalls auf die Finanzierung des Außenhandels spezia-
lisieren will. Zusammen mit dem weltläufigen nationalliberal-
len Politiker und Währungsfachmann Ludwig Bamberger
(1823–1899) und einem Konsortium Berliner Banken ver-
wirklicht Adelbert Delbrück seinen Plan. Bamberger, der
wegen seiner Teilnahme an revolutionären Umtrieben in der
Pfalz 1848 aus Deutschland geflohen war – er war 1852 sogar
in Abwesenheit zum Tode verurteilt worden –, hatte in den
Niederlanden und in Paris Erfahrungen im Überseehandel
und im Bankengeschäft gesammelt. 1866 kehrt er nach
Deutschland zurück mit Kenntnissen, die der Gründung eines Bankhauses zugutekommen. Im Verwaltungsrat der
Deutschen Bank sitzt er allerdings nur zwei Jahre, von 1870
bis 1872, und scheidet dann – eher unfreiwillig – wegen seiner
politischen Tätigkeit als Abgeordneter im Reichstag aus. Er
will sich keine Vermischung von Politik und wirtschaftlicher
Tätigkeit vorwerfen lassen und verlässt deshalb die Bank,
»als ich die Ära der Verleumdung und Verunglimpfung jeder
geschäftlichen Tätigkeit, die sich seitdem so mächtig entfaltet
hat, von weitem kommen sah«, wie er es selbst begründet.[10]

Adelbert Delbrück hingegen bleibt seinem Kind treu: Fast
zwei Jahrzehnte lang, von 1871 bis 1889, als er aus gesundheitlichen Gründen ausscheidet, ist er Vorsitzender des Ver-
waltungsrats der »Deutschen Bank«. Zudem steht er seit 1870
für 15 Jahre an der Spitze des Deutschen Handelstags. Auch
er engagiert sich politisch: Als Gründungsmitglied der Deutschen Fortschrittspartei ist er im Berliner Abgeordnetenhaus
aktiv. Eine weitergehende politische Karriere, die Übernahme von Parteiposten oder etwa eine Wahl in den Reichstag,
lehnt er allerdings ab. Er führt ein reges gesellschaftliches Leben, zu seinen Freunden gehört der Historiker Theodor
Mommsen, der mit seiner Frau oft bei Delbrücks zu Mittag
speist. Das Haus in der Mauerstraße, in der Adelbert mit

seiner Frau Luise, geborene Jordan, und den Kindern lebt, ist
zugleich »die Sammelstelle für alle in Berlin dauernd oder
vorübergehend anwesenden Glieder der großen Familie Delbrück«, wie ein Neffe schreibt.[11]

Peer Steinbrück hat erst vor einigen Jahren, als er schon
Bundesfinanzminister war, von der Tätigkeit seines Urur-
großonkels erfahren und scherzhaft bemerkt, er müsse Josef
Ackermann, den damaligen Vorstandschef der Deutschen
Bank, einmal fragen, ob er denn noch Anspruch auf ein paar
Anteile habe. Das scheint nicht der Fall zu sein, wenn auch
das Bankhaus Delbrück das einzige an der Gründung der
Deutschen Bank beteiligte Geldinstitut ist, das lange, bis zum
Jahre 2002, seine Selbständigkeit wahrte.

Mit der Politik sind die Delbrücks allerdings noch auf andere und engere Weise verbunden. Der Vetter von Adelbert
und Hugo, Rudolf Delbrück (1817–1903), leitet ab 1867 das
Bundeskanzleramt. Es wurde am 1. Juli jenes Jahres im Zuge
der Gründung des Norddeutschen Bundes geschaffen, einziger Bundeskanzler war Otto von Bismarck. Das Amt exis-
tierte unter diesem Namen nur vier Jahre, denn mit der
Gründung des Deutschen Reiches 1871 nennt es sich Reichs-
kanzleramt. Rudolf Delbrück bleibt dort über fünf Jahre die
rechte Hand des nunmehrigen Reichskanzlers Otto von Bismarck und gilt als dessen bedeutendster Mitarbeiter. Über
ihn ist trotz seiner Bedeutung recht wenig bekannt, wohl
auch, weil er ein ausgesprochen pflichtbewusster preußischer
Bürokrat war, der die eigene Person um der Sache willen
hintanstellte. So lehnt es Rudolf Delbrück 1862 ab, einen Mi-
nistertitel anzunehmen, und schlägt drei Jahre später den ihm
angetragenen Adel aus. Da er mit sechs Jahren die Mutter
und mit 13 Jahren den Vater verloren hat, wächst er als Jugendlicher in der Familie seines Onkels Gottlieb, des Vaters
von Hugo und Adelbert Delbrück, auf.

Seine Laufbahn als Ministerialbeamter, der zum Politiker
wird, gleicht in manchem – die unterschiedlichen Zeitum-

stände vorausgesetzt – jener seines Nachkommen Peer Steinbrück: Zunächst ist er Hilfsarbeiter bei der Generalverwal-
tung der Steuern, dann Referent im Handelsamt, es folgt der
Aufstieg zum Leiter der handelspolitischen Abteilung im
Handelsministerium, schließlich wird er Präsident des Bun-
deskanzleramts und, 1868, preußischer Staatsminister und
damit faktisch Stellvertreter Bismarcks. Als Leiter des Reichs-
kanzleramts hat er die Stellung eines Vizekanzlers inne, führt
1870 die Verhandlungen mit den süddeutschen Ländern über
den Eintritt in den Norddeutschen Bund. Sein Rücktritt 1876
wird damit in Verbindung gebracht, dass Bismarck das Kanzleramt, das Delbrück zu einer effektiven Reichsinnenbehör-
de gemacht hatte, als zu mächtig empfindet. Zugleich ist die
Demission auch Ausdruck der zunehmenden Spannungen
zwischen Bismarck und den Liberalen. Denen sind Bismarcks
Abwendung vom Freihandel und sein zunehmendes Eintreten für Protektionismus und Verstaatlichung ein Greuel.
Nach dem Bruch mit Bismarck sitzt Rudolf Delbrück noch
von 1878 bis 1881 für den Wahlkreis Jena im Reichstag, be-
kämpft dort als Fraktionsloser die Schutzzollpolitik und die
Sozialgesetzgebung Bismarcks, die er als antiliberal betrachtet. Nach dem Ablauf der Wahlperiode zieht er sich ganz aus
der Politik zurück, sieben Jahre vor seinem Tod wird er mit
der Verleihung des Schwarzen Adlerordens dann doch noch
geadelt. In Berlin sind mehrere Straßen, in Neukölln, in Lich-
tenberg und im Grunewald, nach ihm benannt.

Vorfahren II:
Diakone und Pastoren

Wie kommen aber die Delbrücks und die Steinbrücks zuein-
ander? Hugo Delbrück, der Begründer des Seebads Heringsdorf, heiratet 1856 die Gutsbesitzerstochter Ida Leideke und
bekommt mit ihr sechs Kinder. Seine Tochter Ida Emanuele
Helene Delbrück vermählt sich im Alter von 19 Jahren 1878
in Heringsdorf mit dem zehn Jahre älteren Arzt Emil Friedrich Wilhelm Steinbrück. Der Urgroßvater von Peer Steinbrück schreibt 1912 über die Familie: »Wenn man die Steinbrücks insgesamt auf Stand und Erwerb durchmustert, so
gehören sie, im Allgemeinen betrachtet, dem gelehrten und
erwerbenden Bürgertum an.«[12]

Was ist über die Steinbrücks bekannt, auf die Peer Steinbrück zurückgeht? Sie gehören zum pommerschen, west-
und ostpreußischen Zweig der Namensträger, als Herkunfts-
orte tauchen Stettin, Stolzenhagen und Swinemünde auf. Unter ihnen sind viele Diakone und Pastoren. Einer der ersten
urkundlich bekannten ist Michael Matthias Steinbrück, 1686
geboren, der als Diakon in Falkenburg (heute das polnische
Złocieniec) in Hinterpommern tätig ist. Sein Sohn Joachim
Bernhard Steinbrück (1725–1789) studiert in Halle Theolo-
gie, wird Diakon, später Pastor an Stettins ältester Kirche
St. Peter und Paul. Der Nachwelt bleibt er als Sammler histo-
rischer Quellen bekannt. Die Menge des Zusammengetrage-
nen setze in Erstaunen, bedürfe aber der Prüfung, befand ein
Historiker. Der begeisterte Sammler Peer Steinbrück könnte
jedenfalls angesichts dieses Ahnen eine erbliche Vorbelastung
geltend machen. Auch verfasste Bernhard Steinbrück selbst
20 Schriften zur Geschichte Pommerns, von denen eine ganze
Reihe in der Universitätsbibliothek Greifswald erhalten ist.
Auch sein Bruder Immanuel Theophilus Steinbrück (1742–
1809) wird Pastor, wie der Vater in Falkenburg. Er hatte zehn
Kinder. Sein Sohn Karl Christian Immanuel (1772–1858)

schlägt wiederum die Pastorenlaufbahn ein, und zwar in Stolzenhagen in der Nähe von Stettin. Einer seiner Söhne, August Emil Hermann Steinbrück (1808–1881) – er hatte 13 Kinder aus zwei Ehen –, folgt ihm im Pastorenberuf in ebenjenem Stolzenhagen. Das sechste Kind aus seiner Ehe mit Maria Steinbrück ist der schon erwähnte Emil Friedrich Wilhelm, geboren 1849. Er bricht mit der Familientradition, wird nicht Pastor, sondern Arzt. Der Urgroßvater von Peer Steinbrück arbeitet in Züllchow als leitender Arzt des Johanniter-Krankenhauses. Seine Frau Helene, die Tochter Hugo Delbrücks, stirbt 1893 mit nur 34 Jahren. Ihr Mann überlebt sie um 40 Jahre.

Von den sechs Kindern ist Herbert Steinbrück, der vierte der Sprösslinge, erst zehn, als die Mutter stirbt. Herbert ist der Großvater von Peer Steinbrück. Im Jahre 1883 in Heringsdorf geboren, besucht er in Stettin das Realgymnasium. An der Technischen Hochschule in Berlin-Charlottenburg studiert er Schiffbau. Peer Steinbrücks Begeisterung für Schiffe und Marine hat also auch einen breiten familiären Hintergrund. Herbert Steinbrück folgt beruflich allerdings seinem Großvater Hugo Delbrück: Er wird erst Technischer Direktor der »Aktiengesellschaft Bad Heringsdorf«, später Betriebsleiter der Portland-Zementwerke in Züllchow. Im Jahr 1910 heiratet er Helene Boeck, die Tochter eines Fabrikanten aus Danzig. Das Ehepaar bekommt zwei Kinder: Ernst, den Vater von Peer Steinbrück, und die fünf Jahre später in Heringsdorf geborene Ursula.

Die stark von der evangelischen Religion und Kirche geprägte Familiengeschichte der Steinbrücks hat Peer Steinbrück nicht fortgesetzt, sondern hat mit ihr sogar gebrochen. Mit 18 Jahren liest er den polemischen Essay des Kirchenkritikers Karlheinz Deschner »Über die Notwendigkeit, aus der Kirche auszutreten«. Der Text beeindruckt ihn. Steinbrück ist einverstanden mit der These, dass die Kirche in der Geschichte immer auf der falschen Seite gestanden habe und dass die »ärgsten Gangstereien« im Namen Gottes begangen worden seien. Und er teilt wohl auch die Ansicht, dass die Kirche ein hoffnungsloser Fall sei, eine »Leiche, die schon riecht und nicht mehr der Reform bedarf, sondern nur noch des Abdeckers«, wie Deschner seinen Essay enden lässt.[13] Steinbrück tritt aus, und die Frage, ob dieser Schritt richtig gewesen sei, scheint ihn über eine lange Zeitspanne nicht zu beschäftigen.

Eine Änderung setzt ein, als die politische Verantwortung, die er trägt, gewachsen ist. Als Ministerpräsident sieht er deutlicher als zuvor, welche Institutionen die Gesellschaft stabilisieren und dass diese auch aus seiner Sicht von der Politik nicht ersetzt werden können. Die Kirchen gehören dazu, Steinbrück, der sich als Landesvater nun auch um das Ehrenamt kümmern will, schätzt ihre karitative Arbeit. Doch empfindet er sich weiter als einen areligiösen Menschen. Ausschlaggebend für eine veränderte Haltung wird für ihn die Begegnung mit einem Mann, der heute als Ratsvorsitzender an der Spitze der Evangelischen Kirche in Deutschland steht: Nikolaus Schneider. Der ist, als Steinbrück Ministerpräsident in Düsseldorf wird, Präses der rheinischen Landeskirche. In dieser Funktion ist er faktisch der oberste Chef von Steinbrücks Ehefrau, die am evangelischen Amos-Comenius-Gymnasium, einer Schule in kirchlicher Trägerschaft, arbeitet. Gertrud Steinbrück und Nikolaus Schneider lernen sich über die Schule kennen, später treffen sich die Ehepaare.

Entscheidend für Steinbrücks Annäherung an die Kirche wird ein ökumenischer Gottesdienst im Kölner Dom. Er findet am Samstag, dem 15. Januar 2005, statt, drei Wochen nach der verheerenden Tsunami-Katastrophe am zweiten Weihnachtsfeiertag des Vorjahres. In den Ländern rund um den Indischen Ozean waren 230 000 Menschen dem Erdbeben und der folgenden Flutwelle zum Opfer gefallen, auch viele deutsche Touristen hatte der Tsunami das Leben gekostet. Präses Schneider hält im Dom eine Predigt, die Steinbrück

sehr beeindruckt, ja erschüttert. Es gebe eine Not, die über-
steige unser Vorstellungsvermögen, sagt Schneider vor Ange-
hörigen von Toten und Vermissten, eine Not jenseits des erträglichen Maßes. Wer einen Menschen verliere, der verliere
»die vertraute Stimme, Rat und Tat, das gemeinsame Lachen,
die zärtliche Begegnung, auch die vertrauten Konflikte, all
das, was der geliebte Mensch als Teil unseres Lebens ausmacht«. Darunter könne man selbst verlorengehen – und
die Beziehung zu Gott. Leid, Zerstörung und Sterben hätten
nicht das letzte Wort. Aber neues Zutrauen müsse wachsen:
»Wir können es nicht machen. Wir können nichts anderes
dazu tun, als uns diesem Wachsen nicht zu verschließen.«[14]

Steinbrück sucht das Gespräch mit Schneider, trifft sich
mehrmals mit ihm. Er spricht davon, dass er mit dem lieben
Gott in seiner traditionellen Vorstellung und mit dem Trost
auf ein ewiges Leben nichts anfangen kann. Aber er erkennt
den Wert eines ethischen übermenschlichen Prinzips, das
dem Zusammenleben Sinn gibt. Wenn man das Gott nennen
will, dann ist auch Steinbrück für Gott. Steinbrück ent-
schließt sich, wieder in die Kirche einzutreten. Er tut es aber
nicht vor der Landtagswahl im Mai 2005, will verhindern,
dass sein Schritt in irgendeiner Weise mit dem Wahlkampf in
Verbindung gebracht wird. Kurz nach der Wahl tritt Steinbrück wieder in die evangelische Kirche ein – 40 Jahre nach
dem Austritt.

Heute ist Steinbrück sogar in der evangelischen Kirche
aktiv – als Mitglied der Kammer für soziale Ordnung der
Evangelischen Kirche in Deutschland (EKD). Mit deren Präses steht er weiter auf gutem Fuß: Schneider und Steinbrück
duzen sich, und der SPD-Politiker spricht ihn, wenn er bei
EKD-Veranstaltungen einen Vortrag hält, mit »Mein lieber
Nikolaus« an.

Schwere Schulzeit und leichtes Geld

Zurück zu dem jungen Peer Steinbrück im Hamburg der fünfziger und sechziger Jahre. Steinbrück besucht ab dem Jahr 1953 die Volksschule Humboldtstraße in der Nähe des Elternhauses. 1957 wechselt der Spross aus bürgerlichem Hause auf das Johanneum in der Maria-Louisen-Straße, ein altsprachliches Gymnasium, bei dem Latein und Griechisch Pflicht sind. Es ist die älteste und traditionsreichste Schule Hamburgs, 1529 von dem Reformator und Luther-Freund Johannes Bugenhagen gegründet, eine Schule mit elitärem Bewusstsein und dem Wahlspruch »Zukunft braucht Herkunft«. Ein Musterschüler ist Steinbrück von Anfang an nicht. Dass er den Lehrern mit Blasröhrchen Erbsen aus dem Paternoster auf die Beine schoss, hat er freimütig bekannt. Wenn die sich umdrehten, war der Schütze schon weg – eine Etage tiefer oder höher. Die ersten Jahre am Gymnasium meistert er noch einigermaßen. In der Mittelstufe aber durchlebt er nach eigenen Aussagen eine »katastrophale Schulgeschichte«. Er scheitert am humanistischen Gymnasium unter anderem am Altgriechischen, das ab der Untertertia, also der achten Klasse, unterrichtet wird. »Katastrophale Ergebnisse habe ich da abgeliefert«, bekennt er.[15] Neben dem Griechischen beherrscht der spätere Finanzminister ausgerechnet die Mathematik nicht, auch hier liefert er Fünfen ab. In der achten Klasse bleibt er sitzen, im Abgangszeugnis hat er drei Fünfen, neben Griechisch und Mathe noch eine weitere in Latein. Seine beste Note ist eine Drei in Geschichte, der Rest sind Vieren.[16]

Steinbrück wechselt dann noch zweimal die Schule, er wird ein weiteres Mal nicht versetzt. Für die Schuljahre von Klasse acht bis Klasse zehn braucht er fünf Jahre. »In der achten, neunten, zehnten Klasse war ich ein echter Kotzbrocken«, sagt er heute über sich. Seine Eltern täten ihm im Nachhinein leid. Es ist keine Zeit, mit der Steinbrück seinen

Frieden gemacht hat. Der pubertierende Peer ist natürlich kein dummer Schüler, im Gegenteil. Aber er kommt mit den Anforderungen nicht zurecht, ist phlegmatisch, lernunwillig und desinteressiert.

Einen guten Teil der Verantwortung sieht er bei den Lehrern, die ihn unterrichteten, die mit ihrem eigenen Leben nach den Erfahrungen von Krieg und Gefangenschaft nicht zurechtkommen. Ein Lehrer erzählt noch immer Geschichten aus dem Ersten Weltkrieg, ein anderer ist durch die Erlebnisse zum religiösen Fundamentalisten geworden. Viele Lehrer, die ihn in den fünfziger Jahren unterrichtet haben, seien vom Krieg traumatisierte Menschen gewesen, die »unfähig waren, als Pädagogen zu wirken«.[17]

Nun sind die Jahre der Pubertät gerade für Jungen eine Zeit, in der ihre schulischen Leistungen oft deutlich absacken. Viele später beruflich erfolgreiche Männer, darunter auch manche Politiker, haben in dieser Lebensphase eine Ehrenrunde in der Schule gedreht. Edmund Stoiber, der langjährige bayerische Ministerpräsident von der CSU, scheiterte in der siebten Klasse an Latein. Sitzenbleiber waren auch Berlins Regierender SPD-Bürgermeister Klaus Wowereit, Guido Westerwelle von der FDP und der frühere niedersächsische CDU-Ministerpräsident und ehemalige Bundespräsident Christian Wulff. Steinbrück fällt in dieser Reihe dadurch auf, dass sein zeitweiliges Schulversagen noch tiefer gehend war und länger andauerte als bei vielen anderen. Dass er in öffentlichen Auftritten immer wieder mit seinen zeitweilig unzureichenden Schulleistungen kokettiert, zeigt, dass ihn diese Zeit noch heute beschäftigt. Oft spricht er auch davon, dass seine Kinder weit bessere Abschlüsse gemacht haben als er selbst.

Die verheerende Sturmflut in Hamburg im Februar 1962, bei der 340 Menschen zu Tode kommen und durch die sein späteres Vorbild Helmut Schmidt, damals Innensenator, als beherzter Krisenmanager zum Helden der Hansestadt wird,

erlebt Steinbrück als Schüler. Mit Klassenkameraden vom
Johanneum verteilt er damals Decken an Mitbürger, die aus
ihren Häusern fliehen mussten.

Hamburg ist in den frühen sechziger Jahren schon vom
Aufbruch der städtischen Jugend geprägt. Der Rock 'n' Roll
ist gerade in Mode gekommen und hat Hamburg längst infi-
ziert. Am 13. April 1962 eröffnet im Stadtteil St. Pauli an der
Großen Freiheit 39 der Star Club. Gleich in den ersten Wo-
chen und dann noch zweimal in jenem Jahr gastieren die
»Beatles« in dem Club. Später spielen dort Bill Haley und
Chuck Berry, Little Richard und Jerry Lee Lewis, Gene Vin-
cent und »The Searchers«, Jimi Hendrix, »The Cream«, Ray
Charles und viele andere. Als der Star Club aufmacht, ist
Steinbrück 15 Jahre alt. Er träumt von einem eigenen Tonbandgerät. Das sollte der »Grundstein für eine Karriere als
Journalist sein«. Tatsächlich hat Steinbrück das Tonbandgerät später benutzt, um Interviews für eine Schülerzeitung
aufzunehmen. Aber rein journalistisch motiviert ist die An-
schaffung wohl auch nicht. Er will die Rockmusik aus dem
Radio aufnehmen, all die angesagten Bands dieser Zeit, vor-
neweg die »Stones« und die »Beatles«. Seine Eltern bestehen
darauf, er müsse das Geld – immerhin 285 Mark – selbst erarbeiten.

Ein Freund vermittelt ihm im Jahre 1963 einen Job als
Parkwächter beim Volksparkstadion. Leute einzuweisen liegt
ihm schon damals. Zunächst ist er für die Fahrräder zuständig, für die es 20 Pfennig gibt, dann für die Motorräder zu
50 Pfennig, schließlich für die Autos, für die Parkwächter
Peer eine Mark kassiert. Innerhalb weniger Wochen, so erzählt Steinbrück, habe er sich hochgearbeitet. »So schnell
habe ich nie wieder Karriere gemacht«, scherzt er bei öffentlichen Auftritten. Er muss zwar um halb fünf in der Frühe
anfangen, aber das Trinkgeld ist dafür oft reichlich. Er arbeitet als Parkplatzwächter auch auf dem Fischmarkt und auf
der Reeperbahn. Mitunter geht er mit 30 oder 35 Mark nach

Hause. Das Geld für das Tonbandgerät hat er schnell zusammen, er nimmt die »Beatles«, die »Stones« und andere Bands auf und spielt die Musik auch bei Partys ab – das macht Eindruck. Die Gewohnheit, eigenes Geld zu haben, wird ihm schnell lieb. Er arbeitet auf dem Bau, paginiert Lotto- und Toto-Scheine bei einer Annahmestelle oder ordnet Karteikarten in einem Eheanbahnungsinstitut. Als Jugendlicher habe er »verflucht gut« verdient, erinnert er sich gelegentlich. Die Discos an der Alster, in die Peer Steinbrück Mädchen ausführt, sind allerdings auch ziemlich teuer.

In der Oberstufe, auf der Staatlichen Handelsschule am Lämmermarkt, die an der Kreuzung Wallstraße und Lübeckerdammtor liegt, fängt sich Steinbrück. Seine schulischen Leistungen sind nun besser. Er trifft auf Pädagogen, die interessanten Unterricht machen, die die Schüler ernst nehmen. Heinz Winkler, sein Lehrer in Wirtschaftslehre, legt die Bandbreite der Wirtschaftstheorien sehr offen dar und hat kein Problem damit, die marxistische Wirtschaftstheorie eingehend anhand der Bücher des damals tonangebenden Marx-Forschers Iring Fetscher zu vermitteln. Steinbrück bewundert diesen Lehrer. Auch seine Lehrerin in Englisch, Französisch und Geschichte, eine Sozialdemokratin, die sich für Willy Brandt begeistert, habe ihn positiv geprägt.[18] Sein Fachabitur macht er 1968 auf der Handelsschule im Alter von 21 Jahren. Zu seinen Mitschülern hält er bis heute Kontakt.

Sein Vater schenkt ihm zur bestandenen Reifeprüfung einen gebrauchten, acht Jahre alten VW-Käfer. Wenn es regnet, kommt das Wasser durch die Heizlüfter. Steinbrück hat deshalb einen Ziegelstein im Auto, auf den der Beifahrer oder lieber noch die Beifahrerin die Füße stellen kann, damit sie nicht nass werden. Das Ende seiner Schulzeit ist für Steinbrück eine Erlösung. Seine Klassenarbeiten verbrennt er nach dem Abitur im Ofen. Das sei »ein Akt der Befreiung« gewesen.[19] Am Johanneum, wo Steinbrück scheiterte, ist das eine Tradition.

= mit Seitenzahlen versehen

Panzergrenadiere, Volkswirte und die Folgen
des Radikalenerlasses

Nach der Schule geht Steinbrück zur Bundeswehr – es sind
die Jahre 1968/69. Er interessiert sich für Politik, liest Bücher
über die NS-Zeit, ist irgendwie schon links eingestellt; als
Schüler demonstriert er während des Sechstagekriegs 1967
für Israel, aber auch gegen den Vietnamkrieg. Pazifist ist er
nicht, er will den Wehrdienst nicht verweigern – das ist damals ohnehin noch die Ausnahme. Es verschlägt ihn, den
1,86-Meter-Mann, ausgerechnet zur Panzertruppe. »Mir fiel
die Luke auf den Kopf. Einige sagen, dass man das merkt«,
kommentiert er ironisch.[20] Steinbrück muss für die Bundeswehr weg von zu Hause, aber nicht allzu weit, etwa 130 Kilometer Luftlinie. Seinen Dienst leistet er in einer Fernmelde-
einheit des 314. Panzerbataillons in Oldenburg-Bümmerstede, er verpflichtet sich dort als Zeitsoldat für zwei Jahre.
Der Wehrdienst dauert damals 18 Monate, Steinbrück bleibt
also freiwillig ein halbes Jahr länger.

Die Zeit bei der Bundeswehr ist auch für Steinbrücks politische Zukunft bedeutsam. Die Aufbruchsbewegung der jungen Generation lässt die Bundeswehr nicht unberührt. Der
Sinn vieler Regeln und Traditionen wird von den Wehrpflichtigen in Frage gestellt, etwa auch die bis 1967 geltende Regelung, die »das Tragen einer schulterlangen oder sonst feminin
wirkenden Haartracht« für Soldaten untersagt. Den Haar-
streit versucht der damalige Verteidigungsminister Helmut
Schmidt im Februar 1971 mit dem »Haarnetzerlass« zu beenden, der das Tragen von gepflegten Bärten und langen Haa-
ren erlaubt, jedoch die Benutzung eines Haarnetzes verlangt.
Die Bundeswehr wird in Folge mit 740 000 Haarnetzen aus-
gerüstet. Jedoch schon im Mai 1972 wird der Erlass, gegen
den der Widerstand in der Generalität groß ist, aufgehoben –
mit der offiziellen Begründung, zu viele Soldaten hätten sich
durch nasse lange Haare eine Erkältung zugezogen.

Peer Steinbrück hat damals noch volles Haar, ohne dass etwas über das Tragen eines Haarnetzes bekannt wäre. Doch die Aufbruchsbewegung in den bundesdeutschen Streitkräften ist auch in seiner Kaserne zu spüren. Steinbrücks Zugführer Albert Hittermeyer, ebenfalls aus Hamburg, sympathisiert mit der »Leutnant 70«-Bewegung, die gerade in Hamburg entstanden ist. Dort haben sich acht Leutnants der Heeresoffiziersschule Ende 1970 in einer Initiative zusammengetan, fordern ein neues Bild des Offiziers und der Bundeswehr, das von den traditionalistischen Fesseln befreit sein soll. Die jungen Offiziere wollen die Prinzipien des Bürgers in Uniform und der inneren Führung, die Generäle wie Ulrich de Maizière und Wolf von Baudissin formuliert hatten, in die Gesellschaft hineintragen, der Bundeswehr ein neues demokratisches Selbstverständnis geben. Einer von insgesamt neun Kernsätzen der Bewegung lautet: »Ich will ein Offizier der Bundeswehr sein, der das Verhalten eines Vorgesetzten in Frage stellen darf und sein eigenes Verhalten von Untergebenen beziehungsweise von jedermann in Frage stellen lässt; ich möchte ein Offizier sein, der nichts selbstverständlich findet.« Steinbrücks heutiges Vorbild Helmut Schmidt ist als Verteidigungsminister von den Thesen der Offiziere keineswegs begeistert, sie seien »teils diskutabel, in einigen Punkten falsch, in anderen provokant«.[21]

Das von der FDP geführte Innenministerium in Nordrhein-Westfalen ist der Ansicht – wie es in einem Extremismusbericht an den Landtag schreibt –, dass die Erklärung der »Leutnant 70«-Gruppe von Soldaten getragen sei, die der Deutschen Kommunistischen Partei (DKP) oder ihrer Jugendorganisation, der Sozialistischen Deutschen Arbeiterjugend (SDAJ), angehörten. Als ein Jahr später 30 Hauptleute aus der 7. Panzergrenadierdivision im westfälischen Unna in einem sechzehnseitigen Pamphlet eine Fundamentalkritik an der Bundeswehr üben, ist eine kleine Krise in den Streitkräften ausgemacht. Kanzleramtsminister Horst Ehmke (SPD)

wird vom »Spiegel« mit den Worten über den Minister auf
der Hardthöhe, dem Sitz des Verteidigungsministeriums, zitiert: »Wir fanden alle, der Helmut macht das da oben sehr
gut, aber er hat sich über die Ruhe im eigenen Laden ge-
täuscht.«[22]

In der Kaserne in Oldenburg-Bümmerstede redet zu dieser Zeit der Zugführer Hittermeyer auf den Wehrpflichtigen
Steinbrück ein. Der sechs Jahre ältere Offizier ist Mitglied
der SPD, er und Steinbrück sprechen häufiger über Politik.
Wenn er sich für politische Themen interessiere und für demokratische Reformen sei, dann sei er in der SPD am richtigen Platz. Hittermeyer nimmt Steinbrück mit zu den linken
Jusos in Oldenburg, sie gehen regelmäßig dorthin, Hittermeyer diskutiert mit.[23] Ob es Hittermeyers eigene Agitation
war oder aber die Besuche von Veranstaltungen der Jusos
und der SPD, sei dahingestellt, der Rekrut Steinbrück tritt im
Frühling 1969 der Sozialdemokratischen Partei Deutschlands
bei. Der Muff der Adenauer-Zeit, die Verdrängung der Nazi-
Vergangenheit und die Deutschlandpolitik der Union sowie
schließlich die Person Willy Brandt, das alles hätte ihn offen
für die SPD gemacht, sagt Steinbrück heute.

Die Zeit in der Bundeswehr ist für Steinbrück auch eine
Schule als Redner. Das erste Mal, dass er vor einer Gruppe zu
stehen und sich klar auszudrücken hatte, sei bei der Bundeswehr gewesen, und zwar zu dem Zeitpunkt, als er selbst als
Zugführer für 30 Leute verantwortlich gewesen sei. Da habe
er nicht mehr nur wie zuvor als Fähnrich und Fahnenjunker
»Augen links« oder »Augen rechts« sagen müssen, sondern
den Soldaten eine andere Wegweisung geben müssen. Da
habe er das freie Reden gelernt.[24]

Nach der Bundeswehr beginnt Steinbrück ein Studium der
Volkswirtschaft und der Sozialwissenschaften – er bleibt
nicht zu Hause in Hamburg, sondern er geht ins nahe Kiel.
Das Meer und die Möglichkeit zu segeln reizen ihn. An der
Kieler Christian-Albrechts-Universität ist das Studium der

Volkswirtschaft eng mit dem Institut für Weltwirtschaft verbunden. Dessen Direktor Herbert Giersch, zugleich der Or-
dinarius, gilt als Koryphäe und wird auch Steinbrück prüfen.
Interessanter für viele Studenten ist allerdings der junge Professor Reimut Jochimsen, ein Sozialdemokrat. Er hat 1964 in
Kiel im Alter von 31 Jahren einen Lehrstuhl für wirtschaftliche Staatswissenschaften übernommen und setzt auf neue
Themen, wie Wohlstand durch Infrastruktur. Mit ihm können die Studenten politisch diskutieren. Jochimsen leitet das
Institut für Regionalforschung, an dem Steinbrück von 1971
bis 1974 als studentische Hilfskraft arbeitet. Allerdings zieht
der Professor, gerade als Steinbrück sein Studium beginnt,
nach Bonn, um seinem Drang nach politischer Betätigung zu
folgen. Er leitet im Kanzleramt die Planungsabteilung unter
dem sozialdemokratischen Kanzleramtschef Horst Ehmke,
pendelt aber zu Vorlesungen nach Kiel. Jochimsen macht
weiter Karriere in Bonn und in Düsseldorf: 1973 wird er
Staatssekretär im Bildungsministerium, 1978 holt ihn Johannes Rau als Wissenschaftsminister in sein Kabinett, von 1980
bis 1990 ist er ein Jahrzehnt lang Wirtschaftsminister in
Nordrhein-Westfalen.

Wie ist die Atmosphäre in Kiel, als Steinbrück dort zu studieren beginnt? Die Universität gilt als konservativ, viele
Professoren und Wissenschaftler, die den Nationalsozialis-
mus unterstützt hatten, sind dort nach 1945 wiederangestellt
worden. Norbert Gansel, der SPD-Politiker und spätere
Oberbürgermeister von Kiel, erinnert sich an einen Professor
der Rechtswissenschaft, der an der 1941 von den Nationalsozialisten gegründeten Reichsuniversität Straßburg unterrichtet hatte, die im Volksmund »NS-Kampfuniversität Straßburg« genannt wurde. In Kiel wieder für die Lehre zugelas-
sen, sagte er während einer Vorlesung Mitte der sechziger
Jahre den Satz, die Rassenpolitik der Nazis sei, »abgesehen
von der Judenfrage«, eigentlich nicht so schlimm gewesen.

Die linke Protestbewegung erschüttert Ende der sechziger

Jahre auch Kiel. Es gibt die üblichen Umzüge und Aktionen gegen den Vietnamkrieg, und 1968 demonstrieren Schüler, Studenten und Lehrlinge gegen die Preiserhöhungen der Kieler Verkehrsbetriebe. Ein Jahr später kommt es zur »Schlacht am Landeshaus«, bei der 1000 Polizisten versuchen, 5000 aufgebrachte Studenten unter Kontrolle zu halten. Auslöser für die Proteste ist ein Gesetz, das vorsieht, Studenten, die den Lehrbetrieb stören, für drei Jahre von allen Universitäten des Landes zu verweisen.

Noch mehr erregt die Stadt und die Studenten das Schicksal zweier Kieler Professorensöhne. Georg von Rauch, Sohn eines Professors der Osteuropäischen Geschichte an der Universität Kiel, und Thomas Weisbecker, Sohn des Arztes und früheren KZ-Häftlings Ludwig Weisbecker, werden in den sechziger Jahren von der Kieler Gelehrtenschule verwiesen, einem bekannten humanistischen Gymnasium der Stadt. Beide gehen nach Berlin, wo sie sich in der linken, anarchistischen Bewegung tummeln. Von Rauch lebt in der »Wielandkommune«, einer Wohnung in der Charlottenburger Wielandstraße, deren Hauptmieter der Rechtsanwalt (und spätere SPD-Innenminister) Otto Schily ist. Nachdem er gemeinsam mit Weisbecker und Michael »Bommi« Baumann einen Journalisten zusammengeschlagen hat, wird von Rauch Anfang 1970 verhaftet und zu Gefängnishaft verurteilt, flieht aber im Juli 1971 aus einem Gerichtssaal. Am 4. Dezember 1971 wird er bei einem Schusswechsel mit Polizeibeamten in der Eisenacher Straße getötet. In der linken Szene gilt das als »kaltblütiger Mord«, auch wenn Georg von Rauch das Feuer eröffnet hatte. Nur drei Monate später wird auch Weisbecker bei einem Polizeizugriff in Augsburg durch einen Schuss ins Herz getötet. Das Schicksal Weisbeckers und von Rauchs bewegt und spaltet damals Kiel weit über die Studentenkreise hinaus, stammen doch beide aus angesehenen Familien der Stadt.

Die Volks- und Betriebswirte in Kiel sind, wie überall in

der Republik, in diesen Jahren nicht gerade die Speerspitze revolutionärer Umwälzungen. »Deutschlands angehende Volks- und Betriebswirte«, so zitiert der »Spiegel« 1969 eine Fachzeitschrift, »werfen keine Steine. Sie bereiten sich vielmehr auf reputierliche Positionen im kapitalistischen Establishment vor.«[25] Für Steinbrück gilt das auch, allerdings in Maßen. Während seiner Studienjahre lebt er in einer Wohngemeinschaft. Acht Leute wohnen zusammen in einer großen Altbauwohnung in Kiels Innenstadt. Sie haben zuvor schon in einem Studentenwohnheim gelebt, nun ziehen vier Pärchen in die Wohnung, wobei die Zusammensetzung der Paare mitunter wechselt. Es ist dennoch – für die damaligen Verhältnisse – keine ausgesprochen linke WG oder Kommune. In den Räumen hängen keine Bilder von Lenin, Mao oder Che Guevara. Die Wand in Steinbrücks Zimmer schmückt ein Plakat, auf dem ein Schiff zu sehen ist. Er selbst sei der Linkste von allen gewesen, erzählt er. Es gibt ein Gemeinschaftsleben, beim Kochen ist man reihum dran. Steinbrück macht es sich einfach, er serviert Toast Hawaii, immerhin ein Kultessen der damaligen Zeit. Den Abwasch macht die Spülmaschine.

Steinbrück ist ein fleißiger Student und ein junger Mann, der gern immer alles ein bisschen besser weiß, auch und besonders, wenn es um Politik geht. In der WG gilt er als der Neunmalkluge, einer, der alles systematisiert und nach Plan betreibt. Wenn er seinen Teppich saugt, dann tut er das ordentlich parallel in Quer- und Längslinien – und bezeichnet es als »methodisches Saugen«. Oft spielt er mit Mitbewohnern Stratego, ein Spiel, bei dem Armeen gegeneinander antreten. Steinbrück überlegt lange und gewinnt immer.

Berühmt ist Steinbrück in seiner WG auch wegen seines Zettelkastens. Dort sortiert er sein politisches Wissen nach Schlagwörtern. Seine Frau hat später einmal gesagt, er funktioniere »wie ein Legokasten« – jede neue Erfahrung werde einsortiert. Steinbrück ordnet aber nicht nur, er nutzt auch die Ergebnisse der Sortierung. Abends am großen Tisch im Gemeinschaftsraum moderiert er die Diskussionen, hält Vorträge, spult das gesamte Zettelkastenwissen ab. Oft wird bis spät in die Nacht debattiert, man sitzt mit zehn bis zwölf Leuten zusammen, raucht, spielt Doppelkopf, redet sich die Köpfe heiß. Wenn keiner eine Ahnung hat, Peer weiß immer noch etwas, und es stört ihn nicht, wenn er alleine redet.[26]

Doch es gibt auch Dinge, von denen Steinbrück überhaupt nichts versteht. Von Tieren etwa. Um ihn zu ärgern, schenken ihm Freunde einen Nymphensittich. Steinbrück schimpft, wenn er den Käfig säubern muss – mit dem Vogel, der Krach und Dreck macht, kann er nichts anfangen. Einmal legen ihm die Mitbewohner ein Hühnerei ins Zimmer. Sie sagen, bald werde ein Küken schlüpfen, er dürfe daher keinen Krach machen und auch sein Zimmer nicht lüften. In Steinbrücks Bude stinkt es schon gewaltig, bis er merkt, dass ihn die anderen auf den Arm genommen haben.[27]

Ein Vorfall in seiner Studienzeit wird Steinbrück später noch sehr beschäftigen. Am 31. Mai 1972, mittwochmorgens um fünf, stürmt ein gutes Dutzend schwer bewaffneter Polizisten die WG. Er selbst schläft noch, eine Mitbewohnerin öffnet die Tür. Steinbrück fragt die Beamten, ob sie einen Durchsuchungsbefehl haben. Die Polizisten beschlagnahmen unter anderem ein Morsealphabet. Als die Beamten die Wohnung verlassen, stellen die Bewohner fest, dass ein Staatsanwalt seine Aktentasche vergessen hat. Steinbrück schlägt vor, in die Tasche zu schauen. In ihr ist eine Akte. Nachbarn hätten die Studenten angezeigt, steht darin. Ein paar Tage vor der Durchsuchung war in der Nähe eine Sparkasse überfallen worden, und als Steinbrück mit Freunden eine Party gab, glaubten die Nachbarn an eine »Beutefeier«.

Einen Banküberfall von mutmaßlichen Mitgliedern der Roten Armee Fraktion (RAF) hatte es ein halbes Jahr zuvor auf die Spar- und Leihkasse in Kiel gegeben. Und angeblich sollen in der WG, in der Steinbrück lebte, zuvor Leute gewohnt haben, die Mitglieder der Baader-Meinhof-Bande kannten. Sicher ist nur: Der Terrorismus der RAF schafft eine Hysterie in den Nachrichtendiensten und Strafverfolgungsbehörden, die mitunter zu übertriebenem Vorgehen verleitet. Der Staat hat beschlossen, gegen die Linksterroristen mit aller Macht vorzugehen und auch den Sympathisantensumpf trockenzulegen. Keine vier Monate vor der morgendlichen Razzia in Steinbrücks WG hatten Bundeskanzler Willy Brandt und die Regierungschefs der Länder den Radikalenerlass beschlossen. Er beschreibt aktive Verfassungstreue als Voraussetzung für die Einstellung im öffentlichen Dienst, die Mitgliedschaft in verfassungsfeindlichen Organisationen rechtfertigt es zugleich, Bewerber abzulehnen.

Doch Steinbrück ist kein Radikaler. In der ganzen Sache wird er nur als Zeuge vernommen, damit ist sie für ihn erledigt. Er schreibt seine Diplomarbeit über die »Kosten-Nutzen-Analyse bei Stadtentwicklungsprojekten«. Sein Studium beendet er im Dezember 1974 mit einem Diplom mit der Note Zwei, was als glänzend gilt. Steinbrück zieht im Januar 1975 nach Bonn, wo er mit seiner Freundin Gertrud Isbary zusammenzieht. Die hat eine Assistentenstelle an der Universität, arbeitet auf ihren Doktortitel hin. Auch Steinbrück will eine Doktorarbeit schreiben, bei Udo Ernst Simonis. Der Ökonomieprofessor an der Technischen Universität Berlin ist der Ehemann der späteren Ministerpräsidentin von Schleswig-Holstein Heide Simonis. Doch aus der Doktorarbeit wird nichts. Im Bonner Bauministerium bietet ihm ein Referent einen Werkvertrag an. Er ist ein Schüler des verstorbenen Schwiegervaters Steinbrücks, des Spezialisten für Fragen der Raumordnung Gerhard Isbary. Steinbrück soll ein Gutachten anfertigen zu Raumordnungsfragen, das in den Bundesraumordnungsplan münden soll. Steinbrück zögert nicht lange. Er hat 14 Monate Zeit, bekommt dafür 20 000 Mark.[28]

Als der Werkvertrag ausläuft, bewirbt sich Steinbrück, der

im Sommer 1975 geheiratet hat, um eine feste Stelle im Bauministerium. Mit Erfolg: Ein zunächst befristeter Vertrag
wird ihm angeboten. Eines Morgens im März 1976 verlässt er
die Wohnung in der Bonner Altstadt und macht sich auf den
Weg ins Bauministerium. Er soll an diesem Tag in der Abteilung für Raumordnung und Regionalplanung anfangen.
Doch im Ministerium sagen ihm zwei Herren, daraus werde
leider doch nichts, er sei ein Sicherheitsrisiko für die Bundesrepublik. Der Verfassungsschutz hat Steinbrück in seine
Akten aufgenommen, er gilt als möglicher Staatsfeind. Die
Staatsanwaltschaft ermittelt weiter gegen ihn und seine Mitbewohner aus Studentenzeiten.

Peer Steinbrück ist arbeitslos. Seine Frau ist gerade mit
dem ersten Kind schwanger. Der werdende Vater ist schockiert, dass seine Pläne, im Staatsdienst zu arbeiten, ganz unerwartet durchkreuzt worden sind. Die folgenden Monate
werden für ihn zu einer Lebenskrise. Geblieben sei ihm ein
Verständnis für die psychische Belastung, die Arbeitslose zu
ertragen hätten, denn er selbst habe sich damals als »vollkommen kopflos, irrsinnig angespannt« erlebt und als »unfähig,
irgendwas in Gang zu setzen«, hat er später gesagt. Tatsächlich zieht die unerwartete Wendung in seinem Berufsleben
Steinbrück den Boden unter den Füßen weg. »Er schien regelrecht zu zerfallen«, erinnert sich seine Frau an diese Zeit.[29]
Eigentlich könnte Steinbrück nun seine Doktorarbeit schreiben, hätte Zeit dafür, doch er werkelt nur lustlos daran herum. Er habe auch angefangen, kein Satz sei unter zehn Zeilen
geblieben, was ja jeder ordentliche Professor in Deutschland
erwarte, scherzt er Jahrzehnte später. Doch gelingt es ihm
nicht, sich in dieser Zeit auf die Arbeit zu konzentrieren.
Eines ist deshalb sicher: Über eine gefälschte Doktorarbeit
kann der Politiker Steinbrück nicht stolpern.

Mit Leuten aus dem Bauministerium und der Staatsanwaltschaft spricht Steinbrück telefonisch und persönlich über
sein Unglück, doch ausrichten kann er nichts. Die Zeit als

arbeitsloser »Staatsfeind« zieht sich in die Länge. Mehrere SPD-Politiker setzen sich für Steinbrück ein, unter ihnen der Bundestagsabgeordnete Norbert Gansel und Reimut Jochimsen. Klaus Matthiesen, damals SPD-Oppositionsführer in Kiel und Mitglied der Parlamentarischen Kommission zur Kontrolle des Verfassungsschutzes, gelingt es schließlich durchzusetzen, dass die Kieler Staatsanwaltschaft die Ermittlungen einstellt. Das Bauministerium stellt Steinbrück dennoch nicht ein. Mehr Glück wird er dann im Forschungsministerium haben.

Frau Steinbrück

Über ihre Ehe geben die Steinbrücks selten Auskunft. Sie legen Wert darauf, ihre häusliche Atmosphäre abzuschirmen. Nur einmal, Anfang 2005, in dem Jahr, als der nordrhein-westfälische Ministerpräsident Steinbrück zum ersten Mal in seinem Politikerleben eine wichtige Wahl gewinnen will, ändert das Ehepaar seine Gewohnheit und gibt der »Bunten« ein Interview. Der Wahlkämpfer, der vielen als spröde und manchem als langweiliger Aktenfresser gilt, ist darauf angewiesen, etwas für ein sympathisches, menschliches Image zu tun. So erfährt die Öffentlichkeit erstmals etwas mehr über das Ehepaar Steinbrück. Das Interview vermittelt den Eindruck von zwei Menschen, die sich gewachsen sind, sich nicht nach dem Mund reden und sich gern auf die Schippe nehmen. Auf einer Skihütte in der Eifel hätten sie sich 1973 kennengelernt, ein gemeinsamer Freund aus Bonn, der wie Steinbrück in Kiel studierte, hatte dorthin eingeladen. »Endlich mal eine Frau, die quatschen kann«, so erinnert sich Steinbrück an seinen ersten Eindruck von seiner späteren Ehefrau. Die fand den Typen, der offen seine schlechte Laune zur Schau stellte, hingegen zunächst »unmöglich«. Später ge-

steht er ihr, an diesem Tag schrecklich verkatert gewesen zu
sein. Jedenfalls habe gleich am ersten Abend der »Blitz« ein-
geschlagen, erinnert sich Gertrud Steinbrück, während sich
ihr Mann da nicht so ganz sicher zu sein scheint.

Als Steinbrück seine zwei Jahre jüngere Frau heiratet, ist
er 28. Ihre Ehe beschreiben die Steinbrücks sehr nüchtern als
eine Zeit, in der es Höhen und Tiefen, auch Krisen und Erup-
tionen gegeben habe. Man merkt, dass es Geduld und Einsatz
gekostet hat, zusammenzubleiben. Dass es nicht leicht ist,
mit Steinbrück verheiratet zu sein, lässt sich aus dem Interview erkennen. Sie hätten sich nicht immer auf der gleichen
Linie entwickelt, sagt Gertrud Steinbrück. »Deshalb muss
man sich immer wieder neu bemühen. Das ist manchmal
auch anstrengend«, fügt sie hinzu.[30] Steinbrück nerve an ihr
»meine Besserwisserei«, sagt sie über sich selbst. Er hingegen
nennt »mangelnde Aufmerksamkeit« als etwas, das sie auf die
Palme bringen könne – sie bestätigt diese Einschätzung.

Zum Hausmann ist Steinbrück nicht geeignet. Nicht nur,
dass seine Frau die Vorstellung, ihr energiegeladener Mann
sei den ganzen Tag zu Hause und schleiche wie ein hungriger
Tiger durch die Räume, als Schreckensvision beschreibt. Sie
lobt ihn auch sehr dafür, dass er »im Brötchenholen« gut sei,
und sogar Körnerbrötchen mitbringe, obwohl er die, als be-
kennender Anti-Öko, nicht mag. Die Behauptung des Crois-
sant-Liebhabers, er sei zudem für die blaue Altpapiertonne
zuständig, kommentiert sie dann ironisch mit einem: »Das
lassen wir mal so stehen.«

Steinbrücks Frau, in einer 700-Seelen-Gemeinde in Sach-
sen-Anhalt geboren und im Rheinland aufgewachsen, ist
promovierte Biologin, arbeitet zunächst wissenschaftlich an
der Universität Bonn. Ihre 1978 dort veröffentlichte Doktorarbeit befasst sich mit der genetisch veränderten Erbse (Pisum
sativum) und trägt den Titel »Der Einfluss mutierter Gene
auf die Speicherung von Zuckern und Stärken und die Koh-
lenhydratentwicklung während der ersten Keimwoche bei

Pisum sativum«. Gertrud Steinbrück arbeitet allerdings schon lange nicht mehr als Genetikerin, sondern ist seit bald 30 Jahren Lehrerin für Biologie und Politik am Amos-Comenius-Gymnasium in Bonn-Bad Godesberg. Ursprünglich hatte sie einmal Ärztin werden wollen, doch der Numerus clausus ließ das nicht zu. Den Lehrerberuf sieht sie schon lange als ihren Traumjob an.

Das Interesse an Naturwissenschaften hat in der Familie Tradition. Ihr Vater war der 1909 geborene Geograph Gerhard Isbary. Er arbeitet in den fünfziger Jahren am Institut für Raumforschung in Dortmund, veröffentlicht Bücher und Schriften zu Raumordnung und -planung. Der Geographieprofessor, der als Wegbereiter der modernen Raumforschung gilt, interessiert sich in Zusammenhang mit seinem Beruf auch für politische Fragen. In den Akten aus den späten sechziger Jahren, die in nordrhein-westfälischen Archiven lagern, finden sich Spuren seines Vorschlags für eine Reform der Kreisebene. Seine Idee vertritt er auch in öffentlichen Veranstaltungen. Er stirbt 1968, mit nur knapp 60 Jahren.

Steinbrücks Schwiegermutter Marie-Luise Isbary engagiert sich über Jahrzehnte in der ehrenamtlichen Bewegung der »grünen Damen«, die in Krankenhäusern und Altenheimen aus christlicher Motivation sozial tätig sind. Sie gründet 1973 in Bonn eine der ersten Gruppen dieser Bewegung im Johanniter-Krankenhaus, ist später im Vorstand der Evangelischen und Ökumenischen Krankenhaus- und Altenheimhilfe (EKH) aktiv. Ihr Schwiegersohn betrachtet ein solches Engagement skeptisch. »Du musst dich auch einmal auf Menschen einlassen, die mit ihrer Arbeit kein Geld verdienen«, schimpft Marie-Luise Isbary mit ihm. Als Ministerpräsident macht ihr Schwiegersohn später sogenannte Ehrenamtstouren – dies ist so ungewöhnlich für ihn, dass er heute noch gern davon erzählt. Marie-Luise Isbary stirbt 2004 kurz nach ihrem 80. Geburtstag.[31]

Ihre Tochter Gertrud Steinbrück bezeichnet sich selbst als

Achtundsechzigerin. Sie sei in den Studentenjahren »emotional politisiert« gewesen, habe für Willy Brandt geschwärmt und die Literatur gelesen, die eine fortschrittlich denkende junge Frau damals lesen musste.[32] Sie ist 1980 in die SPD eingetreten, doch selbst in die Politik zu gehen sei ihr nicht in den Sinn gekommen.

Eine quasipolitische Rolle hat sie erst als First Lady des Landes Nordrhein-Westfalen drei Jahre lang spielen müssen. Als ihr Mann gewählt ist, ruft Karin Clement, die Frau seines Vorgängers Wolfgang Clement, an und erklärt ihr, was das Leben einer Frau des Ministerpräsidenten so mit sich bringt. Die Clements und die Steinbrücks sind befreundet, wohnen in unmittelbarer Nähe. Gertrud Steinbrück macht das Nötigste, was die neue Rolle ihr auferlegt, übt aber dabei immer ihren Beruf voll aus und macht auch keinen Hehl daraus, dass der für sie Vorrang hat. Sie habe ja nur die Rolle eines »gehobenen Begleitservices«, sagt sie einmal.[33] Dabei hält sie auch Reden, und im Wahlkampf verteilt sie rote Rosen auf dem Marktplatz, auch wenn sie sich dabei etwas komisch vorkommt. Muss sie ihren Mann auf einer Reise, etwa nach Israel, begleiten, so verlegt Gertrud Steinbrück ihre Stunden im Gymnasium in der zwölften Klasse auf die nullte Stunde, die um sieben Uhr beginnt, damit kein Unterricht ausfällt. An der Schule habe niemand von ihrer besonderen Rolle als Frau des »Landesvaters« Aufhebens gemacht. Dass die Schüler aber gut informiert sind, merkt sie spätestens nach dem Besuch von Queen Elizabeth II, ausführlich muss sie in der Schule über ihre Eindrücke berichten. Dieser Besuch hat die selbstbewusste Lehrerin doch nervöser gemacht, als sie es selbst vorher gedacht hatte. »Wenn sie in vollem Ornat vor einem steht, das geht einem schon unter die Haut«, gibt sie zu.[34]

Doch die Landesmutter zu geben ist so wenig ihre Art, wie es ihr überhaupt widerstrebt, im Leben ihres Mannes aufzugehen. Für Gertrud Steinbrück ist es ungemein wichtig, ihre

Arbeit und ihren eigenen Freundeskreis zu haben, der mit dem Leben ihres Mannes wenig zu tun hat. So hat sie es geschafft, das Leben an der Seite eines vielbeschäftigten Politikers auszuhalten – eines Mannes, der gern um sich und seine Aktivitäten kreist. Es ist diese Autonomie, die wohl auch die Ehe hat überdauern lassen mit einem Mann, der viele Jahre selten zu Hause war.

Teilnahmslos gegenüber dem Leben des Politikergatten ist Gertrud Steinbrück allerdings nicht. Steinbrück höre auf sie, ihre Meinung sei ihm schon immer wichtig gewesen, sagen Bekannte und Vertraute. Mitunter versucht Gertrud Steinbrück, einige seiner Schwächen auszugleichen. Vor öffentlichen Auftritten ihres Mannes mische sie sich »beim Äußeren« manchmal ein, »weil ich glaube, dass Männer tendenziell farbenblind sind«. Und gelegentlich weist sie den für sein rhetorisches Schnellfeuer bekannten Ehemann darauf hin, dass man Dinge »auch etwas freundlicher sagen oder langsamer erklären« kann. Als Steinbrück den Schweizern wegen ihres laxen Umgangs mit Steuersündern die Kavallerie vorbeischicken wollte, da habe seine Frau gesagt: Sabbel nicht so ein Zeug. Der Gefahr, dass ihr Mann abhebt, versucht sie entgegenzuwirken. »Ich bin so seine Bodenhaftung«, definiert sie ihre Rolle für den Politiker Steinbrück.[35]

Wenn es um das soziale Engagement im unmittelbaren Umfeld in Bonn geht, treten die Steinbrücks mitunter zusammen auf. In »ihrem« Gymnasium hat Steinbrück schon öfters einen Vortrag gehalten. Doch das Engagement beschränkt sich nicht darauf. So besuchen die Steinbrücks im Frühjahr 2011 etwa die Johannes-Rau-Schule in Bonn-Bad Godesberg, der das Ehepaar 20 000 Euro für ein neues Mathematiklabor und ein Anti-Gewalt-Training gespendet hat. Steinbrück gibt da offen seine Schwächen in Mathematik zu, erinnert auch an die eine oder andere Fünf, die er mal hatte. Nur vor einem Plakat in der Schule will er sich nicht fotografieren lassen. »Wie werde ich Bundeskanzler?«, steht darauf.[36]

Bei anderer Gelegenheit gibt er an der Schule auch mal Tipps, wenn dort ein Schachturnier stattfindet. Wenn die Bad Godesberger zu Weihnachten die Aktion »Weihnachtslicht« starten, um Stadtteilprojekte für Bedürftige zu unterstützen, sind die Steinbrücks mit 1000 Euro unter den Spendern.

Die große Bühne meidet Gertrud Steinbrück hingegen, auf Glamour kann sie gut verzichten. Ihren Mann treibt sie nicht an, in seiner politischen Karriere nach den höchsten Ämtern zu greifen. Im Gegenteil: Wie denn seine Frau zu einer möglichen Kanzlerkandidatur stehe, ist Steinbrück gefragt worden. Wenig begeistert, gibt Steinbrück zu. »Da treffen Sie einen empfindlichen Nerv.«[37] Sowohl seine Frau als auch seine Kinder raten ihm davon ab, sich um die Kanzlerkandidatur zu bewerben.

Familienleben

Die Steinbrücks wohnen in einer Doppelhaushälfte aus der Gründerzeit in Bonn-Bad Godesberg. Es ist kein protziges Haus, aber eins, das mit Büchern vollgestopft ist. Die Steinbrücks sind Bildungsbürger. Im Garten steht ein großer Kirschbaum. Wenn der Politiker zu Hause ist, geht er im Viertel einkaufen, fährt Rad, geht auch ins Kino.

Bei den Geburten seiner Kinder ist Steinbrück dabei, für die damalige Zeit noch ungewöhnlich. Das habe ihn sehr geprägt. 1976 wird die Tochter Katharina geboren. Sie studiert in Passau und in Berlin Jura, macht angesehene Abschlüsse in England und Frankreich – sie hat die französische Elitehochschule ENA absolviert – und ist heute als Rechtsanwältin in einer Kanzlei in Mannheim tätig. Zwei Jahre nach ihr wird die Tochter Anne geboren, noch einmal fünf Jahre später der Sohn Johannes. Anne Steinbrück hat Politikwissenschaft in Maastricht studiert, ein Praktikum bei der Vertretung des

Landes Nordrhein-Westfalen in Brüssel gemacht und ist heute Europabeauftragte des Deutschen Reiseverbands (DRV). Johannes Steinbrück hat an der Berliner Humboldt-Universität Englisch und Geschichte für das Lehramt studiert und ist als Referendar an einem altsprachlichen Gymnasium der Hauptstadt gelandet.

Auf seine Kinder ist Steinbrück stolz. Gelegentlich erwähnt er, seine Töchter hätten weit bessere Examen gemacht als er seinerzeit. Politisch agitiert habe er seine Kinder nicht. Eine Tochter sei aus Sympathie der SPD beigetreten, ohne ein aktives Mitglied zu sein. Von den anderen Kindern sagt er, sie seien keine geborenen CDU-Wähler.

Als die Kinder klein waren, hatte der Vater wenig Zeit für sie. Er habe ein schlechtes Gewissen gehabt, gibt Steinbrück zu. Mit kleinen Kindern konnte der Vater, so scheint es, nicht allzu viel anfangen. »Mein Mann ist ein glänzender Vater für erwachsene Kinder«, hat seine Ehefrau das diplomatisch umschrieben. Steinbrück versucht, die Kinder mit seiner Spielleidenschaft anzustecken. Später verreist er mit ihnen jeweils einzeln für einige Tage, etwa nach Berlin oder London – ein Versuch, Versäumtes nachzuholen.

Einmal sorgt eine Familienreise der Steinbrücks sogar für politische Aufregung: Ostern 2007 will der damalige Bundesfinanzminister wegen eines Familienurlaubs nicht an einer Tagung des Internationalen Währungsfonds (IWF) in Washington teilnehmen. Mitarbeiter bedeuten ihrem Chef, dort könne er schlecht fehlen, zumal Bundeskanzlerin Angela Merkel den Vorsitz in der G7 habe, der Gruppe der sieben wichtigsten Industrienationen, deren Finanzminister sich in Washington treffen. Doch Steinbrück verbringt die Osterfeiertage lieber in Namibia. Die Reise, so sagt er, sei der Familie schon lange versprochen. »Auch wenn es viele überrascht, für den Finanzminister gibt es noch Wichtigeres als G7-Konferenzen. Dazu zählt seine Familie«, begründet Steinbrücks Sprecher Torsten Albig das Fehlen seines Chefs. Steinbrück

gibt auf der Reise noch ein Interview für eine örtliche Zeitung und ist nicht bemüht, seinen Urlaub verschämt zu ver-
schweigen. Die Boulevardpresse in Deutschland berichtet
ausführlich, in welchen schicken Hotels der Minister ab-
gestiegen sei und dass er sich 13 Tage Luxusferien gegönnt
habe. Steinbrück wird als »Safari-Minister« bezeichnet. Während selbst manche in der Union, wie etwa CDU-Kanzler-
amtschef Thomas de Maizière, Steinbrück intern verteidigen
und darauf hinweisen, wie wichtig die Zeit mit der Familie
für die ohnehin zu oft abwesenden Spitzenpolitiker sei, sind
manche in der SPD wenig amüsiert über Steinbrücks Urlaubsreise.

Zwar ist das Fehlen Steinbrücks auf dem Gipfel in Washington eigentlich nicht der Rede wert. Aber zu gut erinnert
sich mancher Genosse daran, wie Steinbrück im Jahr zuvor in
einem Interview, das er zur Ferienzeit gab, die Deutschen
dazu aufgefordert hatte, mit ihren Urlauben zu haushalten:
»Wir müssen im Zweifel auf eine Urlaubsreise verzichten,
um für später vorzusorgen.«[38] Die Reaktionen aus der Bevölkerung auf diesen Vorstoß sind empört, viele in der SPD sind
sauer auf Steinbrück. Immer wieder muss der damalige SPD-
Vorsitzende Kurt Beck bei seinen Auftritten die Dinge zu-
rechtrücken. Steinbrück sieht die ganze Affäre als ein Beispiel dafür, wie Medien vermeintliche Skandale suchen und
selbst produzieren.

Kapitel 2

Spieler, Sammler, Redner

Schach, Billard und Tennis

Peer Steinbrück ist ein Spieler. Das gilt zunächst im ganz gewöhnlichen Sinn des Wortes: Er liebt Spiele. Die Spiele, die ihn in Bann ziehen, zeichnen sich zumeist dadurch aus, dass einer in einem offenen Kampf einen anderen zu besiegen sucht. Mannschaftssportarten sind Steinbrücks Sache nicht. Er verlässt sich lieber auf sich selbst, will unabhängig sein vom Können oder Versagen eines Mitspielers. Dabei ist es nicht unbedingt entscheidend, welche Art von Spiel es ist. Die Duellsituation ist es, die Steinbrück reizt. Und sei es beim Backgammon, das er mit seiner Frau spielt, die meistens gewinnt. Scrabble spielt Steinbrück nach eigenem Bekunden allein seiner Frau zuliebe – eigentlich findet er das Wortspiel furchtbar, da gibt es zu wenig Kampf. Bei der Arbeit an seinem Buch »Unterm Strich« hat er es immerhin auf neun Scrabble-Partien gebracht.

Daneben ist es, so Steinbrück, die Konzentrationsleistung, die ihn an Spielen reize. Nach einem anstrengenden Tag, an dem er als Politiker von seinem Beruf gefangen genommen sei, sei eine andere Form von Konzentration einfach entspannend. Das gelte besonders für Schach.[1]

Schach ist zweifellos Steinbrücks Lieblingsspiel. Als Finanzminister hatte er auf der Regierungsbank im Bundestag gelegentlich Schachrätsel aus Zeitungen vor sich liegen – das half, langweilige Debatten konzentriert zu überstehen. Gelernt hat er das Königsspiel von seiner dänischen Großmutter im Alter von sechs Jahren. Sie ist der Meinung, dass er sich einen Sieg selbst verdienen muss, lässt ihn also nicht zum

Spaß gewinnen und macht auch nicht absichtlich Fehler.
Steinbrück braucht sieben Jahre, bis er das erste Mal gegen
die Großmutter gewinnt. »Das war ein richtiger Sieg – keine
Freundlichkeit«, erinnert er sich an den Triumph des Drei-
zehnjährigen, den er wie eine Versetzung empfunden habe.[2]
Die Großmutter ist eine ausgesprochene Schachliebhaberin,
eine Leidenschaft, die sie mit ihrem Ehemann teilt. So spielt
sie während des Ersten Weltkriegs eine Partie mit ihrem Gatten, als jener in Frankreich stationiert ist. Per Feldpost geben
sie sich die Züge für ihr Fernschachduell durch. Eines Tages
erscheinen Leute vom militärischen Geheimdienst bei ihr zu
Hause. Die seltsamen Kürzel auf den Postkarten wie Sg8-f6
oder Le2xb5 hatten sie höchst misstrauisch gemacht. Sie
glaubten, die Notationen seien Koordinaten der Artillerie.

Steinbrück spielt als Schüler mit seinem Bruder Schach,
auch mit einem Onkel. Und zu Studentenzeiten spielt er
Schach in seiner WG in Kiel. Ein Mitbewohner, der von
Steinbrück genervt ist, lädt damals einen Schachprofi in die
Wohnung ein, der den Auftrag hat, Steinbrück durch einen
glänzenden Sieg das Maul zu stopfen. Möglicherweise weil er
seinen Gegner unterschätzt, verliert der Profi aber die Partie.
»Das Gesicht meines Mitbewohners, als er das Ergebnis er-
fuhr, werde ich jedenfalls nie vergessen«, erinnert sich Steinbrück.[3]

Steinbrück ist im Schachspiel ein starker Amateur. Als Ministerpräsident von Nordrhein-Westfalen hat er am 7. März
2005 die Chance, in der Bonner Bundeskunsthalle gegen den
ehemaligen Weltmeister Wladimir Kramnik zu spielen. Die
Partie findet an einem Samstag um 12 Uhr mittags statt,
»High Noon« hatte die Kunsthalle die Veranstaltung betitelt.
Für Steinbrück ist es eine aufregende Angelegenheit. Er
schlägt sich wacker, hält immerhin 37 Züge durch. Dass er
vielleicht sogar, wenn er ein paar Fehler vermieden hätte, ein
Remis hätte erreichen können, beschäftigt ihn noch lange.
»Stellen Sie sich mal vor, ich hätte ein Remis gekriegt – das ist

besser als Minister«, hat er während seiner Zeit als Bundesfinanzminister gescherzt.[4] Doch bei aller Anerkennung, die
ihm für sein Spiel zuteilwurde – auf einer Schachseite im Internet fällt das Urteil über Steinbrücks Partie eher nüchtern
aus: »Steinbrück zeigte über weite Strecken keine offensicht-
lichen Patzer, aber doch eklatante strategische Schwächen.«[5]

Steinbrücks Art, Schach zu spielen, sagt viel über seinen
Charakter aus. Er liebt die Offensive, die offene Partie, das
Risiko. Mitunter kann er die Konsequenzen seiner Züge dadurch nicht übersehen. »Ich spiele oft impulsiv und ver-
schenke damit bisweilen Positionen, die eigentlich vorteilhaft
gewesen wären«, sagt er über sein eigenes Spiel.[6] Am Schach
fasziniere ihn, dass es ein sehr strategisches Spiel, sehr varian-
tenreich und eben »eine Duellsituation« sei.

Steinbrück misst sich meist mit dem Schachcomputer. Er
gibt gewöhnlich dem Computer eineinhalb Minuten durchschnittliche Bedenkzeit und spielt ein Turnier, das endet,
wenn einer zuerst sechs Partien gewonnen hat. Gewinnt
Steinbrück das Turnier, dann nimmt er den nächsten Level,
bei dem er in der Regel keine Chance mehr gegen den Computer habe. Dass Computer selbst gegen Weltmeister gewinnen können, das habe ihn deprimiert, sagt Steinbrück, der im
Dezember 2006 bei der Schachpartie des Computers Deep
Fritz gegen Wladimir Kramnik in der Bonner Kunsthalle der
Schirmherr war. Kramnik konnte zwar vier Remis erzwin-
gen, doch kein einziges Mal gewinnen – am Ende siegte der
Computer 4:2. Erschütternd finde er, so sagt Steinbrück
dazu, »dass die Intelligenz sich so verselbständigt, dass der
Mensch von einer Maschine überwältigt wird, die er selbst
programmiert hat«.[7]

Zu seinen Schachpartnern gehören sein Sohn und die
Freunde der Töchter. Unter den Politikern sind es der ehemalige Innenminister Otto Schily und, wie spätestens seit
dem Buch »Zug um Zug« bekannt ist, auch hin und wieder
Altkanzler Helmut Schmidt. Das Titelbild ihres gemeinsa-

men Gesprächsbandes ziert ein Schachbrett, an dem die beiden Politiker sitzen. Dass das Schachbrett so steht, wie ein Schachbrett nicht stehen darf – das rechte Feld in der ersten Reihe des Spielers mit den weißen Figuren ist schwarz statt weiß –, hat für manch hämischen Kommentar in der Presse gesorgt. Die Fotografin hatte das Spielbrett verrückt, Schmidt und Steinbrück taten für das Foto nur so, als ob sie spielten. Da fast alle Zeitungen das »falsche« Bild zum Anlass für Glossen und Betrachtungen nahmen, mokierte sich Steinbrück, offenbar habe die Republik keine größeren Probleme als ein Schachbrett. Geärgert hat ihn der Fehler aber doch. Tatsächlich spielt Schach aber in den seltenen Treffen, die Steinbrück mit Schmidt hat, in der Regel keine Rolle.

Steinbrück kennt die berühmten Partien der Schachgeschichte, etwa des Finales der Schachweltmeisterschaft zwischen Bobby Fischer und Boris Spasski 1972 in Reykjavik. Die Notationen dieser Partien habe er immer griffbereit. Das Turnier hatte damals seinen besonderen Reiz auch dadurch, dass der Kalte Krieg in vollem Gange war und Fischer mit seinem Sieg die Vorherrschaft der sowjetischen Schachspieler brach.[8]

Als die »Frankfurter Allgemeine Sonntagszeitung« die Ergebnisse des Hamburger SPD-Parteitags in einer Schachbrett-Aufstellung beschreibt, und Steinbrück dabei als rechten Läufer charakterisiert, ist er nicht einverstanden. In der Familien- und Bildungspolitik sei er doch eher ein »linker Läufer«. Eines könne er aber schon sagen: »Ein ›Springer‹ bin ich sicher nicht.«[9]

Steinbrück ist zudem Billard-Spieler, er spielte eine Weile Karambolage, das ihn wegen der Konzentrationsleistung ähnlich entspannt wie Schach. Karambolage ist eine Variante des Billards, bei der die weiße Kugel die anderen beiden Kugeln treffen muss. Trifft der Spieler beide, darf er weitermachen. Trifft er keine oder nur eine, ist der Gegner dran. Steinbrück bringt sich das Spiel schon als junger Mann bei,

zu Hause in Bonn gibt es einen Spieltisch, an dem auch die
Kinder lernen.

Die Sportart, die Steinbrück am meisten ins Schwitzen
bringt und die er wohl nur noch selten ausübt, ist Tennis. Er
spielt es, wie es seinem Temperament entspricht, offensiv und
mit dem Risiko, zu schnell zu weit vorzupreschen. »Steinbrück stürmt ans Netz, bei jeder Gelegenheit, auch bei un-
passender. Ein Spielmacher, der nicht von den Fehlern des
Gegners leben will«, schreibt der »Stern« 2003 über ihn.[10]

Der Sammler

Spielen ist aber nur eine der vielen Leidenschaften des nüchtern erscheinenden Hanseaten. Mit Herzblut frönt er einer
anderen Leidenschaft, die mit Duellen nichts zu tun hat:
Steinbrück ist ein Sammler. Wenn er zu Hause ist, wälzt er
Kataloge, bestellt dicke Bücher und findet Dinge, die er schon
lange sucht. Nicht nur für Bücher, auch für Comics hat er
eine Schwäche. Als Kind lernt er »Mecki«, »Nick Knatter-
ton«, »Cisco Kid« und nicht zuletzt »Prinz Eisenherz« kennen – die Strips werden im »Hamburger Abendblatt« und in
Zeitschriften veröffentlicht, die seine Großmutter abonniert.
Später erben die Steinbrück-Kinder die Leidenschaft und
spielen sogar Szenen aus den mittlerweile als Bücher erschie-
nenen »Prinz Eisenherz«-Comics nach. Heute lobt Steinbrück die Comics von Enki Bilal, Alberto Breccia, Jacques
Tardi, Hugo Pratt und Isabel Kreitz. Und er besteht darauf:
»Onkel Dagobert war definitiv kein Spekulant.«[11]

Steinbrücks Sammelleidenschaft beschränkt sich nicht auf
Gedrucktes. Mindestens ebenso groß ist sie für Gebautes,
nämlich für Schiffsmodelle. Das größte Zimmer seines Wohn-
hauses hat Steinbrück für seine Sammlungen mit Beschlag be-
legt. Dort steht das amerikanische Kriegsschiff »Oregon« aus

dem späten 19. Jahrhundert oder die kaiserliche Yacht »Meteor V«, auch ein Mississippi-Raddampfer aus Holz. Der Raum ist »eine regelrechte Werft«, wie seine Frau sagt.[12]

Steinbrück ist eben ein Schiffsnarr, kennt sich aus in der Marine und deren Geschichte. Der Vater war nicht nur Marineoffizier, sondern auch ein begeisterter Segler, der Bruder ist es auch. Modelle hatte schon der Vater als Kind gebaut. Und auch Peer Steinbrück fertigte als Junge mit Leidenschaft Modellschiffe, vor allem Frachtschiffe, aber auch deutsche Kriegsschiffe wie die »Scharnhorst« und die »Gneisenau«. Die Verkleinerung solch mächtiger Schiffe, die getreue Abbildung und die Ästhetik der Schiffe hätten ihn fasziniert, hat er dem Journalisten Günter Bannas, der selbst ein begeisterter Schiffsmodellbauer ist, erzählt.[13] Von einem für einen Modellbauer geradezu tragischen Ereignis berichtet Steinbrück: Nachdem er eineinhalb Jahre ein dänisches Linienschiff, »Det Norske Löw«, nachgebaut hat und nur noch die Takelage anbringen muss, springt die Katze der Tochter in das Modell. »Die Tierschützer mögen mir verzeihen: Hätte ich eine Waffe zur Hand gehabt, wäre es später zu staatsanwaltschaftlichen Ermittlungen gekommen«, beschreibt Steinbrück seinen damaligen Gemütszustand.[14]

Hing in seinem Studentenzimmer ein Poster mit einem Schiff an der Wand, so hat Steinbrück auch heute noch gern Schiffe um sich. In seinem Arbeitszimmer, früher als Bundesfinanzminister und jetzt als Abgeordneter, steht ein Modell der amerikanischen Fregatte »Constitution« von 1810, das ein Freund selbst gebaut und Steinbrück geschenkt hat. Bei Schiffen lässt es Steinbrück nicht bewenden. Auch Modelle von Flugzeugen, Autos und Eisenbahnen sammelt er, und sie stünden im ganzen Haus herum, wenn sie nicht, so sagt seine Frau, dafür sorgen würde, dass sie in einem Zimmer eingesperrt werden. Seine Frau habe Angst, »dass ich meine Modelle mit ins Schlafzimmer nehme«, sagt Steinbrück und fügt hinzu: »Ich glaube, viele Ehefrauen haben solche Horrorvorstellungen, wenn sie an die Objekte der Spieltriebe ihrer Männer denken.«[15]

(K)ein Fußballfan

Peer Steinbrück ist Fußballfan in seiner frühen Jugend. Ein echter Fan. Als 1958 der deutsche Nationalspieler Erich Juskowiak im Halbfinale der Fußballweltmeisterschaft nach einem Foul an seinem schwedischen Gegenspieler vom Platz gestellt wird, da heult der elf Jahre alte Peer, so hat er es erzählt, zu Hause am Radio. Deutschland verliert das Spiel 1:3. Ein Jahr später geht der Schüler mit einem Onkel zum ersten Mal selbst ins Stadion am Rothenbaum, bewundert dort Uwe Seeler und die anderen Stars des Hamburger SV. Der Fußballverein spielt in der Oberliga Nord – die Bundesliga wird erst 1963 gegründet. Im Stadion am Rothenbaum gibt es damals noch keine Aschenbahn, die ersten Bänke für die Zuschauer stehen keine zwei Meter von der Außenlinie entfernt, Zäune sind noch nicht aufgestellt. Der Schüler Peer geht regelmäßig zu den Heimspielen des HSV. Er kann die ganze Meistermannschaft von 1960 noch aufzählen, weiß, wer auf welcher Position spielte.

Doch der Mannschaft seiner Heimatstadt, dem HSV, bleibt sein Fan nicht treu. In seinen Studienjahren erwärmt sich Steinbrück für Borussia Mönchengladbach. Es sei der Angriffsfußball der Gladbacher, der ihn verzaubert habe, so sagt er. Und natürlich die Spieler, die ihn spielen: Günter Netzer, Jupp Heynckes, Rainer Bonhof, Uli Stielike, Berti Vogts, Wolfgang Kleff. Es ist die Elf der frühen siebziger Jahre. Damals war es für Sozialdemokraten wohl einfach chic, für Gladbach zu sein. Bayern München war Establishment. Gladbach aber war unkonventionell und rebellisch. Netzer ist der Spieler, den Steinbrück am meisten bewundert. Ein

genialischer Einzelgänger. Einer, der es schaffte, sich im le-
gendären Pokalfinale am 23. Juni 1973 selbst einzuwechseln
und fast unmittelbar danach das Siegtor mit einem Schuss in
den Winkel zu erzielen. Steinbrück schwelgt in Erinnerungen, wenn er davon spricht, oder von dem Traumtag im Jahre
1977, als Gladbach durch ein 2:2 in München Meister wurde.
Die Nachricht, dass die Borussia am 7. Mai 2008 den Wieder-
aufstieg in die Bundesliga geschafft hatte, erreicht Steinbrück
während einer Sitzung an einem Mittwochabend. Sie führt zu
ungebremstem Jubel. »Ich vermute, dass der Rest der Runde
angesichts einer ziemlich spontanen Reaktion von ernsthaf-
ten Zweifeln an meiner mentalen Verfassung erfasst wurde.
Egal!«, schreibt der Gladbach-Fan in einem Beitrag für die
»Welt am Sonntag«, den er eigens aus Anlass des Wiederauf-
stiegs seiner Lieblingself verfasst hat.[16]

Aber all das erscheint doch ein wenig aufgesetzt. Steinbrück war Gladbach-Fan der siebziger Jahre, als das modern
war. Aber viel weiter ging sein Fan-Sein nicht. Tatsächlich ist
er, anders als die SPD-Politikerin Hannelore Kraft, selten im
Stadion der Gladbacher gewesen, und wenn er, zu Zeiten als
Bundesfinanzminister, einmal dort war, hatte er nicht einmal
einen Fanschal.

Den Beweis, dass seine Begeisterung für Borussia Mönchengladbach nicht von unumstößlicher Liebe geprägt ist,
liefert Steinbrück erst vor wenigen Jahren. Er wird den Glad-
bachern gewissermaßen untreu, und das ausgerechnet mit
einer anderen Borussia. Denn in der Spielzeit 2010 / 2011 tritt
Steinbrück in den Aufsichtsrat von Borussia Dortmund
ein. Geschäftsführer Hans-Joachim Watzke und Präsident
Reinhard Rauball gelingt es, Steinbrück für einen Posten in
dem Gremium zu gewinnen. Man kennt sich noch aus Zeiten, als Steinbrück Ministerpräsident war und es dem Fuß-
ballklub sportlich und finanziell weit schlechterging. Auch
Friedrich Merz, der einstige Hoffnungsträger der CDU, den
Steinbrück schätzt, sitzt dort. Viermal im Jahr wird getagt,

Steinbrück gilt immer als gut vorbereitet. Für den Job erhält er 7500 Euro im Jahr. Einmal im Monat besucht er nach Möglichkeit ein Spiel des Vereins, das er auf der Haupttribüne verfolgt.[17]

Die schwarz-gelbe Borussia steht zu Beginn seiner Tätigkeit als Aufsichtsrat schon auf Platz eins in der Bundesliga, und sie wird am Ende deutscher Meister. Steinbrück gibt zu, dass er – im Vergleich zu den echten Fans – gar kein Dortmund-Fan ist. Aber er ist gern bei den Erfolgreichen. »Ich wollte mal bei den Gewinnern sein«, gibt er wohl nur halb ironisch zu Protokoll.[18] Steinbrück kann sich in einem Fußballspiel für seine Mannschaft begeistern. Aber furchtbar leiden wird er mit einem Verein nicht. In Wirklichkeit ist ihm Fußball nicht so wichtig.

Leseratte und Cineast

Steinbrück besitzt ein breites Interesse an und Wissen in kulturellen Dingen. Gedrucktes zieht ihn an. Schon als Junge hat Steinbrück Bücher »gefressen«, als Erwachsener tut er das immer noch. Vielen seiner Bekannten ist es ein Rätsel, wie er es schafft, so viel zu lesen. Zu seinen größten Schwächen gehöre es, hat er einmal gesagt, dass er nicht an Buchantiquariaten vorbeigehen könne. Er liest aus Wissbegierde, aber auch, um unterhalten zu werden.

Mit 14 Jahren verschlingt er Alan Bullocks Hitler-Biographie. Als Student führt er sich auch die damals gängigen Marcuse, Adorno und Horkheimer zu Gemüte, doch am meisten habe ihn »Strukturwandel der Öffentlichkeit« von Jürgen Habermas interessiert. Fasziniert haben ihn die Werke der kommunistischen Renegaten Manès Sperber, Arthur Koestler, André Gide und Ignazio Silone. Sperbers Romantrilogie »Wie eine Träne im Ozean« und Koestlers Essaysammlung

»Der Yogi und der Kommissar« haben ihn sehr beeindruckt. Schon früh impft er sich so gegen die Begeisterung für totalitäre linke Herrschaftsformen, der viele seiner Altersgenossen unter den Achtundsechzigern erliegen. In den sechziger Jahren haben ihn der »Der SS-Staat« von Eugen Kogon, Hannah Arendts »Elemente und Ursprünge der totalen Herrschaft« und Peter Weiss' Theaterstück »Die Ermittlung« in den Bann gezogen.[19]

Bewandert ist er in Geschichte, liest leidenschaftlich gern historische Biographien oder Sachbücher, nennt etwa die Werke von Paul Kennedy und Niall Ferguson als bevorzugte Lektüre. Historische Seekriegsromane von Alexander Kent, Cecil Scott Forester und Patrick O'Brian gehören zu seinen Favoriten, auch Theodor Fontane liest er gern. Zugleich kennt er sich auch mit moderner Belletristik aus.

Seine Liebe zur Literatur bekennt Steinbrück, als er Bundesfinanzminister ist, mehrmals öffentlich. Es sind Auftritte, die zeigen, dass er nicht nur der nüchterne Herr der Zahlen ist. Die mittlerweile verstorbene Schriftstellerin, SPD-Politikerin und Freundin Karin Hempel-Soos, Leiterin des Bonner Kulturhauses, gewinnt ihn dafür – und liest zusammen mit ihm vor. Aus den Briefen, die der verheiratete Philosoph und etablierte Professor Martin Heidegger an die blutjunge Hannah Arendt schrieb, trägt Steinbrück 2007 öffentlich zweimal vor, einmal in Bad Godesberg, einmal im ehemaligen Staatsratsgebäude der DDR in Berlin. Er empfindet in dieser ungewohnten Rolle »durchaus leichten Stress«, als er sich anstelle der erwarteten 50 oder 60 Zuschauer 500 gegenübersieht. Die Verben in den langen Heidegger-Sätzen hat er sich zuvor markiert, um sie, wie er sagt, zwischen den vielen Substantiven überhaupt zu finden. Steinbrück liest nach Meinung der Kritiker sehr gut vor, auch wenn manche schmachtenden Sätze aus dem Mund des so rational sich gebenden Bundesfinanzministers höchst ungewohnt klingen, etwa: »Wie oft führ ich gerne mit dem fünffingrigen Kamm durch

Dein Wuschelhaar, vollends wenn Dein liebes Bild mir mitten ins Herz blickt.« Steinbrück hält es dann doch für angebracht, sich von solchen Schwelgereien zu distanzieren. »Ich habe es nicht für möglich gehalten, dass ein Mann solche schwülstigen Briefe schreiben könnte. Ich jedenfalls habe, meine Frau wird das hoffentlich bestätigen, so etwas nie zu Papier gebracht«, sagt er.[20] Einige Monate später wiederholt Steinbrück seine Vorleseaktivität, wie beim ersten Mal zusammen mit Karin Hempel-Soos. Diesmal sind es Auszüge aus den Tagebüchern des Kunstsammlers, Schriftstellers, Diplomaten und Pazifisten Harry Graf Kessler, die beide im November 2007 in der Berliner Humboldt-Universität zum Besten geben. Mit dem weltläufigen Kessler, dessen Tagebücher sich um Politisches wie um persönliche Begegnungen drehen, kann sich Steinbrück offensichtlich besser identifizieren als mit den Liebesbriefen Heideggers.

Auch Helmut Schmidt ist die breite Belesenheit Steinbrücks in den Gesprächen mit ihm aufgefallen. »Er ist kein Romantiker, aber er hat durchaus Sinn für Matthias Claudius. Nicht für Klopstock. Er ist in erstaunlichem Maße belesen. Seine Belesenheit erstreckt sich auf schöne Literatur, aber er kennt auch die aktuelle Literatur.«

Eine zweite große Leidenschaft Steinbrücks ist der Film. Steinbrück ist vielleicht vier oder fünf Jahre alt, da nehmen ihn Freunde mit in einen großen Raum, in dem viele Kinder Lärm machen, und sagen ihm, gleich werde es dunkel und er werde etwas Tolles sehen. »Dann stürzte wie eine Furie meine dänische Großmutter herein, riss mich aus dem Saal heraus und brachte mich nach Hause. Da beschloss ich, Kinogänger zu werden.« So erzählt es Steinbrück am 30. November 2011 in der Astor Film Lounge, einem Kino am Berliner Kurfürstendamm. Es ist die Auftaktveranstaltung zu einer Reihe »Mein Film«, die die Deutsche Filmakademie ausrichtet. Persönlichkeiten aus Politik, Wirtschaft und Gesellschaft stellen ihren Lieblingsfilm vor. Steinbrück genießt es ganz offensichtlich an der Seite der Gastgeberin Iris Berben, auf einem anderen als dem gewöhnlichen Terrain im Mittelpunkt des Interesses zu stehen. »Es macht mir Spaß, solche Veranstaltungen zu machen«, sagt er. »Es ist endlich ein Termin, wo ich nicht über Finanzpolitik und Europa reden muss.«

Steinbrück stellt den Film »The Deer Hunter« von Michael Cimino aus dem Jahr 1978 vor, in dem Robert de Niro und Meryl Streep mitspielen. Er hat ihn zuerst 1980/81 in der Nähe des Hamburger Hauptbahnhofs im Kino gesehen. Damals, so erinnert er sich, sei er Anfang 30 gewesen. »Ich habe ihn allein gesehen, ich habe meine Eltern besucht, war auf der Durchreise.« Der deutsche Titel lautete: »Die durch die Hölle gehen«. Steinbrück findet ihn gelinde gesagt unpassend: »Ich würde gern einen Zivilprozess gegen die führen, die sich den schwachsinnigsten Titel ausgedacht haben, den man dem Film geben kann«, sagt er. Der Film handelt von der Traumatisierung einer ganzen Gesellschaft durch Krieg. »Er hat mir klargemacht, das gilt auch für die, die an diesem Krieg nicht beteiligt waren. Mir wurde auch klar, welches Glück ich hatte, 1947 geboren, dass ich nicht mehr verheizt worden bin.«

Steinbrück ist ein echter Kino-Fan. 60 Filme habe er früher im Jahr bestimmt gesehen, sagt er, zu Finanzministerzeiten bringt er es immerhin noch auf 30. Er kennt und schätzt vor allem das westeuropäische, das britische, italienische und französische Kino sowie das amerikanische. Als seine Lieblingsschauspielerinnen nennt er 2008 Faye Dunaway, Keira Knightley und vor allem Cate Blanchett. Bei den Männern mag er Robert Redford, nennt aber auch so unterschiedliche Typen wie Dustin Hoffman, Jack Nicholson, Armin Mueller-Stahl und Gustaf Gründgens, den er selber noch im Hamburger Schauspielhaus gesehen hat. Seine besondere Liebe gilt dem französischen »Film noir«, vor allem den Filmen von Jean-Pierre Melville.[21] Filme aus Russland und aus Iran – Länder, von denen er wisse, dass es dort gutes Kino gebe – kenne er hingegen nicht. Zwar lobt Steinbrück mitunter auch deutsche Filme, etwa Bernhard Wickis »Die Brücke«, den er für einen der besten Antikriegsfilme hält. Doch sein Herz schlägt nicht sehr für das deutsche Kino.

Als er 2008 eine Einladung bekommt, den Dreharbeiten des neuen Films von Tom Tykwer »The International« im Studio Babelsberg einen Besuch abzustatten, sagt Steinbrück zu, ist beeindruckt, dass in einer der Hallen das Guggenheim-Museum nachgebaut worden ist. Auch einen Außendreh an der Spree besucht er. Für »Operation Valkyrie«, den Film über das Stauffenberg-Attentat auf Hitler, stellt Steinbrück das Finanzministerium für Dreharbeiten zur Verfügung, er setzt sich auch dafür ein, dass Regisseur Florian Henckel von Donnersmarck im Bendlerblock drehen kann, der Gedenkstätte des deutschen Widerstands. Wegen der Scientology-Mitgliedschaft von Hauptdarsteller Tom Cruise hatte es dagegen Proteste gegeben.

Steinbrück ist keiner, der nur auf anspruchsvolle, hohe Kultur setzt. Mitunter verblüfft er Gesprächspartner mit seiner Kenntnis von Fernsehserien, etwa von »Dr. House«. Er hat den Anspruch, einfach gut unterhalten zu werden. Im Herbst 2011 schaut er zu Hause mit seiner Frau die zweite Staffel der britischen Erfolgs-Schnulzen-Serie »Downton Abbey« über Liebe, Geheimnisse und Intrigen in einer englischen Adelsfamilie zu Beginn des 20. Jahrhunderts, wobei die Eskapaden des Personals keine geringere Rolle spielen als jene der Herrschaften.

Steinbrück hat neben dem Faible für Filme auch eines für Kunst – es sind Interessen, die er mit seiner Frau teilt. Beide schätzen den Maler Gerhard Richter. Und beide sind auch schon zusammen auf einem Ölgemälde festgehalten worden, von dem Künstler Johannes Heisig. Der hatte Steinbrück zunächst für die Galerie der Ministerpräsidenten in der nordrhein-westfälischen Staatskanzlei gemalt. Später hat er in seinem Atelier in Berlin-Neukölln das Ehepaar porträtiert, das Bild hängt seit dem Frühjahr 2010 im Wohnzimmer der

Steinbrücks.[22] In seinem bescheidenen, gerade mal 45 Qua-
dratmeter großen Büro im Finanzministerium in Berlin, im
ehemaligen Luftfahrtministerium, in dem Hermann Göring
residierte, hat Steinbrück zwei Gemälde des 2010 verstorbenen Klaus Kumrow aufhängen lassen: »Nr. 5« und »Nr. 8«.
Dort hing auch das bekannte James-Dean-Porträt des Künst-
lers Gottfried Helnwein »Boulevard of Broken Dreams«.
Und im Büro stand natürlich das Nashorn, geschaffen vom
Düsseldorfer Künstler Peter Nagel. Seit bekannt ist, dass
Steinbrück für Nashörner schwärmt, hat er eine ganze Reihe
davon bekommen. »Kommt langsam in Gang, ist dann aber
nicht mehr aufzuhalten«, lautet der Spruch zu seinem Lieblingstier.

Ein Teil der Kultur ist Steinbrück eher fremd: die Musik.
Singen ist nicht sein Ding. Und er beherrscht kein Instru-
ment, weil er als Junge keines lernen wollte. Heute bedauert
er das, hält es aber für nicht korrigierbar. Zu klassischen
Konzerten zieht es ihn nicht sonderlich. Seine Frau, die mit
klassischer Musik aufgewachsen ist, hat ihm eine gewisse
Liebe zu symphonischen Klängen nahegebracht, Bruckner
und Mahler schätzt er. Doch mit Kammermusik mag sich
Steinbrück nicht anfreunden. In der U-Musik mag er Lou
Reed, Bryan Ferry, die »Dire Straits« und besonders Bob
Dylan. Und er hat auch eine gewisse Schwäche für bestimmte
Jazz-Sängerinnen.

Humor

Wer Peer Steinbrück bei entspanntem Normalzustand an-
schaut, kommt eigentlich nicht auf die Idee, dass man es mit
einem besonders humorvollen Zeitgenossen zu tun hat. Die
schmalen Lippen wirken zusammengekniffen, die Mundwin-
kel sind stark nach unten gezogen, was einen mürrischen Ein-

druck vermittelt. »Steinbrück-Schnauze in Lauerstellung« ist der Gesichtsausdruck einmal genannt worden.[23] Dabei lacht Peer Steinbrück viel und gern, laut und meckernd. Und sobald er in rasendem Tempo spricht, weicht der mürrische Ausdruck, gewinnt das Gesicht stark an Farbe und Lebendigkeit. Steinbrücks Rede ist fast immer mit Ironie, Witz und Humor gespickt. »Er ist sehr witzig, sehr selbstironisch, kann über sich selber lachen – aber natürlich gern auch über andere«, sagt der Grüne Michael Vesper, der Steinbrücks Vertreter als Ministerpräsident in Düsseldorf war.

Wenn Steinbrück seinem Hang zu spontaner Komik und seiner Fähigkeit, schlagfertig mit einer witzigen Replik zu antworten, Raum gibt, ist er besonders stark. Als ihn am Berliner Gendarmenmarkt im Sommer 2011 ein Passant, der seinen Namen vergessen hat, mit den Worten »Sie sind doch der Stein…« von der Seite anquatscht, ergänzt jener sofort: »…meier!« Als der Mann ihn dann als neoliberalen Schuft und Volksverräter beschimpft und ihm droht, dass er sich für seine »Verbrechen noch verantworten müsse«, ruft Steinbrück: »Morgen früh um sechs im Grunewald!«[24] Seine Frau erzählt gern die Geschichte, als sie ihren Mann einmal darum bat, ihre Handtasche zu halten. »Was soll ich mit dem Ding?«, ist seine Reaktion. Und als der Ministerpräsident Steinbrück 2005 nach dem Ende eines aufreibenden Wahlkampfs, der von hoher Termindichte und wenig Zeit zum normalen Essen geprägt war, von einem Journalisten gefragt wird, was er jetzt tun werde, antwortet er: »Ich esse ein halbes Jahr lang keine belegten Brötchen mehr.«

Steinbrück hat eine starke Neigung zur Ironie – eine Tugend, die in der Familie gepflegt wird. Seine Töchter, so erzählt er, übersetzten als Kinder das Wort ins Deutsche mit »Verkehrtrum-Sprache«. Aber nicht nur der feine ironische Kommentar, sondern auch die kleine Bosheit, die sarkastische Bemerkung und der drastische Spruch gehören zum Steinbrückschen Repertoire. Oft platze es einfach so aus ihm heraus, bei weitem sei nicht alles vorsätzlich oder etwa geplant, sagt er dazu. Die Sache mit der Kavallerie, die Steinbrück den Schweizern vorbeischicken wollte, ist nur ein besonders markantes Beispiel dafür, wie Steinbrücks Hang zum schnellen, scharfen Witz ihm selbst einen Streich spielen kann.

Für das Skurrile, den sinnvollen Unsinn, hat Steinbrück eine Schwäche, und besonders schätzt er den britischen Humor. Er mag die überdrehten Filme der Komikertruppe »Monty Python«, und er kennt englische Limericks. Nicht zuletzt liebt er Anekdoten über Winston Churchill, den er in einem Fragebogen einmal als wichtigste Person der Zeitgeschichte nannte und den er als eine Art Vorbild betrachtet. Churchill habe nicht nur große Reden gehalten, sondern sei eben auch »herrlich boshaft« gewesen. Einer der Lieblings-Churchill-Witze Steinbrücks geht so: Lady Astor sagte zu Churchill: »Wenn ich Ihre Frau wäre, würde ich Ihren Wein vergiften.« Churchill antwortete: »Und wenn ich Ihr Mann wäre, würde ich ihn trinken.«[25] Eine andere Churchill-Anekdote, die Steinbrück mag, handelt von der Vergänglichkeit alles menschlichen Strebens, die Churchill mit dem Satz beschrieb: »Wir alle sind Würmer.« Nur um dann munter hinzuzufügen: »Aber ich bin ein Glühwurm.«[26]

Mitunter geht Steinbrück im Versuch, witzig zu sein, auch in flache Kalauer über. Als er Anfang April 2012 in Berlin auf einer kleinen Preisverleihung der Evangelischen Kirche Deutschlands spricht, beginnt er seine Rede mit dem Hinweis, nachdem nun Frau von Kirchbach und Frau Klostermeier gesprochen hätten, könne er mit seinem Nachnamen nichts mehr zum religiösen Charakter der Veranstaltung beitragen. Ist das noch leidlich witzig, so ist Steinbrücks Bemerkung zur Preisträgerin, sie sei nun wirklich »eine ausgezeichnete Frau«, eher aus der Dumme-Sprüche-Schublade hervorgekramt. Das ändert freilich nichts daran, dass Steinbrück zu den nicht allzu zahlreichen Politikern gehört, deren Auftritte meist einen hohen Unterhaltungswert haben. Steinbrück, das ist offensichtlich, will seine Zuhörer nicht langweilen.

Die Kraft der Worte

Steinbrück ist ein guter, zuweilen sehr guter Redner. Selbst politische Gegner und Konkurrenten, von der Union bis zu den Grünen, bezeichnen seine Reden als oft exzellent. Er vermag es, komplizierte Zusammenhänge in einfachen, anschaulichen Bildern darzustellen – eine Gabe, die nur wenigen Politikern eigen ist. Das macht seine Rede oft gewinnend und überzeugend. Anders als andere gute Redner mag Steinbrück Pathos nicht, er ist alles andere als ein Prediger. Das unterscheidet ihn etwa von seinem früheren Chef Johannes Rau, auch von anderen wortgewaltigen Oratoren, wie etwa dem Bundespräsidenten Joachim Gauck. Steinbrücks Rede zielt in der Regel nicht auf die Emotion, sondern auf den Intellekt. Sie hat oft analytische Kraft, auch Witz. Gänsehaut erzeugt sie nicht.

Steinbrück liebt die Provokation, er spielt auch in seinen Reden damit. Mitunter, besonders vor einem Fachpublikum, redet er auch schneidend und belehrend. Nicht immer gelingt es ihm, sich auf sein Publikum einzustellen. Wenn er auf dem SPD-Parteitag sagt, dass er ja schon dies und jenes, wie manche wohl wüssten, in seinem Buch geschrieben habe, so kommt das an als arrogant und von oben herab. Wenn er auf Parteiveranstaltungen oft »ich« und »ihr« sagt, aber selten »wir«, dann verpasst er es, Nähe zu schaffen. Wenn er auf einer Wahlkampfveranstaltung in Schleswig-Holstein sagt, der frühere Ministerpräsident Björn Engholm habe ja versucht, das Bundesland »in eine etwas höhere Liga zu bringen«, dann wird die Äußerung von den Schleswig-Holsteinern nicht gerade goutiert. Das sind Schwierigkeiten mit dem

Einfühlungsvermögen, die Steinbrück grundsätzlich hat und die sich auch in seinen Reden zeigen.

Zum ersten Mal reden lernt Steinbrück in der Oberstufe, wo sein Lieblingslehrer die Schüler Referate vortragen lässt, was für die damalige Zeit nicht selbstverständlich ist. Seine erste große Rede ist die Abi-Rede 1968 beim Abschied von der Handelsschule am Lämmermarkt; Steinbrück spricht über den Generationenkonflikt, die Notizen für die Rede hat er bis heute. Als politischer Redner ist Steinbrück ein Autodidakt, er hat sich manches abgeguckt bei anderen wortgewandten Politikern, bei Helmut Schmidt, Fritz Erler und Johannes Rau, wohl auch bei Franz Josef Strauß. Nicht alle Reden gelingen, manchmal verhaspelt sich Steinbrück, er kann auch langweilen, aber das ist selten. Mittlerweile schafft er es, Reden in bayerischen Bierzelten vor mehr als tausend Leuten zu halten, die als »knackig« empfunden werden – das ist ihm wichtig, denn gerade diese Fähigkeit ist eine, die für einen Kanzlerkandidaten bedeutend ist. Steinbrück ist diese Art von Reden lange nicht zugetraut worden, ja in früheren Jahren hatte er eher das Image eines trockenen Technokraten, der den Unterhaltungsfaktor eines Stücks Toastbrot hat.

Eine positive Seite Steinbrücks, sein Hang zu Ironie und Selbstironie, ist zugleich eine Schwäche, wenn es um Reden vor einem größeren Publikum geht. Der frühere Bundeskanzler Gerhard Schröder, der mit Steinbrück eine Reihe von Wahlkampfauftritten hatte, nennt diese Neigung sympathisch, aber für eine erfolgreiche Rede »völlig ungeeignet«, weil »Ironie in größeren Sälen nicht vermittelbar« sei.[27] Steinbrück weiß das, doch lassen kann er es nicht. Bei einem Auftritt in einem Festzelt in München kommt er Mitte Mai 2012, wenige Tage nach der Niederlage von Bayern München gegen Borussia Dortmund im DFB-Pokalfinale, auf seinen Posten beim Deutschen Fußballmeister zu sprechen. »Sie müssen wissen, ich bin im Aufsichtsrat von Borussia Dortmund.« Und fügt hinzu: »Was glauben Sie, warum die oben spielen?

Hat jemand ernsthaft gedacht, das liegt am Trainer oder an der Mannschaft?« Das ist natürlich einigermaßen witzig, aber es ist das einzige Mal in seiner einstündigen, letztlich gefeierten Rede, in der Buhrufe laut werden.

Auch seine Neigung zu Kraftausdrücken, der Steinbrück im Gespräch oft freien Lauf lässt, geht bei Reden oder Talk-Runden mit ihm gelegentlich durch – etwa wenn er seinem Gesprächspartner vorwirft, »Bullshit« zu reden.

Eine große Schwäche des Redners Steinbrück ist, dass er zu schnell redet. Dadurch können ihm die Zuhörer oft nicht folgen. Selbst wichtige Sätze gehen in ihrer Bedeutung nahezu verloren, weil Steinbrück sie zu schnell spricht. Oft vergibt Steinbrück auch die eine oder andere Pointe, weil sie in seinem rasenden Sprechtempo schlicht untergeht. Er ist sich dieser Schwäche bewusst, bisher aber hat er es nicht geschafft, daran etwas zu ändern. »Er denkt schnell und redet fast genauso schnell. Er müsste langsamer reden, als er denkt. Ich sage ihm: Peer, Sie müssen langsamer reden. Denn ich kann ihn dann nicht verstehen. Das fällt ihm schwer«, sagt Helmut Schmidt im Gespräch. Das schnelle Reden, so Schmidt, sei aber noch aus einem anderen Grund ein schwerer Fehler Steinbrücks. Denn es nehme der Rede Gewicht. Er selbst, im Bundestag wegen seiner starken, oft polemischen Reden als »Schmidt Schnauze« geachtet und gefürchtet, habe das langsame Reden auch lernen müssen. Schlagende Formulierungen, die Steinbrück dann als unverschämt oder arrogant angekreidet werden, haben ihren Ursprung in diesem schnellen Reden.

Kapitel 3

Referentenjahre

Vorbild Matthöfer

Peer Steinbrück ist gerade 30 Jahre alt geworden, es ist das Jahr 1977. Er hat in den vergangenen drei Jahren erste Erfahrungen im Bonner Regierungsapparat gesammelt, hat zwei Jahre dank eines Werkvertrags im Bauministerium verbracht und auch schon erlebt, wie schnell man zum Staatsfeind werden kann. Eine Blitzkarriere ist das nicht, eher ein gemächliches Herantasten an eine Laufbahn als Ministerialbeamter – heute würde man das Stichwort von der »Generation Praktikum« bemühen. Steinbrück bekommt jetzt seine erste Stelle als Hilfsreferent im Bonner Forschungsministerium. Der Leiter der dortigen Planungsgruppe, Ekkehard Wienholtz, sucht einen begabten Volkswirt, setzt sich nach einem Einstellungsgespräch für ihn ein. 15 Jahre später werden sie sich in der Landesregierung in Kiel wiederbegegnen – mit Wienholtz ist Steinbrück bis heute befreundet. Der damalige Parlamentarische Staatssekretär im Forschungsministerium, Volker Hauff, sagt ihm schließlich die Stelle zu, nicht ohne sich noch einmal vergewissert zu haben, dass an der Geschichte mit dem »Sicherheitsrisiko« nichts dran ist.[1]

Steinbrück beschäftigt sich in der Planungsgruppe mit dem Nutzen von Technologieförderung, er fällt dort als kluger Analytiker auf. Auch seine Redeentwürfe, die er für den Minister schreibt, gelten als besonders gelungen. Steinbrück wird deshalb in das Ministerbüro versetzt, 1977 wird er persönlicher Referent des Forschungsministers Hans Matthöfer. Das Bundesforschungsministerium, ein großer Kasten aus Glas und Beton, ist damals ein besonderer Ort in der politi-

schen Landschaft Bonns. Die etwa 700 Bediensteten haben
ein Durchschnittsalter von 42 Jahren, nur ein Drittel der Beamten des höheren Dienstes sind Juristen, dafür gibt es viele
Naturwissenschaftler. Das Forschungsministerium ist kein
klassisches Ressort, es gilt als politikfern, jedenfalls als ziemlich weit von der Parteipolitik entfernt.

Doch Hans Matthöfer, Steinbrücks neuer Chef, ist keiner,
der eine solche Rolle für sich akzeptieren würde. Dafür ist
der SPD-Politiker zu sehr ein politisch denkender und handelnder Mensch. Nach dem Krieg, an dem Matthöfer, Jahr-
gang 1925, noch als Soldat teilgenommen hat, wird er zunächst Dolmetscher für Englisch, dann studiert er über den
zweiten Bildungsweg Wirtschafts- und Sozialwissenschaften
in Frankfurt am Main und in den Vereinigten Staaten. Matthöfer wird dem 22 Jahre jüngeren Steinbrück zum Vorbild,
noch heute spricht er mit großer Hochachtung von ihm,
nennt ihn seinen »Mentor«.

Allerdings ist Matthöfer, was seine Herkunft und seine So-
zialisation angeht, das Gegenteil des Bürgersohns Steinbrück.
Der Arbeitersohn aus Bochum hat lange in der IG Metall gearbeitet, wo er die Erwachsenenbildung aufbaute. Seine politische Heimat hat der Gewerkschafter im SPD-Bezirk Hessen-Süd gefunden. Hessen-Süd gilt damals wie heute in der
SPD als besonders links.

Bundeskanzler Helmut Schmidt beruft Matthöfer, so jedenfalls die Lesart der Medien, als Zugeständnis an die Parteilinke, als Renommier-Linken in sein Kabinett. Dazu passt,
dass Matthöfer und Schmidt immer mal wieder aneinander-
geraten, etwa weil Matthöfer in Kabinettssitzungen die fehlenden »Zukunftsperspektiven« der Regierung kritisiert –
von jenen ist es nicht weit zu den berühmten »Visionen«,
über die Schmidt einmal sagte, wer solche habe, solle zum
Arzt gehen. Doch trotz solcher Auseinandersetzungen, in
denen Schmidt regelmäßig Matthöfer zur Räson bringt, bewundert jener den Bundeskanzler so sehr, dass ihm manche

Genossen geradezu ein anbiederndes Verhalten vorwerfen. Die hohe Wertschätzung, die Steinbrück für Schmidt hegt, mag schon aus dieser frühen politischen Prägung durch Matthöfer herrühren.

Eigentlich ist Steinbrücks Chef Finanz- und Wirtschaftspolitiker, er hat aber als Gewerkschafter und als SPD-Linker Interesse und auch Verständnis für Sozialpolitik. Früh vertritt Matthöfer allerdings die Überzeugung, dass gesellschaftliche Solidarität nur möglich ist, wenn es etwas zum Verteilen gibt. Nur durch wirtschaftliches Wachstum könne Wohlstand erhalten und gemehrt werden. Die Auffassung, dass zunächst etwas erwirtschaftet werden muss, damit auch soziale Leistungen finanziert werden können, hat Steinbrück nicht zuletzt bei Matthöfer aufgesogen. Sie ist eine Art Glaubensgrundsatz der pragmatisch orientierten, aufs Regieren ausgerichteten Sozialdemokraten geworden.

Diese Grundhaltung prägt auch Matthöfers Tätigkeit als Forschungsminister, die dominiert ist von seinem Eintreten für die Kernkraft. Nicht umsonst hieß das Forschungsministerium zunächst Atomministerium. Über die Nutzung der Kernkraft, die in den fünfziger und sechziger Jahren noch meist enthusiastisch begrüßt worden war, ist in der Bundesrepublik eine heftige gesellschaftliche und politische Kontroverse entbrannt. An vielen Orten sind seit Beginn der siebziger Jahre Bürgerinitiativen entstanden, die sich gegen den Bau von Kernkraftwerken richten. Der Konflikt zwischen Befürwortern und Gegnern der Kernkraftnutzung spitzt sich immer mehr zu – vor einem »Rückfall in die Steinzeit« warnen die einen, vor dem »totalitären Atomstaat« die anderen. Die ersten gewaltsamen Demonstrationen mit starkem Polizeieinsatz finden in den späten siebziger Jahren statt, etwa bei Protesten gegen das Kernkraftwerk Brokdorf.

Das Thema Atomkraft spaltet auch die SPD. Während sich die Sozialdemokraten in der Bundesregierung, die Parteispitze und auch die Gewerkschaften, die um die Arbeitsplätze in der Branche fürchten, weitgehend einig für den Ausbau der Kernkraft aussprechen, gehen immer mehr SPD-Bezirke von der Fahne. Auch in den Bundesländern, in denen die Sozialdemokraten in der Opposition sind, lehnt die Partei die Nutzung der Kernenergie ab. Matthöfer ist einer der entschiedenen Befürworter der weiteren Nutzung der Kernkraft in der SPD, und er hat in diesem Sinne Steinbrück nachhaltig beeinflusst. Der Minister glaubt, dass die Nutzung der Kernkraft unabdingbar ist, wenn Deutschland durch ein hohes Wirtschaftswachstum die Arbeitslosigkeit besiegen und die durch Rationalisierung – die Mikroelektronik nimmt gerade Fahrt auf – wegfallenden Arbeitsplätze durch neue ersetzen sowie im internationalen Wettbewerb bestehen will. Dafür brauche Deutschland, so Matthöfer, ein jährliches Wirtschaftswachstum von vier bis fünf Prozent. Das aber sei nur mit der Nutzung der Kernenergie zu erreichen.

Zugleich weiß er, dass die Nutzung der Kernenergie nur durchsetzbar ist, wenn es einen gesellschaftlichen Konsens in dieser Frage gibt. In Hunderten Interviews wirbt Matthöfer deshalb für seine Sicht, diskutiert immer wieder mit Kernenergiegegnern und Naturschützern, wofür er einen »Bürgerdialog Kernenergie« eingerichtet hat. Doch auch im eigenen Lager wandelt sich langsam die Einstellung zur Nutzung der Atomkraft. Aus der SPD wird Matthöfer vorgeworfen, er sei der »Technologiefaszination« erlegen. Dem Vorwurf, er habe als Minister seine politische Gesinnung geändert, sei nicht mehr der »Zornige aus Hessen-Süd«, ja gar kein Linker mehr in der Partei, begegnet er mit der Behauptung, die meisten Linken hielten sich für links, wenn sie linke Töne anschlügen – »ich aber bewege ein Ministerium, und das ist's, was zählt«.[2]

Als sich immer mehr Widerstand gegen die Nutzung der Kernenergie in seiner eigenen Partei abzeichnet, äußert Matthöfer im Sommer 1977 die Auffassung, ein Baustopp für Kernkraftwerke in den kommenden drei bis fünf Jahren sei unabwendbar. Er will damit eine Diskussion provozieren, letztlich um einen solchen Baustopp zu verhindern. Seine Rechnung geht zunächst auf. Seine Äußerungen führen zu heftigen Diskussionen in den Medien. Matthöfer nutzt die Aufmerksamkeit, um in einem Brief an die SPD-Mitglieder auf die »Konsequenzen einer Genehmigungspause für Kernkraftwerke« hinzuweisen, wobei er argumentiert, dass weder bei der Kohle noch bei alternativen Energiequellen ein rascher Ausbau möglich sei. Als er in einem Interview gefragt wird, ob er einen Baustopp-Beschluss der SPD dennoch »zähneknirschend« hinnehmen würde, ist seine Antwort von einem Humor geprägt, den man später auch bei Steinbrück erkennen kann: »Beinahe mein ganzes politisches Leben besteht daraus, Tatbestände mit Zähneknirschen hinzunehmen. Wenn das anders wäre, lebten wir bereits im demokratischen Sozialismus.«[3]

Steinbrück gefällt dieser Humor und dieser Mann, der sich von Fakten leiten lässt und doch kein reiner Technokrat ist. Und er trifft sich mit seinem Chef auch in der Skepsis, die beide der neuen linken SPD entgegenbringen, die zunehmend von Leuten aus der Studentenbewegung geprägt ist. Matthöfer zeigt sich etwa nach einem Bezirksparteitag der SPD Hessen-Süd enttäuscht, wie in einer Diskussion über die Nutzung der Kernenergie Beschäftigungsprobleme als wenig beachtenswert vom Tisch gefegt würden. Ihm sei »durch die leichtfertige Art«, wie das geschehe, klargeworden, wie sehr sich die soziale Zusammensetzung eines großen Teils der aktiven SPD-Mitgliedschaft verändert habe.[4]

Matthöfer ist allerdings kein Sozialdemokrat, der sich nur der Exekutive verpflichtet fühlt oder allein in Wirtschaftskategorien denkt. Das zeigt etwa sein Einsatz für verfolgte Sozialdemokraten und Sozialisten. Zusammen mit seiner Frau Traute Matthöfer sammelt er in den frühen siebziger Jahren Geld, um damit die sozialistische Opposition in den Diktaturen von Spanien und Portugal, aber auch in Lateinamerika zu unterstützen. Das Pinochet-Regime bezeichnet er 1975 als »Mörderbande«. Matthöfer, der fließend Spanisch spricht, ist oft in Lateinamerika unterwegs. Auf dieses Engagement Matthöfers stößt Steinbrück im Zuge eines forschen, um nicht zu sagen frechen Vorstoßes, mit dem er sein Referentengehalt aufzubessern sucht: Einmal schreibt Steinbrück für seinen Chef eine Rede, die der Forschungsminister auf einer Konferenz in Frankfurt am Main hält. Matthöfer bekommt für die Rede 10 000 Mark Honorar. Steinbrück geht zu ihm ins Büro und schlägt vor, halbe-halbe zu machen. Matthöfer, der nach Steinbrücks heutiger Einschätzung allen Grund gehabt hätte, ihn hochkant rauszuschmeißen, fordert ihn auf, sich zu setzen, und erklärt ihm dann ausführlich, was er mit dem Geld mache: dass er im Auftrag des SPD-Parteivorstandes die sozialdemokratischen Bewegungen in Portugal und Spanien, und dort besonders Felipe González, unterstütze und dass er auch damit beschäftigt sei, politisch Verfolgte aus Chile, zum Teil mit gefälschten Papieren, herauszuholen. »Das schilderte er mir alles sehr genau. Dann machte er eine lange Pause und guckte mich an und sagte: Herr Steinbrück, wollen Sie jetzt immer noch halbe-halbe machen?«[5]

Steinbrücks Zusammenarbeit mit Matthöfer endet schon bald. Den Rücktritt des SPD-Verteidigungsministers Georg Leber nutzt Kanzler Schmidt für eine Kabinettsumbildung. Er macht Matthöfer im Februar 1978 zum Finanzminister und erfüllt ihm damit einen Wunsch, den jener wohl schon länger hegte. Rund 27 Jahre später wird Steinbrück selbst Finanzminister und lädt alle ehemaligen Finanzminister einmal im Jahr ein. »Hans Matthöfer erschien immer. Einmal wurde ihm schwindelig, er kippte um, und ich war in ziemlicher Sorge um ihn«, erzählt Steinbrück im Gespräch mit Helmut Schmidt.[6] Im November 2009 stirbt Matthöfer mit 84 Jahren. Steinbrück sagt über ihn, er habe kaum einen Politiker gekannt, der integrer gewesen sei als Matthöfer. »Er war ein

Ökonom mit Moral, sehr belesen und verstand Wirtschaftspolitik als Gesellschaftspolitik. Ein Typ wie Matthöfer fehlt
uns.«[7] Und auch Helmut Schmidt erinnert sich an ihn als einen »wunderbaren« Mann, den er geliebt habe und auf dem
man »ein Haus bauen« konnte.[8]

Zurück ins Forschungsministerium des Jahres 1978: Nachfolger Matthöfers wird Volker Hauff, damals 37 Jahre alt und
somit der jüngste Minister der Regierung Schmidt. Steinbrück bleibt auf seiner Stelle als persönlicher Referent des
Ministers. Er kennt Hauff gut, denn der promovierte Volkswirt (er hat schon 1968 eine Arbeit über den Einsatz von
Computern in der empirischen Wirtschafts- und Sozialfor-
schung geschrieben) ist sechs Jahre Parlamentarischer Staatssekretär des Ministeriums gewesen. Matthöfer hatte sich bei
Kanzler Schmidt das Versprechen geben lassen, dass Hauff
ihm nachfolgen werde. Und Schmidt ehrt Hauff in der SPD-
Fraktion mit Vorschusslorbeeren. »Wenn er seine Arbeit als
Forschungsminister so gut macht wie als Parlamentarischer
Staatssekretär, dann wird er das nicht lange bleiben«, wird
der Kanzler zitiert.[9] Hauff, ein Nachfahre des schwäbischen
Dichters Wilhelm Hauff, ist schon seit Jahren eines der jungen Talente der SPD, eine Art Wunderkind, immer der Jüngste in einem Job. Mit 29 zieht er als der jüngste SPD-Abgeord-
nete in den Bundestag ein, mit 32 wird er (natürlich jüngster)
Parlamentarischer Staatssekretär. Hauff ist einer der »jungen
Männer« Helmut Schmidts, die Friedrich Karl Fromme in
der »FAZ« beschrieb als »verwechselbar, adrett, tüchtig, ein
bisschen managerhaft, sogar mit leicht amerikanischer Tö-
nung, unter der das sozialdemokratische Element freilich
nicht verlorenging«.[10]

In seiner kurzen Amtszeit als Forschungsminister setzt
Hauff auf Kontinuität. Er befürwortet die Nutzung der
Kernkraft, auch die Entwicklung des Schnellen Brüters und
des Hochtemperaturreaktors, setzt aber darauf, den Streit
um die Kernenergie zu versachlichen; erst 1986, nach der Re-

aktorkatastrophe von Tschernobyl, wird er zum entschiedenen Atomkraftgegner. Hauff erkennt früh, dass viele Massen-
produktionen aus Deutschland abwandern werden, dorthin,
wo es die Rohstoffe und vor allem die billigeren Arbeitskräf-
te gibt. »Unsere Zukunft können nur intelligente Produkte
sichern«, prophezeit der Forschungsminister.[11]

Die weitere Laufbahn Hauffs ist ein Beispiel dafür, wie die
SPD fähige Leute aus der Politik vertrieben hat. Hauff wird
später Bundesverkehrsminister und dann, von 1989 bis 1991,
Oberbürgermeister von Frankfurt am Main. Dort werden die
Flügelkämpfe in der SPD besonders hart geführt. Hauff pflegt
einen liberalen Führungsstil, in den lokalen Seilschaften
kennt er sich nicht aus. Nach zwei Jahren als OB tritt er wegen der ständigen Auseinandersetzungen mit dem linken
Parteiflügel zurück, macht lieber eine erfolgreiche Karriere in
der Wirtschaft. Erst 2001 kommt der Manager wieder zur Politik zurück – als Vorsitzender des Rates für Nachhaltige Entwicklung.

Das Verhältnis von Steinbrück zu seinem Chef ist von
Wertschätzung geprägt, auch wenn jener schon allein vom
Alter her – Hauff ist nur sieben Jahre älter als Steinbrück –
für ihn nicht die Rolle eines Matthöfer spielen kann. Hauff
hält ebenso viel von Steinbrück, obgleich er mitunter allzu
flapsige Formulierungen aus den Redemanuskripten heraus-
streicht.[12] Steinbrück ist nur einige Monate Hauffs persönlicher Referent, wird in dieser Zeit verbeamtet. Dann wechselt er in die Zentrale der Macht, in das Bonner Kanzleramt.

Im Kanzleramt

Im Juni 1978 beginnt Peer Steinbrück, er ist nun 31 Jahre alt, seinen Dienst im Kanzleramt an der Adenauerallee in Bonn, einem Neubau, der zwei Jahre zuvor fertiggestellt wurde. Sein vormaliger Chef Volker Hauff bittet ihn um diesen Wechsel, Steinbrück soll die Brücke des Forschungsministers ins Kanzleramt sein. Er arbeitet in der Abteilung III (Innere Angelegenheiten) im Referat für Forschung und Technologie, dem sogenannten Spiegelreferat für das Forschungsministerium. Seine Bezeichnung ist wiederum Hilfsreferent. Mit seinem Abteilungsleiter, dem parteilosen und für seine Loyalität geschätzten Juristen Gerhard Konow, kommt er gut aus. Als Staatssekretär im Kanzleramt wird Konow einige Jahre später zusammen mit Staatsminister Hans-Jürgen Wischnewski und Regierungssprecher Klaus Bölling das »Küchenkabinett« der Vertrauten des Bundeskanzlers Schmidt bilden.

Chef des Kanzleramts ist damals Manfred Schüler, ein von Kanzler Schmidt hochgeschätzter Verwaltungsfachmann, der die Behörde mit großer Effizienz »lautlos und handwerklich« führt, selbst aber auf Außendarstellung verzichtet und auch den Titel eines Kanzleramtsministers nicht in Anspruch nehmen will.[13] Schüler bringt den Referenten bei, wie sie Vorlagen für den Bundeskanzler schreiben müssen. »Sie müssen dem Kanzler das gabelfertig auf maximal drei Seiten aufschreiben, und Sie machen bitte eine Gliederung. Die Gliederung lautet: Sachstand – Problematik – Votum«, erinnert sich Steinbrück an Schülers Ansage. Und Schüler fügte hinzu, dass der Kanzler den Sachstand ohnehin am besten kenne; wichtig also seien Problematik und Votum, wobei man keinen Anspruch darauf habe, dass der Kanzler dem Votum auch folge.[14]

Wenn seine Vorlagen mit grünen Haken und Fragezeichen versehen zurückkommen, freut sich Steinbrück. Die Farbe ist dem Chef vorbehalten, Schmidt liest die Akten wirklich. Zu einem ersten Treffen des Hilfsreferenten mit dem Bundeskanzler, so erinnert sich Steinbrück, kommt es im September 1979. Steinbrück muss mit dem Tross des Bundeskanzlers zu einer Konferenz in Süddeutschland fliegen, weil Schmidt sich auf dem Rückflug auf eine Bund-Länder-Konferenz vorbereiten will. Auf ihr will Schmidt vor allem mit dem niedersächsischen Ministerpräsidenten Ernst Albrecht über Gorleben, die mögliche Endlagerstätte für Atommüll aus den Kernkraftwerken, sprechen. Schmidt lässt Steinbrück auf dem Rückflug zu sich kommen, liest und sagt erst einmal lange nichts, stellt dann zwei Fragen, die Steinbrück beantwortet, und schweigt dann wieder. Weil Steinbrück denkt, die Zusammenkunft sei beendet, steht er auf und will gehen. Schmidt sagt: »Wer hat Ihnen denn gesagt, dass Sie aufstehen sollen?« Und bedeutet dem Referenten, wieder Platz zu nehmen, fragt, woher er kommt – er hat den Hamburger Tonfall Steinbrücks erkannt –, und geht dann mit ihm die Fragen der Entsorgung des Atommülls durch.[15] In diesen späten Septembertagen beraten der Kanzler und die Ministerpräsidenten über das Entsorgungskonzept, das Steinbrück entworfen hat. Und sie entscheiden, dass der Atommüll in einem Zwischenlager in Gorleben entsorgt werden soll.

Vier- oder fünfmal habe er Schmidt im Kanzleramt selbst in dieser Zeit vortragen können, zu den Themen Kernenergie, Entsorgung und Technologieförderung, erinnert sich Steinbrück. Schmidt hat die Angewohnheit, die Referenten oft selbst zu befragen, und Steinbrücks unmittelbarer Chef, Abteilungsleiter Konow, fördert Steinbrück und lässt ihn gern vortragen. Mitunter habe er auch im Kabinett mitprotokollieren müssen, erinnert sich Steinbrück.[16] Von Schmidt, so sagt Steinbrück, habe er politisches Handwerkszeug, Verlässlichkeit und Augenmaß gelernt. Schmidts philosophisches Grundgerüst, das auf den Gedanken von Karl Popper beruhe, sei auch sein eigenes. Steinbrück übersetzt es so: »Lasst im

Ideenwettbewerb oder Kampf der Ideologien Thesen sterben und keine Menschen!«[17]

Im Februar 1981 endet seine Zeit im Kanzleramt. Es beginnt ein Abschnitt im Berufsleben Steinbrücks, an den er sich mit gemischten Gefühlen erinnert. Er wird in die Ständige Vertretung (StäV) der Bundesrepublik in Ostberlin entsandt. Die ist dem Kanzleramt unterstellt, auch wenn die Mitarbeiter Diplomatenpässe haben. Steinbrück ist dort in der Abteilung Wirtschaft tätig, kümmert sich um die Energiepolitik der DDR. Sein neuer Arbeitsort liegt an der Hannoverschen Straße 28–30, heute ist dort das Bundesministerium für Bildung und Forschung. Im Volksmund wird das Gebäude das »weiße Haus« genannt, für die Staatssicherheit ist es das »Objekt 499«. Die Stasi hat die Gaststätte gegenüber, wo die Bediensteten der Ständigen Vertretung oft essen, mit versteckten Mikrophonen ausgestattet. Rund herum haben die Geheimdienstler Observationspunkte eingerichtet. Um unbelauscht reden zu können, hat die Bundesregierung im Gartenhaus der Vertretung einen extra isolierten Raum einrichten lassen.

Beworben für die Arbeit in der Hauptstadt der DDR hat sich Steinbrück nicht, es sei seine »Kinderlandverschickung« gewesen, hat er später gesagt. In der Ständigen Vertretung arbeiten etwa 80 Leute, die aus den Bonner Ministerien entsandt werden. Der Wechsel findet, von den Führungspositionen abgesehen, häufig statt. Steinbrück geht ohne Familie nach Ostberlin, Frau und Kinder bleiben in Bonn, kommen nur ab und an zu Besuch. Ostberlin findet Steinbrück deprimierend. Alles ist grau, und über allem liegt der Geruch des landesüblichen Reinigungsmittels, dazu kommt der Braunkohlenebel. In den ersten Tagen fühlt der aus Bonn Zugereiste, dass er eine schwere Erkältung bekommt, bis er merkt: Das ist die Luftverschmutzung! Als besonders bedrückend empfindet Steinbrück die Erfahrungen mit der Stasi, die alle Mitarbeiter der Vertretung observiert. Dass sie sich sogar alles genau anschauen, was der kleine Referent Steinbrück unternimmt, macht ihm klar, wie rigoros die Staatssicherheit das Land im Griff hat.[18]

Steinbrück hat Residenzpflicht in Ostberlin, er muss dort wohnen, im Hotel oder auch bei Kollegen. Dank seines Diplomatenausweises kann er mit seinem Golf an bestimmten Übergängen jederzeit nach Westberlin fahren. Er kauft sich einen Baedeker aus den zwanziger Jahren und versucht, das ganze, ungeteilte Berlin zu entdecken. Er geht alte Wege ab und stellt fest, dass früher Politik, Presse, Kunst, Theater, Kabarett und Kultur auf engem Raum konzentriert waren und es einen starken Austausch zwischen diesen Sphären und ihren Vertretern gegeben haben muss.[19] Steinbrück besucht das Deutsche Theater, die Schinkel-Ausstellung im Neuen Museum, schaut sich in Leipzig die Werke der Maler Werner Tübke und Bernhard Heisig an.[20] Aus seiner »Kinderlandverschickung« macht er das Beste. Die Monate in der Ständigen Vertretung »verschließen mir bis heute jedes Verständnis für Anwandlungen einer DDR-Nostalgie«, hat Steinbrück resümiert.[21]

Die Zeit in der DDR endet für Steinbrück nach weniger als einem Jahr. Noch 1981 kehrt er nach Bonn zurück. Und wird das, was er schon vor seiner Zeit im Kanzleramt war, nämlich persönlicher Referent des Bundesforschungsministers. Der heißt mittlerweile Andreas von Bülow, denn nach der Bundestagswahl vom November 1980 wurde Steinbrücks früherer Chef Volker Hauff Verkehrsminister. Der neue Forschungsminister, Abkömmling des mecklenburgischen Adelsgeschlechtes derer von Bülow und ein Verwandter des als Loriot berühmt gewordenen Vicco von Bülow, ist seit Jahren eine Art Jungstar der SPD. Mit 32 Jahren kommt er in den Bundestag, 1976 wird er mit 39 Jahren Parlamentarischer Staatssekretär im Verteidigungsministerium, nun ist er mit 43 Jahren Forschungsminister. Von Bülow ist eloquent und smart, gilt als pragmatisch und professionell, ein Sozialdemo-

krat, der gute Kontakte zur FDP pflegt, kein Linker. Die
Schwerpunkte der Arbeit im Ministerium sind immer noch
der Schnelle Brüter und der Hochtemperaturreaktor, die Mikroelektronik ist dazugekommen. Aufgrund der Sparvorga-
ben beschließt von Bülow, einige Großprojekte nicht mehr
zu fördern, und handelt sich gleich Ärger mit Kabinettskollegen ein. Er plädiert aus demselben Grund dafür, dass die
Industrie sich an der Entwicklung des Schnellen Brüters in
Kalkar am Niederrhein und am Hochtemperaturreaktor
stärker beteiligen soll. Von Bülow gelingt es, eine Zwischen-
finanzierung zu erreichen und so den Baustopp in Kalkar zu
verhindern, doch als eine solide Finanzierung nicht gesichert
werden kann, empfiehlt er, die beiden Milliardenprojekte
aufzugeben. Tatsächlich wird das Kernkraftwerk Kalkar
dann 1985 unter einer CDU-geführten Regierung fertiggestellt, geht aber wegen sicherheitstechnischer und politischer
Bedenken nie ans Netz. 1991 wird entschieden, dass das Projekt gescheitert ist – Kalkar ist seitdem eine der größten In-
vestitionsruinen in der Geschichte der Bundesrepublik.

Von Bülow widmet sich nach dem Regierungswechsel als
SPD-Bundestagsabgeordneter der Sicherheitspolitik, engagiert sich als Obmann seiner Partei nach der Wiedervereinigung im Schalck-Golodkowski-Untersuchungsausschuss,
wodurch sein Interesse an der Tätigkeit auch westlicher Ge-
heimdienste geweckt wird. Nach seinem Ausscheiden aus
dem Bundestag 1994 wird er als Autor von Büchern mit
einem Hang zu Verschwörungstheorien bekannt, unter anderem mit einem Werk, das die Anschläge vom 11. September
2001 nicht Osama Bin Laden und dem Terrornetzwerk al-
Qaida, sondern amerikanischen Geheimdiensten zur Last
legt. In der SPD will man mit von Bülow seitdem nicht mehr
viel zu tun haben. An Peer Steinbrück, seinen früheren Referenten, habe er nach dessen Ernennung zum Bundesfinanzminister einmal einen Brief geschrieben, aber der habe nie
geantwortet, hat von Bülow erzählt.[22]

Für die SPD in Bonn

Der 1. Oktober 1982 ist für die SPD ein bitterer Tag. Durch ein konstruktives Misstrauensvotum wird ihr Kanzler Helmut Schmidt im Bundestag abgewählt, neuer Bundeskanzler wird durch die Stimmen der CDU/CSU und der FDP der bisherige Oppositionsführer Helmut Kohl. Die SPD bezeichnet den Seitenwechsel der FDP als Verrat – die FDP-Minister sind zwei Wochen zuvor, bevor Schmidt sie entlassen konnte, aus der sozialliberalen Regierung ausgetreten. Freilich hatte seine eigene Partei Schmidt immer öfter im Stich gelassen, in der Haushaltspolitik und vor allem in der Frage des Nato-Doppelbeschlusses. Sozialdemokraten wie Erhard Eppler und Heinrich Albertz hatten schon im Oktober 1981 an der Bonner Friedensdemonstration gegen die Nachrüstung teilgenommen, und als im Sommer 1982 Ronald Reagan zum Nato-Gipfel nach Bonn kommt, stehen viele Genossen auf der Seite der Friedensdemonstranten, die die neuen Raketen verhindern wollen, und nicht bei ihrem Kanzler, der sie angesichts der sowjetischen Überlegenheit für notwendig hält. Steinbrück ist nicht unter den Demonstranten. Er versteht sich schon damals als ein rechter Sozialdemokrat, keinesfalls als Linker. Den marxistischen Kurs, der in der SPD stark geworden ist, lehnt er ab.

Nun bricht für die SPD eine neue Ära an. Nach fast 16 Jahren an der Macht kehren die Sozialdemokraten in die Opposition zurück – und werden dort fast genauso viele Jahre verharren müssen, wie es Herbert Wehner ihnen voraussagt. Im Herbst 1982 ändert sich die gesamte Führungsstruktur der Sozialdemokratie. Helmut Schmidt lässt sich nicht überreden, noch einmal als Fraktionsvorsitzender und als Spitzenkandidat für die nächste Bundestagswahl zur Verfügung zu stehen. Als Gründe dafür nennt er die Kontroversen mit seiner eigenen Partei, aber auch seine Gesundheit. Schmidt verkündet die Entscheidung auf einer Fraktionssitzung am

26. Oktober 1982, die er nach einer knappen Stunde verlässt. Den wartenden Journalisten spendiert er den Satz: »Lasst einen alten Mann nach Hause gehen.«[23] Schmidt ist damals 64 Jahre alt. 29 Jahre später wird er seiner Partei und der deutschen Öffentlichkeit in einem Buch, einem »Spiegel«-Interview und in einer Talk-Show einen Mann als Kanzler empfehlen, der zu diesem Zeitpunkt exakt gleich alt ist wie Schmidt bei seinem Rücktritt von der aktiven Politik: Peer Steinbrück ist 2011 ebenfalls 64.

Im Jahr 1982 aber ist Steinbrück gerade 35 Jahre alt und durch den Regierungswechsel seinen Job los. Da sein Chef von Bülow nun nicht mehr Forschungsminister ist – sein Nachfolger ist der CDU-Mann Heinz Riesenhuber –, wird auch dessen persönlicher Referent von seiner Aufgabe entbunden. Als Beamter kann Steinbrück nicht entlassen werden, aber er wird zunächst ins Untergeschoss des Ministeriums verbannt, wo er nichts zu tun hat, später dann in das Grundsatzreferat für Energie versetzt. Es ist ein Abstieg aus parteipolitischen Gründen, der den ehrgeizigen Steinbrück wohl wurmt.[24]

In der SPD werden vor allem zwei Leute in den kommenden Jahren eine wichtige Rolle spielen: Hans-Jochen Vogel und der nordrhein-westfälische Ministerpräsident Johannes Rau. Steinbrück wird mit beiden zu tun haben, weniger eng mit Vogel, sehr eng mit Rau. Steinbrück hat nach einigen Monaten keine Lust mehr auf das CDU-geführte Forschungsministerium, in dem er nichts werden kann. Er lässt sich als Beamter beurlauben und tritt im Oktober 1983 einen neuen Job in der SPD-Bundestagsfraktion in Bonn an, als Koordinierender Referent im Arbeitsbereich Umweltschutz. Sein ehemaliger Chef Volker Hauff ist umweltpolitischer Sprecher der SPD im Bundestag, zudem einer der stellvertretenden Fraktionschefs. Die Fraktion wird – nach dem Rückzug des langjährigen, nun 76 Jahre alten Fraktionsvorsitzenden Herbert Wehner – von Vogel geführt. Der ehemalige Justizminister, der auch 1981 für ein halbes Jahr Regierender Bürgermeister in Berlin war, bis die CDU mit Richard von Weizsäcker die Wahl gewann, hat die Aufgabe, nach dem Machtverlust den Laden zusammenzuhalten. Schon ein halbes Jahr später muss er als Kanzlerkandidat der SPD antreten, denn Helmut Kohl will sich die gewonnene Macht durch ein Votum der Wähler bestätigen lassen. Am 1. März 1983 wird gewählt. Die SPD kommt auf 38,2 Prozent, CDU / CSU erreichen hingegen 48,8 Prozent. Die SPD ist damit auch von den Wählern in die Opposition geschickt worden. Allein an die Grünen haben die Sozialdemokraten 750 000 Wähler verloren, die ziehen mit 5,6 Prozent der Stimmen in den Bundestag ein. Die Stimmen, die die SPD von den FDP-Wählern bekommen hat, die den Schwenk der Liberalen zur CDU nicht mitmachen wollten, können das nicht aufwiegen.

Für die deutsche Sozialdemokratie ist es eine schwierige Zeit. Nicht nur Schmidt und Wehner sind weg, auch die Symbolfiguren der pragmatischen Regierungspartei wie Georg Leber und Hans Matthöfer können nicht mehr glänzen. Der Erleichterung, die manche Genossen verspürt haben mögen nach dem Ende der Ära Schmidt, folgt der Katzenjammer des Alltags. Neue Themen wie Frieden, Umwelt und Arbeitslosigkeit stehen an, und der Anführer der Linken in der Partei, der saarländische SPD-Chef Oskar Lafontaine, klagt: »Uns sind in den Regierungsjahren die Träume abhandengekommen, die SPD braucht jetzt wieder so etwas wie eine Morgenröte, eine konkrete Utopie.«[25] Mit den Fittichen der Morgenröte hat es Peer Steinbrück nicht so.

Büroleiter von Johannes Rau

Steinbrück liebt das Regieren. Er hat Jahre damit zugebracht, mehr oder weniger eng mit Ministern und Führungsstäben zusammenzuarbeiten, so dass die eigene Arbeit stets einen direkten Einfluss auf das Handeln der Regierung hatte. In der Fraktion einer Oppositionspartei erlebt Steinbrück nun, wie wenig ihre Arbeit in konkrete Ergebnisse mündet. Kein Wunder, dass ein Macher wie Steinbrück lieber dorthin geht, wo seine Partei was zu sagen hat.

Nach zwei Jahren als Referent für die Bonner Bundestagsfraktion wechselt er 1985 dahin, wo die SPD noch unangefochten regiert: nach Düsseldorf in die nordrhein-westfälische Landesregierung, ins Ministerium für Umwelt, Raumordnung und Landwirtschaft, das damals von Klaus Matthiesen geführt wird. Steinbrück ist in der Planungsgruppe für Arbeit und Umwelt zuständig. Seinen Chef Matthiesen, einen markanten Typ mit Seemannsbart, kennt er noch aus Schleswig-Holstein, wo Matthiesen zehn Jahre, von 1973 bis 1983, im Landtag saß, als Fraktionsvorsitzender der SPD und Oppositionsführer. Zweimal, 1975 und 1979, hatte Matthiesen versucht, Ministerpräsident in Kiel zu werden, beim zweiten Mal scheitert er nur knapp – die entscheidenden Stimmen hätten ihm die Grünen gestohlen, ist er sich sicher, die damals mit 2,4 Prozent den Einzug in den Landtag nicht schafften. 1983 geht er als Landwirtschaftsminister in das Kabinett von Johannes Rau nach Düsseldorf, 1985 wird das Ministerium um das Ressort Umwelt erweitert. Matthiesen, der sich medial in Szene setzen kann, erkennt damals, dass die SPD den Grünen beim Thema Umwelt das Wasser abgraben muss, um selbst stark zu bleiben. Das gelingt in Nordrhein-Westfalen länger als in anderen Bundesländern – erst im Mai 1990 ziehen die Grünen in den Landtag in Düsseldorf ein. Wie viele andere Sozialdemokraten, allen voran Ministerpräsident Johannes Rau und dessen enger Mitarbeiter Wolfgang Clement, hofft er darauf, dass die Grünen eine kurzzeitige Erscheinung sind, die die SPD bald wieder loswird. Eine Koalition mit ihnen können und müssen sich die Sozialdemokraten in Düsseldorf noch nicht vorstellen. Matthiesen ist ein enger Vertrauter von Ministerpräsident Johannes Rau, er gilt als der Kronprinz.

Steinbrück bekommt von Matthiesen einen besonderen Auftrag. Zusammen mit fünf, sechs anderen Leuten soll er das Wahlprogramm für die SPD und ihren Kanzlerkandidaten Rau erarbeiten. Am Ende der Arbeit gibt es nicht nur einen Handschlag des SPD-Vorsitzenden Willy Brandt, sondern eine Beförderung. Steinbrück wird Büroleiter von Johannes Rau.

Er ist jetzt ganz nah an der Macht in Nordrhein-Westfalen. Rau sitzt damals fest im Sattel, hat große Erfolge gefeiert. Seit acht Jahren ist er Ministerpräsident, 1980 hat er gegen seinen Herausforderer Kurt Biedenkopf von der CDU die absolute Mehrheit für die SPD geholt, 1985 hat die SPD mit Rau an der Spitze sogar das beste Ergebnis ihrer Geschichte in NRW erzielt: 52,1 Prozent konnte Rau, der mit dem Slogan »Wir in Nordrhein-Westfalen« in den Wahlkampf gezogen war, für sich verbuchen. Als Steinbrück im Dezember 1986 Raus Büroleiter wird, sind es nur noch wenige Wochen bis zur Bundestagswahl im Januar 1987, in der sein Chef als Kanzlerkandidat der SPD und Herausforderer Helmut Kohls antritt.

Rau ist als überzeugter evangelischer Christ ganz anders gepolt als der konfessionslose, eher technokratische Volkswirt Steinbrück. »Bruder Johannes« ist ein Menschenfischer, einer, der auf die Leute zugeht, fortwährend das Gespräch sucht. So gewinnt der Predigersohn Rau Informationen, so rekrutiert er auch Gefolgschaft. Als Landesvater ist Rau legendär. Er ist einer, der mit den Leuten kann, an der Theke mit ihnen Pils trinkt, ein Skatspieler und Witzeerzähler, der die Menschen mag.

Steinbrück kann all das nicht. Das Leutselige ist nicht seine

Stärke. Raus Motto »Versöhnen statt spalten« wäre ihm wohl
nie eingefallen, geschweige denn, dass er es hätte glaubhaft
darstellen können. Steinbrück hat dafür Gaben, die Rau fehlen: etwa abstrakt zu denken und zu entscheiden. Er ist ein
guter Organisator. Und er ist einer, der auch rücksichtslos
Klartext redet, etwas, das Rau nicht vermag. Es scheint, dass
Rau sich bewusst einen so gegensätzlichen Typ als Büroleiter
gesucht hat. Er nutzt Steinbrück auch als »Hofhund«, dazu,
andere zu verbellen, hart durchzugreifen. Denn Rau hasst
Konflikte und kann so seinen Ruf als mitfühlender Landesvater und Sozialdemokrat wahren. Im Umgang mit seinen
Mitarbeitern ist Rau allerdings wenig leutselig, vielmehr
sachlich distanziert. Steinbrück kann damit gut umgehen.

Bei aller Unterschiedlichkeit verbindet Rau und Steinbrück manches. Rau ist – genau wie Steinbrück – kein typischer Sozialdemokrat, wie er im roten Stammland Nordrhein-Westfalen vorherrscht, kein Gewerkschaftsmann, auch
wenn er das Soziale betont. Beide sind Bücherfresser, Steinbrück aus häuslicher Tradition, Rau, der eine Buchhändler-
lehre machte, eher aus einem Aufholbedürfnis, das einer
chaotischen Schulzeit während des Krieges entspringt. Auch
der Hang zum Witz verbindet beide, wenn auch ihr Humor
unterschiedlich gelagert ist. Die Lust am pausenlosen Witze-
erzählen ist bei Steinbrück deutlich unterentwickelt, sie
anhören zu müssen nervt ihn gelegentlich ebenso wie viele
andere in der Umgebung Raus.

In der politischen Orientierung findet sich manch Ge-
meinsames zwischen Rau und seinem Büroleiter, der später
einer seiner Nachfolger im Amt des Ministerpräsidenten in
Düsseldorf werden wird. Rau will, in Nordrhein-Westfalen
wie dann auch als Kanzlerkandidat im Bund, Wechselwähler
für die SPD gewinnen und sie vor allem der CDU abspenstig
machen. Beschwingt durch seinen Erfolg in NRW 1985, strebt
er die absolute Mehrheit für die SPD auch im Bund an, da die
FDP nach ihrem Wechsel zur Union für eine Koalition im

Bund nicht in Frage kommt. Eine Koalition mit den Grünen schließt Rau aus. Dieses Bekenntnis wird freilich schon damals von seiner eigenen Partei in Frage gestellt. Auf ihrem Nürnberger Parteitag im August 1986 öffnet sich die SPD zu den Grünen, beschließt den »Ausstieg« aus der Kernenergie als Ziel. Dass sich absolute Mehrheiten auch mit einer grün angehauchten Politik für die SPD erreichen lassen, hatte Oskar Lafontaine im März 1985 im Saarland vorgemacht. Lafontaine wird vor und nach der Bundestagswahl zum größten Rau-Kritiker in der SPD, führt mit seiner Öffnung zu den Grünen einen Kurs in der SPD an, der sich klar gegen Rau und seine Mannschaft richtet.

Die Chance, dass Steinbrück zusammen mit Rau ins Kanzleramt einzieht, ist zu dem Zeitpunkt, an dem er Raus Büroleiter wird, schon gleich null. Raus Scheitern auf der Bundesebene als Kandidat der SPD zeichnet sich früh ab. Seine Beziehung zum SPD-Vorsitzenden Willy Brandt gilt als zerrüttet. Der lässt schon vor der Wahl aus den Ferien verkünden, 43 Prozent wären auch ein schönes Ergebnis. Die Kanzlerkandidatur des an den Erfolg gewöhnten Ministerpräsidenten geht gründlich schief – Rau erreicht nur 37 Prozent der Stimmen, heute beinahe ein Traumergebnis für die Sozialdemokraten, damals aber ein schwaches Resultat.

Rau ist nach der Niederlage deprimiert, doch in Nordrhein-Westfalen wackelt sein Stuhl nicht. »Keiner kennt das Land wie er«, werden damals seine Mitarbeiter zitiert. Die Angriffe der Opposition, Rau sei harmoniesüchtig oder gar der »Erfinder der politischen Schlaftablette«, wie es der Landesvorsitzende der nordrhein-westfälischen CDU, Norbert Blüm, formuliert, verfangen bei den Wählern nicht.[26] Rau wird 1990 noch einmal mit absoluter Mehrheit als Ministerpräsident bestätigt.

Mitarbeiter wie Steinbrück wissen, dass die Gemütlichkeit, die Rau abends bei Witzen und Pils ausstrahlt, nur die Kehrseite seines Fleißes ist. Rau verlangt auch von seinen Leuten vollen Einsatz, kann dabei durchaus pedantisch sein. Zudem erwartet er absolute Loyalität.

Steinbrück sieht Rau später kritischer als zu der Zeit, als er bei ihm arbeitete. Die Konfliktscheu Raus hat nach seiner Ansicht dazu beigetragen, dass sich die SPD in den achtziger und neunziger Jahren nicht in ausreichendem Maße erneuert hat. Vieles, was Gerhard Schröder dann abrupt habe durchsetzen müssen und was die englische Labour Party in der Opposition schon geleistet habe, sei auf die fehlende Bereitschaft Raus zurückzuführen, der SPD innere Reformen zuzumuten.

Für Steinbrücks Karriere in der SPD ist die Zeit als Büroleiter von Rau enorm wichtig, viele Verbindungen zu Sozialdemokraten, die für seine politische Laufbahn entscheidend sein werden, wachsen in diesen Jahren. Rau hat damals einen engen Kreis von Beratern, zu denen Staatskanzleichef Wolfgang Clement, Finanzminister Heinz Schleußer, Umweltminister Klaus Matthiesen und eben auch der Büroleiter Steinbrück gehören. Clement, der Matthiesen als Kronprinz nach und nach ersetzt, ist unter ihnen besonders wichtig, auch für Steinbrück. Rau hat den ehemaligen Sprecher des SPD-Bundesvorstands und umtriebigen Journalisten 1989 zum Kanzleichef gemacht. Clement ist das absolute Gegenstück zu Rau. Er ist voller Ideen, extrovertiert und geltungsbedürftig, auch cholerisch, einer, der, wie Steinbrück scherzt, rief: »Herr, gib mir Geduld, aber gleich!«[27]

Clement und Steinbrück sind sich ähnlich, sie sind effiziente Arbeiter, dabei selbstbewusst und lassen sich nicht leicht die Butter vom Brot nehmen. Oft ziehen die beiden, wenn sie bis spät gearbeitet haben, noch durch die Kneipen der Düsseldorfer Altstadt. So entsteht eine Freundschaft zwischen ihnen, sie sind in Bonn Nachbarn, auch die Ehepaare freunden sich an. »Wenn sie mal zusammen sind, kriegt man sie kaum mehr auseinander«, hat Gertrud Steinbrück das Verhältnis ihres Mannes zu Clement beschrieben.[28] Einige Jahre später wird Clement seinen Freund Steinbrück als Minister in die nordrhein-westfälische Landeshauptstadt zurückholen.

Clement ist der Spontanere von beiden, damals schon, auch später als Regierungschef. »Steinbrück ist analytischer als Wolfgang Clement, der jede Idee, die er morgens unter der Dusche hatte, noch am selben Tag ins Kabinett einbrachte«, beschreibt die Grünen-Politikerin und frühere Umweltministerin in Düsseldorf Bärbel Höhn den Unterschied. Clement und Steinbrück haben bis heute ein freundschaftliches Verhältnis, auch wenn Steinbrück den Austritt Clements aus der SPD für falsch hielt. Clement sieht seine Leistung als Politiker, nicht zuletzt als Bundesminister unter Gerhard Schröder, zu wenig gewürdigt, insbesondere von der SPD. Und Steinbrück hat dafür Verständnis.

Ende der achtziger Jahre ist Steinbrück einstweilen nur ein Spitzenbeamter, kein Politiker. Er fällt allerdings damals als einer auf, so erinnert sich ein führender Sozialdemokrat, der nicht nur zum Beamten oder Referenten taugt. Seine präzise Sprache und seine Sachkenntnis stechen ins Auge, er gilt manchen als ein politisches Talent. Doch entwickelt er wenige Ambitionen, selbst Politiker zu werden. Anderen gilt er hingegen als einer, »der auch mal was Politisches machen könnte«, erinnert sich ein Weggefährte.

Das muss sich herumgesprochen haben. Anfang 1990 erreicht Steinbrück ein Anruf gerade in dem Moment, als er bei seinem Chef Rau im Zimmer sitzt. Björn Engholm, der Ministerpräsident von Schleswig-Holstein, will Steinbrück sprechen. Er stellt ihm ein Angebot in Aussicht. Nach 15 Jahren endet die Referenzzeit für Peer Steinbrück.

Kapitel 4

Minister im Norden

Noch ein Spezialauftrag

Am 8. Mai 1988 endet in Schleswig-Holstein eine Ära. Die SPD siegt bei der Landtagswahl in dem konservativ geprägten Land im Norden der Republik, das seit 38 Jahren von der CDU regiert worden war. Die Sozialdemokraten gewinnen die Wahl nicht nur, sondern sie triumphieren. Mit dem ehemaligen Bundesminister Björn Engholm an der Spitze erreichen sie ein sensationelles Ergebnis, eine absolute Mehrheit von fast 55 Prozent der Stimmen. Das ist ein Zuwachs von rund zehn Prozent gegenüber der Wahl ein Jahr zuvor. Die hatte zu einem Patt im Landtag geführt, so dass noch einmal gewählt werden musste. Die CDU, die damals knapp hinter der SPD gelegen hatte, verliert nun erdrutschartig mehr als neun Prozent und kommt nur noch auf rund 33 Prozent – ihr schlechtestes Ergebnis im Norden seit 1954.

Die Wahl findet noch ganz unter dem Eindruck der »Barschel-Affäre« statt, die ein Jahr zuvor Schleswig-Holstein und die ganze Bundesrepublik erschüttert hatte. Benannt nach dem damaligen CDU-Ministerpräsidenten Uwe Barschel, war sie vor allem eine Affäre des damaligen Medienreferenten der CDU, Reiner Pfeiffer. Der Journalist hatte sich im Wahlkampf einer ganzen Reihe unlauterer Methoden bedient, den SPD-Spitzenkandidaten Engholm von Detekteien bespitzeln und falsche Behauptungen über dessen Privatleben verbreiten lassen. Barschel trat im Zuge der Affäre am 2. Oktober 1987 von seinem Amt als Ministerpräsident zurück. Neun Tage später wurde er in einem Genfer Hotel tot in seinem Zimmer gefunden. Die genauen Umstände seines

Todes – Selbstmord oder Mord kommen in Frage – sind bis
heute nicht geklärt.

Die Affäre schadet der CDU und nutzt der SPD, Björn
Engholm wird Ministerpräsident in Kiel. Die Sozialdemokratie im Norden erlebt das als eine Zeitenwende, es herrscht
Aufbruchstimmung. Die neue Regierung sieht sich allerdings
mit dem Problem konfrontiert, dass in den Spitzen der Landesverwaltung nach fast vier Jahrzehnten CDU-Herrschaft
kaum Genossen zu finden sind. Dieses Manko versucht sie
auch dadurch zu beheben, dass sie qualifizierten Sozialdemokraten eine Mitarbeit anträgt.

Ein Genosse, den Björn Engholm im Jahr 1990 zum Umzug nach Kiel bewegt, ist Peer Steinbrück. Die Staatssekre-
tärsstelle im Umweltministerium ist neu zu besetzen. Auf die
Idee, dass Steinbrück das machen könnte, kommt dessen
Freund Ekkehard Wienholtz, damals Staatssekretär im Innenministerium – genauer gesagt ist es dessen Frau, die im
kleinen Kreis den Vorschlag zum ersten Mal macht. Wienholtz versichert sich der Unterstützung des Chefs der Staatskanzlei, Stefan Pelny, der Steinbrück noch aus Kanzleramts-
zeiten flüchtig kennt. Er überzeugt Ministerpräsident Engholm von Steinbrück.[1]

Es ist allerdings keine normale Stellenbesetzung, sondern
zugleich ein Spezialauftrag. Engholm hat mit seinem Amtsantritt 1988 ein Aufbruchsignal gesetzt. Er hat ein Frauenmi-
nisterium geschaffen und in sein Kabinett als erster Ministerpräsident vier Frauen berufen – zudem einen Parteilosen: den
habilitierten Biologen und Umweltschützer Berndt Heydemann. Engholm bewundert den rhetorisch gewandten Professor vom Biologiezentrum der Universität Kiel. Der damals
58 Jahre alte Heydemann, der sich unter anderem mit der
ökologischen Küstenforschung einen Namen gemacht hat,
kann Menschen für den Naturschutz begeistern, von seinen
Anhängern wird er verehrt. Dass die Grünen nicht nur 1988
den Einzug in den Landtag in Kiel klar verfehlten, sondern

auch noch 1992, wenn auch denkbar knapp, an der Fünfprozenthürde scheiterten, hat nicht nur mit der konservativen
Struktur Schleswig-Holsteins, sondern wohl auch damit zu
tun, dass die SPD-Regierung in Heydemann einen charisma-
tischen Umwelt-Guru und Welterklärer aufzubieten hatte.

Engholm ist Heydemann freundschaftlich verbunden. Er
weiß allerdings, dass der von ihm so geschätzte Professor für
das tägliche Politikgeschäft nicht gemacht ist. Er ist alles andere als ein Behördenchef, seine chaotische Amtsführung
bringt die Mitarbeiter des Ministeriums regelmäßig an den
Rand der Verzweiflung. Und auch im Kabinett ist der genia-
lische Professor verschrien; die Kabinettsordnung, so sagen
ehemalige Kollegen, habe er allenfalls als einen unverbindli-
chen Vorschlag betrachtet.

Engholm will seinem Freund helfen, ihn vor zerstöreri-
schen Konflikten im Amt und mit seinen politischen Mit-
spielern bewahren. Der richtige Weg dafür ist, ihm einen Verwaltungsfachmann an die Seite zu stellen, möglichst einen
mit SPD-Parteibuch, der über das Selbstbewusstsein verfügt,
es mit dem ungezügelten Minister aufzunehmen. Steinbrück
bringt diese Voraussetzungen mit, er kennt Kiel, und er hat
auch schon mal kurzzeitig in einem Umweltministerium gearbeitet. In Düsseldorf ist er seit vier Jahren als »der Büroleiter vom Rau« bekannt, eine wichtige Arbeit, aber eben nur
eine dienende Tätigkeit. Seit eineinhalb Jahrzehnten ist Steinbrück Referent, immerzu angewiesen auf das Wohlwollen
seiner Chefs. Er ist mittlerweile 43 Jahre alt. Der Ruf nach
Kiel ist für ihn die Chance, einen großen Karrieresprung zu
machen und an einem Kabinettstisch zu landen.

Dass sein zukünftiger Chef kein einfacher Charakter ist,
hat Steinbrück allerdings schnell über seine Kieler Kontakte
erfahren. »Ich habe zu Engholm gesagt: Was soll ich machen,
wenn der Heydemann so schwierig ist?«, erinnert er sich. Engholm habe ihm versichert: »Du hast meine Unterstützung.«
Steinbrück nimmt das Angebot an, nach Kiel zu gehen. Und

Engholm bittet ihn, selbst bei Heydemann vorstellig zu werden. Heydemann und Steinbrück reden dann bei einem Treffen tatsächlich vier Stunden lang – allerdings redet nur der
Minister, erklärt die Welt. Steinbrück erkennt, dass er es mit
einem Typ von Mensch zu tun hat, mit dem er eigentlich
überhaupt nicht kann – einem Visionär, der an effizienter Arbeit ebenso wenig Interesse zu haben scheint wie an seinem
neuen Staatssekretär. Dennoch will er jetzt nicht mehr zurückziehen, denn Staatssekretär zu werden reizt ihn schon.
Im Juni 1990 fängt Steinbrück im Kieler Umweltministerium
an.[2]

Für die Familie ist der Umzug nach Kiel kein Geschenk.
Gertrud Steinbrück muss ihre Stelle als Lehrerin am Amos-
Comenius-Gymnasium in Bonn-Bad Godesberg aufgeben,
was ihr schwerfällt. Auch die Kinder haben, anders als ihr
Vater, keinen rechten Bezug zum Norden und seinen reser-
vierten Bewohnern, fühlen sich im Rheinland wohl. Die Familie zieht nach Kronshagen, einer mit der Stadt Kiel ver-
wachsenen Gemeinde, in eine Villa am Friedenskamp. Hier
herrscht ein bürgerliches Ambiente, viele Mitarbeiter von
Ministerien und der Universität wohnen in der Gegend.

Mentale Eingewöhnungsschwierigkeiten hat Steinbrück
nicht, aber sein neuer Job erweist sich aus vielerlei Gründen
als schwierig. Mit der politischen Agenda Heydemanns, einem ethisch begründeten Naturschutz, kann der frischgeba-
ckene Staatssekretär nicht viel anfangen. Dabei sind Umwelt-
und Naturschutz längst zum wichtigen Thema in der Politik
geworden. Die Ökologiebewegung hat vor allem durch die
Anti-Atomkraft-Proteste einen mächtigen Aufschwung erfahren. Eine der heftigsten Auseinandersetzungen um die
Nutzung der Kernkraft findet seit Ende der siebziger Jahre in
Schleswig-Holstein beim »Kampf um Brokdorf« statt. Die
Grünen sind 1983 in den Bundestag eingezogen. Auch die SPD
hat – nicht zuletzt durch das Engagement von Oskar Lafontaine – die Umweltfrage für sich entdeckt, versucht damit

auch, ein weiteres Abwandern junger Leute zu den Grünen
zu verhindern. Nach der Reaktorkatastrophe von Tschernobyl 1986 hat die Bundesregierung unter Helmut Kohl ein
Umweltministerium eingerichtet, Walter Wallmann und
Klaus Töpfer sind die ersten Ressortchefs.

Steinbrück steht der Öko-Bewegung und den Grünen
skeptisch gegenüber. Doch seine Aufgabe ist es ja vor allem,
seinen Chef zu zähmen. Das ist schwierig, denn Heydemann
ist als Verwaltungschef ein Alptraum, unfähig, ein Ministerium mit rund 300 Mitarbeitern zu führen. Immer wieder sind
Akten verschwunden, werden Termine verpasst. Über Wochen bunkert der Minister Unterlagen in seinem Büro, sta-
pelt sie auf dem Fußboden. Einmal, so erinnert sich ein da-
maliger Kabinettskollege, habe es nachts einen Einbruch in
das Ministerzimmer gegeben. Die Polizei wird am nächsten
Morgen alarmiert. Es stellt sich heraus, dass ein Mitarbeiter
in das Zimmer Heydemanns eingedrungen war, um dringend
benötigte Akten herauszuholen. Steinbrück selbst spricht
von einer »Aktenumschlagszeit« Heydemanns von acht bis
zehn Tagen, er selbst habe als Minister 36 bis 48 Stunden gebraucht. Das ist nur eine Seite des chaotischen Ministeriums-
alltags. Der Minister hat zudem ständig neue Vorhaben, plant
Gesetze und Verordnungen im Dauertakt, von denen jedoch
nur ein Bruchteil Gestalt annimmt.

Kein Wunder, dass Steinbrücks Vorgänger entnervt das
Handtuch geworfen hatte. Immerhin gelingt es Steinbrück,
die Arbeit des Ministeriums effektiver zu organisieren, seinen Chef hier und dort auf dem Verwaltungswege zu korrigieren und ihn so letztlich zu stützen. Er erkennt, dass
Heydemann Charisma und interessante, unorthodoxe Ideen
hat, wenn er auch nicht in der Lage ist, sie in Politik umzuset-
zen. Steinbrück sei der ideale Mann gewesen, um die Abläufe
im Ministerium zu organisieren und »den Minister ab und zu
auf dem Boden zu halten«, hat Engholm die Arbeit des
Staatssekretärs später bewertet.[3]

Knapp zwei Jahre lang arbeitet Steinbrück unter Heydemann, noch heute gerät er ins Stöhnen, wenn er an diese Zeit
erinnert wird. Er empfindet sie als eine Art Martyrium. Die
Landtagswahl 1992 ändert die Lage für ihn. Die SPD muss
starke Verluste gegenüber dem Ausnahmeergebnis vier Jahre
zuvor hinnehmen – mehr als acht Prozent. Doch da die Grünen an der Fünfprozenthürde scheitern, reichen die 46,2 Prozent, die die SPD bekommt, für eine hauchdünne absolute
Mehrheit der Sitze im Kieler Landtag. Bei der Kabinettsbil-
dung muss der Posten des Wirtschaftsministers neu besetzt
werden, weil der bisherige Minister ausscheidet. Deshalb soll
der Staatssekretär im Wirtschaftsressort, Uwe Thomas, neuer
Minister werden. Seine Stelle wird also frei. Engholm erinnert sich daran, dass im Umweltministerium ein Mann seit
zwei Jahren leidet, den er damals nach Kiel geholt hat. Er
beschließt, ihn zu erlösen. Im Mai 1992 wechselt Steinbrück
als Staatssekretär vom Umwelt- ins Wirtschaftsministerium,
in ein Ressort, das den Neigungen des Volkswirts mehr entspricht.

Wirtschaftsminister in Kiel

In der Bundes-SPD haben sich mittlerweile Veränderungen
vollzogen, die Kiel auch bundespolitisch aufwerten. Am
29. Mai 1991 wird Ministerpräsident Björn Engholm auf dem
Parteitag in Bremen zum SPD-Vorsitzenden gewählt – als
Nachfolger des geschätzten und verdienten, aber auch etwas
glücklosen Parteichefs Hans-Jochen Vogel. Engholm ist damals ein außerordentlich beliebter Mann, der einen anderen,
weniger autoritären Führungsstil pflegt als andere Politiker.
Nach der Wahl zum SPD-Chef ist er auch der designierte
Kanzlerkandidat der SPD für die Bundestagswahl 1994. Steinbrück gefällt dieser Typ, der kein ausgesprochener Partei-

politiker ist, vielmehr ein Schöngeist, der sich für Literatur und Kunst interessiert und eine souveräne Weltläufigkeit demonstriert. Er hätte ihn wohl gern als Bundeskanzler gesehen.

Doch dazu kommt es nicht. Die Ära Engholm in der SPD dauert nur zwei Jahre. Im Jahre 1993 entwickelt sich in Kiel die sogenannte Schubladenaffäre. Der Sozialminister in der Regierung Engholm, Günther Jansen, gibt zu, dem Auslöser der Barschel-Affäre, Reiner Pfeiffer, 40 000 bis 50 000 Mark geschenkt zu haben, die er in einer Schublade aufbewahrt hatte. Das Geld habe dazu gedient, Pfeiffer zu helfen, nachdem dieser durch die Barschel-Affäre arbeitslos geworden war. Möglicherweise ist das Geld aber auch dazu gedacht gewesen, Pfeiffer zum Schweigen zu bringen. Er soll nicht berichten, dass die SPD viel früher als behauptet von seinen skrupellosen Methoden im Wahlkampf gewusst hatte. Engholm muss im Zuge der Affäre zugeben, dass er vor dem Barschel-Untersuchungsausschuss wahrheitswidrig behauptet hatte, er habe von den Machenschaften Pfeiffers nichts gewusst und habe davon erst aus der Veröffentlichung im »Spiegel« erfahren. Eine Falschaussage vor dem Untersuchungsausschuss kommt einem Meineid gleich.

Am 3. Mai 1993 tritt Engholm von allen politischen Ämtern zurück, als Ministerpräsident und auch als SPD-Vorsitzender. Viel später hat er zugegeben, dass nicht allein seine Falschaussage, sondern auch die mangelnde Unterstützung seiner Parteifreunde in der SPD ihn zum Rücktritt bewogen habe. »Ich bin in Bonn in keiner Weise glücklich gewesen«, sagt er. Einige der führenden Sozialdemokraten hätten an seinem Stuhl gesägt. »Natürlich wäre ich gern Kanzler geworden. Ich kann regieren, und ich habe Ideen. Aber ich hatte nicht genügend Machtinstinkt.«[4] Nachfolger als SPD-Vorsitzender wird Rudolf Scharping, Ministerpräsident in Rheinland-Pfalz – die SPD bestimmt ihn durch einen Mitgliederentscheid dazu.

In Kiel wäre für das Amt des Ministerpräsidenten eigentlich Sozialminister Günther Jansen der Wunschnachfolger gewesen. Denn er kennt die SPD in- und auswendig, und er ist in der Partei sehr beliebt. Aber durch die Schubladenaffäre ist er belastet und kann deshalb nicht antreten. So kommt die damals 49 Jahre alte SPD-Politikerin Heide Simonis zum Zug. Wie Steinbrück war sie 1969 in die SPD eingetreten, wie er hatte sie – einige Jahre früher – in Kiel Volkswirtschaft studiert und das Studium als Diplom-Volkswirtin abgeschlossen. Doch anders als Steinbrück macht Simonis eine Parteikarriere, von 1976 an – sie gewinnt damals ein Direktmandat gegen den Bauernverbandspräsidenten von der CDU – sitzt sie für fast zwölf Jahre im Bundestag. Sie profiliert sich in der Finanz- und Wirtschaftspolitik, nicht etwa in den weichen »Frauen-Themen« Bildung und Soziales. Ihr Mandat im Bundestag gibt sie 1988 auf, um in Kiel Finanzministerin im Kabinett Engholm zu werden. Nun ist die Politikerin mit den großen Brillen und den auffälligen Hüten die erste Frau an der Spitze eines deutschen Bundeslandes.

Für Steinbrück ist der Wechsel an der Spitze der Landesregierung ein Glücksfall, ein zweiter nach der Berufung zum Staatssekretär durch Engholm. Sein bisheriger Chef, Wirtschaftsminister Uwe Thomas, gilt allgemein als kompetenter Wirtschaftspolitiker, zugleich aber als sehr selbstbewusst und hochfahrend. Mit Heide Simonis hatte er mehrfach über Kreuz gelegen, auch weil er gegen den Verkauf von Anteilen der Kieler Landesbank an die WestLB war, für den Simonis stritt. Die neue Ministerpräsidentin trägt ihm das nach, sie beruft ihn wegen »persönlicher Differenzen« nicht ins Kabinett, sondern macht stattdessen seinen Staatssekretär Steinbrück zum Chef des Wirtschaftsressorts. Am 19. Mai 1993 wird Simonis im Kieler Landtag zur neuen Regierungschefin gewählt – sie wird es zwölf Jahre lang bleiben, bis ein als »Heide-Mörder« bezeichneter unbekannter Abgeordneter aus den Reihen ihrer Koalition ihr in vier Abstimmungsrunden die Stimme bei der geplanten Wiederwahl versagt und so ihrer politischen Karriere ein schrilles Ende setzt. Steinbrück wird an jenem 19. Mai 1993 als Wirtschaftsminister vereidigt. Im deutschlandweiten Maßstab ist der Job in dem bevölkerungsschwachen Land im Norden eher von untergeordneter Bedeutung. Schleswig-Holstein hat keine Industrie, es hat Tourismus, Häfen, Werften und Landwirtschaft. Große Sprünge kann ein Wirtschaftsminister hier nicht machen. Doch für den Hamburger ist es ein deutlicher Karrieresprung. Er ist jetzt, im Alter von 46 Jahren, Politiker geworden, ohne dass er diesen Beruf angestrebt hätte. Er wird von nun an ein Leben als Politiker führen, mit mehr Macht und mehr Verantwortung und weniger Freiheiten. Seine Töchter sind zu diesem Zeitpunkt 16 und 14, sein Sohn ist zehn. Sie werden auf den Vater oft verzichten müssen, ebenso wie die Ehefrau auf ihren Gatten. Geplant war das alles nicht.

Steinbrück ist sich dieser Tatsache heute bewusst. Seine Laufbahn sei »keine typische Politikerkarriere« gewesen, sagt er über sich selbst. »Ich habe mich nicht hochgedient innerhalb der SPD, sondern bin in der Ministerialverwaltung gelandet. Irgendwann mit Anfang 40 bin ich, zu meinem eigenen Erstaunen, Staatssekretär geworden, und zu meinem noch größeren Erstaunen bin ich drei Jahre später Wirtschaftsminister eines kleinen Bundeslandes geworden«, beschreibt er selbst seinen Wandel vom Beamten zum Politiker.[5]

Steinbrück genießt allerdings sein neues Leben: Zum ersten Mal ist er selbst Chef, führt ein Ressort, kann sich aus eigener Kraft profilieren. Das gefällt ihm, und er macht ausgiebig davon Gebrauch. In den Kreisen der Wirtschaft, der Interessenverbände und Gewerkschaften ist Steinbrück bald anerkannt, er überzeugt durch Sachkenntnis, seine direkte Art kommt gut an, sein Image als Technokrat und Verwaltungsprofi ist dort nicht von Nachteil. Das Vorurteil, dass

Sozis Wirtschaft nicht können, kann Steinbrück jedenfalls widerlegen. Im Ministerium gilt er als mitunter schwieriger Chef, aber auch als einer, der sich im Konfliktfall vor seine Mitarbeiter stellt.

In der Partei engagiert er sich nicht, ein Landtagsmandat strebt er nicht an. Viele in der traditionell linken SPD in Schleswig-Holstein sind kritisch eingestellt gegenüber diesem Minister, der mit der Parteipolitik so wenig anfangen kann. Das heißt aber nicht, dass er sich nicht lautstark meldet, wenn die Parteispitze etwas beschließt, das er für grundfalsch hält. Als die SPD, nach dem glücklosen Scharping mittlerweile vom Saarländer Oskar Lafontaine geführt, 1996 eine Ausbildungsplatzabgabe für Unternehmen fordert, die keine oder nur wenige Lehrlinge ausbilden, hält der Wirtschaftsminister aus dem Norden dagegen. Dem kämpferischen Spruch der SPD-Linken »Wer nicht ausbildet, wird umgelegt« begegnet Steinbrück Anfang September 1997 mit einem Artikel in der »Frankfurter Allgemeinen Zeitung« unter der Überschrift »Wer umgelegt worden ist, kann nicht ausbilden«.[6] Die Ausbildungsabgabe sei »Gift für den Standort Deutschland«, zudem sei der bürokratische Aufwand für eine solche Abgabe »atemberaubend«, ein »großes Beschäftigungsprogramm für Bürokraten«. Die Opposition nutzt solche Vorstöße Steinbrücks, um einen Keil in die Regierung zu treiben. Ob Steinbrücks Artikel die offizielle Auffassung der Landesregierung zum Thema wiedergibt, will etwa der CDU-Oppositionsführer Martin Kayenburg in einer Kleinen Anfrage Ende September wissen. Die Antwort fällt, wie in solchen Fällen üblich, sibyllinisch aus. Steinbrück sieht sich in seiner Haltung einig mit Wolfgang Clement, der Wirtschaftsminister in Düsseldorf ist, aber auch mit dem niedersächsischen Ministerpräsidenten Gerhard Schröder. Als er selbst acht Jahre später Ministerpräsident von NRW ist und der damalige SPD-Vorsitzende Franz Müntefering den Vorschlag wiederaufgreift, bleibt Steinbrück bei seiner Meinung.[7]

– geheimnisvoll, rätselhaft

Dass da einer sehr wirtschaftsfreundlich agiert, vor zu viel
Staat warnt und wenig von sozialdemokratischer Programm-
matik hält, ist in der Parteilinken in Schleswig-Holstein
schon damals allgemeine Überzeugung. Doch jenseits der
linken Parteigänger gilt Steinbrück bald als eines der politischen Schwergewichte des Kieler Kabinetts, als wortgewand-
ter Ressortchef. Wenn Steinbrück spricht, dann ist es still im
Saal. Schon zu diesen Zeiten wird er von manchen als einer
wahrgenommen, der in der SPD einmal eine größere Rolle
spielen könnte.

Zugleich gilt der Minister als schneidend und scharf, als
unduldsam und aufbrausend. Es ist nicht nur der übliche
Hochmut der Finanzpolitiker gegenüber den anderen Fach-
bruderschaften, den Steinbrück hervorragend inszeniert. Seine Arroganz geht über das rein Professionelle hinaus. Steinbrück ist schon damals rhetorisch mit dem Schnellfeuerge-
wehr unterwegs, und wenn ihm eine Meinung als dumm oder
falsch erscheint, bringt er sein Missfallen herablassend und
selbstgerecht zum Ausdruck. »Man hätte ihn bei diesen Auftritten am liebsten ins Meer werfen mögen«, sagt jemand, der
ihn regelmäßig so erlebt hat.

Als Minister muss Steinbrück nun auch öffentlich die Landesregierung repräsentieren, was ihm nicht schwerfällt. Seine
Ehefrau Gertrud zeigt sich hingegen, was die Repräsentations-
pflichten einer Ministerfrau angeht, zurückhaltend. Wenn die
Staatssekretäre mit ihren Ehefrauen einen Ausflug nach Sylt
unternehmen, dann ist für die Teilnehmer erkennbar, dass sie
solche Unternehmungen eigentlich nicht sehr schätzt. Seit ihr
Mann Ressortchef geworden ist, ist sie zwar dabei, wenn die
Diplomaten zur Kieler Woche in die Landeshauptstadt kommen und die Ehefrauen der Minister für das Damenpro-
gramm zuständig sind – doch sie vermittelt nicht den Eindruck, dass sie das gerne tut.

Seinen Spieltrieb pflegt Steinbrück auch in Kiel. Ein Ten-
nisturnier im Ministerium, das es früher einmal gegeben hatte

und bei dem Mitarbeiter der Verwaltung und Leute aus der Wirtschaft teilnehmen, lässt der Minister wieder aufleben. Auch mit seinem Büroleiter Jürgen Fenske spielt Steinbrück regelmäßig Tennis. Und ausgewählte Kabinettskollegen und politische Freunde lädt Steinbrück hin und wieder zum Spieleabend ein, auch der Grüne Rainder Steenblock gehört dazu. Die Spiele ziehen sich mitunter über Tage hin, weil es Siedlungen zu bauen, Länder zu erobern und Koalitionen zu bilden gilt. Wer sich den Spielverlauf nicht merken kann, der ist im Nachteil.[8]

Kampf der Egomanen: Steinbrück, Justus Frantz und das Musikfestival

Steinbrück ist kein Jahr im Amt, da stolpert er in eine Affäre, deren Ausmaß er selbst nicht voraussehen kann. Sie hat zwar mit Wirtschaft und Finanzen zu tun, aber auch mit einer Welt, zu der Steinbrück wenig Zugang hat: der Welt der klassischen Musik. In Schleswig-Holstein, dem nach dem Saarland zweitkleinsten Flächenland der Bundesrepublik, tragen sich nämlich seit einigen Jahren in den Sommermonaten erstaunliche musikalische Dinge zu. 1985 von dem Hamburger Pianisten und Hochschulprofessor Justus Frantz mit Unterstützung des damaligen Ministerpräsidenten Uwe Barschel gegründet, hat sich das Schleswig-Holstein Musik Festival zu einer weithin beachteten Institution entwickelt. In Städten und Dörfern, Klöstern und Scheunen, Schlössern und Herrensitzen werden Konzerte gegeben, Superstars der Klassikwelt kommen in das flache Land an der See und mit ihnen eine Menge musikbegeisterter Touristen. Treibende Kraft als Intendant des Festivals, als Dirigent, Galionsfigur und Sponsoreneintreiber ist Justus Frantz, ein Tausendsassa des Klassikgeschäfts mit autokratischen Zügen, der es versteht, das

»Salzburg des Nordens« als Medienspektakel zu verkaufen. Frantz unternimmt von Jahr zu Jahr immer mehr, und manche Kritiker meinen, dass er langsam den Überblick über seine Aktivitäten verliere. Auch beginnt er, eigene Projekte außerhalb des Festivals zu organisieren. Gleichzeitig gilt er als unverzichtbar für dessen Erfolg, und er selbst sieht das ebenso.

Das ist die Situation, als Peer Steinbrück, der neue Wirtschaftsminister und Dilettant in musikalischen Angelegenheiten, Vorsitzender des Aufsichtsrates des Musikfestivals wird. Wie sehr ihn dieses Amt gleich dazu bewegt, sich mit dem Festival näher zu beschäftigen, ist schwer zu sagen. Zumindest gibt es schon Anfang 1994 Gespräche zwischen Frantz und Steinbrück, in denen es auch um Schwierigkeiten mit der Finanzierung des Festivals geht. Der Konflikt darüber schwelt eine Weile, nach schwierigen Verhandlungen soll ein neuer Dreijahresvertrag mit Frantz geschlossen werden. Doch dazu kommt es nicht. Denn im November 1994 bricht der Konflikt offen aus, als klarwird, dass im Etat des Festivals ein Schuldenloch von 2,6 Millionen Mark klafft. Steinbrück versucht zunächst noch, sich in einer Pressekonferenz mit direkten Schuldzuweisungen gegenüber Frantz zurückzuhalten. Doch Frantz hat schon über die Nachrichtenagenturen verbreiten lassen, dass der Aufsichtsratsvorsitzende Steinbrück »Deutschlands erfolgreichstes Festival in den Ruin treibt«.⁹

Steinbrück und Frantz machen sich nun gegenseitig für das Geschehen verantwortlich. Frantz behauptet, er sei seit zwei Jahren für finanzielle Dinge nicht mehr zuständig und könne deshalb nicht für die Schulden haftbar gemacht werden. Steinbrück hingegen besteht darauf, dass Frantz durch überhöhte Honorare, Saalmieten und eine verspätete Konzertplanung den Finanzrahmen gesprengt habe. Der Konflikt eskaliert, die Vorwürfe gehen ins Persönliche. Frantz habe »alle Maßstäbe verloren« und versuche »als drittklassiger Dirigent, sich eine Dirigentenkarriere zu stilisieren«, poltert Steinbrück.[10] Steinbrück wolle ihm mit allen Mitteln schaden, kontert Frantz, und fordert die Entlassung des Aufsichtsratsvorsitzenden, der mit seiner inkompetenten Amtsführung dem beliebten Festival, dem Land Schleswig-Holstein und dessen Kulturleben schweren Schaden zugefügt habe. Ja, der Dirigent beschimpft Steinbrück als inkompetent, spricht von der Hybris der Macht. Der Eklat ist vollkommen, als Frantz am 22. November 1994 als Intendant zurücktritt. Er kommt damit nur einer Erklärung Steinbrücks um Stunden zuvor, in der jener die Trennung des Festivals von seinem Intendanten publik machen wollte. Während Frantz davon spricht, er wolle das Land Schleswig-Holstein wegen Rufschädigung auf Schadenersatz verklagen, bezeichnet der Wirtschaftsminister den Rücktritt des Intendanten als angemessen, da der Festivalleiter durch seine unhaltbaren Vorwürfe gegen den Aufsichtsratsvorsitzenden die Vertrauensbasis irreparabel beschädigt habe.

Jahr um Jahr habe Frantz mit Rücktrittsdrohungen die Politiker im Aufsichtsrat ausmanövriert, erzählt Steinbrück Journalisten. Der Aufsichtsratsvorsitzende Steinbrück aber sei nicht erpressbar. Dem nicht nur in Kiel hervorragend vernetzten Musikmessias, dessen Eskapaden bisher gewöhnlich mit dem Satz »So ist er halt, unser Justus« abgetan wurden, beugt sich der Minister nicht. Die Existenz des Festivals, so Steinbrück vor dem Landtag, könne »nicht von einzelnen Persönlichkeiten mit noch so vielen Verdiensten und noch so vielen Begabungen abhängig gemacht werden«.[11] Steinbrück kann auch deshalb so rabiat vorgehen, weil er die Rückendeckung von Ministerpräsidentin Simonis hat, die ihrerseits Frantz als unerträglich empfindet. Steinbrück sieht sich zunächst als jemand, der einen Kampf gegen einen starken Gegner gewonnen hat.

Womit er nicht rechnet, ist der Rückstoß, den sein Umgang mit dem Fall Frantz erzeugt. Nicht nur die Opposition

108 Kapitel 4: Minister im Norden

von CDU und FDP kritisiert den Minister dafür, dass er den bekannten Festivalleiter zum Rücktritt gezwungen und damit dem Land geschadet habe. Mehrere Sponsoren, die das Festival seit jeher unterstützen, sagen nun ab. Auch mehrere bekannte Künstler wollen nicht mehr teilnehmen, da Frantz in ihren Augen abserviert wurde. Valeri Gergijew, der berühmte Dirigent aus St. Petersburg, garniert seine Absage mit dem Satz: »Man kann leicht viele neue Wirtschaftsminister finden, ehe man einen neuen Justus Frantz auftut.«[12]

Zu allem Überfluss sitzt in Hamburg ein musikbegeisterter Altkanzler, der das Musikfestival von Anfang an unterstützt hatte. Er ist wenig amüsiert über den forschen Wirtschaftsminister an der Küste. Helmut Schmidt wird im Zuge der Affäre zum ersten Mal auf Peer Steinbrück aufmerksam, und er steht ganz und gar nicht auf dessen Seite. Und Schmidt hält mit seiner Meinung nicht hinterm Berg. Eine »volkspädagogische Leistung ersten Ranges« wie das Festival müsse »aus dem Atem der beamtenhaften Landesverwaltung« herausgehalten werden, fordert er mit Blick auf den Wirtschaftsminister.[13] Schmidt belässt es nicht bei Worten: Aus Protest dagegen, wie Steinbrück und Simonis mit seinem Freund und Klavierpartner Frantz umgehen, tritt er aus dem Kuratorium des Festivals aus, nicht ohne seine Solidarität mit dem geschassten Intendanten dadurch zu demonstrieren, dass er gleichzeitig dem Kuratorium von dessen neuer »Philharmonie der Nationen« beitritt. Ein entsprechender Brief an Simonis findet den Weg in die Presse. Frantz kommentiert sogleich: »Ich bin gerührt von der Loyalität und der menschlichen Größe meines Freundes Helmut Schmidt.«[14]

Schmidts Reaktion ist auch Resultat einer persönlichen Kränkung. Denn er gehört zu den Gründungsvätern des Schleswig-Holstein Musik Festivals, von denen es nach seiner Aussage drei gibt: Justus Frantz, den damaligen CDU-Ministerpräsidenten Uwe Barschel und eben Schmidt selbst. Im Urlaubshaus auf Gran Canaria, das Frantz und Christoph

Eschenbach gehörte, habe man zu dritt das Festival erfunden. Schmidt und Frantz kennen sich noch aus der Zeit, als Letzterer Student an der Musikhochschule in Hamburg war und Schmidt schon Senator in der Hansestadt. Später hat Schmidt, da war er schon Kanzler, mit Frantz und Eschenbach zwei Schallplatten aufgenommen, zusammen mit dem London Philharmonic Orchestra. Schmidt erinnert sich, dass das Orchester die Sachen doppelt so schnell gespielt habe, wie er sie geübt hatte:»Mensch, was habe ich für einen Schreck gekriegt! Es war entsetzlich«, beschreibt er seine Gefühlslage.[15] Mit einem Wort: Schmidt ist Frantz sehr eng verbunden, er hat das Festival mit aus der Taufe gehoben und ist stinksauer auf den Kieler Wirtschaftsminister, der seinen Schützling Frantz attackiert und das gemeinsame musikalische Projekt in den Abgrund stürzt.

Für Steinbrück ist das keine schöne Situation. CDU und FDP nutzen den Umstand, dass der SPD-Altkanzler sich klar gegen ihn positioniert hat, indem sie im Landtag in Reden und durch Zwischenrufe immer wieder daran erinnern. Die Landesregierung und Steinbrück insbesondere stehen mittlerweile mit dem Rücken zur Wand. Ein im April 1995 mühsam erstellter Prüfbericht über die Versäumnisse bei der Finanzierung des Festivals kommt zu dem überraschenden Ergebnis, dass nicht Frantz allein für das Finanzdebakel verantwortlich zu machen sei. Der Geschäftsführer des Festivals, Bernd Hinsching, selbst in der Kritik stehend, äußert sogar, es habe keine wichtige Entscheidung der Geschäftsführung gegeben, die nicht von Steinbrück abgesegnet worden sei. Steinbrück sei schon lange vor der Eskalation der Krise informiert gewesen. Der Minister hatte hingegen im November 1994 gesagt, er sei »völlig unvermittelt« von der Krise überrascht worden.

Steinbrück tritt nun den Rückzug an. Er sagt, er habe »Frantz nie die Hauptschuld an dem Defizit angelastet, ihn allerdings auch nie völlig entlastet«.[16] Das freilich war fünf

Monate zuvor noch anders von ihm vernommen worden. Nun spricht Steinbrück sogar davon, dass die 2,6 Millionen Mark Schulden »in Anbetracht der Bedeutung des Festivals für das Land Schleswig-Holstein als Image- und Wirtschaftsfaktor keine dramatische Größenordnung« seien. Er selbst werde, um die Lage zu befrieden, »zum Ende der diesjährigen Saison« vom Amt des Aufsichtsratsvorsitzenden zurücktreten.

Im Rückblick fragt man sich: Wieso hat Steinbrück den Kampf gegen Frantz geführt, wenn der Schaden für das Land so groß nicht war? War es nur die Eitelkeit des Aufsichtsratsvorsitzenden Steinbrück, der sich nicht von einem vor Geltungsdrang strotzenden Dirigenten beleidigen lassen wollte? Wahrscheinlich trifft die Analyse, die das Vorstandsmitglied des Festivals Hans-Erich Bilges über Frantz und Steinbrück abgibt: »Solche Egomanen können einander schwer ertragen. Wenn sie aufeinandertreffen, muss es zum Eklat kommen.«[17]

Noch etwas anderes zeigt der Vorgang, was typisch für Steinbrück ist. Wenn er sich herausgefordert sieht, dann reagiert er, der sich für einen kühlen Kopf hält, emotional und ohne einen genauen Plan. Er prescht vor und muss später einlenken, weil er nicht darüber nachgedacht hat, mit welchem Ergebnis er aus einem Konflikt herauskommen will. Das hat einen sympathischen Zug, weil sein Handeln nicht von Berechnung geprägt ist. Politisch klug aber ist das nicht. Ein Politiker muss, wie ein guter Anwalt, eine Sache vom Ende her denken können. Steinbrück, dem vermeintlich Kühlen, fehlt es an dieser Coolness.

Der ganze Vorfall um Frantz und das Musikfestival findet für Steinbrück einen Abschluss in einer unvergesslichen Regierungserklärung im Landtag am 27. April 1995. Steinbrück, der noch einmal sein Verhalten in der Affäre um Frantz und das Festival rechtfertigt, bricht seine Rede mittendrin ab, weil er die falsche Regierungserklärung vorliegen hat – eine aus dem Dezember des Vorjahres, ein Umstand, den Steinbrück aber zunächst selbst nicht durchschaut. Dass Heide Simonis und verschiedene Abgeordnete ihm den Text reichen, hilft ihm nicht weiter. Er findet sich nicht zurecht und muss dies offen bekennen. Immer wieder sagt er, dass es ihm sehr leidtue. Steinbrück spricht mehrfach selbst von einer »peinlichen Situation«. Im Saal herrscht Heiterkeit. Nach einer Unterbrechung der Sitzung kommt er in einem zweiten Anlauf wiederum ins Stocken und bricht abermals seine Rede ab, da »zwei Texte ineinander verschoben worden sind«. Nun sei die Heiterkeit zunehmend einer Beklemmung gewichen, erinnert sich eine Sozialdemokratin an die Sitzung. Mancher habe sich gefragt, was mit dem sonst so souveränen Minister eigentlich los sei. Steinbrück bittet nun darum, dass die Sitzung abermals unterbrochen wird, damit er den richtigen Text finden kann. Erst nach dieser abermaligen Unterbrechung – Steinbrück hat mittlerweile den aktuellen Text gefunden – gelingt es ihm, die Regierungserklärung bis zum Ende vorzutragen.

Steinbrück hat eine peinliche Situation erleben müssen. Sie zeigt auch, wie sehr ihm die ganze Auseinandersetzung mit Frantz an die Nieren gegangen ist. Der Minister geht allerdings so offen mit seinem Missgeschick um, dass er den Landtag sogar zu Beifall bewegt. Offenbar sind die Abgeordneten auch erleichtert, dass Steinbrück irgendwie die Kurve gekriegt hat. Und er selbst versucht seinem verkorksten Auftritt noch eine humorvolle Note abzugewinnen: »Das Publikum hat jedenfalls einen lebendigen Eindruck davon gehabt, dass der Parlamentarismus nicht immer aus perfekten Beiträgen besteht.«[18]

Ein Wutanfall

Die wirtschaftliche Bedeutung Schleswig-Holsteins hängt in vielem von seiner Lage am Meer ab, und der Kieler Hafen spielt dabei eine besondere Rolle. Für eine Erweiterung braucht der Hafen damals Fördergelder, und der Wirtschaftsminister Steinbrück setzt sich dafür ein. Im Zusammenhang damit gibt es einen Streit über den U-Boot-Bunker »Kilian«, der sich über Jahre hinzieht und der die Kieler in Gegner und Befürworter spaltet. Für die einen muss der Bunker unbedingt im Zuge der Hafenerweiterung verschwinden, für die anderen muss er ebenso unbedingt als Mahnmal erhalten bleiben und in die Hafenerweiterung integriert werden. Simonis und auch die Grünen sind für die Erhaltung des Bunkers, Steinbrück hingegen gehört zu den Befürwortern einer möglichst unkomplizierten Hafenerweiterung, das Mahnmal ist ihm egal. In seiner Haltung trifft er sich mit dem Hafendirektor Jörg Rüdel. Der ist SPD-Mitglied und war früher selbst im Wirtschaftsministerium tätig. Rüdel hat geschäftlich oft mit Steinbrück zu tun, und wenn der Termin später am Nachmittag liegt, entkorkt der Minister auch schon einmal eine gute Flasche Wein. So kommt man sich auch persönlich näher, feiert etwa zusammen mit anderen Bekannten Silvester. Mit dabei ist auch oft Jürgen Fenske. Steinbrücks Büroleiter hat zuvor in der Landtagsfraktion in Kiel gearbeitet. Mit Steinbrück verbindet ihn bis heute eine freundschaftliche Beziehung.

Rüdel lädt Steinbrück und Fenske 1997 zu einem Urlaub in sein Ferienhaus am Lough Corrib in Irland ein. Die drei Männer angeln, braten Fisch, rauchen Zigarren, spielen Skat und trinken Whiskey. Steinbrück, der noch nie geangelt hat, zieht gleich beim ersten Mal einen dicken Fisch aus dem Wasser. Es ist ein harmonischer Männerurlaub, den Abwasch macht man gemeinsam. Am letzten Abend trinken die drei noch bis nach Mitternacht irischen Whiskey, am nächsten

Morgen müssen sie früh um vier mit dem Mietwagen los, um rechtzeitig ihr Flugzeug vom Flughafen Shannon nach Hause zu erreichen. Alle sind entsprechend verkatert. Auf den schmalen Straßen ist morgens um vier nichts los, Rüdel fährt wie gewohnt schnell, die Zeit drängt. Steinbrück sitzt auf dem Beifahrersitz. Plötzlich brüllt er Rüdel an, warum er denn so rase und ob er verrückt geworden sei. Rüdel fährt an den Straßenrand, benutzt einen Kraftausdruck und sagt: »Das lass ich mir nicht gefallen, auch wenn du Minister bist. Jetzt fährst du gefälligst selber, ich fahre nicht mehr.« Steinbrück weigert sich zu fahren, Fenske springt ein. Steinbrück und Rüdel reden den Rest der Reise kein Wort mehr miteinander. Rüdel fühlt sich verletzt. »Es war schließlich mein Haus, ich war der Gastgeber, er war bei mir zu Gast, und dann benimmt er sich so«, sagt er noch heute. »Er hat sich nicht bei mir entschuldigt, das hätte ich eigentlich erwartet«, fügt er hinzu. Rüdel hält immer noch viel von dem Politiker Steinbrück, schätzt ihn als entscheidungsfreudig und kompetent, als einen, der klare Aussagen macht. Er wünscht sich Steinbrück sogar als Bundeskanzler. Er sieht aber auch Schwächen. »Er hat einen Mangel an Geduld, er zieht gleich blank. Und er kann cholerisch und auch abweisend sein.«

»Klein-Klein auf Pepita-Niveau«: Steinbrück und Heide Simonis

An die Erfolge mit Björn Engholm kann die SPD unter Ministerpräsidentin Heide Simonis bei der Landtagswahl 1996 nicht mehr anknüpfen. Sie verliert noch einmal mehr als sechs Prozent im Vergleich zu 1992, kommt nur noch auf 39,8 Prozent – die absolute Mehrheit der Stimmen ist dahin. Die Grünen, die diesmal den Einzug mit einem Ergebnis von 8,6 Prozent schaffen, werden Koalitionspartner. Steinbrück ist

ein klassischer Ökonom, ihn interessieren die Wirtschaft und
der Ausbau der Infrastruktur. Gemeinsam mit Ministerpräsidentin Simonis und anderen im Kabinett hat er sich oft über
die »Krötenkrauchtunnel« der Grünen lustig gemacht. Nun
müssen die Sozialdemokraten mit den Krötenrettern regieren. Simonis erklärt den Bau der Ostseeautobahn A 20 zum
wichtigsten Infrastrukturprojekt der Legislaturperiode, die
Grünen hingegen halten ihn aus ökologischen Gründen für
schädlich. Steinbrück, der seinen wirtschaftsfreundlichen
Kurs unbeirrt fortsetzt und damit der Wirtschaft die Angst
vor Rot-Grün im Norden nimmt, hat hier ein neues Groß-
projekt zu schultern. Der Wirtschaftsminister, der auch dem
Ressort Verkehr vorsteht, setzt den Ausbau der Ostseeautobahn gegen die Grünen durch. Gewinnen kann er die Sache
deshalb, weil das Bundesverwaltungsgericht zugunsten des
Ausbaus entscheidet. In seiner Haltung zu den Grünen ist
sich Steinbrück einig mit der Ministerpräsidentin Simonis,
die die Abneigung gegenüber der Ökopartei teilt.

Das Verhältnis zwischen Steinbrück und Simonis ist allerdings schwierig. Dass ihr Kanzleichef Klaus Gärtner, ein
FDP-Mann, mit dem Simonis früher im Haushaltsausschuss
des Bundestags gesessen und den sie als einen der engsten Be-
rater zu sich geholt hatte, selbstherrlich in die Ministerien
hineinregiert, trägt nicht zu einem einvernehmlichen Verhältnis zwischen der Regierungschefin und ihren Ministern bei.
Wie jeder Kanzleichef versucht Gärtner, der Kabinettspoli-
tik eine Richtung zu geben. Als Vertrauensmann von Simonis
hat er einen guten Stand, wenn er die Minister in diese oder
jene Richtung zu lenken sucht. Bei Steinbrück gerät er aber
zum ersten Mal an einen Minister, der sich ihm deutlich widersetzt. Steinbrück hat jedenfalls keine Lust, nach der Pfeife
des Kanzleichefs zu tanzen, und macht daraus keinen Hehl,
was sein Verhältnis zu Simonis nachhaltig trübt.

Das eigentliche Problem zwischen ihr und Steinbrück ist
aber ein anderes: Der Minister fühlt sich seiner Chefin über-

legen, und die kann es nicht haben, wenn ihr das jemand zeigt. »Es kommt nicht gut an, wenn der Klassenprimus auch immerzu noch sagt: Ich bin der Klassenprimus«, beschreibt ein Kieler SPD-Politiker Steinbrücks Verhalten. Simonis ist selbst von hohem Selbstbewusstsein durchdrungen. Über die Kämpfe in der SPD-Führung zwischen Gerhard Schröder, Oskar Lafontaine und Rudolf Scharping hat sie sich oft lustig gemacht und kaum einen Zweifel daran gelassen, dass sie sich nicht als weniger qualifiziert als die Herren von der »Troika« an der Parteispitze ansieht. Gerhard Schröder hat sie 1998 allerdings nicht in seine Führungsriege für den Wahlkampf aufgenommen – sehr zum Missfallen von Simonis. In Kiel hatte sie von den Kabinettsmitgliedern ihres Vorgängers Engholm zunächst viele übernommen, doch schon bald trennt sie sich nach und nach von ihnen. Simonis, jovial im Auftreten, ist nicht zimperlich, wenn es darum geht, unliebsame Mitstreiter loszuwerden, die sie der Illoyalität verdächtigt. »Wegbeißen« ist der Begriff, der in Kiel von Parteifreunden dafür gebraucht wird. Schon nach einem Jahr geht der Innenminister. Umweltminister Heydemann, mit dem sie über Kreuz liegt und dessen Kompetenzen sie schon zu ihrem Amtsantritt reichlich beschnitten hatte, wirft Ende 1993 »aus gesundheitlichen Gründen« das Handtuch, weil er sich nicht ausreichend von der Regierungschefin unterstützt sieht. Die Reihe ließe sich fortsetzen; irgendwann fällt es auf, dass die Minister in Kiel besonders häufig wechseln.

Steinbrück ist nun gerade auf dem Gebiet zu Hause, das sich auch Simonis früh ausgesucht hatte: Wirtschaft und Finanzen. Und er lässt es sich nicht nehmen, auch am Kabinettstisch der Chefin zu widersprechen. Er tut es in der Sache, etwa, wenn es um die Einhaltung von Vorschriften aus Brüssel geht. Simonis besteht, um Probleme mit den EU-Behörden zu vermeiden, auf der buchstabengetreuen Einhaltung, während Steinbrück für eine großzügige Auslegung plädiert. Simonis, gegen Kritik empfindlich, versteht manchen inhaltlichen Disput mit Steinbrück als Versuch, das Kabinett zu spalten, es gegen sie aufzubringen. Das hat auch mit Steinbrücks wenig diplomatischer Art zu tun, mit seiner Unfähigkeit, Kritik auf verbindliche Weise seinem Gegenüber so zu verkaufen, dass es nicht arrogant oder verletzend wirkt. »Er kann sich nicht in andere Menschen hineinversetzen«, beschreibt ein Kollege aus Kieler Tagen diesen Charakterzug.

Ist das Verhältnis zu Simonis am Beginn von Steinbrücks Ministerzeit noch leidlich gut, so wachsen mit der Dauer der Amtszeit des Wirtschaftsministers die Spannungen mit der Regierungschefin. Ihre schrillen, emotionalen Auftritte, die oft mit lautstarker persönlicher Kritik an Kabinettsmitgliedern verbunden sind, findet Steinbrück zunehmend unerträglich. Ihr modisches Gehabe, ihre Inszenierung als eine Vertreterin eines anderen, weiblichen Politikstils nervt ihn. Über die Ticks der Ministerpräsidentin, die sonntags stundenlang auf Flohmärkten herumwühlt, wilde Ringe und Ohrringe trägt und in Talkshows singt, lässt sich wunderbar lästern, und Steinbrück ist im Lästern große Klasse. Vor allem aber ist er immer weniger bereit, sich dieser Regierungschefin unterzuordnen.

Die Debatte um den »Nordstaat« ist ein Beispiel dafür, wie Steinbrück seine Ministerpräsidentin reizt. Im Juni 1998 lanciert er zusammen mit dem Europa- und Justizminister Gerd Walter ein Papier »Schleswig-Holstein und seine Chancen in der Ostseeregion«, in dem sie für eine stärkere Kooperation Schleswig-Holsteins mit den Nachbarn im Ostseeraum eintreten. Walter ist neben Steinbrück einer der Stars des Kabinetts, zudem mit Steinbrück auf gutem Fuß, so wie es sonst nur sein mittlerweile zum Innenminister avancierter Freund Ekkehard Wienholtz ist. Schleswig-Holstein, so das Credo Steinbrücks und Walters, sei allein zu schwach, um den Herausforderungen im Ostseeraum zu begegnen. Deswegen sei eine engere Kooperation mit Hamburg unabdingbar, die längerfristig auch dazu führen müsse, dass Verwaltungen zusammengelegt würden, so die Überlegungen. Sie sind nicht abwegig, sogar die Grünen loben den Wirtschaftsminister dafür, dass er die Übel der Kleinstaaterei offen benennt. Steinbrück weist damals auf eine wichtige Frage hin. Dass bis heute im strukturschwachen Schleswig-Holstein über die Notwendigkeit einer engeren Zusammenarbeit zwischen Kiel und Hamburg geredet wird und dass auch in der Bundespolitik die Frage einer föderalen Neuordnung immer wieder aufkommt, beweist das.

Doch die Debatte über den »Nordstaat«, zu dem auch Niedersachsen, Bremen und Mecklenburg-Vorpommern gehören könnten und die Steinbrück mit seinem Papier wieder aufgreift, bringt Simonis auf die Palme. Hat nicht gerade das Beispiel von Berlin und Brandenburg, wo die Fusion an den Bürgern gescheitert ist, gezeigt, dass man von solchen Dingen die Finger lassen soll? Soll man die Bürger in Schleswig-Holstein, die mit dem reichen Hamburg nicht besonders warmwerden, mit solchen Debatten erschrecken? »So uralt wie unsinnig« sei die Debatte, sagt Simonis. Sie sieht den unabgesprochenen Vorstoß als eine Provokation an, die dazu diene, ihre Autorität zu untergraben – schließlich geht es um ein grundsätzliches Thema, das in die Kompetenz des Regierungschefs fällt. Also trifft Steinbrück der Zorn seiner Chefin. Als das Thema noch einmal im Kabinett behandelt und in ihrem Sinne entschieden wird, schickt sie ihm ins Hotel im russischen St. Petersburg, wo Steinbrück mit einer Wirtschaftsdelegation unterwegs ist, ein wutentbranntes Fax hinterher, wie ein Teilnehmer der Reise sich erinnert. In Kiel lädt sie Steinbrück zur Aussprache. Und sie macht vorher öffentlich klar: Wer das Thema Nordstaat verfolge, »kann es nicht innerhalb der Landesregierung unter meinem Vorsitz tun«.[19] Anders als eine Drohung mit dem Rauswurf ist die Bemerkung kaum zu verstehen.

Steinbrück kann sich mit der Debatte zum einen als Modernisierer profilieren, zum anderen bietet sie ihm eine Möglichkeit, die Beschränktheit einer vermeintlich provinziellen Politik anzuprangern – also gegen Simonis zu sticheln. Dass die Idee mit dem »Nordstaat« die emotionalen Befindlichkeiten der Bürger außer Acht gelassen hat, das hat er mittlerweile selbst öffentlich zugegeben. Bei einem Wahlkampfauftritt im schleswig-holsteinischen Elmshorn am 25. April 2012 kommt er auf Björn Engholm zu sprechen, den er als einen Ministerpräsidenten bezeichnet, der versucht habe, »dieses Land in eine etwas höhere Liga zu bringen«. Dazu gehöre die Ostsee-Kooperation, aber auch die enge Zusammenarbeit mit Hamburg. »Dazu muss man«, so fährt Steinbrück fort, »nicht gleich den Nordstaat ausrufen.« Und er fügt nach einer Kunstpause hinzu: »Einige wissen, dass ich unter dem Einfluss von zwei Gläsern Weißwein einmal dazu bereit gewesen bin.« Steinbrück verniedlicht seinen Vorstoß, aber er hält ihn nicht aufrecht. »Man kann das nicht machen«, sagt er. »Es gibt bestimmte landsmannschaftliche Prägungen, die man nicht ignorieren kann.« Ist das eine späte Einsicht? Oder war die Idee vom »Nordstaat« vor allem als Attacke gegen Simonis gedacht?

Dafür spricht einiges. Denn Steinbrück scheut in diesen Monaten keine Konfrontation mit ihr, er sucht sie offenbar. In Hintergrundgesprächen hält er sich mit Kritik an seiner Chefin nicht zurück, was jener wiederum zu Ohren kommt. Die Situation droht zu eskalieren, als Steinbrück ihr »Kirchturmpolitik« und »zu viel politisches Klein-Klein auf Pepita-Niveau« vorwirft – ein Anwurf, der auf das bevorzugte Muster der Kostüme der Ministerpräsidentin zielt. Der Ausdruck findet prompt seinen Weg in die Presse, das Verhältnis ist jetzt auf dem Nullpunkt angelangt.[20] Simonis gibt sich empört. Steinbrücks Äußerungen seien »weit schlimmer als die kleinen Gemeinheiten, denen man in der Politik ständig ausgesetzt ist«, beklagt sie sich. Und: »Mit einem solchen Tritt in den Hintern musste ich nicht rechnen.«[21]

Steinbrück sucht nach einer Möglichkeit, aus der Regierung auszusteigen. Einige seiner Unterstützer in der SPD und auch einige Leute aus der Nord-CDU – Steinbrück pflegt damals Gesprächsrunden, die als »großkoalitionär« gelten – versuchen, ihn als neuen Chef des Sparkassen- und Giroverbands Schleswig-Holstein ins Gespräch zu bringen. Der Job ist mit 400 000 Mark im Jahr immerhin der am besten bezahlte öffentliche Posten, der im Land zu vergeben ist – ein doppelt so hohes Gehalt, wie es ein Ministerpräsident hat. Simonis habe Steinbrück den Posten nicht gegönnt, erinnern sich Sozialdemokraten in Kiel. Sie favorisiert den SPD-Oberbürgermeister von Flensburg, der erfolgreich für sich wirbt. Simonis erklärt nun, dass sie auf den wichtigen Wirtschaftsminister Steinbrück nicht verzichten will. Der muss sich geschlagen geben. Steinbrück macht im September 1998 klar, dass er den Job als Chef des Sparkassenverbands nicht anstrebt.

Steinbrücks Tage in Kiel gelten im Herbst 1998 als gezählt. Zugleich erweckt der Wirtschaftsminister oft genug den Eindruck, dass er die Kieler Bühne eigentlich als zu klein für sich empfindet. In dieser Situation kommt Wolfgang Clement, der Regierungschef in Nordrhein-Westfalen, wie der gerufene Retter. Er fragt Simonis, ob er nicht Steinbrück als Wirtschaftsminister in Düsseldorf gewinnen könne. Die Ministerpräsidentin ist froh, ihren immer mehr als illoyal empfundenen Minister auf diese Weise loszuwerden. Und Steinbrück ist nicht nur froh, Simonis zu entkommen, sondern auch Politik in einem Land zu machen, das in der Bundesrepublik weit mehr zählt als das Land im Nordwesten Deutschlands. Als Clement ihn anruft, sagt er sofort zu. Im Oktober 1998 geht Steinbrück wieder dorthin, woher er acht Jahre zuvor gekommen war: nach Düsseldorf.

Kapitel 5

Chef von einem Viertel Deutschlands

Zurück nach Düsseldorf

Am 27. September 1998 bebt in Deutschland die politische Erde. Die mittelbaren Folgen dieses Bebens sollen Peer Steinbrück schon bald nach Düsseldorf ziehen, wo er sechseinhalb Jahre hohe und höchste Ämter in der nordrhein-westfälischen Landesregierung innehaben wird. An jenem 27. September wird Helmut Kohl nach 16 Jahren Kanzlerschaft abgelöst. Noch am Wahlabend ist klar, dass der Wahlsieger, der Sozialdemokrat Gerhard Schröder, versuchen wird, die erste rot-grüne Bundesregierung zu bilden. In Düsseldorf regiert diese Farbkombination schon seit mehr als drei Jahren. 1995 hatte der Sozialdemokrat Johannes Rau, der Nordrhein-Westfalen fast so selbstverständlich regierte, wie Kohl es mit Deutschland getan hatte, die rote Macht mit den Grünen teilen müssen. Drei Jahre später und nur wenige Monate vor Kohls politischem Ende hatte Steinbrücks Freund Clement die Macht am Rhein übernommen.

Schröder braucht nun Personal. Nach 16 Jahren CDU-Herrschaft müssen in großer Eile die Schlüsselstellen der neuen Regierung mit Sozialdemokraten besetzt werden. Im Bundestagswahlkampf der SPD hatten Schröder und seine Anhänger viel Unterstützung vom nordrhein-westfälischen Wirtschaftsminister Bodo Hombach erfahren, nicht immer zur Begeisterung der SPD-Führung unter Oskar Lafontaine und Franz Müntefering. Schröder kommt auf die Idee, Hombach zu seinem Kanzleramtsminister zu machen. Dadurch

wird der Posten des Wirtschaftsministers in Düsseldorf frei.
Schon gut eine Woche später steht fest, dass Steinbrück
Nachfolger Hombachs werden wird. Johannes Raus ehema-
liger Büroleiter kehrt zurück an den Rhein.

An das Regieren in einer Koalition mit den Grünen hat
sich Steinbrück in Kiel gewöhnen können, oder besser: müssen. »Das Konfliktmuster habe ich ja schon einmal erlebt«,
antwortet er, als er nach der rot-grünen Regierung in Düsseldorf gefragt wird.[1] Als Wirtschafts- und Verkehrsminister ist
Steinbrück schon wegen der Themen, die in seine Ressortzu-
ständigkeit fallen, durchaus als rotes Tuch für die Grünen geeignet. Allerdings halten sich die Konflikte zwischen ihm
und den Grünen in dieser frühen Phase seiner Düsseldorfer
Regierungstätigkeit noch in Grenzen.

Kurz nach seiner Amtsübernahme schließt Steinbrück im
Oktober 1998 die Belebung des Steinkohlebergbaus nicht
aus, was die verbliebenen Kumpel und die von diesen häufig
gewählte nordrhein-westfälische SPD gerne hören. Mal warnt
er grundsätzlich, dass in einer Volkswirtschaft mit 80 Millionen Einwohnern keine fragwürdigen Experimente bei der
Energieversorgung gemacht werden dürften.[2] Ein anderes
Mal, es ist der Februar 1999, beteuert er zwar, er wolle die
Verlagerung des Verkehrswachstums von der Straße auf die
Schiene und die Binnenschifffahrt politisch unterstützen,
weist zugleich aber auf die Grenzen einer solchen Verlagerung hin. Auch der Staat habe seine Möglichkeiten, die Mo-
bilität auf andere Verkehrsträger umzulenken, in den zurückliegenden Jahren vielleicht überschätzt. Steinbrück erinnert
daran, dass 90 Prozent des Personen- und zwei Drittel des
Güterverkehrs auf der Straße stattfänden. Dem müsse auch
die Politik Rechnung tragen. Er rechnet vor, dass die Leistungsfähigkeit des Schienenverkehrs verdoppelt werden
müsste, sollte er auch nur 20 Prozent des Straßenverkehrs
übernehmen.[3] Das sind alles Dinge, die die Grünen nicht so
gerne hören.

Dass sozialdemokratische Wirtschaftsminister die Belange der Ökonomie stärker berücksichtigen als Grünen-Politiker, die der Ökologie den Vorrang geben, gehört zu den Konstruktionsproblemen rot-grüner Bündnisse. Steinbrücks Differenzen mit den Grünen in Düsseldorf sind allerdings nur ein laues Lüftchen, verglichen mit den Kollisionen zwischen den roten Bundeswirtschaftsministern Werner Müller und Wolfgang Clement einerseits und Umweltminister Jürgen Trittin von den Grünen andererseits, die sich parallel auf der Bonner und anschließend der Berliner Bühne abspielen.

Ohnehin hat der Wirtschaftsminister Steinbrück nur kurz Gelegenheit, sich in diesem Ressort mit den Grünen anzulegen. Nicht einmal eineinhalb Jahre behält er das Amt. Ende Januar 2000 stolpert der nordrhein-westfälische Finanzminister, der Sozialdemokrat Heinz Schleußer, über eine »Flugaffäre«. Es geht um den Vorwurf, Schleußer sei mit Flugzeugen der Westdeutschen Landesbank in den Urlaub geflogen. Er beteuert, die Reisen bezahlt zu haben. Auch Bundespräsident Johannes Rau, lange Zeit Ministerpräsident in Düsseldorf, gerät in die Affäre hinein. Raus Anwälte legen eine Liste mit 45 Flügen in den Flugzeugen der WestLB vor, jedoch habe es sich nicht um private Flüge gehandelt. Rau übersteht die Angelegenheit, Schleußer tritt am 26. Januar 2000 von seinem Amt zurück. Ministerpräsident Clement entscheidet schnell, dass Steinbrück neuer Finanzminister werden soll. Der Rhythmus von dessen beruflicher Laufbahn bleibt also kurzatmig, viele schnelle Wechsel kennzeichnen Steinbrücks Weg durch hohe Verwaltungsämter und politische Funktionen.

Erstmals Herr des Geldes

Finanzminister ist noch nicht Ministerpräsident. Aber im wirtschaftlich wichtigsten Bundesland für das Geld verantwortlich zu sein ist unterhalb der Ebene der Regierungschefs der Länder schon einer der bedeutendsten Posten. Nicht formal, wohl aber den Tatsachen nach, kann das, was der nordrhein-westfälische Finanzminister sagt, auch mal mehr Gewicht haben als die Worte des Ministerpräsidenten eines ökonomisch schwachen Landes. Kurzum: Peer Steinbrück erlebt mit der Ernennung zum Finanzminister in Düsseldorf einen Zuwachs an politischem Gewicht und an Wahrnehmbarkeit über Düsseldorf hinaus. Jochen Dieckmann, Justizminister im Kabinett Clement, erinnert sich, Steinbrück sei mit dem Wechsel ins Finanzressort für die Öffentlichkeit deutlich sichtbarer geworden, was auch am Amt gelegen habe: »Der Finanzminister ist zwar im Kabinett nicht der Primus inter Pares, hat aber doch eine besondere Rolle.« Noch dazu sei Ministerpräsident Clement »nicht vorrangig ein begeisterter Finanzpolitiker« gewesen.

Kurz nach seiner Amtseinführung übernimmt Steinbrück den Vorsitz des Länderfinanzausschusses. Auch wenn erst mal Landespolitik angesagt ist, mischt er sich vom Rhein aus bald in die »große« Politik ein. Die SPD-regierten Länder wollen über den Bundesrat eine steuerliche Begünstigung erreichen für Mittelständler, die ihren Betrieb oder Teile davon veräußern. 80 bis 90 Prozent der Betriebsveräußerungen im Mittelstand könnten durch eine Erhöhung des Freibetrages steuerfrei über die Bühne gehen, kündigt Steinbrück an.[4] Das war schon mal eine Kostprobe der Steinbrückschen Tonlage: Hier spricht ein Freund der Wirtschaft.

Wenig später wird dieser Grundton noch deutlicher. Es ist der Mai des Jahres 2000, Nordrhein-Westfalen hat einen neuen Landtag gewählt. Es reicht noch einmal für eine Neuauflage des rot-grünen Bündnisses, CDU und FDP haben ihr

Ziel, die nicht enden wollende Macht der Genossen zu brechen, wieder einmal verfehlt. Allerdings haben SPD und
Grüne Einbußen hinnehmen müssen, und die FDP hat kräftig zugelegt. Außer Rot-Grün wäre mithin nicht nur eine
große Koalition möglich, sondern auch eine Regierung von
SPD und FDP hätte eine satte Mehrheit, deutlich größer sogar als die rot-grüne. Erstmals kann Peer Steinbrück bei den
Koalitionsverhandlungen mitmischen, als Finanzminister hat
sein Wort Gewicht. Zudem hat er seinen Wahlkreis Unna II
mit 59,1 Prozent der Stimmen und einem Vorsprung von fast
20 000 Stimmen vor der Konkurrenz von der CDU deutlich
gewonnen. Fünf Jahre zuvor, als Steinbrück in Kiel Politik
machte, hatte die SPD im Wahlkreis Unna II allerdings noch
63,7 Prozent geholt. Die Wahlkreise Unna I und Unna III gehen auch an die Genossen, so schwer ist das Gelände hier für
die SPD-Bewerber nicht.

In den Koalitionsverhandlungen nimmt Steinbrück zu den
finanzpolitischen Themen Stellung, deutlich, wie es seine Art
ist. Er kündigt einen klaren Sparkurs an: »Wir werden die
Neuverschuldung in den kommenden fünf Jahren um zwei
Milliarden herunterbringen«, sagt er selbstbewusst, wohl
wissend, dass die Verschuldung des Landes Nordrhein-Westfalen schwindelerregend hoch ist und ihre Verringerung seine
wichtigste Aufgabe sein wird. Auch zur Steuerpolitik äußert
er sich vollmundig im Sinne des Steuerzahlers. Die von der
rot-grünen Bundesregierung im Zuge der geplanten Steuerreform in Aussicht gestellte Nettoentlastung in Höhe von
44,9 Milliarden Mark könne zwar nicht erhöht werden. Doch
will Steinbrück Änderungen innerhalb des Rahmens: »Wir in
Nordrhein-Westfalen plädieren dafür, den Spitzensteuersatz
noch ein Stück weiter zu senken als bislang vorgesehen.«[5]

Steinbrück verbindet seine inhaltlichen Aussagen mit einem Druckszenario in Richtung der Grünen. Schließlich finden Koalitionsverhandlungen statt. Es gehe ihm nicht in erster Linie um die Koalition, sondern zuerst ums Land, sagt

der Minister. Das ist zwar eine unter Politikern übliche Floskel. Man nimmt die Drohgebärde Steinbrück aber ab, denn als leidenschaftlicher Anhänger rot-grüner Bündnisse ist er noch nicht aufgefallen. Auf die Bemerkungen über das Wohl des Landes folgt der Hinweis: »Die Frage, ob Rot-Grün oder Rot-Gelb, schließt sich daran an. Entscheidend ist, welche Sachlösungen wir für die Probleme der Menschen in diesem Land anbieten.«[6] Steinbrück droht mit einer sozialliberalen Koalition.

Bald darauf testet der Finanzminister seine Macht in der Auseinandersetzung mit Berlin und legt sich mit Bundeskanzler Schröder und Finanzminister Hans Eichel an. Im Namen des Mittelstandes, der dem ehemaligen Wirtschaftsminister in gleich zwei Bundesländern ans Herz gewachsen ist, wiederholt er seine Vorschläge, den Spitzensteuersatz zu senken und den Freibetrag für Veräußerungsgewinne auf 120 000 Mark zu erhöhen. Steinbrück verbindet das mit der Ankündigung, er werde das Steuerreformpaket auf der nächsten Sitzung des Bundesrates nicht einfach abnicken.

Für jeden Finanzminister in Düsseldorf ist der Umgang mit der Westdeutschen Landesbank wesentlicher Bestandteil seiner Tätigkeit, das ist bei Steinbrück nicht anders. Gegen manche Widerstände hält der neue Minister an dem Plan fest, die WestLB nach einem »Mutter-Tochter-Modell« aufzuspalten, so dass eine öffentliche Förderbank und eine privatisierte Geschäftsbank entstehen. Steinbrück will, dass die privatisierte Tochtergesellschaft in ihrem Wachstumsstreben nicht durch die öffentlich-rechtliche Mutter gebremst wird. Er kündigt an: »Die neue WestLB AG wird international ausgerichtet sein. Ihre Strategie- und Bündnisfähigkeit spielen eine entscheidende Rolle.« Im Gegensatz zu den öffentlich-rechtlichen Sparkassen solle die privatisierte WestLB nach einem novellierten Sparkassengesetz offen sein für »kapitalunterlegte Verbindungen mit einem ausländischen Partner«. Ein international renommierter Kooperationspartner, so erklärt

Steinbrück seine Pläne in der »Frankfurter Allgemeinen Zeitung«, habe kein Interesse, an einer Holding beteiligt zu sein, in der es eine renditeschwächere öffentliche Landesbank gebe. Das richtet sich gegen das Holding-Modell für die Bayerische Landesbank. Selbstbewusst sagt der nordrhein-westfälische Finanzminister: »Was für die Bayerische Landesbank richtig sein kann, muss nicht richtig sein für die WestLB – und umgekehrt.« Er zeigt sich überzeugt, dass die von ihm angestrebte Lösung den Umständen im größten deutschen Bundesland und den Bedürfnissen einer im europäischen Investment-Banking tätigen Landesbank am ehesten gerecht wird.[7] Das ist noch die Tonlage, die in den ersten Jahren des neuen Jahrtausends und kurz vor dem Ausbruch der weltweiten Finanzkrise üblich ist. Steinbrück möchte den Banken mehr Freiheit geben. Wohin das führt, wird schon wenige Jahre später deutlich.

Nummer eins am Rhein

Im Spätsommer 2002, nach zweieinhalb Jahren im Amt des Finanzministers, muss Peer Steinbrück schon wieder ein neues Büro beziehen. Sein Weg geht weiter nach oben, so wie fast immer seit jenen Anfangsjahren als Hilfsreferent im Kanzleramt bei Helmut Schmidt. Wieder ist es Gerhard Schröder, dessen Personalpolitik sich auf Steinbrück auswirkt. Vor allem wegen des guten Ergebnisses der Grünen, angeführt von Außenminister Joschka Fischer und Umweltminister Jürgen Trittin, kann Schröder nach der Bundestagswahl am 22. September 2002 sein rot-grünes Bündnis im Bund erneuern. Doch er will sein Kabinett umbauen. Die spektakulärste Neuerung betrifft den nordrhein-westfälischen Ministerpräsidenten Wolfgang Clement. Er soll ein »Superministerium« in Schröders Kabinett leiten, soll gleichzeitig die Ressorts Arbeit und Wirtschaft verantworten. Der bis dahin politisch ausschließlich in Nordrhein-Westfalen tätige Clement gibt dem Wunsch Schröders nach langem Zögern nach und wechselt an die Spree.

Damit entsteht ohne Vorwarnzeit der Bedarf, einen neuen Ministerpräsidenten für Nordrhein-Westfalen zu finden. Da Clement noch nicht übermäßig lange im Amt ist, hat es anders als bei dessen Vorgänger Johannes Rau keine Diskussionen darüber gegeben, wer ihm wohl folgen werde. Alles muss nun schnell gehen. Jochen Dieckmann, der damals Justizminister des Landes war, erinnert sich heute: »Dass Wolfgang Clement uns abhandenkam als Ministerpräsident, geschah völlig überraschend und war ein ziemlicher Hammer. Einen Kronprinzen, einen selbstverständlichen Nachfolger, gab es daher nicht.« Es sind drei Kandidaten, die in Frage kommen für die Nachfolge Clements. Politisch jedenfalls sind es drei. Rein formal scheidet einer aus, der eigentlich gute Chancen gehabt hätte, die Nummer eins in Düsseldorf zu werden. Harald Schartau ist nicht nur Clements Arbeitsminister, sondern zugleich der Vorsitzende des großen und daher für die Partei sehr wichtigen Landesverbandes Nordrhein-Westfalen der SPD. Er gilt als Anwärter auf eine irgendwann fällige Nachfolge Clements im Amt des Ministerpräsidenten. Doch die Geschwindigkeit der Entwicklungen vermasselt ihm den Aufstieg in die Staatskanzlei. Schartau hat im Jahr 2002 kein Landtagsmandat. Die nordrhein-westfälische Verfassung schreibt ein solches allerdings für den Regierungschef vor. Jener Mann, der weite Teile seines Berufslebens als Funktionär beim DGB und der IG Metall verbracht hat, der die Sprache der Genossen an Rhein und Ruhr spricht, ist damit aus dem Rennen.

Es bleiben zwei Kandidaten übrig. Einer von ihnen ist Justizminister Dieckmann. Er ist in Bad Godesberg, im Süden von Bonn, geboren, hat nach dem Studium der Rechtswissenschaften als Referent bei der SPD-Bundestagsfraktion gearbeitet, war später beim Deutschen Städtetag und kam schließlich als Minister nach Düsseldorf. Seine Frau ist damals Bonner Oberbürgermeisterin. Dieckmann ist zwar nicht der Typ Genosse wie Schartau, der bei den Ruhrgebietskumpels automatisch gut ankommt. Er hat aber den Bonus, die SPD von unten zu kennen, aus ihren kommunalen Gliederungen jedenfalls. Er selbst macht den Unterschied zwischen sich und Steinbrück so deutlich: »Peer Steinbrück war in der staatlichen Administration groß geworden, er ging die Probleme in Nordrhein-Westfalen entsprechend an. Ich dagegen bin eher ein in der Wolle gefärbter Kommunalpolitiker.«

Der dritte, der in Frage kommt und am Ende auf Platz eins der Kandidatenliste steht, ist Steinbrück. Sein entscheidender Vorteil ist die Nähe zu Wolfgang Clement, wohl auch zu Kanzler Schröder. Die beiden wollen ihn als Nachfolger für das wichtigste Bundesland. Die Sache bleibt nicht lange unentschieden, 36 Stunden vielleicht, nachdem klar war, dass Clement gehen würde. In dieser Zeit versucht der SPD-Europaparlamentarier Martin Schulz, der später Präsident des Europäischen Parlaments werden soll, Dieckmann als Ministerpräsidenten des Landes durchzusetzen, dem auch er entstammt. Doch da Dieckmann selbst nicht wirklich kämpft und das Feld Steinbrück überlässt, dieser zudem die entscheidende Unterstützung von oben hat, ist die Sache nicht lange in der Schwebe. Steinbrück wird später mit dem Satz zitiert: »Ich hatte 24 Stunden Bedenkzeit und habe mich in fünf Minuten entschieden.«[8]

Harald Schartau bleibt am 9. Oktober 2002 nur ein kleiner Trost. Als Vorsitzendem der nordrhein-westfälischen SPD obliegt es ihm, in der Lobby des Düsseldorfer Landtags die Neuigkeit zu verkünden, die keine wirkliche mehr ist. Zunächst interessieren sich die Journalisten allerdings nicht sehr dafür, warten lieber eine Etage höher auf den Auftritt von Schröder und Clement. Einige hören dann aber doch noch

Schartau zu, der zu berichten weiß, dass der Vorschlag, Stein-brück solle der Kandidat für das Amt des Ministerpräsiden-ten sein, sowohl im Präsidium als auch im Vorstand der Lan-despartei »ohne Gegenstimme« und bei jeweils nur einer Enthaltung angenommen worden sei. Auch wenn mancher Grüne sich wohl Dieckmann oder Schartau als den grünen-freundlicheren Kandidaten wünschen mag, so gibt es immer-hin eine Beruhigung für den kleinen Koalitionspartner: Steinbrück kündigt gleich an, dass er die Koalition bis 2005 fortsetzen will.[9] Die Grünen sichern ihm Unterstützung bei der Wahl zum Ministerpräsidenten im Landtag zu. Vom CDU-Oppositionsführer Jürgen Rüttgers muss Steinbrück sich neben den Glückwünschen noch den Vorwurf anhören, er habe das Land als »Schuldenminister« in die Krise geführt, und der Schuldenstand Nordrhein-Westfalens habe sich um 14,5 Prozent auf 90,5 Milliarden Euro erhöht. Der designierte neue Regierungschef antwortet mit der Ankündigung, in den Koalitionsverhandlungen mit den Grünen im Bund werde man für Kommunen und Länder »erkennbare Befestigungen auf der Einnahmeseite« und Entlastungen auf der Ausgabe-seite vereinbaren müssen, weil Ländern und Kommunen sonst erhebliche Schwierigkeiten drohten.[10]

Neben dem bayerischen ist der nordrhein-westfälische Ministerpräsident der wichtigste Landespolitiker in Deutsch-land. Im Gegensatz zu seinem Münchner Pendant verfügt der Regierungschef in Düsseldorf zwar nicht über eine eigene Partei. Die bayerischen Ministerpräsidenten, die häufig zu-gleich Vorsitzende der CSU sind, pflegen in den von der Uni-on geführten Bundesregierungen mit dem Selbstbewusstsein eines selbständigen, weitgehend unabhängigen Koalitions-partners aufzutreten. Das ist den nordrhein-westfälischen Ministerpräsidenten nicht möglich, kommen sie nun von der CDU oder der SPD. Doch sie führen ein Bundesland an, das – grob gesagt – von der Bevölkerung her ein knappes Viertel Deutschlands ausmacht. Auf den bundespolitischen

Kurs ihrer Parteien haben sie allergrößten Einfluss. Nordrhein-Westfalen stellt stets die meisten Delegierten auf Parteitagen, aber auch die größte Landesgruppe in der Bundestagsfraktion. Ohne oder gegen die nordrhein-westfälischen
Stimmen sind die wichtigen Entscheidungen im Bund in aller
Regel nicht zu treffen. Gleichzeitig ist die Macht in Düsseldorf für die Volksparteien SPD und CDU der wichtigste Pfei-
ler unterhalb der Herrschaft im Bund. Nordrhein-Westfalen
ist kein Bundesland wie jedes andere.

An dessen Spitze soll nun ein Mann gewählt werden, der
erst kurz zuvor überhaupt als Politiker in Nordrhein-Westfalen aufgetaucht ist, in der regionalen SPD eher wie ein Zu-
gezogener aus dem Norden denn wie ein Kind des Landes
und ein geborener Genosse wahrgenommen wird. »Kennen
Sie den?«, fragt die Kölner Boulevardzeitung »Express«, die
ein gutes Gespür für die Volksmeinung hat, neben einem Bild
von Steinbrück.[11]

Der designierte Ministerpräsident verbreitet, er habe sich
»vor dem Rasierspiegel« einer »Selbstprüfung« unterzogen,
ob er sich das Amt zutraue. Diese sei positiv ausgefallen, weil
er in mehreren Ressorts das politische Handwerk erlernt
habe, »einigermaßen begriffsschnell« sei und sich »einigermaßen klar ausdrücken« könne. Harald Schartau, der nicht
werden kann, was er wohl gern geworden wäre, gibt den guten Verlierer und zeigt sich optimistisch, dass sich Steinbrück
»als Ministerpräsident noch entwickeln« werde.[12]

Am 3. November 2002 hält die nordrhein-westfälische SPD
in Essen einen Sonderparteitag ab. 422 der dort versammelten
438 Genossen stimmen für Steinbrück, der damit nominiert
ist für die bevorstehende Wahl des Ministerpräsidenten im
Landtag. Das ist objektiv ein überragendes Ergebnis. Gemessen daran, dass er nicht der über Jahrzehnte in der heimischen SPD groß gewordene, allseits beliebte und annähernd
natürliche rote Bewerber für das höchste Amt im Land ist,
bekommt das Abstimmungsergebnis noch mehr Gewicht.

Allerdings weiß die Regierungspartei SPD auch, dass sie zweieinhalb Jahre vor der nächsten Landtagswahl nicht halbherzig handeln darf bei der Aufstellung von Clements Nachfolger. Längst ist es im Land zwischen Rhein und Ruhr keine Selbstverständlichkeit mehr, dass die Roten regieren. Allein schon gar nicht. Steinbrück lässt an jenem Samstag in Essen keinen Zweifel daran, dass er an der Koalition mit den Grünen festhalten will.[13]

Es ist der 6. November 2002, der Tag, an dem die Wahl des Ministerpräsidenten ansteht. »Meine sehr verehrten Damen und Herren! Die Fraktionen von SPD und Bündnis 90/Die Grünen schlagen für das Amt des Ministerpräsidenten des Landes den Abgeordneten Peer Steinbrück vor«, sagt der sozialdemokratische Fraktionsvorsitzende Edgar Moron. Nachdem Landtagspräsident Ulrich Schmidt festgestellt hat, dass es keinen weiteren Bewerber gibt, wird gewählt. Da der Landtag 231 Mitglieder hat, ist gewählt, wer 116 oder mehr Stimmen bekommt. 229 Stimmen werden an jenem Vormittag abgegeben, eine ist ungültig. Steinbrück bekommt 120 Ja-Stimmen, vier mehr als erforderlich. 107 Abgeordnete votieren mit Nein, einer enthält sich. Parlamentspräsident Schmidt fragt Steinbrück, ob er die Wahl annehme. Der antwortet erwartungsgemäß: »Herr Präsident, ich nehme die Wahl an und danke dem Landtag für sein Vertrauen. Ich empfinde es als Verpflichtung und Ermunterung zugleich.«[14] Bei der Vereidigung schwört der frisch gewählte Ministerpräsident, seine ganze Kraft dem Wohle des deutschen Volkes widmen und sein Amt unparteiisch ausüben zu wollen. Außerdem schwört er, dass er Gerechtigkeit gegenüber jedem Mann »und jeder Frau« üben werde.[15] Dieser Satz wird ihm schon wenige Monate später um die Ohren fliegen. Das Protokoll vermerkt, dass die Sitzung um 11.21 Uhr geschlossen wird.

Steinbrücks Regierungszeit steht unter denkbar schwierigen Vorzeichen. Im August 2002 hat die Hartz-Kommission ihre arbeitsmarktpolitischen Vorschläge für Deutschland vorgelegt. Die rot-grüne Bundesregierung hat längst begriffen, dass Helmut Kohl in den 16 Jahren seiner Regierungszeit Reformen des Arbeitsmarktes und der Sozialsysteme vernachlässigt hat, was besonders schwer wiegt wegen der hohen Belastung durch die deutsche Einheit. Nachdem die Regierung Schröder in ihren ersten Jahren vor allem mit außenpolitischen Fragen, insbesondere den Kriegen auf dem Balkan und in Afghanistan beschäftigt gewesen ist, soll nun die Sanierung des politischen Innenraums vorangebracht werden. Steinbrück tritt an, nur vier Monate bevor Schröder seine berühmte Rede zur Agenda 2010 halten wird.

Die Agenda wird zu einer Welle, die mit dumpfem Grollen auf die SPD zurollt. Für die Genossen in Nordrhein-Westfalen ist es eine besondere Herausforderung. Der Strukturwandel verlangt dem einstigen Kohle- und Stahlstandort ohnehin viel ab, gerade die ehemaligen Kumpel suchen oft verzweifelt nach neuen Jobs oder landen in der Arbeitslosigkeit. Viele von ihnen sind traditionelle SPD-Wähler. Ihnen die Notwendigkeit eines schlankeren, dadurch aber langfristig funktionsfähigen Sozialstaats schmackhaft zu machen ist eine große Herausforderung.

Zwei Wochen nach seiner Wahl gibt Steinbrück seine erste Regierungserklärung ab. Der Ministerpräsident spricht von einem »steinigen Weg«, von »Zumutungen«, »Veränderungen«, die anstünden, von »Verzicht«, der notwendig werden könnte. Er sagt, die Vorschläge der Hartz-Kommission sollten »passgenau für Nordrhein-Westfalen« umgesetzt werden. Als kleinen Trost spendet er die Ankündigung, sich für die Wiedereinführung der Vermögensteuer einzusetzen.[16]

Kurz vor Weihnachten verbeugt sich Steinbrück noch vor einer wichtigen Wählergruppe und der eigenen Partei. Der Ministerpräsident sagt den Bergleuten Unterstützung zu. Die Zukunft der Steinkohle dürfe nicht »auf dem Hauklotz marktpolitischer Vorstellungen geopfert werden«, mahnt er bei einem Grubenbesuch. Die nächste Verhandlungsrunde

über die Zukunft der Steinkohle mit Bund, Land und Berg-
bauvertretern steht bevor. Die CDU diskutiert über die Strei-
chung von Landesbeihilfen. Steinbrück äußert die Befürch-
tung, durch diese Diskussion könne die Verhandlungsposi-
tion gegenüber der Europäischen Union geschwächt werden,
die über die künftige Steinkohleförderung berät. Er sei der
Auffassung, dass ein abrupter Ausstieg aus der Steinkohle
höhere Kosten verursachen würde, als durch die Kürzung
von Subventionen einzusparen wären.[17]

Die Baby-Affäre

Mit Peer Steinbrück ist in Nordrhein-Westfalen der dritte
Sozialdemokrat an die Spitze einer rot-grünen Regierung gewählt worden. Johannes Rau hatte es verkraften müssen, die
rote Alleinherrschaft zu verlieren und die Macht mit einer
Partei zu teilen, die ihm fremd war. Er hat sich trotzdem,
seinem Wesen entsprechend, einigermaßen umgänglich in der
Zusammenarbeit mit den Grünen gezeigt. Unter seinem
Nachfolger Clement wurde der Ton schon rauher. Gern er-
weckte der den Eindruck, die FDP sei ihm näher als die Grünen. Mindestens so ungemütlich wird es für die Grünen mit
Peer Steinbrück. Dabei hat der erste große Zusammenstoß
zwischen dem neuen Ministerpräsidenten und seinem kleinen Koalitionspartner nicht direkt etwas mit den Grünen
und ihrer Politik zu tun. Jedenfalls wird das von diesen so
gesehen. Doch der Reihe nach.

Es ist der 3. Februar 2003, Steinbrück ist seit einem Vier-
teljahr der Chef in Düsseldorf. Eine der zahlreichen Ideen
seines Vorgängers und Freundes Wolfgang Clement bereitet
Steinbrück Sorgen: der Metrorapid. Der vor Ideen sprudeln-
de Clement hatte sich in den Kopf gesetzt, eine knapp 80
Kilometer lange Trasse für eine Magnetschwebebahn durch

das Ruhrgebiet bauen zu lassen. Steinbrück muss bald erkennen, dass das Projekt nicht zu finanzieren ist. Gleichwohl hält er daran fest, obwohl die Grünen dem Vorhaben gar nichts abgewinnen können. Am Abend jenes 3. Februar also haben die Koalitionäre sich verabredet, um über den weiteren Umgang mit dem Thema Metrorapid zu sprechen.

Es liegt Schnee an diesem Abend. Der wirkt sich negativ auf das Koalitionsklima aus. Denn die Grünen-Landtagsabgeordnete Barbara Steffens muss länger als geplant auf den Vater ihres Kindes, ihren Ehemann Helmut Diegel, warten, der im winterlichen Wetter nicht wie gewollt vorankommt und so das Kind nicht rechtzeitig von der Mutter übernehmen kann. Diegel ist CDU-Landtagsabgeordneter und finanzpolitischer Sprecher seiner Fraktion. Wegen der Verspätung des Vaters nimmt Steffens, die stellvertretende Fraktionsvorsitzende ist, den zwei Monate alten David mit in die Koalitionsrunde. Das Kind ist still. Doch das scheint Steinbrück nicht zu beeindrucken, als er den Raum betritt. Als er das Baby sieht, ist er alles andere als entzückt. Zitate machen später die Runde. »Muss das denn sein?«, soll es dem entnervten Ministerpräsidenten entfahren sein. Und weiter: »Machen wir jetzt Politik mit Kinderwagen?« Steinbrück, der dreifache Vater, fordert Steffens auf, sich an einem anderen Ort um ihr Kind zu kümmern.

Entsetzen bei der jungen Mutter und ihren Parteifreunden. Zwar liegen die Zeiten schon eine Weile zurück, da die Grünen strickend und knallbunt gekleidet durch die Parlamente zogen. Doch was schlimm daran sein soll, wenn eine junge Mutter ihr Kind mit zu einem beruflichen Termin nimmt, vermag von den Grünen keiner zu begreifen. Es steht Spitz auf Knopf. Steffens' Parteifreunde erklären sich bereit, solidarisch zu sein und die Sitzung mit ihr zu verlassen. Steffens selbst hält das Treffen für eine solche Aktion für zu wichtig. Es zu verschieben, bis der Vater da ist, geht auch nicht, weil Steinbrück noch einen Folgetermin hat. Steffens sagt, sie werde gehen. Doch kündigt sie an, nicht leise durch den Hinterausgang zu verschwinden, sondern vorne hinauszugehen. Dort stehen die Journalisten wegen der Bedeutung des Koalitionsgesprächs. Steffens legt es darauf an, dass jeder erfährt, was passiert ist. So wird es auch kommen. Die Zeitungen sind voll von der Angelegenheit, vom »Express« über die »Bild«-Zeitung und die »Süddeutsche Zeitung« bis hin zur »Frankfurter Allgemeinen Zeitung«.

Steinbrück merkt, dass er einen Fehler gemacht hat. Am nächsten Tag schickt er Steffens nicht nur Blumen, sondern auch einen Brief mit dem Briefkopf des Ministerpräsidenten: »Liebe Frau Kollegin, auf die gestrige Situation zurückkommend, kann ich durchaus nachvollziehen, dass Sie zu Beginn der Sitzung über meine Reaktion brüskiert waren.« Und dann? Eine Entschuldigung? Weit gefehlt: »Andererseits bitte ich jedoch um Verständnis dafür, dass nicht nur ich darüber erstaunt war, dass Sie zu dem politischen Spitzengespräch, wie dem Koalitionsausschuss, Ihr Baby mit in den Sitzungsraum brachten.« Über die »grundsätzliche Frage«, ob die mit Steffens' Verhalten »aufgebaute private Intimsphäre« in einen Koalitionsausschuss gebracht werden sollte, könne man »gewiss unterschiedlicher Meinung« sein. Dann aber immerhin so viel: »Dessen ungeachtet ist mir daran gelegen, Ihnen zu sagen, dass ich Sie mit meinem Verhalten nicht persönlich verletzen wollte.«

Anschließend lässt der Ministerpräsident noch einen kleinen Exkurs in Sachen berufstätige Mütter folgen. Ein Hinweis vor der Koalitionsrunde hätte es ermöglicht, »Ihrem berechtigten Anspruch und auch dem Ihres Babys auf Pausen und Stillzeiten« zu entsprechen. Steinbrück, dessen Frau schließlich eine engagierte Lehrerin ist, fügt noch eine Belehrung an: »Damit wäre Ihre Rolle als Mutter und berufstätiger (sic!) Frau vereinbar gewesen und wir hätten die Gespräche in der erforderlichen konzentrierten Atmosphäre führen können.« Am Ende des Schreibens zeigt sich Steinbrück »zuversichtlich«, dass man in vergleichbaren Situationen einen Kompromiss finden werde. Er freue sich auf eine »weiterhin gute Zusammenarbeit«. Der Ministerpräsident verbleibt »mit freundlichen Grüßen«.[18]

Erledigt? Mitnichten! Es beginnt damit, dass Barbara Steffens den Brief nicht als Entschuldigung akzeptiert. Aus dem Rückblick auf die Ereignisse jenes Abends sagt sie noch heute: »Der Brief, den Steinbrück mir nach unserem Zusammenstoß im Koalitionsausschuss geschrieben hat, hatte die unausgesprochene Botschaft: Ich habe alles richtig gemacht. Eine Entschuldigung war das nicht.« Unmittelbar nach der Kollision in der Koalition brandet Empörung auf. Steffens erhält viel öffentliche Unterstützung. Die Schriftstellerin Hera Lind erzählt, wie sie ihre Babys überallhin mitgenommen habe, »ins TV-Studio, ins Konzert«. Das müsse inzwischen »einfach selbstverständlich« sein. Sie ermutigt Steffens, sich von Steinbrück nicht einschüchtern zu lassen. Die Kölner SPD-Politikerin Elfi Scho-Antwerpes, die zwei Jahrzehnte zuvor mit öffentlichem Stillen für Aufsehen gesorgt hatte, attackiert den unbeherrschten Ministerpräsidenten ebenfalls. Natürlich dürfe eine stillende Mutter ihr Baby mit in eine Sitzung nehmen. Steinbrücks Verhalten passe nicht mehr in die Zeit. Johannes Rau sei immer tolerant gewesen.

Auch Steffens selbst hat positive Erinnerungen an das Verhalten von Johannes Rau. Der habe sich während seiner Zeit als Ministerpräsident einer rot-grünen Koalition sogar ausführlich mit ihrem damals sehr kleinen Sohn Elias beschäftigt. Selbstverständlich war auch Rau skeptisch gegenüber den Grünen. Doch war er bereit, sein Bild zu ändern. Als er 1995 mit den Grünen in der nordrhein-westfälischen Landesvertretung in Bonn einen Koalitionsvertrag aushandelt, setzt sich Steffens Rau gegenüber. Sie packt als Erstes eine Schachtel Zigaretten aus und zündet sich eine an. Rau wendet sich erstaunt an den neben ihm sitzenden Franz Müntefering, damals der Vorsitzende des wichtigen SPD-Bezirks Westliches

Westfalen, mit der Bemerkung: »Du, die raucht ja.« Das war eine positive Überraschung für den Raucher Rau, das hatte er von so einer grünen Öko-Frau nicht erwartet. Der Sozialdemokrat steckt sich gleich selber eine an.

Während der Koalitionsverhandlungen gibt Rau Steffens sogar die Möglichkeit, in der Landesvertretung zu übernachten, damit sie ihren Sohn nicht mitten in der Nacht wecken muss. Steffens kommentiert das heute mit den Worten: »Er hatte auch einen Blick für die Dinge des Lebens, die nicht die Politik betrafen.« Sie macht klar, dass das für Steinbrück ihrer Meinung nach nicht zutrifft: »Peer Steinbrück nahm damals nur die Politik wichtig. Das andere Leben gehörte für ihn da nicht rein.«

Steffens kommt neun Jahre nach dem Vorfall zu dem Schluss, dass Steinbrücks Auftritt nichts mit ihrem grünen Parteibuch zu tun hatte: »Es fehlte ihm vielmehr die Fähigkeit, sich in meine Situation hineinzuversetzen.« Sie kommt von der Bewertung des konkreten Vorfalls zu einer sehr grundsätzlichen Einschätzung: »Ich hatte das Gefühl, er versetzte sich auch sonst nicht mit großer Empathie in die Lage anderer Menschen.« Wenige Tage nach dem Vorfall verbreitet Steffens einige Sätze, die zwar den Eindruck erwecken sollen, die Sache sei nun erledigt, die zugleich aber noch einen kräftigen Tritt enthalten: »Steinbrück ist seit Jahren der erste Mensch, der so altmodisch reagierte.« Und weiter: »Ich nehme das Herrn Steinbrück nicht übel, es ist einfach nur schade, dass er so denkt.«[19] Dabei sei er doch auch verheiratet, habe drei Kinder und eine berufstätige Frau.

Selbstverständlich lässt die Opposition es sich nicht entgehen, diesen geschenkten Elfmeter zu verwandeln. Der Vorsitzende der FDP-Fraktion im Landtag, Ingo Wolf, will sogar den Babysitter spielen. Als »leidenschaftlicher Vater« sei er gern bereit, die Betreuung von Steffens' kleinem Sohn zu übernehmen, »wenn Herr Steinbrück die Anwesenheit eines unschuldigen Kindes nicht ertragen kann«.[20] Auch die CDU macht beim Steinbrück-Bashing mit. Der Fraktionsvorsitzende Rüttgers, der gut zwei Jahre später Steinbrücks Nachfolger werden soll, kündigt eine »Offensive für ein kinderfreundliches Nordrhein-Westfalen« an. Die Frauenpolitikerin Regina van Dinther nennt den Ministerpräsidenten ein schlechtes Vorbild und erinnert daran, dass er in seinem Amtseid geschworen habe, Gerechtigkeit auch gegenüber »jeder Frau« zu üben.[21]

Dass die CDU Steffens verteidigt, liegt zum einen daran, dass ihr Sohn zugleich der Sohn eines CDU-Abgeordneten ist. Außerdem ist es ein hübsches kleines Symbol dafür, dass Schwarze und Grüne freundlich miteinander umgehen können. Schließlich ist das Liebäugeln von CDU und Grünen mit einem schwarz-grünen Bündnis etwas, was der SPD in Nordrhein-Westfalen Sorgen bereiten muss.

Trotz Steffens' Behauptung, für sie sei die Sache erledigt, bewegt diese die Spitzen der Koalition doch noch.[22] So erwägen der SPD-Vorsitzende Schartau und die Grünen-Chefin Britta Haßelmann sogar, die Koalitionsrunden künftig nicht mehr in der Staatskanzlei, sondern in den Parteizentralen stattfinden zu lassen. Damit hätte Steinbrück nicht mehr die Möglichkeit, mit dem Hinweis auf sein Hausrecht unliebsame Kleinkinder samt ihren Müttern vor die Tür zu setzen.[23]

Oberflächlich kann man das Ganze als ein Geplänkel ansehen. Doch hat es durchaus grundsätzliche Bedeutung. Steinbrück ist alles andere als ein glühender Anhänger der rot-grünen Koalition. Das hat nicht nur mit abweichenden inhaltlichen Vorstellungen zu tun. Vielmehr ist ihm auch die Lebenswelt vieler Grüner nicht besonders nah. Frauen, die ihre Babys mit in politische Sitzungen nehmen, sind ihm jedenfalls suspekt und haben – das macht sein Brief an Steffens deutlich – in seiner bürgerlichen Welt nichts zu suchen. Das macht das Zusammenarbeiten in einer Koalition nicht leichter.

Großkoalitionäre Gehversuche
und eine schwere Lage

Selbst wenn Steinbrücks Zusammenstoß mit Barbara Steffens nicht in erster Linie gegen die Grünen gerichtet ist, so passt er doch gut ins Bild. Der Sozialdemokrat kokettiert eben nicht nur damit, dass seine Partei auch eine Mehrheit mit der FDP im Landtag hat. Auch zur CDU zieht es ihn hin.

Im April 2003 sorgt Steinbrück für bundesweites Aufsehen, als er sich mit dem hessischen Ministerpräsidenten Roland Koch, einem der führenden CDU-Politiker, zusammentut und gemeinsame Vorschläge zum Abbau von Steuervergünstigungen unterbreitet. Die beiden Regierungschefs kennen sich aus den Beratungen über den Länderfinanzausgleich. Schon seit längerem schalten sie sich immer wieder in finanz- und steuerpolitische Debatten ein. Diesmal geht es darum, das stockende Vermittlungsverfahren zu dem von Rot-Grün in Berlin geplanten Steuervergünstigungsabbaugesetz in Gang zu bekommen und einer Einigung den Weg zu bereiten.

Ursprünglich sah das rot-grüne Gesetz eine Mehrbelastung von Kapitalgesellschaften in Höhe von mehr als 15 Milliarden Euro durch den Abbau von Vergünstigungen vor. Das akzeptierte die Union nicht. Der Kompromissvorschlag von Koch und Steinbrück landet bei etwas mehr als zehn Milliarden Euro. Die CDU lässt sich also auf immerhin zwei Drittel der ursprünglich geplanten Mehrbelastung ein. Insgesamt sind in dem elf Seiten umfassenden Papier 16 Eingriffe in das Körperschaftsteuergesetz aufgeführt, die die Kapitalgesellschaften höher belasten sollen. Begründet wird der Vorstoß mit dem Einbruch des Körperschaftsteueraufkommens.

Schon zu Jahresbeginn hatte Steinbrück Aufsehen weit über die Grenzen Nordrhein-Westfalens hinaus verursacht, als er sich zusammen mit dem niedersächsischen Minister-

präsidenten, seinem Parteifreund Sigmar Gabriel, für eine
Vermögensteuer stark machte, wenn auch ohne Erfolg. Der
neue Regierungschef am Rhein hat es dringend nötig, auf sich
aufmerksam zu machen. Seine Umfragewerte sind im Frühjahr 2003, wenige Monate nach seinem Amtsantritt und nur
noch zwei Jahre vor der nächsten Landtagswahl, alles andere
als gut. Ende März kommt Infratest dimap zu dem Ergebnis, dass nur noch 36 Prozent der Befragten sich Steinbrück
als Ministerpräsidenten wünschen. Dagegen sprechen sich
40 Prozent für den Oppositionsführer von der CDU, Jürgen
Rüttgers, aus. Seitdem die CDU in den sechziger Jahren die
Macht in Düsseldorf eingebüßt hat, liegt damit erstmals einer
ihrer Politiker in der Umfragegunst vor dem sozialdemokratischen Amtsinhaber.[24] Im Mai sind die Werte für Steinbrück
noch schlechter. Nur noch 31 Prozent der Befragten im bevölkerungsreichsten Bundesland würden bei einer Direktwahl des Ministerpräsidenten für Steinbrück stimmen. Allerdings liegt auch Rüttgers nur noch bei 34 Prozent. Ebenso
viele Befragte geben an, sie wüssten nicht, wen sie bei einer
Direktwahl wählen würden.[25]

Die Resultate der sogenannten Sonntagsfrage, in der der
Befragte Auskunft darüber geben soll, welcher Partei er seine
Stimme gäbe, wenn am nächsten Sonntag Wahl wäre, sind im
Mai 2003 noch düsterer. Die SPD hat zehn Prozentpunkte
verloren und steht nur noch bei 33 Prozent. Die CDU hat dagegen acht Punkte gewonnen und findet sich bei stolzen
45 Prozent wieder. Die Grünen legen um vier Zähler zu und
kommen zwei Jahre vor der nächsten Landtagswahl auf elf
Prozent der Wählerstimmen in der Umfrage. Die FDP verliert zwei Punkte und käme auf acht Prozent, wäre am nächsten Sonntag die Wahl. Bemerkenswert: Nur der eine Teil der
Regierung, der rote, verliert an Zustimmung. Die kleine Regierungspartei gewinnt sogar mehr als ein Drittel ihrer Prozentpunkte hinzu. Nach einem halben Jahr Steinbrück ist die
Regierung ohne Mehrheit in den Umfragen, während eine

schwarz-gelbe Koalition ebenso eindeutig über die 50-Prozent-Marke käme wie eine schwarz-grüne. Kein schönes Zeugnis für den neuen Regierungschef, wenngleich die schlechten Werte natürlich nicht ihm allein zuzuschreiben sind. Die Menschen in Nordrhein-Westfalen haben offenbar keine Lust mehr auf Rot-Grün. Infratest kommt zu dem Ergebnis, dass zwei Jahre vor der nächsten Wahl nur noch 19 Prozent der Befragten eine Koalition von SPD und Grünen in Düsseldorf an der Macht sehen wollen. Immerhin 26 Prozent sprechen sich für eine Kombination von CDU und FDP aus, 18 Prozent wollen eine große Koalition, Rot-Gelb und Schwarz-Grün liegen bei der Beliebtheit im kleinen einstelligen Bereich. Selbst unter den SPD-Anhängern kommt Rot-Grün nicht mehr auf 50 Prozent, sondern bleibt bei 47 Prozent hängen. Lediglich die befragten Grünen-Anhänger stimmen noch mit klaren 60 Prozent für die in Düsseldorf regierende Farbkombination. Ein Bund mit der CDU ist den meisten von ihnen doch noch eine fremde Vorstellung.[26] Es passt in dieses Bild, dass die nordrhein-westfälische SPD seit dem Jahresbeginn einen Verlust von 5000 Mitgliedern zu verzeichnen hat.[27]

Das Land zwischen Rhein und Ruhr wird von Schulden und hoher Arbeitslosigkeit gedrückt. Das ist nicht erst so, seit Steinbrück das Ruder übernommen hat, sondern hat sich über eine lange Zeit entwickelt. Sein Vorvorgänger Johannes Rau musste von 1995 an die Macht mit den Grünen teilen. Doch hatte er noch den Vorteil, als warmherziger Landesvater, als »Bruder Johannes« akzeptiert und von vielen gemocht zu werden. Ihm wurde manches verziehen. Raus Nachfolger Wolfgang Clement ging schon nicht mehr als Landesvater durch, war vielmehr der wirtschaftsnahe Macher, der deutlich weniger die Herzen wärmte. Immerhin hat er nordrhein-westfälische Wurzeln. Seine Art zu sprechen, ja sogar sein Äußeres lassen ihn nicht so sehr als Fremdkörper erscheinen wie den Hanseaten Peer Steinbrück. Das geht bis hin zum

Namen. Die Männer in den Trinkhallen in Herne oder Recklinghausen, in den Fußballstadien in Köln oder Gelsenkir-
chen heißen nun mal eher Wolfgang als Peer.

Dieser Peer also soll alles retten: die Macht der Genossen
im bevölkerungsreichsten Bundesland, die letzte Bastion von
Rot-Grün auf Landesebene und schließlich seine eigene politische Existenz. Zwar bemüht er sich, Tuchfühlung zur Partei
und der Bevölkerung insgesamt aufzunehmen. Parteifreunde
empfehlen Veranstaltungen an der Basis. Doch will es Steinbrück nicht wirklich gelingen, noch dazu in der Kürze der
Zeit, zu einem Landesvater zu werden.

Der intellektuelle Norddeutsche setzt auf eine andere Methode, um in seiner Partei und möglichst noch bei deren
Wählern Eindruck zu hinterlassen. Statt den Genossen die
wunde Seele zu streicheln, setzt er auf Handeln im großen
Stil.

Der Vorstoß Hand in Hand mit Koch ist so ein Beispiel.
Aber seit dem 14. März 2003 steht noch ein viel größeres Thema im Raum als der Abbau von Steuervergünstigungen. An
jenem Tag hat Bundeskanzler Schröder im Bundestag seine
Regierungserklärung zur »Agenda 2010« gehalten. Die SPD
will den Sozialstaat umbauen. Steinbrück lässt keinen Zweifel daran, dass er die eingeleiteten Reformschritte für dringend erforderlich hält. Das ist Politik nach seinem Geschmack. Wo ein grundsätzliches Problem auftaucht oder gar
seit langem unübersehbar vor den politisch Verantwortlichen
steht, muss gehandelt werden ohne Rücksicht auf Befindlichkeiten, schon gar auf parteipolitische.

Dennoch kann der Regierungschef natürlich nicht umhin,
das Reformvorhaben auch der Basis zu vermitteln. Als er
Ende April auf einer Regionalkonferenz spricht, konfrontiert er die Anwesenden mehrfach mit der Erkenntnis, dass
die Wirklichkeit zum Handeln zwinge. Der Landesvorsitzende Schartau bemüht sich im Stil eines politischen Sozial-
arbeiters darum, die Angst vor den drohenden Veränderun-

gen zu mildern, indem er berichtet, welche Maßnahmen die Veränderungen begleiten würden.[28] Auch wenn Schartau selbst die Agenda für erforderlich hält, kaufen die SPD-Mitglieder ihm seine Versicherungen eher ab als dem in norddeutschem Idiom argumentierenden Steinbrück.

Kapitel 6
Der Kampf um die Macht am Rhein

Das Spiel mit dem Koalitionsbruch

Das also ist die Lage ein halbes Jahr nachdem Steinbrück in Düsseldorf das Ruder übernommen hat: miserable Umfragen für ihn und seine Koalition vor dem Hintergrund einer die SPD zunehmend verunsichernden Debatte über den spektakulärsten Umbau des Sozialstaats seit Gründung der Bundesrepublik.

In dieser Situation sucht Steinbrück sein Heil darin, dass er das Bündnis mit den Grünen in Frage stellt. Von einem »Klärungsprozess« spricht er Ende Mai. Einschätzungen machen die Runde, die Lage sei »sehr ernst«.[1] Der Ministerpräsident provoziert mit Äußerungen, dass die SPD eine größere Schnittmenge mit der FDP habe als mit den Grünen. Schon nach der Landtagswahl im Jahr 2000 hat Steinbrück mit einem sozialliberalen Bündnis geliebäugelt. Nun taucht diese Vorstellung wieder auf. Steinbrücks Bekenntnis zur rot-grünen Koalition, das er mehrfach ablegte, als er Regierungschef wurde, scheint nicht ein halbes Jahr alt zu sein, sondern aus einer ganz anderen Zeit zu stammen.

Ihn stört das zähe Verhandeln mit seinem Koalitionspartner über Projekte, die er gern schnell erledigt sähe. Der Macher Steinbrück, für den exekutives Handeln zügig und effektiv sein muss, erträgt die langwierigen Debatten mit den Grünen nur schwer. Der Streit vor allem über die Energie- und die Verkehrspolitik im Allgemeinen, der erst Ende April gefundene Formelkompromiss zur Magnetschwebebahn Metrorapid im Besonderen strapazieren Steinbrücks Geduld über die Maßen.²

Seine Lieblingsgegnerin ist die grüne Umweltministerin Bärbel Höhn. Sie erinnert sich an den schwierigen Start der Zusammenarbeit mit Steinbrück, als dieser 1998 nach Nordrhein-Westfalen zurückkam. Er habe in sehr engem Kontakt mit Wolfgang Clement gestanden, sei »gleich Mitglied der Clement-Connection« gewesen. Unter deren Mitgliedern sei es nicht üblich gewesen, mit ihr, Höhn, etwas zusammen zu machen. »Den ersten Beifall von der SPD-Fraktion bekam ich, als ich als Landesministerin im Bundestag redete«, erinnert sich Höhn. »Im Landtag klatschte anfangs niemand von der SPD, wenn ich sprach.« Versuche, sich politisch anzunähern, habe es nicht gegeben. Steinbrück habe sich zwar nicht nur über sie, sondern über die ganze grüne Partei geärgert, sagt Höhn. Dass es zwischen ihr und ihm besonders unharmonisch herging, bestreitet sie jedoch auch nicht. Bei manchen Dingen, die Steinbrück habe durchsetzen wollen, hätten die Grünen eben nein gesagt, »und ich war die Repräsentantin dieser aus seinen Augen furchtbaren grünen Partei«.

Steffens und das Baby, Höhn und die Umwelt – Peer Steinbrück kommt mit der Mentalität der führenden Grünen-Frauen einfach nicht zurecht. »Die mochten sich einfach nicht«, kommentiert das ein Sozialdemokrat, der es damals beobachtete. Das liegt jedoch nicht daran, dass Steinbrück mit Frauen nicht Politik machen kann. Sein enges Zusammenwirken mit Angela Merkel wird später das Gegenteil belegen.

In Nordrhein-Westfalen klappt die Zusammenarbeit aber besser mit den Männern, vor allem mit seinem Freund Wolfgang Clement. Clement ist ein ähnlicher Typ wie Steinbrück, beide geben sich gern als Männer, die klare Kante mögen, Gefühlsduseligkeit aber gar nicht. Doch ist das Zusammenwirken nicht nur mit dem Genossen Clement eng. Ausgesprochen gut kommt Steinbrück auch mit dem männlichen

Gegenpart zu Bärbel Höhn, dem Grünen-Politiker und stellvertretenden Ministerpräsidenten Michael Vesper, aus.

Der erinnert sich, dass die Parteifreunde aus Schleswig-Holstein Steinbrück den Grünen in Nordrhein-Westfalen »in den düstersten Farben« geschildert hätten, als dieser nach Düsseldorf zurückgekommen sei. Vesper selber kennt Steinbrück bis dahin noch nicht. Doch gewinnt der Grüne gleich einen guten Eindruck von dem Sozialdemokraten. »Er stellte sich bei mir vor, wir sind essen gegangen, er hat mir das Du angeboten«, erinnert sich Vesper. Und weiter: »Ich kann sagen: Wir sind befreundet.« Höhn und Steinbrück siezen sich noch heute.

Steinbrück eilte zwar schon seit seinen Zeiten in Schleswig-Holstein der Ruf voraus, ein »Grünen-Fresser« zu sein. Doch die Wucht, mit der er im Sommer 2003 an den Pfeilern einer der beiden letzten rot-grünen Bastionen auf Landesebene – eine gibt es noch in Kiel – rüttelt, erschreckt doch viele in der SPD, vor allem in Berlin. Bundeskanzler Schröder, der zugleich SPD-Vorsitzender ist, zeigt sich ebenso alarmiert wie der aus Nordrhein-Westfalen stammende Vorsitzende der SPD-Bundestagsfraktion Franz Müntefering und Steinbrücks Vorgänger Clement. Als Steinbrück Ende Mai vor den nordrhein-westfälischen Bundestagsabgeordneten der SPD den Fortbestand der Landesregierung mit den Grünen in Frage stellt, sucht Schröder das Gespräch mit ihm. Es wird angekündigt, dass man schon bald im erweiterten Kreis, mit Müntefering und Clement, aber auch dem Landesvorsitzenden Schartau, über die Lage sprechen wolle.

Rasch wird deutlich, dass Schröder und Steinbrück mit unterschiedlichen Zielen unterwegs sind. Der Bundeskanzler lässt keinen Zweifel, dass es bei dem anberaumten Gespräch um eine Fortsetzung der Koalition mit den Grünen gehen werde. Er warnt Steinbrück, dieser müsse sehen, wie weit er das Spiel treibe. So erinnert sich ein Sozialdemokrat an die damalige Auseinandersetzung. Schröder mahnt den Minis-

terpräsidenten, er möge nicht zu weit gehen, so dass er nicht
mehr zurückkönne. Schließlich sei ungewiss, ob er dann eine
andere Mehrheit mit der FDP oder der CDU finden würde.
Beide Parteien spielten mit der Lage der Koalition. Auch
habe Schröder Steinbrück deutlich gemacht, dass ein Koalitionswechsel in Düsseldorf Signalwirkung für den Bund haben
könnte. Steinbrück scheint das alles wenig zu beeindrucken.
Er lässt eine Erklärung verbreiten, in der es heißt, zum Wesen
eines Klärungsprozesses gehöre es, dass erst an seinem Ende
das Ergebnis feststehe.[3] Er werde bei dem Krisentreffen im
Kanzleramt »keinen Treueschwur für Rot-Grün« leisten.[4] Ist
Steinbrück also entschlossen, das Bündnis mit den Grünen
zu beenden? Das wohl nicht. Aber er kann ja schlecht einen
solchen Streit vom Zaun brechen und gleich danach den Eindruck erwecken, es handele sich nur um eine kurze Aufwal-
lung in verzweifelter Lage, die mit einem Machtwort des
Kanzlers und Parteivorsitzenden sofort wieder unterdrückt
wird. Das wäre erstens eine wenig glaubwürdige Taktik und
würde zweitens nicht zu dem selbstbewussten Steinbrück
passen.

Eines aber ist Ende Mai 2003 sicher: Die SPD-Oberen in
Berlin tun alles, um das Zerbrechen des rot-grünen Regie-
rungsbündnisses am Rhein zu verhindern. Zwei Tage vor
dem Treffen sagt Schröder während einer Klausurtagung der
SPD-Bundestagsfraktion, er habe schon genug zu tun und
wünsche sich nicht, dass weitere Schwierigkeiten hinzukä-
men. Müntefering äußert vor den Abgeordneten, ein Koalitionsbruch in Düsseldorf würde niemandem nutzen. Rot und
Grün könnten in Nordrhein-Westfalen zusammen gute Politik machen. Überdies wären andere Koalitionspartner »genauso anstrengend«. Damit nimmt er das Bild Schartaus auf,
auch der nächste Zahnarzt habe einen Bohrer. Clement gibt
sich ebenfalls optimistisch, dass es eine einvernehmliche Lösung der Koalitionskrise geben werde.[5] Schließlich wird aus
der Landesgruppe der nordrhein-westfälischen SPD im Bun-

destag, vor der Steinbrück zum Entsetzen der Anwesenden erstmals den Gedanken an einen Koalitionsbruch artikuliert hatte, gemäßigter Optimismus nach außen getragen. Der Landesgruppenvorsitzende Hans-Peter Kemper laviert in einem Deutschlandfunk-Interview am 27. Mai 2003 zwischen Verständnis für Steinbrücks kritischen Blick auf die Koalition in Düsseldorf und einem Festhalten an Rot-Grün. Es lohne sich, für den Fortbestand der Koalition zu kämpfen, es gebe Chancen für die Fortführung. Auch Kemper weist mahnend auf die Schwierigkeiten hin, die an der Seite eines anderen Koalitionspartners entstünden.

Steinbrück hat keineswegs schon den Weg zur FDP beschritten. Jedenfalls bestreitet das deren Fraktionsvorsitzender im Landtag, Ingo Wolf. Es habe keine geheimen Kontakte zwischen SPD und FDP gegeben. Das hindert ihn jedoch nicht, die Chancen eines Politikwechsels in der laufenden Legislaturperiode aufzuzeigen. Jedenfalls wolle die FDP »helfen, Reformen durchzusetzen«.[6] Natürlich stehen auch die FDP-Führungen in Düsseldorf und in Berlin in der Angelegenheit in engem Kontakt. Zwar wünsche man sich an der Spitze der Bundespartei einen Wechsel in Düsseldorf, doch werde der für »unwahrscheinlich« gehalten.[7] Die CDU in Nordrhein-Westfalen ruft, was wenig überrascht, nach dem Vorziehen der nächsten Landtagswahl.

Und die Grünen, die schließlich das Ziel oder jedenfalls der Gegenstand des Steinbrückschen Wutausbruchs sind? Die sind zunächst ratlos. »Ich bin nun seit acht Jahren Ministerin, und wir haben eine Menge schwerer Krisen gehabt«, räsoniert Umweltministerin Höhn über Steinbrücks Attacke. »Das Ungewöhnliche an der Situation jetzt ist, dass wir in den vergangenen Wochen eine ganze Reihe schwieriger Sachthemen geklärt haben.« Zum Beispiel habe man sich über die Straßenverkehrspolitik der nächsten zehn Jahre geeinigt, das sei »ein dicker Brocken«. Als Steinbrück sein Amt als Ministerpräsident angetreten habe, hätten »gute Gesprä-

che« mit ihm stattgefunden, in denen er sich offen für die
Argumente der Grünen gezeigt habe. Es sei schade, dass die
Arbeit der zurückliegenden drei Jahre nun in einem Koalitionsstreit untergehe. Und so weiter und so weiter. Kurzum:
Höhn steht vor einem Rätsel. Immerhin bietet sie zwei Er-
klärungsmöglichkeiten an. Die Sozialdemokraten seien angesichts der schlechten Umfragewerte »nervös«. Außerdem
hätten einige von ihnen Sympathien für ein sozialliberales
Bündnis in Düsseldorf.[8]

Einer gegen alle

Die Ereignisse jener Wochen in der Mitte des Jahres 2003 sind
mehr als eine Episode in der politischen Laufbahn von Peer
Steinbrück. Sie sind geradezu symptomatisch für ihn. Steinbrück ist objektiv in einer schwierigen Lage: Kaum hat er das
Ruder übernommen, muss er zum ersten Mal in seinem Leben als Politiker zeigen, dass er für die Brücke taugt, für das
Führen eines Schiffes, und noch dazu eines großen, auf das
alle schauen. Und prompt bläst seiner Partei und ihm selbst
der Wind ins Gesicht. In einem Jahr stehen Kommunalwahlen an, in zwei Jahren folgt die Landtagswahl. Da kann man
schon mal unruhig werden.

Wie nun reagiert der Mann, der so gern ins Kino geht und
den Filmhelden zuschaut? Mit ruhiger Sacharbeit, beschwich-
tigenden Worten und Durchhalteappellen an die eigenen Reihen und die des Koalitionspartners nach dem Motto »Wir
werden das schon hinkriegen, die Menschen werden schon
erkennen, was wir für das Land geleistet haben«? O nein, im
Gegenteil! Er teilt sich selbst die Rolle »Peer gegen den Rest
der Welt« zu. So gefällt er sich, mit dem Raubtierlachen, das
signalisiert: Ich habe keine Angst, ich nehme es nicht nur mit
meinen verunsicherten Genossen in Nordrhein-Westfalen

auf, sondern auch mit Berlin, mit meinem Vorgänger Clement und dem in der SPD so beliebten Franz Müntefering. Vor allem aber macht er klar, dass er auch den Zorn des Bundeskanzlers nicht fürchtet. Angst, so die Botschaft von Steinbrück, ist ein Fremdwort für mich.

Die öffentliche Diskussion, der Druck, zu einer Klärung zu kommen, nehmen derart zu, dass Kanzler Schröder den Termin für die geplante Besprechung mit Steinbrück nach vorne verlegt, vom Abend des 30. auf den frühen Morgen des 29. Mai. Der Ministerpräsident muss also früh ins Flugzeug, um pünktlich zum Frühstück beim Kanzler zu sein. Schartau ist dabei, Müntefering und Clement ebenso wie Generalsekretär Scholz werden unterrichtet, dass das Gespräch früher stattfinde, ohne sie.

Gleich nach der Unterredung in der Bundeshauptstadt fliegt Steinbrück zurück. Vom geplanten Besuch in Ostwestfalen wird der erste Programmpunkt – Besuch in einer Bielefelder Grundschule – gestrichen, los geht das Ministerpräsidentenprogramm stattdessen in einer Großschlachterei im ostwestfälischen Harsewinkel. Wöchentlich müssen hier 60 000 Schweine ihr Leben lassen. Das freilich interessiert die angereisten Journalisten nicht besonders an diesem Morgen. Sie wollen von Steinbrück wissen, wie es beim Kanzler war. Doch der Regierungschef gibt sich einsilbig. So viel immerhin sagt er, dass »ein ergebnisoffener Klärungsprozess« im Gange sei. Erst an dessen Ende werde Klarheit über den Fortbestand der Koalition in Düsseldorf hergestellt sein. Doch nicht nur Steinbrück äußert sich, auch die Landespartei will in der Angelegenheit mitreden. In einer Erklärung heißt es, die SPD mit ihren verantwortlichen Gremien habe »in Fragen grundsätzlicher Bedeutung« zu entscheiden.[9] Das ist eindeutig. Eine so bedeutende Sache wie den Fortbestand der Regierung will man nicht dem Ministerpräsidenten alleine überlassen. Das wird durch eine Umfrage untermauert, die Landesgeneralsekretär Michael Groschek in Auftrag gegeben hat. Die SPD-Unterbezirke des Landes wurden befragt und äußerten sich eindeutig mehrheitlich gegen eine Beendigung der Koalition mit den Grünen. Steinbrücks Kurs stößt nicht nur in Berlin, sondern auch in den eigenen Reihen daheim zunehmend auf Widerstand. Eben einer gegen den Rest der Welt.

Anfang Juni, als die erste Welle des von Steinbrück inszenierten Koalitionskrachs vorüber ist, gibt der Ministerpräsident in einem Interview mit der »Frankfurter Allgemeinen Sonntagszeitung« Einblick in seine Motive. Er bestreitet, auf einem »Eitelkeitstrip« zu sein. Vielmehr gehe es um die Inhalte der Landespolitik. »Wir packen die Probleme nicht richtig an«, sagt der Regierungschef. Und: »Es geht schlicht nicht mehr weiter wie gehabt. Wir brauchen einen Politikwechsel, damit niemand einen Regierungswechsel will.« Steinbrück sagt voraus, was tatsächlich nicht einmal zwei Jahre später geschehen wird: »Gelingt uns das jetzt nicht, dann war's das 2005 für die SPD in ihrem Stammland.« Deshalb habe er seinem »Ärger Luft gemacht«, weil die Gründe für die »ewigen Reibereien« zwischen Rot und Grün beseitigt werden sollten.[10]

Doch was sind diese Gründe? Da bleibt Steinbrück eine Antwort schuldig, die als wirkliche Erklärung für die Wucht seiner Attacke akzeptabel wäre: »Das ist ein Puzzle von Gründen, kleinen Hakeleien im alltäglichen Geschäft, Blockaden hier, Verhinderungen da. Tausend Körnchen knirschen und bremsen oft stärker als ein dicker Klotz.«[11] Hakeleien? Tausend Körnchen? Ist der Mann von Sinnen? Setzt er wirklich die Macht seiner Partei im bevölkerungsreichsten Bundesland und am Ende sogar im Bund wegen Hakeleien und Körnchen aufs Spiel? Zwei der großen Themen, den Metrorapid und die Steinkohlesubventionen, bezeichnet Steinbrück nur als »kleinen Teil des Ganzen«. Er wolle mit den Grünen über Standortbedingungen für Unternehmen, über Verkehrs- und Bildungspolitik sprechen. Aber hatte man sich

nicht gerade auf eine langfristige Lösung für die Straßenverkehrspolitik geeinigt, fraglos eine knifflige Angelegenheit
zwischen den Sozialdemokraten und den Grünen?

Steinbrück betont abermals, es handele sich um einen »sehr
ernst gemeinten Klärungsprozess«. Spätestens Anfang Juli
werde der zu Ende gebracht sein. Er wird grundsätzlich. Es
gehe um die Rolle des Staates, es gelte zu klären, ob für jedes
gesellschaftliche und wirtschaftliche Problem eine ordnungs-
rechtliche oder fiskalische Antwort erforderlich sei: »Das
halte ich für falsch.« Der Staat sollte sich in vielen Bereichen
zurückziehen, sollte delegieren und mehr Raum geben: »Ich
sage: Das Land ist überreguliert.« Man habe das »filigranste
Umweltrecht Europas«, klagt der Ministerpräsident und
fragt: »Und unterliegen nordrhein-westfälische Unterneh-
mer höheren Auflagen als ihre Wettbewerber in anderen
Bundesländern und EU-Mitgliedstaaten?«[12] Offenbar befürchtet er das zumindest.

Die Sorgen von Schröder, Müntefering, Clement und anderen Sozialdemokraten in Berlin weist er zurück. Er glaube
nicht, »dass ein Koalitionswechsel hier zwingend Folgen für
Berlin hätte«. Die Interessen von Nordrhein-Westfalen defi-
niere man an Rhein und Ruhr und nicht an der Spree. Das ist
gesprochen im Schröderschen Basta-Stil. Dass der Kanzler
deshalb verärgert über ihn sein könnte, bestreitet Steinbrück.
Schröder wisse, dass er, Steinbrück, ihn in seiner Reformpolitik, bei der Durchsetzung der »Agenda 2010« unterstütze: »Kein anderes Bundesland hat ihn dabei so getragen wie
Nordrhein-Westfalen.« Doch sei Schröder auch bewusst,
dass in Nordrhein-Westfalen 2004 die Kommunalwahl, ein
Jahr später die Landtagswahl zu bestehen sei.[13] Ich habe bisher alles richtig gemacht, heißt Steinbrücks unausgesprochene Botschaft.

Und er ist noch nicht fertig. Mitte Juni trifft sich die nordrhein-westfälische SPD zu einem Parteitag in Bochum. Steinbrück zieht gegen den Koalitionspartner vom Leder. Immer

weniger Menschen trauten der Koalition zu, die Probleme des Landes zu lösen. Das werde vor allem der SPD angekreidet. Während die Grünen Politik für ihre Klientel machten, werde die SPD für alles verantwortlich gemacht. Steinbrück sagt Sätze, die die Genossen mühelos beklatschen können, weil sie die übliche Selbstvergewisserung darstellen. Zum Beispiel: »Wir brauchen in Düsseldorf mehr Rot pur.« Aber er macht auch Sprüche, die eindeutig gegen den Koalitionspartner gerichtet sind, die darauf abzielen, dessen politische Inhalte lächerlich zu machen. So sagt er etwa, beim Blick auf die Regierung entstehe der öffentliche Eindruck, »dass das Stapeln von Osterfeuern wichtiger ist als die Kostenbelastung und Standortprobleme« von Unternehmen.[14]

Steinbrück wirkt in diesem Streit wie eine leicht gemilderte Variante des sozialdemokratischen Ministerpräsidenten Holger Börner, der zwei Jahrzehnte zuvor in Hessen mit der damals noch sehr jungen grünen Partei gegen seinen Willen und gegen seine ursprüngliche Festlegung die erste rot-grüne Landesregierung überhaupt gebildet hatte. Noch im Wahlkampf hatte Börner gewettert, Fotos von ihm und den Grünen an einem Verhandlungstisch werde es noch nicht einmal als Montage geben. Er sei Nassrasierer und müsse sich morgens im Spiegel ansehen, sagte der gelernte Betonfacharbeiter Börner. Zu Bekanntheit gelangte seine Reaktion auf die Demonstranten gegen die Startbahn West des Frankfurter Flughafens, zu denen naturgemäß viele Grünen-Anhänger zählten, diesen Leuten wäre man früher auf dem Bau mit der »Dachlatte« begegnet. Die Abneigung gegen die Grünen sollte Börner nicht davon abhalten, sich als Ministerpräsident Hessens erst von ihnen tolerieren zu lassen und später sogar eine Koalition mit ihnen zu bilden. Letztere zerbrach allerdings nach eineinhalb Jahren.

So toll wie Börner treibt Steinbrück es nicht. Aber es ist doch nachvollziehbar, dass Grüne, die damals in Hessen dabei waren, in jenen Wochen des Sommers 2003 an Börner denken. Während sich die SPD zum Landesparteitag in Bochum trifft, sind die Grünen in Cottbus zu ihrem Bundesparteitag zusammengekommen. Joschka Fischer, inzwischen deutscher Außenminister, sagt dort, ihn erinnere das alles an die Situation in Hessen in den achtziger Jahren, als schon einmal eine rot-grüne Landesregierung wegen persönlich-politischer Querelen auseinandergebrochen sei. »Das endet böse, wenn es so weitergeht«, sagt Fischer.[15] Andere führende Grüne geben sich auf dem Parteitag überzeugt, Steinbrück wolle die Koalition in Düsseldorf beenden. Einen Monat geben manche dem Bündnis noch. Schon sprechen die Delegierten vom Vorziehen der Landtagswahl in Nordrhein-Westfalen, die regulär erst 2005 ansteht.[16] Als Beleg für Steinbrücks Willen zur Eskalation wird in Cottbus erzählt, wie der Ministerpräsident zusammen mit seinem Stellvertreter, Bauminister Michael Vesper von den Grünen, und mit Umweltministerin Höhn erst kurz zuvor vier Tage zum Zweck einer Präsentation des Landes in Moskau gewesen sei, jedoch in all der Zeit nicht versucht habe, ein Gespräch über die Beilegung der Krise zu führen.

Steinbrück bekommt derweil kräftigen Beifall beim SPD-Parteitag in Bochum. In der Not scharen sich die Genossen um denjenigen, der ihre Macht verkörpert. Doch in der nur kurzen Aussprache über die Koalitionskrise äußern sich sechs von acht Rednern eindeutig im Sinne einer Fortsetzung der Koalition. Immerhin stellen sich Sozialministerin Birgit Fischer und Verkehrsminister Axel Horstmann hinter Steinbrück. Das hat allerdings auch etwas mit Kabinettsdisziplin zu tun. Harald Schartau übernimmt in Bochum die Rolle des abwägenden Parteivorsitzenden, der die Gesamtverantwortung vor Augen hat. Einerseits darf er dem Ministerpräsidenten nicht in den Rücken fallen, andererseits wäre es leichtfertig, die Macht der Partei aufs Spiel zu setzen. »Bei aller Sympathie für Rot-Grün« müsse man einen kühlen Kopf bewahren. Immerhin: Sympathie. Der FDP bringt er die nicht

entgegen. Die SPD »schüttelt« sich beim Gedanken an die
FDP, sagt er. Noch mehr schütteln würde sie sich jedoch,
wenn die nächste Wahl verlorenginge.[17]

Das »Düsseldorfer Signal«

Ende Juni ist der Spuk vorbei. Formal wird das Ende der Koalitionskrise verbunden mit der Entscheidung, die umstritte-
ne Magnetschwebebahn Metrorapid nicht zu bauen. Steinbrück überbringt zusammen mit Schartau den Grünen ein
Papier, das den Titel »Düsseldorfer Signal für Erneuerung
und Konzentration« trägt. Statt in den Metrorapid soll Geld
in eine Express-S-Bahn zwischen Dortmund und Köln in-
vestiert werden. Steinbrück spricht von einem »kleinen Para-
digmenwechsel«. Der Metrorapid sei nicht zu finanzieren
gewesen, argumentiert der Ministerpräsident. Die Wirklichkeit müsse zur Kenntnis genommen werden. Angeblich hat
Schröder Druck ausgeübt, Steinbrück solle auf den Metrorapid verzichten. Bundesfinanzminister Hans Eichel ist zwar
ein Anhänger des Transrapid, kann der Metrorapid genannten Kurzvariante in Nordrhein-Westfalen aber nichts abgewinnen. Die Grünen in Berlin zeigen sich erleichtert. In der
Sache argumentieren sie, die Haushaltssanierung in Bund
und Land müsse Vorrang haben vor einem Technologieexpe-
riment. In Düsseldorf sagt Bauminister Vesper, diese Lösung
hätte Steinbrück schon vor vier Wochen haben können.

In dem Papier werden auf 15 Seiten die Vorhaben beschrieben, auf die die Koalition sich für den Rest ihrer Regierungszeit konzentrieren will. Die Aufmerksamkeit soll vor allem
der Jugend und der Bekämpfung der Jugendarbeitslosigkeit
gewidmet werden, der Schule im Allgemeinen und der Ganz-
tagsgrundschule. »Alles andere wird rasiert«, sagt Steinbrück
im Steinbrück-Ton. Gesorgt werden soll dafür, dass Unter-

nehmen nicht durch unnötige Bürokratie behindert werden. Das ist besonders gegen Umweltministerin Höhn gerichtet, der Steinbrück seit jeher vorwirft, im Namen des Umweltschutzes der Wirtschaft Steine in den Weg zu legen. Die Grünen sehen sehr wohl, dass das eine Attacke gegen ihre Ministerin ist. Immerhin haben sie in Sachen ökologische Modernisierung einiges durchsetzen können. Insgesamt herrscht jetzt in Düsseldorf die Überzeugung, dass die Restlaufzeit dieser Regierung noch die regulären 22 Monate betragen wird.[18] Auch die CDU richtet sich jetzt darauf ein, dass die nächste Landtagswahl planmäßig im Mai 2005 stattfinden wird.

Und die Bilanz? Steinbrück hat einen enormen Aufstand verursacht, ohne in der Sache einen großen Erfolg zu erzielen. Statt seinen Vorstoß mit klaren Zielen zu verbinden und zu schauen, ob die erreichbar sind, hat er einen Budenzauber veranstaltet, der seine Ursache vor allem in einer grundsätzlichen Unzufriedenheit mit dem eigenen Image und der Art sowie dem Tempo von Reformen hat. Steinbrücks Grundtenor lautet in etwa: Deutschland schafft sich ab, weil wir zu langsam sind.

Tatsächlich ist das konkrete Ergebnis der Steinbrückschen Dauerkanonade kläglich. Der Metrorapid stand ohnehin auf der Kippe, die Grünen wollten ihn nicht, die SPD kann den Verzicht nicht als großes Plus auf ihrem Konto verbuchen. Michael Vesper sagt zurückblickend: »Die Begeisterung Clements für den Metrorapid hat Steinbrück nie geteilt. Schon gar nicht als Finanzminister. Er war von Anfang an skeptisch.«

Immerhin hat Steinbrück klargemacht, dass er kein großer Anhänger rot-grüner Bündnisse ist. Auch diejenigen unter den Grünen, denen das bis dahin noch nicht klar war, wissen nun, dass sie Steinbrücks Gunst ständig neu erwerben müssen. Oder besser: dass sie sich nicht in der Gewissheit wiegen können, es mit einem Sozialdemokraten zu tun zu haben, der sich im Zweifelsfall für sie anstelle eines anderen Partners entscheidet. »Steinbrück ist kein Rot-Grüner. Er ist eher ein Anhänger großer Koalitionen«, urteilt Michael Vesper zurückblickend. Auch hätte der Sozialdemokrat die Chance genutzt, mit der FDP zu regieren, wenn es sie gegeben hätte, fügt Vesper hinzu. »Aber seine Partei wäre ihm da kaum gefolgt. Das hat er erkannt.«

Ist das schon die ganze Erklärung für diesen hochriskanten Ausbruch? Steinbrück ist von seiner politischen Grundhaltung her Gerhard Schröder ähnlich. Als dieser im Herbst 1998 Helmut Kohl von der Macht verdrängte, hätte er es angeblich nicht ungern gesehen, wenn eine Konstellation entstanden wäre, die ihn mit der CDU in eine große Koalition gezwungen hätte. Doch war er Realist genug, um einzusehen, dass seine Partei diesen Schritt nur akzeptiert hätte, wenn Rot-Grün nicht möglich gewesen wäre. Schröder ging also den Bund mit den von Joschka Fischer einigermaßen unter Kontrolle gehaltenen Grünen ein. Für diese war es nicht immer leicht an der Seite des großen Koalitionspartners. Besonders Innenminister Otto Schily, der schon lange vor dem Regierungswechsel 1998 sein grünes Parteibuch gegen eines der SPD eingetauscht hatte, trieb seine einstigen Parteifreunde oft in die Verzweiflung, vor allem wegen seines kompromisslosen Kurses in Fragen der inneren Sicherheit und der Terrorismusbekämpfung nach den Anschlägen vom 11. September 2001. Doch Schröder achtete während der sieben Jahre seiner Kanzlerschaft stets darauf, dass die von ihm selbst aufgestellte Maxime, es müsse in einem solchen Bündnis immer klar sein, wer »Koch« und wer »Kellner« sei, nicht zu einer Schieflage in der Koalition oder gar einer Demütigung des kleinen Partners führte. In dem Bewusstsein, der größere Koalitionär zu sein, verkehrte er mit dem kleineren auf Augenhöhe. Das fiel ihm auch deswegen leicht, weil er in dem informellen Chef der Grünen, Fischer, jemanden hatte, den er für einen hinsichtlich der Alphatierqualitäten ebenbürti-

gen Mitspieler hielt. Fischer dankte für diesen Umgang damit, dass er die Autorität des Kanzlers nie in Frage stellte,
immer klarmachte, dass dieser die Richtlinien der Regie-
rungspolitik an oberster Stelle formuliere, ja sich nicht einmal zu vorgerückter Stunde oder auf langen Reisen ein abfäl-
liges Wort über Schröder entlocken ließ. So kam es, dass es
trotz der großen Herausforderungen, die Rot-Grün im Bund
zwischen 1998 und 2005 zu bewältigen hatte – genannt seien
nur der Kosovo-Krieg, der in Afghanistan, der Atomausstieg
und die Agenda 2010 –, nie zu einem solchen Spiel mit der
Existenz der Koalition kam, wie es in jenem Sommer 2003 in
Düsseldorf zu beobachten war. Nur am Ende, als im Mai
2005 die rot-grüne Bastion in Düsseldorf gefallen war, setzte
Schröder die Zukunft seiner Koalition aufs Spiel – und verlor.
Doch dazu später.

Hat Steinbrück sein Veitstanz wenigstens genutzt? Steht er
besser da als bisher? In seiner eigenen Partei gibt es nur Ge-
grummel hinter vorgehaltener Hand, keinen Aufstand. Zu
groß ist wohl die Loyalität mit dem Regierungschef, groß
aber auch die Erleichterung, dass nun wieder Ruhe in den
Koalitionsalltag einkehrt. Und die Wähler? Das Umfrage-
institut Infratest dimap geht dieser Frage im Juli 2003 nach.
Das Ergebnis ist ernüchternd für den Ministerpräsidenten.
Auf die Frage, welcher Partei sie ihre Stimme gäben, wenn
am nächsten Sonntag die Wahl anstünde, antworten nur
33 Prozent der Befragten, dass das die SPD wäre. Die Veränderung gegenüber der vorigen Befragung weist das Umfrage-
institut mit plus / minus null aus. 33 Prozent sind für die SPD
in ihrem Stammland Nordrhein-Westfalen lausig wenig. Die
Grünen büßen einen Prozentpunkt ein und landen noch bei
zehn Prozent. Eine Mehrheit im Landtag lässt sich damit
nicht mehr bilden. Dafür steigen die Umfragewerte der CDU
um zwei Punkte auf spektakuläre 47 Prozent. Die FDP verliert wie die Grünen einen Prozentpunkt und kommt noch
auf sieben von hundert. Wäre also tatsächlich Landtagswahl

in jenem Sommer 2003, so könnte Oppositionsführer Jürgen Rüttgers von der CDU sich schon mal überlegen, welche Bilder er in seinem Ministerpräsidentenbüro aufhängen wird. Allerdings hat das im Wesentlichen mit den guten Werten für seine Partei zu tun. Im unmittelbaren Beliebtheitsvergleich, in dem das Institut von den Befragten wissen will, für wen sie bei einer Direktwahl des Ministerpräsidenten stimmten, landet Rüttgers mit 34 Prozent nur drei Punkte vor Steinbrück. Die größte Gruppe bei dieser Frage sind jene 35 Prozent, die angeben, sie wüssten nicht, wen von den beiden sie wählen würden.[19]

Die Grünen sind der Auffassung, dass die Sache zu ihren Gunsten ausgegangen ist. Vesper beurteilt die Ereignisse von damals heute so: Steinbrück habe als Ministerpräsident zeigen wollen, dass er einen Plan habe, dass er die Dinge nicht so laufen lasse wie Johannes Rau zum Ende seiner Amtszeit und auch nicht von so »wilder Spontaneität« sei wie Clement. Deshalb habe er sich das »Düsseldorfer Signal« ausgedacht, sagt Vesper. Und weiter: »Das war ein totaler Reinfall für ihn selbst und die SPD.« Steinbrück habe den Grünen zeigen wollen, was »klare Kante« sei, habe am Ende aber weniger bekommen als der kleine Koalitionspartner. »Insofern war der Einstieg in die Koalition unter Steinbrück für die Grünen eine wunderbare Zeit«, beschreibt Vesper die Ereignisse aus dem Sommer 2003. Und selbst Bärbel Höhn ist mittlerweile versöhnt mit den Ereignissen von damals: »Nach dem schweren Koalitionsstreit im Sommer 2003 konnte man mit Steinbrück besser umgehen.« Die tiefe Krise aus der Anfangszeit habe es dann nicht mehr gegeben. Beide, Höhn und Vesper, attestieren Steinbrück ausdrücklich große Lernfähigkeit.

Mehr als ein halbes Jahr später wird Peer Steinbrück selbst eine Bilanz jenes Streits aus dem Sommer 2003 ziehen, in der er zwar grundsätzlich Bereitschaft zu einem selbstkritischen Blick zeigt, zugleich jedoch behauptet, die Sache sei gut ausgegangen: »Im Rückblick habe ich keine Schwierigkeiten, auch Selbstkritik zu üben. Aber seither gibt es keine Reibungen, keine Konflikte in der Koalition.« Er resümiert: »Ich bin mit der Zusammenarbeit sehr zufrieden.« Gut ein Jahr vor der Landtagswahl legt er fast schon ein Bekenntnis zu Rot-Grün ab: »Für eine Koalitionsaussage ist es noch zu früh. Aber für eine Fortsetzung dieser Koalition gibt es eine hohe Wahrscheinlichkeit.«[20] Kurz darauf erweckt Steinbrück den Eindruck, es treibe ihn die Sorge um, dass nicht er und die SPD die alleinige Regie bei der Frage nach der Zukunft von Rot-Grün führen, sondern die Grünen auch noch ein Wort mitzureden haben. In einem Interview angesprochen auf gut sichtbare Spaziergänge der grünen Umweltministerin Höhn mit CDU-Mann Rüttgers und befragt, ob solche gemeinsamen Gänge von Schwarz und Grün nach der Landtagswahl vielleicht täglich stattfinden würden, reagiert Steinbrück überdeutlich – fast so, als fürchte er, mit seinem Verhalten die Grünen in die Arme der CDU gedrängt zu haben: »Es gibt keine einzige Stellungnahme aus der Führungsriege der Grünen, die auf Wechselabsichten im Mai 2005 hinweist«, wehrt Steinbrück solche Gedanken ab. Er begründet das mit der Bundestagswahl, die damals noch im Jahr 2006 stattfinden sollte. Da wolle eine rot-grüne Bundesregierung wiedergewählt werden. Da werde nicht ein Jahr zuvor in Nordrhein-Westfalen eine »andere Farbenlehre« entstehen: »Eine solche Vorstellung ist absurd.«[21]

Tatsächlich hatte Höhn auf Steinbrücks Liebäugeln mit einem sozialliberalen Bündnis reagiert, indem sie sich mit CDU-Mann Rüttgers zu einem gemeinsamen Spaziergang auf der malerischen Poppelsdorfer Allee in Bonn verabredet hatte. Formal ging es um das Thema »Schutz der Alleen«. Tatsächlich wollte die Grünen-Politikerin Steinbrück zeigen, dass ihre Partei keineswegs wehrlos ist. Den Pressefotografen hatte sie rechtzeitig Bescheid geben lassen, damit das Rendezvous mit Rüttgers auch allen bekannt werden würde.

Spricht man heute, also mit fast einem Jahrzehnt Abstand,

mit solchen führenden Politikern der Grünen und auch der SPD in Nordrhein-Westfalen, die die rot-grünen Zeiten unter Clement und Steinbrück miterlebt haben und jetzt mit der Sozialdemokratin Hannelore Kraft das Land führen, so ist der Blick auf Steinbrücks Wirken deutlich kritischer als seine zur Selbstrechtfertigung neigende Sicht. Der Vorsitzende der Grünen-Fraktion im Landtag, Reiner Priggen, etwa sagt: »Die heutige rot-grüne Koalition unter Hannelore Kraft ist kollegialer als die rot-grünen Vorgängerregierungen. Das hat mit den beiden Frauen an der Spitze, aber auch mit den Erfahrungen aus den beiden ersten rot-grünen Koalitionen und mit Einsicht zu tun.« Bezeichnenderweise ist der Rückblick unter Sozialdemokraten eher noch kritischer. »Es war schnell klar: Wir haben es hier mit einer anderen Form der Zusammenarbeit zu tun als in den rot-grünen Koalitionen unter Wolfgang Clement und Peer Steinbrück«, sagt der Fraktionsvorsitzende der SPD im Landtag, Norbert Römer. »Wir pflegen einen freundschaftlichen, vertrauensvollen Umgang miteinander.« Der Rückschluss, dass der Umgang unter Steinbrück und seinem Vorgänger nicht von Vertrauen geprägt war, ist nicht nur zulässig, sondern zwingend.

Zurück zu den Inhalten

Im Spätsommer 2003 ist nicht die Zeit für solche Grundsatzbetrachtungen. Der von Steinbrück entfachte Sturm ist vorüber, fürs Erste kann man sich wieder den Sachfragen zuwenden. Der nordrhein-westfälische Regierungschef lässt keinen Zweifel daran, dass ihn die großen Themen der Bundespolitik mindestens so reizen wie das Klein-Klein der Landespolitik. Es ist die Zeit, da der Streit über Schröders »Agenda 2010« voll entbrannt ist in der SPD. Steinbrück stellt sich von Anfang an hinter die Reformpläne. Er versucht nicht

einmal ansatzweise, den Eindruck zu erwecken, als habe er
Verständnis für die Sorgen der Genossen an Rhein und Ruhr,
der Sozialstaat könnte unter die Räder kommen. »Die Um-
verteilung zwischen Reich und Arm kann nicht mehr das
Maß aller Dinge sein, wenn darüber die wirtschaftliche Dy-
namik und Innovationsfähigkeit beeinträchtigt werden«, sagt
er zum Beispiel.[22] Das kommt in den SPD-Ortsvereinen in
Duisburg oder Recklinghausen nicht gut an.

Steinbrück agiert in jenen Zeiten wieder einmal über die
Länder-, aber auch über die Parteigrenzen hinweg. Als der
baden-württembergische Ministerpräsident, der CDU-Politiker Erwin Teufel, sich für eine radikale Steuerreform ein-
setzt, stellt Steinbrück sich als einziger Regierungschef mit
einem SPD-Parteibuch auf seine Seite. Auch bei seinem
CDU-Freund Roland Koch hakt er sich im Herbst 2003 wieder unter. Es geht – wie so oft bei Steinbrück – ums Sparen
und Kürzen, mal wieder bei den Steuervergünstigungen wie
schon im Frühjahr. Koch und Steinbrück zielen keineswegs
nur auf die Reichen und deren Steuerschlupflöcher. Im Zentrum der Aufmerksamkeit und der Diskussion stehen vielmehr die Pendler und Eigenheimbauer, also durchaus auch
ein Teil der sozialdemokratischen Klientel. Die beiden Regierungschefs schlagen vor, nach einer »Rasenmähermethode«
die steuerliche Vergünstigung für Berufspendler, die staatliche Unterstützung für den Eigenheimbau ebenso wie die
Subventionen generell um vier Prozent in den kommenden
drei Jahren zu kürzen. Den öffentlichen Haushalten soll das
insgesamt 10,5 Milliarden Euro einbringen. Das ist eine ziemlich beeindruckend klingende Summe – zumal in Zeiten, da
noch nicht ständig in der Dimension von Hundert-Milliar-
den-Paketen zur Rettung in Schieflage geratener Euro-Staa-
ten gerechnet wird. Steinbrück und Koch erfahren Zustimmung aus der Wirtschaft, von den Industrie- und Handels-
kammern und von den Banken.

Widerspruch kommt allerdings aus Berlin. Hans Eichel,

Bundesfinanzminister mit SPD-Parteibuch, begrüßt den Vorschlag der beiden Landespolitiker zwar grundsätzlich. Er geht ihm jedoch nicht weit genug. Eichel will die Eigenheimzulage ganz streichen und die Pendlerpauschale hinsichtlich ihrer Wirkung auf die öffentlichen Haushalte halbieren. Doch es sind nicht nur die unterschiedlichen Ansätze, die zu einer Konkurrenzsituation zwischen Steinbrück und Eichel führen. Es ist – wie so oft im Leben – eine Machtfrage. Wer hat eigentlich in der Finanzpolitik des Bundes das Sagen: der nach außen etwas brav und bieder wirkende Eichel, der auf dem Schreibtisch in seinem Ministerbüro eine Ansammlung von Sparschweinen stehen hat, oder der ehrgeizige Landespolitiker mit dem nach außen getragenen Selbstbewusstsein? Schon früh kommen Gerüchte auf, Steinbrück könnte eines Tages Eichel in seinem bundespolitischen Amt nachfolgen.

Peer Steinbrück ist in den Jahren als Ministerpräsident Mitte 50. Gemessen an einer durchschnittlichen beruflichen Laufbahn ist er schon auf der Zielgeraden. Manche führende Politiker, die noch deutlich jünger sind, verlassen sogar in diesem Lebensalter die politische Bühne, wechseln etwa in die Wirtschaft, um ordentlich Geld zu verdienen. Andere sind auf dem Sprung nach ganz oben, wollen unbedingt dorthin. Steinbrück befindet sich im Jahr 2003 irgendwo dazwischen. Nach Jahrzehnten in der Landespolitik, erst als Beamter, später als Minister, hat er einerseits Gefallen gefunden am Aufstieg in höhere Ämter und dem Spiel auf größeren Bühnen. Andererseits kämpft er sich nicht durch die Instanzen nach oben, das nächste Spitzenamt fest im Blick. Vielmehr hat er überhaupt kein Parteiamt, schon gar keines an der Spitze.

Peer Steinbrück, das zeigt sich in jenen Jahren sehr deutlich, hat einen operativen, einen exekutiven Politikansatz. Die Aufgabe von Politik ist es nicht, die Gemüter der Menschen und schon gar nicht die von Parteifunktionären zu beruhigen. Politik soll Probleme lösen. Wenn zu wenig Geld da ist, wird eben gespart, am besten bei allen gleichmäßig, dann hat keiner Grund zum Jammern oder eben alle gleich viel. Daher kann Steinbrück sich auch so uneingeschränkt hinter Schröders Agenda stellen. Dass es eines solchen Schrittes bedarf, ist schließlich kaum umstritten, nicht einmal in der SPD. Der Streit in der Partei dreht sich vielmehr darum, wie die Menschen möglichst sanft an die harte Wirklichkeit und den Gedanken an Neuerungen herangeführt und die Auswirkungen der Reformen weniger schmerzhaft gestaltet werden können. Steinbrück achtet indessen fast ausschließlich auf die Funktionalität.

Gegen Ende des Jahres 2003 sagt er der »FAZ«, dass selbst ein drohender Machtverlust Schröder nicht vom Reformweg abbringen dürfte: »Ein Zurückweichen jetzt würde bedeuten, dass die SPD nicht nur kurzfristig ihre Regierungsfähigkeit verliert, sondern sich auf lange Sicht von der Macht verabschiedet und zu einer strukturkonservativen Partei verkümmert.«[23] Ganz so selbstlos, wie das klingt, ist Steinbrück aber doch nicht. Er äußert die Hoffnung, dass die Erfolge der Reformpolitik sich bis zur Kommunalwahl in Nordrhein-Westfalen Ende 2004, spätestens aber bis zur Landtagswahl 2005 zeigen würden, solange man die Agenda nicht »verwässert«.[24]

Wer bremst, ist feige

Das Jahr 2004 ist jedenfalls von Anfang an bestimmt von den beiden bevorstehenden Wahlen. Für die braucht die SPD Wahlkämpfer, vor allem an der Basis, und damit ist ein weiteres Problem benannt. Denn dort fühlen sich viele nicht mehr wohl angesichts der Agenda-Politik, klagen, sie seien doch nicht Mitglieder der FDP. Nicht nur die Umfragen sind nach wie vor schlecht für die Genossen, auch die Mitglieder laufen

der SPD davon. Anfang 2004 blickt die Partei auf ein Jahr zurück, in dem sie 10 000 Mitglieder verloren hat, und diese Bewegung ist noch nicht am Ende.[25] Es rumort an allen Ecken.
Es ist nicht einmal eindeutig, wer der Chef im sozialdemokratischen Laden ist. Ist es Harald Schartau, der es als Vorsitzender an Entschlusskraft fehlen lässt, selbst zwei Wochen
vor einem Landesparteitag den Wahlvorschlag für den neuen
Landesvorstand noch nicht fertig hat? Oder will Steinbrück
auch die starke Figur in der Partei werden, die ihn doch im
Grunde so wenig interessiert? Anzeichen dafür gibt es zur
Jahreswende 2003 / 04, aber sie bleiben schwach.

Die Opposition muss sich nicht einmal bemühen, heraus-
zuarbeiten, wie ernst die Lage der großen Regierungspartei
ist. Das besorgt diese schon selbst. Im Februar 2004 wird ein
Strategiepapier zweier hochrangiger Mitarbeiter der Staatskanzlei in Düsseldorf bekannt, das diese im Januar verfasst
haben und das für große Aufregung sorgt. Der Chef der Planungsabteilung, Werner Kindsmüller, und sein Stellvertreter,
Ulrich Wehrhöfer, haben auf 21 Seiten eine schonungslose
Analyse der Lage niedergeschrieben. Nicht nur, dass sie zu
dem Ergebnis kommen, die »SPD verharrt bei 30 Prozent«.
Vielmehr stellen die beiden, die in ihrer Laufbahn schon SPD-
Landesgeschäftsführer waren, fest, dass Steinbrück »noch
nicht als einer von uns wahrgenommen« werde. Doch weisen
sie einen Weg, wie es besser werden könnte, nämlich dann,
wenn Steinbrück »als Mensch erfahrbar wird«.[26] Damit beschreiben die Autoren nicht nur mit aller Härte ein inhaltli-
ches Problem. Sie werfen vielmehr ungewollt eine Legitima-
tionsfrage auf. Denn als Mitarbeiter der Staatskanzlei dürfen
sie nicht die Wahlkampfvorbereitung der SPD betreiben.
Steinbrück wehrt sich und bestreitet, das Papier in Auftrag
gegeben zu haben. Natürlich lässt es sich die Opposition aber
nicht nehmen, diesen Freistoß zu verwandeln. Im Landtag
muss der Ministerpräsident sich der Attacken von CDU und
FDP erwehren. Doch zum Unglück kommt noch das Pech

hinzu. Steinbrück hatte eine 15 Millionen Euro teure Imagekampagne für das Land Nordrhein-Westfalen geplant mit
Hilfe von Unternehmen. Da diese jedoch von Kindsmüller
und Wehrhöfer zum Teil der SPD-Kampagne erklärt wurde,
ist sie politisch kaum mehr zu vertreten.

Am 6. Februar 2004 kommt es zu einem Ereignis, mit dem
Steinbrück nur sehr vordergründig nichts zu tun hat. In
Wirklichkeit ist es von immenser Bedeutung für ihn. Gerhard
Schröder kündigt an, dass er auf einem Sonderparteitag den
SPD-Vorsitz abgeben wird. Das ist die Reaktion auf das kon-
tinuierliche Absinken seiner Popularitätswerte, seit die
Agenda-Welle rollt. Schröder gibt vor, er wolle sich noch
stärker auf das Regierungshandeln konzentrieren. Tatsächlich ist es das stille Eingeständnis, dass seine Partei jenen
Mann, der ihr eine als radikal empfundene Reform des Sozialstaats zumutet, nicht mehr als ihren Vorsitzenden haben
möchte. Der bei den Genossen beliebtere Franz Müntefering
soll das übernehmen.

Schröders Versuch, Politik aus der reinen Vernunft heraus
zu betreiben, als einen mechanischen Vorgang, bei dem es nur
darauf ankommt, dass die Stellschrauben des Systems akku-
rat justiert und aufeinander abgestimmt sind, aber nicht darauf, ob diejenigen, die in dem System leben, es als angemessen und gut funktionierend empfinden, ist also schnell an die
Grenzen der Wirklichkeit gestoßen. Eine Regierungserklärung vor dem Bundestag reicht nicht, um einer Partei und
ihren Wählern, sprich: den Menschen, klarzumachen, dass
sich etwas Entscheidendes in ihrem Leben ändert. Weil sie
den Nutzen dieser Veränderung für sich selbst häufig erst
später erkennen, muss es vorher so sein, dass sie dem Verantwortlichen das Vertrauen entgegenbringen, er werde schon in
ihrem Sinne handeln. Dieses Vertrauen bestand zwischen
Helmut Kohl und der CDU, jener Partei also, deren Vorsitzender Schröders Vorgänger im Kanzleramt ein Vierteljahrhundert war. Es bestand nicht zwischen Schröder und weiten

Teilen der SPD. Sein Schritt vom 6. Februar 2004 ist das Eingeständnis dieser Tatsache. Steinbrück sollte diese Signale hören. Tut er aber nicht. Vielmehr verteidigt er eine Woche später die Entscheidung der Ämteraufteilung zwischen Schröder und Müntefering. Dieser könne seine Begabungen einbringen, um die Partei zu stabilisieren und zu mobilisieren, Schröder könne seinen Reformkurs stärker konzentrieren und konturieren. Den Reformkurs abzubrechen sei jedenfalls nicht die Lösung: »Dann holt uns das Problem in drei, vier Jahren mit umso stärkeren Wirkungskräften wieder ein«, sagt der Ministerpräsident. Gefragt, ob es auf dem bevorstehenden Landesparteitag der SPD in Bochum Kritik an Schröder geben werde, sagt er einen echten Steinbrück-Satz: »Die SPD wäre bekloppt, wenn sie das tun würde.« Dafür sei die Lage »zu labil«.[27] Eine weitere Woche später setzt er noch eins drauf. Von den beschlossenen Reformen müsse nichts zurückgenommen werden: »Wir müssen im Gegenteil vieles an Reformen nachholen …«[28] Dem Publikum aus dem wirtschaftlichen Establishment macht er seine Haltung besonders deutlich. Anfang März sagt er in einem Interview mit der »Wirtschaftswoche«, es gebe zwar Anpassungsprobleme bei der Reformpolitik. Doch sieht er darin kein unlösbares Problem. Das müsse die SPD eben aushalten, auch wenn es gegenwärtig schwierig sei: »Wir haben Steine statt Brot zu verteilen, vieles läuft auch nicht immer rund, und die Kopflage ist mit der Bauchlage häufig nicht in Übereinstimmung zu bringen.« Wenn die Politik aber Punkt für Punkt erklärt würde, würden auch die Menschen wieder erreicht.[29]

Steinbrück huldigt dem Motto: Wer bremst, ist feige. Feigheit kann man ihm nicht vorwerfen. Wohl aber eine eingeschränkte Einsicht in die Funktionsweise der SPD, jener Partei, der er zu diesem Zeitpunkt schon seit 35 Jahren angehört. Zu Beginn des Jahres 2004 ist es gerade fünf Jahre her, dass der Versuch gescheitert ist, die SPD als Regierungspartei mit

einer Doppelspitze zu führen, deren einer Teil – Gerhard
Schröder – für das schmerzhafte exekutive Handeln zuständig ist, während der andere – Oskar Lafontaine – der Partei
klarzumachen versucht, es sei alles gar nicht so schlimm. Das
haben weder die beiden Protagonisten ausgehalten, noch ist
die Partei auf das doppelte Spiel hereingefallen, und schon
gar nicht hat es die Wähler beeindruckt.

In der CDU, die ihre Aufgabe in erster Linie darin sieht,
den Staat und seine Institutionen zu tragen und zu führen,
muss nicht so viel Kraft darauf verwandt werden, Regie-
rungsalltag und Programmatik in Einklang zu bringen, weil
beide ohnehin nahe beieinanderliegen. Dennoch haben die
beiden erfolgreichen CDU-Kanzler der jüngeren Vergangenheit, Helmut Kohl und Angela Merkel, stets darauf geachtet,
die unbestrittenen Chefs der Partei zu sein. In der SPD, deren
ursprüngliche und heute für viele noch gültige Daseinsbe-
rechtigung der Schutz der Schwächeren im Staat gegen die
Härten des politischen und ökonomischen Establishments
ist, ist das noch viel wichtiger. Sobald der Eindruck entsteht,
es gebe nur zur Vernebelung politischer Grausamkeiten eine
Doppelspitze, ist das schon der Anfang von deren Ende. Das
scheint Steinbrück zu Beginn des schwierigen Jahres 2004
nicht zu sehen.

Er selbst trägt kaum etwas dazu bei, seine Partei in jener
Zeit zu besänftigen. Als es darum geht, wie die Unternehmen
in Deutschland dazu gebracht werden können, die fehlenden
Ausbildungsplätze zur Verfügung zu stellen, wendet er sich
entschieden gegen den Vorschlag, der zumindest mit den
Auffassungen vieler Linker in der Partei besser kompatibel
ist, nämlich die Einführung einer Zwangsabgabe für Unternehmen, die nicht genug ausbilden. Franz Müntefering, der
Streichler der Parteiseele, ist dafür. Steinbrück nennt eine solche Abgabe dagegen ein »bürokratisches und untaugliches
Instrument«.[30] Unabhängig von den Sachargumenten muss
das so wirken, als wolle Parteimann Müntefering die Wirt-

schaft in die Pflicht nehmen, Regierungsmann Steinbrück sie dagegen vor Härten schützen.

Die Sorge wächst in jenen Wochen und Monaten, ob Steinbrück der richtige Kandidat ist, um in einem Jahr die wichtige rot-grüne Bastion in Düsseldorf zu verteidigen. Wieder einmal taucht das Gerücht auf, er könnte nach Berlin auf den Platz von Bundesfinanzminister Eichel wechseln, damit die SPD in Nordrhein-Westfalen noch einen Kandidaten aufbauen könnte, der mehr Erfolgsaussichten hätte. Steinbrück nennt solche Szenarien erwartungsgemäß »völlig absurd«. Tatsächlich gibt es auch keine Anzeichen, dass ein solcher Tausch erwogen wird.

Steinbrück redet die Lage nicht schön. Die SPD habe »einen breiten Vertrauensentzug der Bürger hinnehmen müssen«. Man habe zu vieles auf einmal gemacht, manche Entscheidungen seien nicht ausgereift gewesen und dann auch noch widersprüchlich vermittelt worden.[31] Umfragen, bei denen die SPD im März 2004 bei 32 Prozent landet und auch mit den zehn Prozent der Grünen von einer Mehrheit weit entfernt ist, die CDU dagegen auf fast absolute 48 Prozent kommt, nennt Steinbrück einmal »natürlich nicht gut«, ein anderes Mal behauptet er, sie beeindruckten ihn nicht besonders.[32]

Er werde, so reagiert Steinbrück auf die Zahlen, engagiert weiterarbeiten »und mich nicht populistisch an die Menschen wenden«.[33] Allzu viel Populismus kann man ihm in der Tat nicht vorwerfen. Seine Methode ist es nicht, die Menschen erst einzulullen und ihnen anschließend mitzuteilen, dass die Wahrheit doch eine andere ist. Lieber schreckt er sie gleich kräftig auf, damit ihm später niemand Schönfärberei nachsagen kann. Mehr noch: Er genießt den Schreckensmoment bei seinen Zuhörern geradezu. Seine Mimik und das Innehalten nach dem Verkünden einer besonders unerfreulichen Wahrheit signalisieren dem Publikum: Da staunt ihr, was? Dieses Vorgehen wird nicht nur vielfach als ehrlich empfunden, es ist es sogar. Es ist das Gegengewicht zu der fehlenden Empathie, zu der gering ausgeprägten Fähigkeit, die Menschen zu beruhigen, sprich: ihnen um ihrer inneren Ruhe willen vorzugaukeln, es sei alles nicht so schlimm.

Je näher die Kommunal- und vor allem die Landtagswahl jedoch rücken, desto eher lässt sich auch bei Steinbrück ein Zwischenton finden, der das Signal enthält, er wolle es in seinem Reformeifer nicht auf die Spitze treiben. So hält er zwar nicht nur an seiner Unterstützung für die »Agenda 2010« fest, sondern bleibt sogar dabei, dass diese ihm nicht weit genug gehe. Aber immerhin lehnt er das Prinzip »viel Feind, viel Ehr« ausdrücklich ab: »Welchen Sinn hat es, den Karren so zu überlasten, dass ganz sicher die Achse bricht«, gibt er sich Ende April 2004, fast ein Jahr vor der Landtagswahl also, etwas moderater als gewohnt.[34] Im Sommer gesteht er ein, dass die SPD bei der »Sinngebung versagt« habe und es ihr nicht gelungen sei zu kommunizieren, dass die Sozialsysteme reformiert werden müssten. Er argumentiert gegen die von der CDU im Rausch ihres Leipziger Parteitags vorgeschlagene Kopfpauschale im Gesundheitssystem und wehrt sich strikt gegen eine Erhöhung der Mehrwertsteuer, für die er gut ein Jahr später als Bundesfinanzminister die Hand heben und Argumente finden wird.[35] Kurzum: Ministerpräsident Steinbrück macht ein paar Lockerungsübungen auf dem Weg zum SPD-Wahlkämpfer Steinbrück.

Zum Wahlkämpfer gehört ein Thema, das Steinbrück fortan beständig intonieren wird, was aber offenbar nicht nur der taktischen Aufstellung, sondern auch der Überzeugung geschuldet ist. Es ist die Kritik an exorbitanten Managergehältern. Für einen kräftigen Aufschlag zu diesem massenwirksamen Thema sucht er sich im Juli eine Boulevardzeitung aus. Nachdem er zunächst die Reformpolitik des Bundeskanzlers noch einmal verteidigt, selbstkritisch bemerkt, man müsse sie besser als bisher den Menschen erklären, kommt er auf das, was er für nicht gerecht hält: »Ungerecht ist etwas anderes:

dass Topmanager in Deutschland inzwischen das 240-Fache dessen verdienen, was im Schnitt ihre Beschäftigten nach Hause bringen – vor 30 Jahren war dies noch das 30-Fache. Hier ist etwas aus dem Ruder gelaufen.«[36] Das ist der Grundton der wenige Monate später von Müntefering vom Zaun gebrochenen »Heuschrecken-Diskussion«, in der es um verantwortungslose Unternehmensführer geht, denen ihr kurzfristiger Profit wichtiger als der Aufbau und Erhalt stabiler Wirtschaftskraft zum Nutzen aller Beteiligten ist. Steinbrücks Kritik wird kein Strohfeuer im Wahlkampf bleiben. Er erhält seine Kritik an den Managergehältern aufrecht, was angesichts der in nicht allzu weiter Zukunft ausbrechenden Banken- und Finanzkrise nebst der Einsicht, dass dort die Boni der Manager jedes Maß längst überschritten haben, naheliegend ist.

Am 26. September 2004 finden die Kommunalwahlen statt. Das einzige für die SPD Positive ist, dass die CDU Stimmen verloren hat. Das ist es dann aber auch, denn die CDU ist immer noch die stärkste Partei. Die Sozialdemokraten haben ebenfalls Verluste zu beklagen, ja sie fahren unter Steinbrück ihr historisch schlechtestes Ergebnis ein und liegen 2,2 Prozentpunkte hinter dem Resultat der vorangegangenen Kommunalwahl im Jahr 1999. In zehn kreisfreien Städten wird die SPD stärkste Partei. In den übrigen 44 wird es die CDU. Im August hatten in einer Umfrage 74 Prozent der Befragten die Auffassung geäußert, dass die Hartz-Reformen der SPD schaden würden. Keine abwegige Annahme.[37]

Doch trotz des schlechten Abschneidens bei der Kommunalwahl müssen Steinbrück und die SPD nicht unzufrieden sein. Ein halbes Jahr vor der Landtagswahl beginnt sich der Trend zu drehen. Zwar sagen im September 52 Prozent der Teilnehmer einer Umfrage, die SPD habe nun lange genug regiert in Düsseldorf. Die Antwort auf die Frage, ob es die Sozialdemokraten seien, die sich am ehesten um die Sorgen und Nöte der Bürger im Lande kümmerten, fällt noch düsterer aus. Nur 33 Prozent sind dieser Ansicht, 66 Prozent denken anders.[38] Aber gegen Jahresende verbessern sich zumindest die Zahlen für die SPD in der Sonntagsfrage. Im November hat die SPD um sechs Prozentpunkte zugelegt und landet bei 36 Prozent, während die CDU drei Punkte eingebüßt hat und nur noch bei 40 Prozent steht. Bei acht Prozent für die FDP und elf für die Grünen liegt Schwarz-Gelb nur noch einen Zähler vor Rot-Grün[39]. Es gibt sogar Umfragen, in denen Steinbrück hinsichtlich Kompetenz und Beliebtheit vor Rüttgers landet. Kein Wunder, dass der Ministerpräsident zumindest im kleineren Kreis Zuversicht verbreitet.[40]

Peer und er: Der Untergang

Es ist Herbst. Der Herbst des Jahres 2004 und – wie sich im Laufe des nächsten halben Jahres herausstellen wird – auch der Herbst von Rot-Grün in den Ländern und im Bund. Zwei Landesregierungen stellen zu diesem Zeitpunkt SPD und Grüne noch miteinander: die in Kiel und die in Düsseldorf, ansonsten ist die Koalition von Schröder und Fischer in Berlin ohne gleichfarbigen Unterbau in den Ländern. Kiel und Düsseldorf, das sind die beiden Landesregierungen, in denen Steinbrück als Minister mitgewirkt hat und es in einer jetzt an vorderster Stelle tut. Als flammender Befürworter dieser Farbkombination hat er sich nicht erwiesen. Dennoch bleibt den Sozialdemokraten in Nordrhein-Westfalen nichts anderes übrig, als alles auf die eine Karte zu setzen: Peer Steinbrück. Das Wort von der Peer-Sonalisierung wird bald die Runde machen. Dahinter steht der Versuch, Steinbrücks über die zwei Ministerpräsidentenjahre doch gewachsene Popularität für den Wahlkampf zu nutzen. So viel anderes ist zum Werben angesichts der hohen Arbeitslosigkeit in Nordrhein-Westfalen und der Hartz-Debatte in der SPD auch nicht da. Da die sozialdemokratischen Wahlkampfstrategen immer noch der Auffassung sind, dass Steinbrück zu norddeutsch distanziert wirkt und zu wenig persönliche Wärme auf den schwankenden Wähler ausstrahlt, schicken sie ihn Anfang 2005 mit seiner sonst nicht gerade den öffentlichen Auftritt als Ministerpräsidentengattin suchenden Frau Gertrud in ein Doppelinterview zur »Bunten«. Dort verbreiten die beiden allerlei neckische Anekdoten darüber, ob sich Peer auch mal um den Haushalt kümmert, dass er etwas gegen Reisegruppen hat und sich weigert, seiner Frau einen Brillanten zu schenken.[41] Die Botschaft lautet: Seht her, da ist ein Mensch aus Fleisch und Blut. Die Umfragen entwickeln sich weiterhin nicht so schlecht für die SPD und ihren Spitzenkandidaten. Zu Beginn des Wahljahres 2005 liegen die Konstellationen Rot-Grün und Schwarz-Gelb alles in allem auf einer Höhe, in den Popularitätswerten kann Steinbrück sich sogar einen einigermaßen stabilen Vorsprung vor Rüttgers erarbeiten.

Dann kommt der harte Schlag aus Steinbrücks zweiter politischer Heimat, obwohl zunächst alles einigermaßen gut aussieht für die SPD. Am 20. Februar 2005 wählt Schleswig-Holstein. Das Ergebnis ist so, dass die seit 1993 dort regierende Sozialdemokratin Heide Simonis berechtigte Hoffnungen hat, sie könne mit Hilfe des Südschleswigschen Wählerverbandes ihr rot-grünes Regierungsbündnis neu auflegen. Am 17. März, keine zwei Monate vor der Wahl in Nordrhein-Westfalen, wird diese Hoffnung zunichtegemacht. In vier Wahlgängen gelingt es Simonis nicht, die für den Verbleib im Amt der Ministerpräsidentin erforderliche Mehrheit der Stimmen im Landtag zu bekommen. Immer wieder fehlt ihr eine Stimme. Bis heute ist nicht geklärt, wer ihr die Zustimmung verweigert hat. Die Schockwellen dieses Vorgangs erreichen in rasender Geschwindigkeit Berlin und Düsseldorf.

Von nun an verteidigt Peer Steinbrück tatsächlich die letzte rot-grüne Landesregierung. Die Genossen am Rhein reagieren unterschiedlich. Während der Landesvorsitzende Schartau versucht, die plötzliche Umkehrung des erhofften Rückenwindes aus dem Norden in Gegenwind wegzuargumentieren, weil nicht »jeder Sack Reis, der irgendwo in der Bundesrepublik umfällt, uns in NRW auf die Füße fällt«, geht Steinbrück in die Offensive und sagt, dass die Wahl in Nordrhein-Westfalen nun noch wichtiger werde.[42] Allerdings macht er deutlich, dass er sich in einer Situation, wie Heide Simonis sie erlebte, nicht so ans Amt klammern würde. Er verweist darauf, dass in den meisten Landesverfassungen bis zu drei Wahlgänge für die Ministerpräsidentenwahl vorgesehen seien. In den ersten beiden muss die absolute Mehrheit erzielt werden, der Kandidat oder die Kandidatin braucht also eine Stimme mehr als die Hälfte aller Abgeordneten, ganz gleich, wie viele an der Wahl teilnehmen. Im dritten Wahlgang reicht die einfache Mehrheit, heißt: Wer mehr als die Hälfte der abgegebenen Stimmen hat, ist gewählt. Steinbrück sagt: »Ich würde zu einem vierten Wahlgang nicht mehr antreten – aus Gründen der Selbstachtung.«[43] Ein solcher Satz, kurz nach dem Scheitern von Simonis gesprochen, sagt viel über sein Verhältnis zu jener Frau aus, mit der er bis 1998 Schleswig-Holstein regiert hat.

Steinbrück zieht aus dem Ende von Rot-Grün an der Küste keine grundsätzlichen Konsequenzen für seinen Wahlkampf. Er verteidigt weiterhin die Reformagenda von Gerhard Schröder. Der tritt auch auf den nordrhein-westfälischen Wahlkampfbühnen auf. Dem Bundeskanzler ist das Scheitern von Simonis allerdings heftig in die Knochen gefahren. Schon länger diskutiert er mit seinen Vertrauten darüber, was zu tun wäre, wenn Nordrhein-Westfalen für die SPD verlorenginge. Irgendwann taucht dabei auch der Gedanke auf, man könnte die Bundestagswahl ein Jahr früher abhalten als geplant. Es ist zunächst eine Idee, noch kein Plan.

Sechs Wochen vor der für den 22. Mai angesetzten Wahl in Nordrhein-Westfalen lädt Schröder Steinbrück nach einer

gemeinsamen Wahlkampfveranstaltung in ein Hotel in
Bergisch-Gladbach zu einem Gespräch unter vier Augen ein.
Als Steinbrück Jahre später schildert, was bei dieser Begegnung besprochen wurde, erinnert er – wie so oft – zunächst
einmal daran, dass man »bei einem (oder zwei?) Glas Rotwein« zusammengesessen habe.[44] Was die beiden Spitzengenossen beim Rotwein besprechen, wird sechs Wochen später
die Republik erschüttern. Es geht darum, wie auf eine Niederlage der SPD bei der Landtagswahl zu reagieren wäre. Ein
solcher Misserfolg zeichnet sich bereits deutlich ab, Umfragen sehen die SPD zusammen mit den Grünen bei nur einem
Prozentpunkt mehr, als die CDU alleine bekommen würde.
Unterstützt von der FDP, würde Jürgen Rüttgers sich also
vermutlich zum Ministerpräsidenten wählen lassen können.

Das waren die Aussichten beim Rotwein in Bergisch-
Gladbach. Steinbrück stellt den Verlauf des Gesprächs mit
dem Kanzler später so dar: Er habe Schröder vorausgesagt,
dass es im Falle einer Niederlage in Nordrhein-Westfalen für
den Bundeskanzler auf dem SPD-Bundesparteitag im Herbst
reichlich ungemütlich werden würde. Die Delegierten würden Schröder zwar nicht stolpern lassen, aber »mit schwerer
Trefferwirkung ins Kanzleramt zurückschicken«. Die Aussichten für die Bundestagswahl im darauffolgenden Spätsommer würden sich kräftig verdunkeln.

Dann konfrontiert Schröder Steinbrück mit der Idee, die
Bundestagswahl vorzuziehen. Steinbrück rät zu diesem Vorgehen für den Fall seiner Niederlage in Düsseldorf. Schröder
habe ihn »heilige Eide auf mein absolutes Stillschweigen«
schwören lassen.[45] Von diesem Moment an ist Steinbrück ein-
geweiht in das bestgehütete politische Geheimnis in Deutschland: Schröder erwägt, die Wahl vorzuziehen, wenn es in
Nordrhein-Westfalen richtig schiefgeht.

Aus der Rückschau Jahre später geht es Steinbrück wie
vielen, die diese Entscheidung Schröders mit Abstand und
der Kenntnis der Entwicklungen bewerten. Die »politische

Tragik« der Arbeitsmarktreform Schröders bestehe darin,
dass deren Erfolge am Ende der CDU und allen voran deren
Vorsitzender Angela Merkel geholfen hätten. Vor diesem
Hintergrund stelle sich die Frage, ob es nicht doch besser gewesen wäre, wenn Schröder und Müntefering bis zum Ende
der Legislaturperiode im Herbst 2006 durchgehalten hätten.
Ein »aufgehellter Konjunkturhimmel«, eine Entspannung am
Arbeitsmarkt und die Fußballweltmeisterschaft in Deutschland wären ihnen dann zugutegekommen. »Nur, das konnte
im Mai 2005 keiner ahnen«, schließt Steinbrück seine kleine
Was-wäre-wenn-Betrachtung ab.[46]

Steinbrück geht also mit der Ahnung in die letzten Wochen des Wahlkampfes, dass er derjenige sein wird, der in
Nordrhein-Westfalen nach jahrzehntelanger SPD-Herrschaft
die Tür der Staatskanzlei für die Genossen auf absehbare Zeit
hinter sich zuziehen wird. Und er geht mit dem Wissen in
diese Wochen, dass seine Niederlage ein politisches Erdbeben in Deutschland auslösen könnte. Eine Hypothek ist es
ohnehin, schon nach zweieinhalb Jahren als Regierungschef
nicht mehr gewollt zu werden. Oder stimmt das gar nicht?
Wollen die Menschen in Nordrhein-Westfalen Peer Steinbrück noch haben, aber sind der SPD überdrüssig? Die Umfragen kurz vor der Wahl lassen das vermuten. Die CDU liegt
zwar einigermaßen stabil, zum Teil mit bis zu zehn Prozent-
punkten Vorsprung, vor der SPD. Ebenso ziehen die Teilnehmer der Umfragen jedoch Steinbrück dem Kandidaten der
Opposition, Jürgen Rüttgers, vor. Der Sozialdemokrat wird
bei der Frage, wem man die Stimme gäbe, wenn der Ministerpräsident direkt zu wählen wäre, von bis zu zehn Prozent der
Befragten mehr genannt als sein Herausforderer von der
CDU.

Allerdings schrumpft der Vorsprung, je näher der Wahltag
rückt. Das ist nicht ungewöhnlich. Der selbstverständliche
Bonus, den ein Ministerpräsident durch die ständige Erwäh-
nung in den Medien hat, wird mehr und mehr ausgeglichen,

weil in der Schlussphase des Wahlkampfes auch die mediale
Präsenz des Konkurrenten beständig zunimmt. Diejenigen
unter den Wählern, die nicht ohnehin festgelegt sind oder
sich schon lange mit der Wahl beschäftigen, bekommen überhaupt erst ein Bild von dem Mann, der den Ministerpräsidenten ablösen will.

Im April kann Steinbrück also nicht mehr im Ernst annehmen, mit den Grünen weiterregieren zu dürfen – oder zu
müssen. Dafür ist die SPD endgültig zu schwach, die Grünen
sind nicht stark genug. Alles spricht gegen eine rot-grüne und
für eine schwarz-gelbe Mehrheit. Steinbrück zieht daraus
nicht den Schluss, sich radikal von den ungeliebten Grünen
abzuwenden. Allerdings sind Distanzierungsbemühungen
unübersehbar.»Die Grünen decken im politischen Spektrum
etwas ab, das sie für Wähler attraktiv macht: Ökologie, Ver-
braucherschutz, Minderheitenschutz oder kulturelle Vielfalt
bei einer gewissen Distanz zur Welt der Wirtschaft und Technologie«, analysiert Steinbrück zwei Monate vor der Wahl.
Auch wenn er in einem Atemzug behauptet, er»lamentiere«
darüber nicht lange, so ist es doch weniger Kritik an seinem
Noch-Koalitionspartner als vielmehr ein von leichtem Neid
getrübter Blick auf ihn. Der Ministerpräsident und oberste
Wahlkämpfer der SPD zieht daraus den Schluss:»Ich bin
überzeugt, dass wir in Nordrhein-Westfalen Industriepolitik
neu durchbuchstabieren müssen und unsere Politik stark auf
Wachstum und Beschäftigung trimmen müssen.« Angesichts
von mehr als einer Million Arbeitsloser an Rhein und Ruhr
ist das allerdings schwierig.»Die Dramatik ist bedrückend«,
gibt Steinbrück denn auch angesichts solcher Zahlen zu.[47]

Dieser Blick auf die Grünen, gepaart mit dem Erkennen
der Klemme, in der er selbst sitzt, führt im Wahlkampf zu
manchem Seitenhieb auf die Öko-Partei, deren Eintreten für
alternative Energieerzeugung den Unternehmen mit großem
Energieverbrauch beständig Sorgenfalten ins Portemonnaie
treibt.»Mein Standpunkt ist klar: keine weiteren Windmil-

liarden über die Status-quo-Förderung hinaus«, wendet sich
Steinbrück gegen die Windräder, die Symbole der grünen Politik.[48]

Steinbrück pendelt im Wahlkampf zwischen dem Signal,
mit den Grünen weiterregieren zu wollen, und einer Distan-
zierung. Mal tritt er gemeinsam mit den Spitzen der Grünen
auf, mal lässt er zu deren Verärgerung die Koalitionsfrage
ausdrücklich offen: »Ich werde immer zuerst das Land sehen
und entscheiden, was gut ist für Nordrhein-Westfalen. Wenn
das Rot-Grün ist, freue ich mich darüber.«[49] Er betreibe keinen »Lagerwahlkampf«, sondern einen Wahlkampf »in eigener Sache«, sagt Steinbrück vier Wochen vor der Wahl. Die
Grünen seien Wettbewerber, CDU und FDP seien Gegner.[50]

Kurz vor Wahlen pflegen Journalisten Politiker zu fragen,
was sie machen, wenn sie nicht gewählt werden. Die Stan-
dardantwort heißt, dass alle Kraft dem Wahlsieg gewidmet
und kein Gedanke an eine Niederlage und ihre Folgen ver-
schwendet werde. Steinbrücks Antwort ist weniger floskel-
haft: »Dann falle ich nicht in ein Loch. Dann muss ich mich
neu einrichten, wie viele Menschen in der Arbeitswelt.«[51] Wo
er sich auf keinen Fall einrichten wird, macht er auch schon
klar. Er schließt es aus, Oppositionsführer zu werden. Als Begründung nennt er, dass der schlimmste Eindruck, den ein Politiker erwecken könne, doch der sei, an einem Amt oder einer
Funktion zu kleben.[52] Das ist allerdings eine wenig glaubwürdige Begründung. Erstens kann er einigermaßen sicher sein,
dass sich die Genossen nach einer Wahlniederlage jemanden
aus der Tiefe ihrer Reihen suchen werden, der in der neuen
Oppositionsrolle den erforderlichen Halt gibt, und dass er das
kaum sein wird. Zweitens ist es dem auf das Regierungshandeln ausgerichteten Steinbrück wohl nicht vorstellbar, aus der
Opposition in Düsseldorf heraus langjährige Aufbauarbeit zu
leisten, bis es wieder zum Regieren reicht.

Der 22. Mai rückt unaufhaltsam heran. Einen Tag vor dem
Wahlsonntag bringt die »taz« aus Berlin die Bedeutung der

Abstimmung im bevölkerungsreichsten Bundesland mit bissigem Spott auf den Punkt. Im deutschen Fernsehen ist gerade das Doku-Drama von Heinrich Breloer »Speer und er« über die Beziehung von Adolf Hitler zu Albert Speer ausgestrahlt worden. Die »taz« titelt über einem Bild von Steinbrück und Schröder: »Peer und er – in: der Untergang«. Für den 22. Mai wird Teil eins angekündigt, für den 24. September 2006 Teil zwei.[53] Im September 2006, so ist bisher die Planung, soll ein neuer Bundestag gewählt werden. Die Medien und der Rest der Republik wissen noch nicht, dass Teil zwei des rot-grünen Untergangs am nächsten Tag um ein Jahr vorgezogen werden wird.

Dann kommt der 22. Mai. Wie immer schließen die Wahllokale um 18 Uhr. Das Ergebnis lässt keinen Interpretationsspielraum offen. Die Sozialdemokraten erzielen mit 37,1 Prozent der Stimmen ein miserables Ergebnis und verlieren 5,7 Prozentpunkte gegenüber der vorigen Wahl. Rüttgers schnellt mit der CDU dagegen um 7,8 Prozentpunkte nach oben und kommt auf ein Ergebnis von 44,8 Prozent der Stimmen, die die 8,3 Millionen Wähler (die Wahlbeteiligung liegt bei 62,9 Prozent) abgegeben haben. Die Grünen verlieren einen knappen Prozentpunkt und gehen mit 6,2 Prozent Stimmenanteil durchs Ziel, die FDP landet ebenfalls bei 6,2 Prozent, hat damit aber 3,6 Prozentpunkte eingebüßt gegenüber der vorangegangenen Wahl. Als Konsequenz aus der Hartz-Debatte hat erstmals die Wahlalternative Arbeit und soziale Gerechtigkeit (WAsG), die sich später mit der PDS zur Partei Die Linke zusammenschließen wird, teilgenommen und 2,2 Prozent eingeheimst.

Die CDU hat 89 Direktmandate gewonnen, für die SPD bleiben nur 39. Im Landtag kann Rüttgers leicht eine Mehrheit mit der FDP bilden. Die absolute Mehrheit liegt bei 94 Sitzen, 89 hat die CDU geholt, zwölf die FDP. Zusammen haben also beide sieben Abgeordnete mehr als unbedingt erforderlich. Die SPD kommt auf 74 Sitze, zusammen mit den

zwölf von den Grünen sind das sechs weniger, als Rot-Grün
für eine Mehrheit brauchte. Das Spiel ist aus.

Im Willy-Brandt-Haus, der Bundeszentrale der SPD in
Berlin, ist an jenem Abend ein Betrieb wie sonst nur bei einer
Bundestagswahl. Es dauert nicht lange, bis Klarheit über die
Katastrophe am Rhein herrscht. Schon über den Nachmittag
war die böse Ahnung mit Hilfe der Wählerbefragungen zur
Gewissheit geworden und hatte Berlin erreicht. An solchen
Abenden ist es üblich, dass die Parteiführung das Wahlergeb-
nis kommentiert. Da es etwas sehr Wichtiges mitzuteilen
gibt, tritt der Vorsitzende auf. Franz Müntefering verkündet,
dass die Bundestagswahl vorgezogen werden solle.

Was bleibt?

Erstmals seit 1980 hat die CDU in Nordrhein-Westfalen die
40-Prozent-Marke übersprungen. Die SPD hat ihr schlechtestes Ergebnis seit 1958 erzielt. Steinbrück versucht es nur
einen Wimpernschlag lang mit etwas Schönreden, indem er
sagt, die SPD sei über den Bundestrend der Partei hinausge-
kommen. Dann gibt er jedoch unumwunden zu: »Wir haben
unser Wahlziel in keinster Weise erreicht. Ich übernehme dafür die Verantwortung.« Zu seinen persönlichen Plänen sagt
er nichts. Die Grünen-Spitzenkandidatin Höhn sieht den
Grund für die Niederlage bei den Stimmenverlusten der SPD,
eine kaum angreifbare Analyse der Lage. Wahlsieger Rüttgers freut sich und verkündet, die Wähler hätten der CDU
den Auftrag gegeben, »dafür zu sorgen, dass Nordrhein-
Westfalen wiederkommt, dass es mehr Sicherheit für diejenigen gibt, die keine Arbeit haben«.[54]

Die mehr als eine Million Arbeitslosen im Land waren mit
Abstand das wichtigste Thema des Wahlkampfes. Diese be-
lastend hohe Zahl ist nicht allein Steinbrück anzulasten. Kurz

bevor er 1998 als Wirtschaftsminister nach Düsseldorf kam, hatte sogar eine deutliche Verbesserung auf dem nordrhein-westfälischen Arbeitsmarkt eingesetzt, die sich fortsetzte bis zum Jahr 2001. Damals waren »nur« 766 000 Menschen ohne Arbeit. Parallel zu den Insolvenzen der Unternehmen stieg die Arbeitslosigkeit mit dem Jahr 2002 allerdings dramatisch. In dem vielgepriesenen Dienstleistungssektor entstanden in dem Land zwischen Rhein und Ruhr nicht annähernd so viele Arbeitsplätze, wie in der Industrie verlorengingen. Das besondere Pech für Steinbrück war, dass als Folge der Arbeitsmarktreformen im Februar des Wahljahres 2005 ein statistischer Effekt einsetzte, der die Arbeitslosigkeit über die dramatische Schwelle von einer Million steigen ließ.

Steinbrück prahlte in seiner Zeit als Ministerpräsident gern mit der Wirtschaftskraft Nordrhein-Westfalens. Tatsächlich lag das Bruttoinlandsprodukt kurz vor der Wahl 2005 mit 470 Milliarden Euro vor demjenigen Bayerns und Baden-Württembergs, ja sogar vor dem Russlands. Steinbrück scherzte als Regierungschef gern damit, er werde irgendwann die Unabhängigkeit Nordrhein-Westfalens ausrufen. Allerdings hat die wirtschaftliche Kraft ihre Ursache vor allem in der schieren Bevölkerungszahl, die mit etwa 18 Millionen Menschen nicht nur über derjenigen der anderen Bundesländer, sondern auch über der vieler europäischer Staaten liegt.

Peer Steinbrück lässt im Jahre 2005 ein hochverschuldetes Land zurück. Die Pro-Kopf-Verschuldung liegt in der ersten Hälfte des Wahljahres mit fast 5860 Euro um einige hundert Euro über dem Bundesdurchschnitt. Das Land ächzt unter mehr als 100 Milliarden Euro Schulden, muss täglich 13 Millionen Euro Zinsen aufbringen. Die finanzielle Situation wirkt sich auch auf die Bildungsinvestitionen aus. Der Unterrichtsausfall ist hoch, die für den einzelnen Studienplatz zur Verfügung stehende Summe besonders gering.[55] Für ein Land, das seit langem im strukturellen Umbruch ist, das

lernen muss, den einst aus der boomenden Industrie kommenden Wohlstand anderswo zu erwirtschaften, ist das besonders schädlich.

Natürlich ist der wirtschaftlich schlechte Zustand des Landes nicht allein dem Ministerpräsidenten anzulasten, zumal
dieser nur zweieinhalb Jahre Zeit hatte, an vorderster Stelle
zu gestalten. Allerdings war er zuvor schon als Wirtschafts-
und als Finanzminister vier Jahre lang an den für die Lage des
Landes entscheidenden Schaltstellen tätig. Er kann also auch
nicht von der Verantwortung freigesprochen werden. Doppelt schwer zählt das, weil Steinbrück manches Manko an-
haftet, was seine Eignung zum politischen Spitzenkandidaten
bei einer Wahl, konkret also zum Kanzlerkandidaten, betrifft: fehlende Bindung an die Partei, Wahrnehmung als küh-
ler Norddeutscher, mangelnde programmatische Breite, was
etwa die Sozial- oder die Bildungspolitik angeht. Die Wirt-
schafts- und Finanzkompetenz indessen ist das Pfund, mit
dem er wuchern kann. In Nordrhein-Westfalen ist ihm das
nicht gelungen.

Kapitel 7
In Berlin

Nach der Niederlage ist vor dem Aufstieg

Und nun? Wahl verloren, raus aus der Politik, alles vorbei? Will keiner mehr Peer Steinbrück haben, den Mann, der die sozialdemokratische Macht am Rhein nicht retten konnte, dessen Niederlage die rot-grüne Bundesregierung ins Wanken und – ein halbes Jahr später – zu Fall bringt? Das Gegenteil tritt ein. Gleich nach der Niederlage wird der Wahlverlierer bedrängt, er möge doch den Partei- oder Fraktionsvorsitz in Nordrhein-Westfalen übernehmen. Heißt: Er soll Oppositionsführer werden, sich ganz der Landespolitik verschreiben. Ihm wird zugutegehalten, dass die SPD durch seinen Einsatz im Wahlkampf überhaupt noch 37,1 Prozent der Stimmen bekommen hat.

Doch obwohl Steinbrück viele Jahre in der Landespolitik auf wichtigen Posten war, scheint ein solcher Schritt zurück nicht das Richtige für ihn zu sein. Jedenfalls ist es nichts, wofür er seine ganze Kraft aufwenden will. Kurz nach der Wahl lässt er wissen, dass er sich auf sein Landtagsmandat konzentrieren werde. Als neuen Landesvorsitzenden in der Nachfolge von Harald Schartau schlägt er den scheidenden Finanzminister Jochen Dieckmann vor. Auch Fraktionsvorsitzender im Landtag will er nicht werden. Für diesen Posten sucht er Hannelore Kraft aus, die seine Wissenschaftsministerin war. Damals kann noch keiner ahnen, dass sie nur fünf Jahre später die Macht für die SPD zurückerobern wird. Steinbrück setzt sich dieses Ziel nicht. Er will erst mal eine Pause machen, in Ruhe schauen, wie es weitergeht. Der Mann ist immerhin schon 58 Jahre alt und hat bereits eine intensive

politische Strecke hinter sich. An einem solchen Punkt kann
man noch einmal richtig Gas geben, man kann aber auch auf
einen ruhigen, gut dotierten Posten in der Wirtschaft wechseln und die berufliche Laufbahn langsam enden lassen. Andere Politiker machen das schon in jüngeren Jahren. Immer
mal wieder hatte Steinbrück auf entsprechende Fragen geantwortet, wenn er nicht Politiker geworden wäre, hätte ihn der
Journalismus gereizt. Für einen Reporterposten ist es nun
zwar zu spät, aber eine publizistische Führungsposition, wie
sein Vorbild Helmut Schmidt sie bei der »Zeit« übernommen
hatte, wäre schon denkbar.

Darüber, wie es mit Peer Steinbrück weitergeht, denken zu
diesem Zeitpunkt längst auch andere Genossen als die in
Düsseldorf nach. Franz Müntefering, der SPD-Bundesvorsit-
zende, der zusammen mit Kanzler Schröder das Vorziehen
der Bundestagswahl ausgeheckt hat, macht schon wenige
Tage nach der verlorenen Landtagswahl deutlich, dass er
Steinbrück für den Bundestagswahlkampf eingeplant hat.
»Er wird überall ranmüssen«, wird Müntefering mit einer
Bemerkung über Steinbrück zitiert: »Ich kriege aus der ganzen Partei nur positive Rückmeldungen. Er wird von allen
gelobt.«[1] Müntefering und auch Schröder selbst treffen sich
schon bald nach der Wahl in Berlin mit Steinbrück und versuchen ihn davon zu überzeugen, für ein Bundestagsmandat
zu kandidieren. Gleich nach dem Treffen mit den beiden
wichtigsten Sozialdemokraten teilt Steinbrück der nordrhein-westfälischen Landesgruppe der SPD im Bundestag
mit, er erwäge das. Binnen zwei Wochen wolle er entscheiden, er wolle auch mit seiner Familie über einen Wechsel in
die Bundespolitik sprechen. Müntefering äußert seinen
Wunsch mehrfach. Die Sache ist ihm wichtig. Der Vorsitzende der Landesgruppe, Hans-Peter Kemper, sagt: »Wir können einen Mann vom Format und vom Sachverstand Peer
Steinbrücks beim Regieren in der nächsten Legislaturperiode
gut gebrauchen.« Da sieben bis zehn Bundestagsabgeordnete

der SPD aus Nordrhein-Westfalen sich nicht wieder für einen Sitz im nächsten Bundestag bewerben wollen, stünden die Chancen für Steinbrück nicht schlecht, wenn er denn wollte.[2] Während er überlegt, schießen in der ersten Junihälfte die Gerüchte ins Kraut. Sollte die SPD die Bundestagswahl im Herbst gewinnen, könnte Steinbrück Minister werden, ansonsten vielleicht Fraktionsführer im Bundestag. Dass der Verlierer der nordrhein-westfälischen Wahl derart hoch gehandelt wird, hat neben der Wertschätzung für seine Leistung noch einen anderen Grund. In der SPD ahnen einige, dass mindestens Schröder, vielleicht aber auch Müntefering und Kanzleramtschef Frank-Walter Steinmeier eine Niederlage bei der Bundestagswahl und den Verlust der Macht nicht schadlos überstehen würden. Da kann es nicht schaden, wenn man ein Kaliber wie Steinbrück ganz vorne mit dabeihat.

Steinbrück hält Wort und entscheidet innerhalb von zwei Wochen. Mitte Juni teilt er erst Schröder und Müntefering, anschließend dem SPD-Präsidium mit, dass er sich nicht um ein Bundestagsmandat bewerben werde. Persönliche Gründe seien ausschlaggebend für seine Entscheidung. Die Steinbrücks leben nach wie vor in Bonn, Steinbrücks Frau arbeitet dort als Lehrerin. Es gibt also tatsächlich Argumente gegen Berlin. Vermutlich will der Umworbene mit der Nennung solcher Gründe aber auch dem Verdacht begegnen, dass er eine Niederlage der SPD bei der Bundestagswahl befürchtet und vor diesem Hintergrund nicht riskieren möchte, seinen Lebensmittelpunkt von Bonn nach Berlin verlagern zu müssen, ohne anschließend regieren zu können. Als Minister nach Berlin, das mag gehen. Aber als stellvertretender Vorsitzender einer Oppositionsfraktion, höchstens als Vorsitzender? Das kann einem Peer Steinbrück kaum attraktiv erscheinen.[3] Später, kurz bevor er als Bundesfinanzminister vereidigt wird, wird er sagen: »Ich wollte ehrlich bleiben. Mir selbst gegenüber, weil ich mir auch eine andere Lebensplanung vorstellen konnte.«[4]

Doch zuvor muss er seine Entscheidung auch zu Hause vertreten. Vom Treffen mit dem Kanzler in Berlin nach Düsseldorf zurückgekehrt, spricht Steinbrück von einem »längeren und nicht ganz leichten Entscheidungsprozess«. Seinem Verständnis von Verlässlichkeit und Glaubwürdigkeit in der Politik entspreche es, »den Wählerinnen und Wählern im Kreis Unna und Hamm nicht den Rücken zu kehren«. Auch wenn Steinbrück sich im hinter ihm liegenden Wahlkampf tatsächlich seiner Partei und deren Basis angenähert hat, wirkt der fürsorgliche Blick auf die Menschen in Unna doch etwas putzig. Das gilt vor allem, wenn man berücksichtigt, mit welcher Leidenschaft sich Steinbrück schon wenige Monate später in die Bundes- und mit dem Beginn der Banken- und Finanzkrise in die Weltpolitik stürzen wird. Das ist schon eher seine Bühne als Unna und Hamm. Immerhin lässt er eine Hintertür ein gutes Stück offen. Er werde seine Partei im Bundestagswahlkampf »nach Kräften« unterstützen. Was nach der vorgezogenen Bundestagswahl im September passiere, wisse er nicht. Auch bietet er an, bei der programmatischen Erneuerung der SPD mitzuwirken. Die Bemerkung, er wolle sich sein privates Leben in Zukunft »selbstbestimmter einrichten« als in den zurückliegenden Jahren, darf jedenfalls noch nicht als Festlegung gewertet werden, der Politik ein für alle Mal den Rücken zu kehren.[5]

Am 22. Juni 2005 ist es endgültig vorbei mit der Zeit als Regierungschef in Düsseldorf. Jürgen Rüttgers wird zum Nachfolger von Peer Steinbrück gewählt. Der neue schenkt dem scheidenden Ministerpräsidenten Blumen und dankt ihm für die Verdienste, die er sich um Nordrhein-Westfalen erworben habe. Am Vorabend hatten die Mitglieder der rot-grünen Regierung mit ihren Partnern noch eine Abschiedssause in der Staatskanzlei gemacht. Man will den schwarz-gelben Nachfolgern schließlich nicht alle Weinvorräte überlassen. Steinbrück wendet sich an seine Mitstreiter, dankt allen. Nur einen, so berichtet es ein Teilnehmer der Runde,

habe er übergangen: Harald Schartau, den nordrhein-westfälischen SPD-Vorsitzenden und Arbeitsminister. Ein Kommentar dazu lautet, Steinbrück akzeptiere nur diejenigen, die
er auf Augenhöhe wähne. Allzu gut war es um das Verhältnis
der beiden wohl nicht bestellt.

Der Weg nach Berlin

Mit dem Machtwechsel am Rhein geht es dort auf die parlamentarische Sommerpause zu. Schon deshalb ist es nicht erstaunlich, dass Peer Steinbrück, der schließlich keine landes-
politischen Funktionen hat, in der nordrhein-westfälischen
Politik nicht mehr auffällig wird. Stattdessen formt sich rasch
eine bundespolitische Silhouette. Schon im Juli nimmt Steinbrück ausführlich zum SPD-Programm für die Bundestagswahl Stellung:»Ich warne meine Partei dringend davor, sich
im Wahlkampf vom Reformkurs der Agenda 2010 zu distanzieren.« Die Sozialdemokraten könnten die Menschen nicht
überzeugen, wenn sie nicht selbst von der Richtigkeit ihrer
Politik überzeugt seien, mahnt der künftige Bundespolitiker:
»Eine SPD, die sich selber dementiert, wäre nicht glaubwürdig.« Doch hat er auch etwas für den linken Parteiflügel im
Wahlkampfgepäck. Wie schon seit längerem problematisiert
Steinbrück die Gehälter der Superverdiener. Im »oberen
Drittel« der Gesellschaft hätten einige den Bezug verloren zu
den Menschen, denen es erheblich schlechtergehe und die
den sozialen Abstieg fürchteten. Daher lehnt er es auch ab,
die Reichensteuer, die die SPD fordert, als »Symbolthema« zu
sehen. Damit ist es ihm ernst. Allerdings bestreitet er, dass die
SPD nach links abrutsche. Das verhüte schon Bundeskanzler
Schröder.[6]
Im Hochsommer 2005 wird Peer Steinbrück nicht mehr als
ehemaliger Landes-, sondern längst als baldiger Bundespoli-

tiker wahrgenommen. Anfang Juli kommt es zu einem hübschen kleinen Wortwechsel zwischen ihm und einem Journalisten des »Handelsblatts«: »Ihre Popularitätswerte liegen deutlich über denen Ihrer Partei. Kann die SPD im Bund wirklich auf ein solches Pfund verzichten?« – »Die Frage verdreht Ursache und Wirkung. Ich habe Franz Müntefering erklärt, dass ich kein Abgeordnetenmandat im Bundestag anstrebe, nicht umgekehrt. Gleichzeitig habe ich angekündigt, dass ich Gerhard Schröder im Wahlkampf unterstützen will. Das werde ich aktiv tun.« – »Wie lange gilt Ihre Absage an einen Wechsel nach Berlin?« – »Im Augenblick stellt sich die Frage nicht.« – »Was wäre im Falle einer großen Koalition?« – »Darüber spekuliere ich schon gar nicht.« – »Sie wollen also Ihr politisches Leben auf der Oppositionsbank in Düsseldorf beenden?« – »Das habe ich damit nicht gesagt.«[7]

Schon Anfang August schließt Steinbrück nicht mehr aus, Mitglied der nächsten Bundesregierung zu werden. Zwar ist er zunächst vorsichtig mit Äußerungen über die Perspektive einer großen Koalition von SPD und CDU, macht aber deutlich, dass er das für besser hält, als wenn die SPD in der Opposition landete. Steinbrück glaubt nicht an die These von der Erneuerung in der Opposition. Vielmehr sagt er, er sei früh ein Befürworter einer vorgezogenen Bundestagswahl gewesen: »Anders wäre eine politische Lähmung in Deutschland und eine innere Erosion der SPD nicht aufzuhalten gewesen.«[8]

Wenn Steinbrück, aber auch andere wichtige Genossen eineinhalb Monate vor der Bundestagswahl über ein Amt in Berlin nachdenken, in welcher Konstellation könnte das sein? Die Umfragen lassen eine Wiederauflage der rot-grünen Regierung als kaum denkbar erscheinen. Als Machtperspektive bleibt der SPD nur die große Koalition mit der CDU. Hans Eichel, Otto Schily und Wolfgang Clement, alle drei immerhin noch Minister unter Kanzler Schröder, denken laut darüber nach und finden nichts Schlimmes an dem

Gedanken, mit der CDU zu regieren. Steinbrück sieht das genauso und macht aus seinem Herzen keine Mördergrube. Müntefering, der Parteivorsitzende und erfolgreiche Wahlkampfmanager, warnt zwar Anfang August noch in der ihm eigenen Fußballrhetorik, es sei falsch, darüber nachzudenken, wer »nach dem Spiel mit wem duschen geht«.[9] Das heißt aber nicht, dass er gegen eine große Koalition wäre. Er will lediglich den Wahlkampf nicht stören durch eine Debatte darüber. Schließlich müsste sie den Eindruck erwecken, die SPD habe sich von dem derzeitigen Regierungsbündnis innerlich schon verabschiedet. Doch einen Monat vor der Wahl wird auch Müntefering deutlich: »Wir sind nicht die Leute, die in die Opposition wollen, weil es von dort aus einfacher ist zu meckern. Wir wollen die Verantwortung in diesem Land tragen.« Wer aber als Sozialdemokrat in dieser Lage unbedingt regieren will, muss weiter denken, muss nicht nur Rot-Grün innerlich ein Lebewohl zurufen und sich an den Gedanken an eine große Koalition gewöhnen, er muss auch damit rechnen, dass die SPD in dieser Koalition der kleine Partner sein wird. Das wiederum hieße, dass Schröder aller Voraussicht nach nicht mehr Kanzler wäre. Selbst der Schritt vom Regierungschef zum Vizekanzler wäre für ihn wohl zu groß. Deswegen findet der Kanzler, der die Lokomotive des von ihm selbst verursachten Wahlkampfes ist, die Diskussion in seiner Partei über den möglichen Bund mit der CDU so verkehrt. Wie berechtigt die Sorge des Noch-Bundeskanzlers ist, zeigt sich im zweiten Teil von Müntefering Nachdenken von Mitte August über das Regieren: »Wir wollen das Land sozialdemokratisch gestalten. Am liebsten natürlich als stärkste Partei mit einem Kanzler Gerhard Schröder.«[10] Da ist es raus: Der Parteivorsitzende findet es besser, ohne Schröder weiterzumachen, als in die Opposition zu gehen. Während sich also Angela Merkel und die CDU ebenso wie die CSU gegen den Gedanken an ein Bündnis mit den Sozialdemokraten stemmen, weil sie sich noch Hoffnungen auf eine schwarz-gelbe Regierung mit der FDP machen können, sind wesentliche Sozialdemokraten der bald eintretenden Wirklichkeit schon ein gutes Stück näher. Peer Steinbrück ist einer von ihnen. Seine Zeit in Nordrhein-Westfalen liegt da gedanklich schon weit hinter ihm. Ihn lockt Berlin.

Das wird weithin bemerkt. In den Zeitungen finden sich lange vor der Wahl Szenarien, die ihn als Vizekanzler und Finanzminister an der Seite einer Kanzlerin Angela Merkel sehen.[11] Doch auch diejenigen, die in Düsseldorf mit der SPD regiert hatten und es in Berlin noch tun, die Grünen, sehen Steinbrück längst nicht mehr an ihrer Seite. Der nordrheinwestfälische Landesverband der Öko-Partei lässt kurz vor der Bundestagswahl ein Plakat drucken, auf dem Steinbrück die Unionskandidatin Merkel anlacht. Darunter steht der Slogan: »Gegen die große Koalition hilft nur eins: Zweitstimme Grün.«[12] In der Woche vor der Bundestagswahl giftet Steinbrücks einstige Gegenspielerin aus Nordrhein-Westfalen Bärbel Höhn, Steinbrück kokettiere offen mit einer Rolle als Vizekanzler.[13]

Der 18. September 2005 gehört zu jenen Wahltagen, die den Deutschen besonders lange in Erinnerung bleiben werden. Kanzler Schröder, der sich am Wahlabend ganz kurz noch Hoffnungen gemacht hatte, seine Partei könnte als stärkste politische Kraft aus der Wahl hervorgehen, lebt die Wut über die Einsicht, dass es nicht so ist, vor den Fernsehkameras aus, gut sichtbar für ganz Deutschland. Das ist die Geburtsstunde der großen Koalition. Peer Steinbrück hält sich mit öffentlicher Einmischung zurück, wenn es darum geht, den Bund mit der Union anzubahnen. Dabei ist den Verantwortlichen in der SPD längst klar, dass er eine wichtige Rolle spielen wird, allen voran Franz Müntefering.

Müntefering, der nach der Bundestagswahl die Fäden bei der SPD in der Hand hält, unternimmt einen kurzen Versuch, die FDP zur Bildung einer Ampelkoalition mit SPD und Grünen zu bewegen. Vergebens, Guido Westerwelle, der

Vorsitzende der FDP, will nicht einmal darüber reden. Anschließend versucht der SPD-Vorsitzende, die Kanzlerschaft
für die SPD in einer großen Koalition zu retten. Originelle
Varianten kommen auf den Tisch. Das sogenannte israelische
Modell, bei dem die Kanzlerschaft in der Mitte der Legislaturperiode von einer der beiden Parteien auf die andere
wechselt, ist eine davon. Dann behaupten die Sozialdemokraten für einen kurzen Moment, sie seien die stärkste Kraft
im Parlament. Sie verbinden damit den Anspruch, den Kanzler zu stellen. Schließlich stütze sich die kleine Mehrheit der
Union im Bundestag nur auf die Tatsache, dass CDU und
CSU eine Fraktionsgemeinschaft bildeten. Auch dieser etwas
kümmerliche Versuch scheitert. Dann kommt Müntefering
noch mit dem originellen Angebot zu Merkel, wenn die CDU
der SPD den Kanzlerposten überlasse, dürfe sie sich die ersten drei Ministerien der Regierung aussuchen. Doch so uner-
fahren, sich den wenn auch knappen Wahlsieg mit solchen
Taschenspielertricks entwinden zu lassen, ist Angela Merkel
nicht. Also bleibt Franz Müntefering und Gerhard Schröder
nur noch, der Wirklichkeit ins Auge zu blicken. Die SPD verzichtet auf das Kanzleramt, Schröder muss aufs politische
Altenteil, und die SPD wird nach sieben Jahren, in denen sie
den Kanzler stellen konnte, der kleine Partner einer großen
Koalition.

Merkels Minister

Da das Wahlergebnis so knapp ist, wie es ist, muss Merkel
den Genossen immerhin bei der Verteilung der Ministerien,
die gegen sonstige Gepflogenheiten zu Beginn der Koalitionsverhandlungen stattfindet, einigermaßen großzügig begegnen. Müntefering darf also die ersten beiden Ressorts für
die SPD aussuchen. Schröder, wissend, dass seine politische

Zeit abgelaufen ist, lässt den Parteichef machen. In einer Viererrunde der beiden Sozialdemokraten mit Merkel und dem
bayerischen Ministerpräsidenten und CSU-Vorsitzenden Edmund Stoiber fallen schnell die wichtigen Entscheidungen.
Müntefering wählt Außen und Finanzen. Dabei ist ihm schon
klar, dass Steinbrück den Finanzminister machen soll, obwohl mit ihm noch nicht darüber gesprochen wurde. Schröder ist einverstanden mit der Auswahl Steinbrücks. Hans
Eichel, der nach dem Rücktritt Oskar Lafontaines das Amt
des Finanzministers sechs Jahre innegehabt hatte, hat zu akzeptieren, dass er nicht mehr gefragt ist. Zu sehr gilt der
Mann als »Sparkommissar«, zu wenig als jemand, der auch
politisch gestaltet. Steinbrück wird beides zugetraut.

Allerdings schlägt der clevere »Münte« noch mehr für seine Partei heraus. Da die Union die Finanzen nicht für sich
beansprucht hat, will sie das Wirtschaftsministerium haben.
Dafür fordert die SPD das gerade für ihre Kernklientel so
wichtige Arbeitsministerium, sozusagen das komplementäre
Ressort zur Wirtschaft. Arbeitsminister wird der Parteichef
selbst und zudem noch Vizekanzler. Franz Müntefering ist
damit unbestritten der starke Mann im sozialdemokratischen
Teil der Regierung, kein anderer, auch nicht Steinbrück. Der
wird »nur« Finanzminister. In der Wirtschaft wird die Auswahl Steinbrücks begrüßt. Die SPD-Linke ist allerdings nicht
begeistert.

Die Parteilinke muss jedoch noch mehr schlucken. Denn
der Mann, der während seiner Jahre als Landesminister und
Ministerpräsident zwar auch auf Bundesparteitagen aufgetaucht war, sich aber herzlich wenig für ein Führungsamt in
der SPD interessiert hatte, will nun deren stellvertretender
Bundesvorsitzender werden. Er soll diese Position von Wolfgang Clement übernehmen, der nicht wieder kandidiert. Der
SPD-Landesvorsitzende von Nordrhein-Westfalen, Jochen
Dieckmann, begründet die Kandidatur Steinbrücks damit,
dass dieser als Finanzminister in Berlin ein wichtiges und

Im Schatten des großen alten Mannes. Peer Steinbrück und Helmut Schmidt

Jungenhaftes Staunen. Der begeisterte Kinogänger Steinbrück. Aber w
sind die anderen Zuschauer?

urm? Läufer? König? Schach ist ein Spiel für machtbewusste Strategen.
Iier mit dem ehemaligen Weltmeister Wladimir Kramnik

Ausgestattet mit einem ähnlichen Humor: Mutter Ilse Steinbrück und di
Brüder Peer und Birger

Keine Freunde von Homestorys. Viele Bilder der Familie Steinbrück sind nicht an die Öffentlichkeit gelangt. Von links: Vater Peer, Tochter Anne, Mutter Gertrud, Sohn Johannes und Tochter Katharina

»Menschenfischer« und »Kabeljau« – sehr unterschiedliche Charaktere
Johannes Rau und Peer Steinbrück

mmerhin keine Narrenkappe. Heide Simonis und Peer Steinbrück hatten
s nicht immer leicht miteinander.

Die Art Humor mag Steinbrück. Wolfgang Clement mit »grünem Herz
und Machete

nzwischen sei sie mit Steinbrück »im Reinen«, sagt die Grüne Bärbel Höhn heute. Bei der Landtagswahl 2005 sieht das noch anders aus. Die Wege der beiden Lieblingsfeinde trennten sich damals.

Unter Linken. Steinbrück und Andrea Nahles lächeln immerhin. Im Hintergrund Andrea Ypsilanti, Florian Pronold und Ralf Stegner (r.)

rost!

Mikrophonlein, Mikrophonlein in der Hand, wer ist der Beliebteste in ganzen Land? Mit dem Auftauchen von Karl-Theodor zu Guttenberg wa die Frage rasch beantwortet. Hier beim Ringen um die Opel-Rettung

Am 5. Oktober 2008 geben Angela Merkel und ihr Finanzminister im
Kanzleramt ein tollkühnes Versprechen ab. Sie garantieren achtzig Millionen Deutschen die Sicherheit all ihrer Spareinlagen.

Sie eroberte zurück, was er verlor: die Macht in Nordrhein-Westfalen
Steinbrück und Hannelore Kraft

a lacht sogar Gerhard Schröder. Steinbrück schneidet gern Grimassen.

Hält erstaunlich lange: die Troika, bestehend aus SPD-Chef Sigmar G
briel, Peer Steinbrück und Frank-Walter Steinmeier. Einer wird wohl d
Herausforderer von Angela Merkel werden.

schwieriges Amt übernehme, weshalb eine enge Anbindung an die Partei wünschenswert sei. Indem er ihn zu einem seiner Stellvertreter macht, baut der SPD-Vorsitzende Müntefering Steinbrück zu einer nicht nur in der Regierung, sondern auch in der Partei wichtigen Figur auf. Gleichzeitig können die Kritiker Steinbrücks zumindest darauf hoffen, dass er etwas weniger leicht vom sozialdemokratischen Kurs abweicht, als er es vielleicht tun würde, wenn er nur einfaches Parteimitglied, zugleich aber mächtiger Minister wäre.

Es dauert lange, bis die Großkoalitionäre in Berlin sich erstens darauf geeinigt haben, dass Angela Merkel Kanzlerin wird, und sie zweitens die Posten untereinander verteilt haben. Im Oktober wird es also höchste Zeit, einen Koalitionsvertrag für diese ungewollte Regierung auszuhandeln. Für das besonders heikle Finanzkapitel treten zwei Männer an, die schon einige Erfahrung damit gesammelt haben, Union und SPD in wichtigen finanzpolitischen Fragen auf einen Konsenskurs zu bringen. Es sind der hessische Ministerpräsident Roland Koch für die CDU und Peer Steinbrück für die SPD. Zu Steinbrücks Zeiten als nordrhein-westfälischer Ministerpräsident hatten die beiden vor allem mit ihren gemeinsamen Vorschlägen für einen Subventionsabbau nach der »Rasenmähermethode«, nach der alle Steuervergünstigungen in gleichem Umfang gekürzt werden sollten, für Aufsehen gesorgt.

Doch diesmal sind die Aufgaben, die auf Koch und Steinbrück warten, von noch größerer Dimension. Der Bundeshaushalt muss dringend saniert werden, eine Aufgabe, an der Eichel letztlich gescheitert ist, auch durch den Widerstand im eigenen Lager. Kurz vor dem Ende seiner Zeit als Minister zeigt Eichel sich überzeugt, dass es Steinbrück gelingen wird, das, was er – Eichel – selbst an Subventionsabbau mit dem Zweck der Haushaltskonsolidierung vorgeschlagen habe, durchzusetzen, weil ja die Blockade im Bundesrat durch die großkoalitionäre Situation aufgehoben sei.[14] Das ist auch

wichtig. Wenn das Staatsdefizit Deutschlands nicht bis zum
Jahr 2007 unter die von der Europäischen Union vorgeschrie-
bene Drei-Prozent-Marke sinkt, drohen Strafzahlungen, die
zweistellige Milliardenhöhen erreichen können.

Wie gut Steinbrück als Haushaltsplaner und -konsolidierer
ist, muss sich allerdings erst herausstellen. In seiner Zeit als
nordrhein-westfälischer Finanzminister wurden vom Verfas-
sungsgericht des Landes sowohl der Haushalt von 2001 als
auch der von 2002 als verfassungswidrig eingestuft, unter anderem, weil die Verschuldungsgrenze missachtet worden
sei.[15]

Das Ziel der Haushaltskonsolidierung ist für Steinbrück
relativ leicht zu vermitteln. Hier herrschen erstens objektive
Tatsachen und zweitens ein Konsens zwischen den Koalitionspartnern. Auch gibt es keinen Bruch mit der Linie seines
Vorgängers Eichel. Schwieriger ist für den neuen Finanzminister der Umgang mit einem zentralen Wahlkampfthema,
bei dem es darum geht, woher das Geld für das Stopfen der
Haushaltslöcher zu nehmen ist. Die Union hatte die Erhöhung der Mehrwertsteuer gefordert, sie zum Teil ihres Wahl-
programms gemacht. Die Sozialdemokraten hatten das mit
Vehemenz zurückgewiesen, hatten gegen die »Merkel-Steu-
er« kräftig polemisiert.

Doch Steinbrück zeigt sich beweglich. Schon mit dem Beginn der Koalitionsverhandlungen im Oktober 2005 lässt er
erkennen, dass es bei diesem Thema für ihn »keine Denk-
verbote« gibt.[16] Zunächst geht er mit dem Reizwort sehr
vorsichtig um. Auf der Suche nach den erforderlichen Fi-
nanzmitteln für die Haushaltskonsolidierung nennt er den
Subventionsabbau und bekräftigt seine Unterstützung einer
Vermögensteuer. Auch stellt er sich entschieden gegen weitere Steuersenkungen. Doch Ende Oktober wird er auch beim
Thema Mehrwertsteuererhöhung mutiger. Zu verlockend ist
der Gedanke, so einen wesentlichen Teil des fehlenden Geldes in die Staatskasse zu spülen. Als er in einem Interview

gefragt wird, ob er in der nächsten Chefrunde der Koalitionsverhandlungen das Thema Mehrwertsteuererhöhung auf den
Tisch legen werde, antwortet der künftige Finanzminister:
»Ich nicht. Wenn die Union Gesprächsbedarf hat, wird si-
cherlich darüber gesprochen.«[17] Es wird gesprochen – und
die Koalitionäre einigen sich im Sinne der Union, gehen aber
sogar noch über deren ursprünglichen Plan hinaus. Statt um
zwei wird die Steuer um drei Prozentpunkte erhöht.

Mitte November muss Genosse Peer dann vor den Delegierten des SPD-Parteitages in Karlsruhe die Erhöhung der
Mehrwertsteuer zum Beginn des Jahres 2007 um stolze drei
Prozent verteidigen. Immerhin kann er auch auf eine Erhöhung des Spitzensteuersatzes verweisen, die auf SPD-Partei-
tagen gut ankommt. Wer Steuererhöhungen hätte vermeiden
wollen, hätte noch mehr kürzen müssen, sagt Steinbrück in
Karlsruhe. Das sei nicht möglich gewesen.

Der Parteitag hat noch eine andere Aufgabe zu erledigen,
nicht eben eine Kleinigkeit. Weil sein Kandidat für das Amt
des Generalsekretärs, Kajo Wasserhövel, keine Mehrheit bekommen hat, wirft Franz Müntefering gleich zu Beginn der
großen Koalition seiner Partei den Vorsitz vor die Füße. Als
Nachfolger wird in Karlsruhe mit 99,4 Prozent der Delegier-
tenstimmen der brandenburgische Ministerpräsident Matthias Platzeck gewählt. Unter seinen fünf Stellvertretern
schneiden zwei besser als Peer Steinbrück ab, der gut 82 Prozent der Stimmen bekommt: Es sind Kurt Beck, der langjährige Regierungschef von Rheinland-Pfalz, der der Partei weit
näher ist als der künftige Finanzminister, und Elke Ferner,
die stellvertretende Vorsitzende der saarländischen SPD.
Beck bekommt zehn Prozentpunkte mehr als Steinbrück,
Ferner liegt etwas mehr als einen Punkt vor dem Neuling
in der Führungsriege. Sowohl die langjährige Bonner Oberbürgermeisterin Bärbel Dieckmann als auch die baden-württembergische Genossin Ute Vogt landen hinter Steinbrück.
Immerhin ist der künftige Finanzminister also nicht über-

durchschnittlich unbeliebt. Die Wahl der stellvertretenden Parteivorsitzenden hat vor allem den Effekt, die Kompatibilität eines Genossen mit der Stimmung im Funktionärsapparat zu testen. Bei Steinbrück ist der Versuch einigermaßen gut ausgegangen.

Der künftige Finanzminister begründet seine Bereitschaft, sich nun doch von der Partei in die Pflicht nehmen zu lassen, damit, dass er nicht in die Rolle des Prügelknaben geraten möchte: »Ich will verhindern, dass die SPD dem Risiko einer Arbeitsteilung unterliegt nach dem Motto: Unsere SPD-Minister sind für den schwierigen Alltag zuständig, der Finanzminister erst recht, und daneben gibt es die Partei, die über die sozialdemokratischen Werte wacht.« Eine solche Aufgabenverteilung habe der SPD in den letzten Jahrzehnten nicht geholfen.[18] Steinbrück sagt zwar, er wolle »einen Beitrag« für die Partei leisten. Doch ist leicht erkennbar, worin er ihn sieht: in seinem Ministeramt. Der Vizevorsitz ist für den Regierungsmann eher eine Pflichtübung und zugleich eine Versicherung. Diejenigen Parteimitglieder und Funktionäre, die geneigt sein könnten, an Steinbrücks Kurs herumzukritteln, sollen gleich wissen, dass sie damit nicht irgendein Kabinettsmitglied attackieren, das zufällig ein SPD-Parteibuch hat, sondern einen leibhaftigen stellvertretenden Parteivorsitzenden.

Noch bevor Peer Steinbrück sein Büro an der Berliner Wilhelmstraße im Finanzministerium bezieht, gibt er ein paar Neuauflagen seiner nassforschen Rhetorik zum Besten und macht dabei deutlich, dass er sich als gestaltender und nicht nur als verwaltender Finanzminister sieht. Gefragt, wie es denn komme, dass die SPD im Wahlkampf lauter Wohltaten versprochen habe, es nun aber Zumutungen gebe, kommt ein echter Steinbrück als Antwort: »Klar ist, dass wir es bei der Haushaltssanierung nicht mit einer jungfräulichen Geburt zu tun haben.« Es sei nun mal eine Lücke von 60 Milliarden Euro zwischen regelmäßigen Einnahmen und Ausgaben zu schließen. Oder ein ähnliches Beispiel zum Thema Mehrwertsteuererhöhung. Daran erinnert, dass er gesagt habe, wenn diese Steuer erhöht werde, müssten die Einnahmen daraus in niedrigere Sozialabgaben fließen und nicht in die Haushaltssanierung, kontert Steinbrück: »Richtig. Aber ich kann mir die Welt nicht anders malen, als sie ist. Politik ist auch, auszusprechen, was ist, und dann die Kraft zu finden, die Realitäten zu verbessern.«[19] Vereinbart wird, von den drei Prozent mehr Mehrwertsteuer ein Prozent für Beitragssenkungen zu nehmen und zwei zum Ankurbeln der Konjunktur.

Nicht nur Sparschweine

Nicht allein der Griff zur Mehrwertsteuererhöhung macht deutlich, dass der neue Finanzminister seinem Ruf gerecht werden will, er sei nicht nur zu eisernem Sparen entschlossen, sondern wolle auch noch wirtschaftlichen Handlungsspielraum lassen. Sein Vorgänger Eichel hatte für den Haushalt 2006 weit weniger Schulden eingeplant, als Steinbrück es nun ankündigt. Der »eiserne Hans«, wie Eichel auch genannt wurde, hatte vorgehabt, 33 Milliarden Euro an Privatisierungserlösen in den Haushalt einzustellen. Steinbrück will diese Summe über mehrere Jahre strecken und zunächst mit 17 Milliarden auskommen. Damit habe man zunächst ein größeres Loch, sagt der Minister, behalte aber Luft für die Folgejahre.

Peer Steinbrück, dessen gelegentliche Neigung zum arroganten Auftritt selbst diejenigen nicht bestreiten, die viel von ihm halten, macht auf dem Weg zur Übernahme von Hans Eichels Büro gleich mehrfach öffentlich deutlich, was er von allzu einseitigem Sparen hält. Welchen Schreibtischschmuck er für sein Ministerbüro wähle, wird er gefragt und dabei auf

Eichels Sparschweinsammlung angesprochen: »Einen, der mich ästhetisch anspricht. Schweine genügen dieser Maßgabe nicht unbedingt.«[20] Wenige Tage später äußert er sich noch mal zu Eichels Tischschmuck: »Jeder nach seinem Geschmack. Ich finde diese Schweine nicht besonders ästhetisch.« Vielmehr werde er eine Plastik von seinem Lieblingstier mitbringen, einem Rhinozeros.[21]

Die Abneigung gegenüber dem Schwein und die Vorliebe für das Rhinozeros sind symptomatisch. Das Schwein ist passiv, muss darauf warten, gefüttert und anschließend geschlachtet zu werden, dem Sparschwein geht es da nicht anders. Initiative oder gar Angriff sind ihm fremd. Das Rhinozeros wartet nicht auf sein Schicksal. Kaum ein Vierbeiner kann einen Vorstoß, eine Attacke mit so viel Wucht vortragen wie dieser Dickhäuter. Das Rhinozeros kommt zwar langsam in Gang, doch wenn das einmal gelungen ist, hat es Richtung, Geschwindigkeit und Durchschlagskraft. Nicht von ungefähr ist es Steinbrücks Lieblingstier. Der Neue will von Anfang an dafür sorgen, dass von ihm nicht das Bild eines »Kassenwarts« – so wurde Eichel gern spöttisch genannt – entsteht. Vielmehr sollen alle wissen: Hier kommt der Macher. Die Frage, ob er Angst kenne, beantwortet er selbstbewusst mit der Bemerkung: Bisher nur privat. Und als Finanzminister? »Nein. Risikobewusstsein ist das richtige Wort, nicht Angst.«[22]

Bei den Bastelarbeiten an seinem Selbstbildnis setzt Steinbrück darauf, dass nicht alle Welt ständig in die Archive schaut und sich seiner früheren Forderungen entsinnt. Das muss auch Hans Eichel erfahren. Mitte des Jahres 2006 verteidigt Steinbrück sich immer noch gegen die »größte Steuererhöhung aller Zeiten«, wie Kritiker die Heraufsetzung der Mehrwertsteuer nennen: »Es war ein Versäumnis der Steuerreform 2000 / 2001, dass man nicht parallel zur Senkung der Einkommensteuer die Mehrwertsteuer erhöht hat.« Und weiter: »Die damalige Steuererleichterung hatte ein Volumen von 60 Milliarden Euro. Das hat Löcher in die öffentlichen Haushalte gerissen, die nicht zu verkraften waren. Was damals versäumt wurde, müssen wir heute nachholen.«[23] Wo bleibt da das sonst von ihm zu hörende Lob für die Steuerreform von Rot-Grün? In die Defensive geraten, will Steinbrück offenbar von sich ablenken, sucht einen Sündenbock, auch wenn es ein Genosse ist. Doch das will Eichel nun nicht auf sich sitzen lassen. Er erinnert an die Hochkonjunktur mit sprudelnden Steuereinnahmen in den Jahren 1999 und 2000. Eichel leitete die Haushaltskonsolidierung ein. Aus dem Rückblick des Jahres 2006 fügt er hinzu:»Gleichzeitig hat uns die Steuerreform überhaupt erst wieder wettbewerbsfähig gemacht.«[24]

Einen Ausgleich für die Steuersenkung, gar eine höhere Mehrwertsteuer forderte damals niemand, schon gar nicht der nordrhein-westfälische Ministerpräsident Peer Steinbrück. Ganz im Gegenteil. Noch Ende des Jahres 2002 warb er vor dem Düsseldorfer Landtag dafür, das Steuersystem zu vereinfachen, die Bemessungsgrundlage zu verbreitern und die Steuersätze zu senken.[25]

So spricht nicht, wer vor den negativen Folgen einer Steuersenkung warnen will. Vielmehr gibt es Hinweise, dass die nordrhein-westfälische Landesregierung Druck auf Eichel ausgeübt habe, den Spitzensteuersatz noch weiter zu senken als geplant. Doch das ist Vergangenheit. Ein Bundesfinanzminister, der für einen hochdefizitären Haushalt geradestehen muss, hat nun mal andere Interessen als die, die er als Ministerpräsident hatte.

Anfang des Jahres 2006 hält der neue Finanzminister eine Grundsatzrede vor der Industrie- und Handelskammer in Frankfurt. Darin beschreibt der Mann, der gerade den Linken in der SPD als zu wirtschaftsnah und zu staatsfern gilt, ausführlich sein Staatsverständnis. Er beginnt mit einer grausamen Zahl: Die Verschuldung der öffentlichen Haushalte habe die Summe von 1,4 Billionen Euro überschritten, jeder sechste Euro, den der Bund ausgebe, werde in Zinszahlungen gesteckt. Etwa 20 Prozent des Bundeshaushaltes seien nicht durch nachhaltige Einnahmen gedeckt. »Trotz dieser Situation sind die Erwartungen an staatliche Leistungen ungebrochen hoch und offenbar immer noch steigerungsfähig.«[26] Die hohen Erwartungen an den Staat würden jedoch nicht nur von den Bedürftigen gestellt, sondern von allen Etagen der Gesellschaft. Die am besten organisierten Lobbys seien dabei der oberen Hälfte zuzuordnen. Die Botschaft ist leicht zu verstehen: Hier steht einer, der die Staatsfinanzen nicht nur auf dem Rücken der sozial und finanziell Schwachen, sondern auch auf Kosten der gierigen Interessenvertreter in Ordnung bringen will. Er habe nichts gegen seriösen Lobbyismus, sagt er. Zugleich macht er seinem Ärger Luft, dass oft aus ein und denselben Mündern der Erhalt staatlicher Leistungen und die zügige Konsolidierung der finanziellen Verhältnisse gefordert würden: »In Anlehnung an die Bürgerrechtler in der damaligen DDR müsste ich an dieser Stelle eigentlich die Forderung erheben: Lobbyisten in die Produktion.«[27] Steinbrück hat für jeden Geschmack etwas dabei. Hier spricht zwar ein Sozialdemokrat, aber einer, der beim Geld nicht immer nur ans Ausgeben denkt.

Deswegen rückt er in seiner Rede in Frankfurt auch zunächst dem ausufernden Sozialstaat zu Leibe: »Die Situation der öffentlichen Haushalte lässt es nicht mehr zu, einen vornehmlich konsumtiv, auf Alimentation ausgerichteten Sozialstaat weiterhin im bisherigen Volumen zu finanzieren.« Wer die Botschaft noch nicht verstanden hat, dem hilft der folgende Satz auf die Sprünge: »Hinzu kommt, dass soziale Transfers dort sinnlos und sogar kontraproduktiv werden, wo sie nicht Aufstiegschancen eröffnen, sondern gesellschaftliche Randständigkeit verfestigen und verstetigen.«[28] Alle, die noch dem klassischen Bild anhängen, dass Sozialdemokraten nicht mit Geld umgehen können und nur an das Aufblähen des Sozialstaates denken, sollen hören, wie der neue Bundesfinanz-

minister die Halteseile der sozialen Hängematten im Land
durchschlägt.

Doch gleich darauf präsentiert Steinbrück seine andere
Seite. Er fordert Chancengerechtigkeit und warnt vor den
immer stärkeren Fliehkräften in der Gesellschaft, Fliehkräften zwischen armen und reichen Stadtteilen, zwischen Alten
und Jungen, zwischen Familien mit Kindern und Kinder-
losen, zwischen Einheimischen und Zugewanderten, zwischen bildungsnahen und bildungsfernen Schichten und zwischen organisierten und unorganisierten Interessengruppen.
»Um solche Fliehkräfte vorbeugend einzudämmen, reicht es
nicht, allein das Hohelied des Marktes zu singen oder auf die
Zauberformel von der ›Deregulierung‹ zu setzen. Dafür
braucht es einen handlungsfähigen Staat. Keinen fetten oder
erdrückenden, aber einen leistungsfähigen Staat – und der hat
seinen Preis.« Damit dieser Staat, den Steinbrück den »akti-
vierenden Staat« nennt, leistungsfähig sei, müsse er den
Haushalt konsolidieren. Das sei eine der »unumstößlichen
Geschäftsgrundlagen der großen Koalition«.[29]

Mit dem Zweiklang aus Sparen zwecks Haushaltskonsolidierung und dem gleichzeitigen Erhalt von Handlungsfähig-
keit kommt Steinbrück zunächst einmal gut zurecht und
sammelt als Finanzminister Pluspunkte. Anfang des Jahres
2006 akzeptieren die naturgemäß auf eine möglichst gute
Ausstattung des eigenen Etats bedachten Ressortminister
Steinbrücks Vorgabe, die Verschuldung des Jahres 2006 müsse geringer als geplant ausfallen, solle bei etwas mehr als
38 Milliarden Euro liegen. Kaum haben die anderen Minister
genickt, verkündet das Statistische Bundesamt, das Staatsdefizit des Jahres 2005 liege nicht wie befürchtet bei 3,7 oder gar
3,9, sondern nur bei 3,5 Prozent. Das Einhalten der Brüsseler
Kriterien rückt damit näher. Allerdings liegt die Neuverschuldung damit immer noch 15 Milliarden Euro über der
Summe der Investitionen und verstößt somit gegen die Verfassung.

Mehr als ein Jahr wird es dauern, bis Steinbrück die frohe
Kunde verbreitet, dass Deutschland im Jahr 2010 erstmals
keine neuen Schulden machen wird. Damit erweist er sich als
jemand, der vorsichtig in die Zukunft schaut. Die führenden
Wirtschaftsforschungsinstitute sagen nämlich zu diesem
Zeitpunkt schon für das kommende Jahr einen ausgeglichen-
nen Staatshaushalt voraus. Doch Steinbrücks Zurückhaltung
soll sich als realistisch erweisen. Mehr als ein weiteres Jahr
später, im Juli 2008, verschiebt er seine Prognose um ein Jahr.
Das Bundeskabinett beschließt, im Jahr 2011 solle erstmals
seit 1969 wieder ein ausgeglichener Etat aufgestellt werden.
Trotz der Verspätung ist das genug Grund zur Freude und
geeignet, eine der Großtaten der schwarz-roten Koalition zu
werden. In jenem Juli 2008 ahnen weder der Finanzminister
noch sonst jemand im Kabinett, dass der Zusammenbruch
des Bankhauses Lehman Brothers und seine erdrutschartigen
globalen Folgen die deutschen Konsolidierungsbemühungen
schon wenige Monate später zunichtemachen werden.

Der Großkoalitionär

Die SPD muss ausgerechnet mit der Frau eine Koalition bilden und das Land führen, der sie im Wahlkampf noch vorgeworfen hatte, sie könne das nicht: Deutschland regieren. Peer
Steinbrück gehört allerdings zu denjenigen in seiner Partei,
die diese Hürde relativ leicht nehmen. Nachdem er schon
lange vor der Entscheidung der SPD-Oberen, eine Regierung
mit der Union zu bilden, klargemacht hatte, dass er eine große Koalition nicht für ein Unheil halte, fremdelt er so gut wie
gar nicht. Schon Ende Oktober 2005 antwortet er auf die Frage, ob er Angela Merkel vertraue: »Ich habe keinen Grund,
das nicht zu tun.«[30] Als der Koalitionsvertrag beschlossene
Sache ist, wird Steinbrück noch deutlicher. Er habe die Er-

fahrung gemacht, dass man Frau Merkel nicht unterschätzen solle. »Wenn man ihre politische Vita anguckt, kann man viel lernen«, sagt der Hamburger Steinbrück über die ebenfalls in Hamburg zur Welt gekommene, wenn auch nicht dort groß gewordene Merkel: »Ich konnte mich mit ihr sehr unverkrampft, sachlich, keineswegs humorlos unterhalten. Sie hat eine Offenheit in der Kommunikation, die für die Koalition sehr nützlich sein kann.«[31] Kaum ist er Finanzminister, verkündet er, er sei dabei, ein Vertrauensverhältnis mit Angela Merkel aufzubauen. Eine solche Vertrauensbasis sei mindestens so wichtig wie der Koalitionsvertrag.

Die positive Einschätzung beruht auf Gegenseitigkeit. Mitte Oktober wird Angela Merkel gefragt, ob sie ein Sozialdemokrat in den Koalitionsverhandlungen überrascht habe. Steinbrück habe sie überrascht, antwortet die CDU-Vorsitzende. Der sehe »die Probleme des Landes sehr nüchtern und realistisch«.[32]

Es ist kein Wunder, dass Peer Steinbrück die Bedeutung einer Vertrauensbasis, eines guten Koalitionsklimas also, betont. In seinen Jahren als Landesminister in Schleswig-Holstein und Nordrhein-Westfalen, vor allem aber während der Zeit als Ministerpräsident in Düsseldorf hat er festgestellt, dass atmosphärische Schwierigkeiten zwischen den Koalitionären schwerer wiegen können als sachliche Differenzen. So sehr, wie Steinbrück seine emotionalen Schwierigkeiten mit den Grünen hatte, setzt er seine Hoffnungen auf eine Zusammenarbeit mit der Union. In der großen Koalition bestehe am ehesten die Möglichkeit, nicht mehr in der klassischen Aufgabenverteilung zu verharren, in der die einen für die Wohltaten und die anderen – vor allem die Finanzpolitiker – für das Verhindern und Sparen zuständig seien. »Geben Sie uns ein wenig Zeit! Wir sind gerade fünf Wochen im Amt«, sagt er zu Beginn des Jahres 2006. »In einer großen Koalition ist es wahrscheinlich am ehesten möglich, zu einem anderen Politikstil zu kommen«, fügt er hinzu.[33]

Wenig später trägt Steinbrück noch dicker auf. Beim Neujahrsempfang der Industrie- und Handelskammer in Frankfurt am Main äußert er, die Erwartungen der Menschen könnten nur im Rahmen eines »neuen gesellschaftspolitischen Grundkonsenses« erfüllt werden. »Dazu bedarf es einer politischen Kraftanstrengung, wie sie wohl nur eine große Koalition wird aufbringen können. Sie mag kein parlamentarischer Glücksfall sein, aber sie ist eine große politische Chance.« Zur Begründung sagt Steinbrück, dass die »gesamte Lobby, die versammelte Wissenschaft, alle Interessenvertretungen und Verbände« sich nicht mehr wie sonst hinter eine der beiden Volksparteien »klemmen« könnten, um ihren Forderungen Nachdruck zu verleihen.[34]

Nachdem sich SPD und Union von dem Schrecken erholt haben, gemeinsam regieren zu müssen, stellen sie umso erleichterter fest, dass es nicht so schlimm ist wie befürchtet. Die Köpfe der beiden Lager, Merkel und Müntefering, demonstrieren gutes Einvernehmen, das auch nicht unter Münteferings plötzlichem Rückzug vom SPD-Vorsitz leidet. Auch die Chefs der Bundestagsfraktionen von Union und SPD, Volker Kauder und Peter Struck, geben sich als dicke Freunde. Kauder behauptet sogar, er würde im Namen der großen Koalition beim leidenschaftlichen Motorradfahrer Struck auf den Sozius klettern. Um sich näherzukommen, trifft das Kabinett sich Anfang 2006 zur Klausur im nahe Berlin gelegenen Genshagen. Bundesjustizministerin Brigitte Zypries von der SPD wird das mit den Worten kommentieren, das sei so gewesen, als »wenn sich Stachelschweine lieben«. Man sei etwas vorsichtig im Umgang miteinander gewesen.[35]

Im Kabinett herrscht ein anderer Ton als unter dem Macho-Trio Schröder, Fischer und Schily. Das liegt wesentlich an der Kanzlerin, die einen anderen Umgangston anschlägt als ihr Vorgänger, es liegt aber auch daran, dass beide Seiten sich erst abtasten, nicht den rüden, aber vertrauten Ton haben, den

Rot und Grün aufgrund einer im Kern doch ähnlichen politischen Lebenswelt miteinander pflegten. Peer Steinbrück hätte von allen Kabinettsmitgliedern der großen Koalition noch am besten in die männerdominierte rot-grüne Runde gepasst. Im Lebensalter ist er nicht weit von Schröder und Fischer entfernt, den Macho hat er auch drauf. Doch er fügt sich bestens in das Bündnis mit den Schwarzen. Im Kabinett sitzt er neben Innenminister Wolfgang Schäuble, einer zentralen Figur der Union in der Regierung. Die beiden haben ihre Plätze der Bundeskanzlerin und dem Vizekanzler gegenüber. Steinbrück fühlt sich wohl in der Runde, so sehr, dass er mit gewisser Regelmäßigkeit irgendwann das Jackett auszieht und auf die Fensterbank legt.[36]

Den Finanzminister verbindet auf der Unionsseite nicht nur ein gutes Verhältnis mit Merkel. Mit ihrem Kanzleramtschef Thomas de Maizière bildet er eine Achse. Sie wird ergänzt durch den Leiter der Wirtschaftsabteilung im Kanzleramt, den parteilosen Jens Weidmann, der später Bundesbankpräsident werden wird, und durch Steinbrücks Staatssekretär Jörg Asmussen. Der Finanzminister fordert von den Ressorts, dass sie ihre Wünsche und Forderungen pünktlich vorlegen, er selbst bevorzugt dagegen die späte Einbringung, damit die Chance wächst, dass er seine Wünsche durchsetzt. Da der Chef des Kanzleramts, der einen Ministerrang hat, für die Tagesordnung zuständig ist, liegt in der Beziehung der beiden Kabinettsmitglieder ein gewisses Konfliktpotenzial. Steinbrück und de Maizière entwickeln aber rasch eine gute Zusammenarbeit. Mal spielt de Maizière die Rolle des »bad guy« für Steinbrück, wenn es Wünsche von sozialdemokratischen Ressortministern abzuwehren gilt, mal übernimmt Steinbrück diesen Part, wenn de Maizière Ministern aus den Unionsreihen die Grenzen des Machbaren aufzeigen muss. Regelmäßige Koordinierungsrunden haben die beiden zwar nicht, bekommen aber die erforderlichen Abstimmungen in der Regel schnell hin.

Auch persönliche Gespräche finden zwischen den beiden Familienvätern, die im Alter sieben Jahre auseinanderliegen, bisweilen statt. Die führen sie etwa in den Pausen der Verhandlungen über die Hilfe für den angeschlagenen Autobauer Opel oder den Umgang mit den Folgen der Lehman-Pleite. Dabei reden sie viel über Bücher, auch über die Familien.

Wie sehr sie zentrale Akteure des schwarz-roten Bundes sind, wird dadurch deutlich, dass beide nachträglich in den für die Funktion der Regierung wichtigen Koalitionsausschuss kommen. Als Angela Merkel ihren Kanzleramtschef in dem aus Kanzler, Vizekanzler, Partei- und Fraktionsvorsitzenden bestehenden Gremium haben will, setzt die SPD mit dem Hinweis auf die gleiche Größe der Partner durch, dass auch der Finanzminister mit dabei ist.

Die Sache hat freilich eine Vorgeschichte, in deren Verlauf erste Spannungen in dem jungen Regierungsbündnis auftreten und Steinbrück eine frühe Niederlage hinnehmen muss. Anfang Dezember 2005 trifft sich der Koalitionsausschuss zu seiner ersten Sitzung, ohne dass der Finanzminister dabei ist. Er ist eben kein Mitglied des Gremiums. Die Koalitionsspitzen beschließen, dass der Bund den Kommunen großzügiger als geplant bei den durch die Hartz-IV-Reformen entstehenden Wohnungskosten für Langzeitarbeitslose unter die Arme greift. Arbeitsminister Müntefering und der SPD-Vorsitzende Matthias Platzeck haben sich, so ist zu hören, dem Druck der Union gebeugt. Für Steinbrücks Etat bedeutet das eine Mehrbelastung, die Müntefering mit 1,3 Milliarden Euro beziffert. An anderer Stelle ist von mehr als drei Milliarden die Rede. Müntefering gibt anschließend zu, dass Steinbrück dem nicht hätte zustimmen können und dass der Finanzminister »sein Missfallen« zum Ausdruck gebracht habe. In seiner trockenen Art sagt der Arbeitsminister aber auch: »Wir haben das so gemacht.«[37]

Steinbrück ist tatsächlich sauer. Schnell wird publik, dass er als Konsequenz in den Koalitionsausschuss drängt. Er ist nicht der Typ, der sich gern auf diese Art vorführen und in seiner Handlungsfreiheit beschneiden lässt. Kurz vor Weihnachten kommentiert er die Sache mit den Worten, das sei »nicht optimal« gewesen. Auf Müntefings anschließenden Kommentar angesprochen, dass Steinbrück da nun mal durchmüsse, sagt der Finanzminister:»Es macht keinen Sinn, den dicken Max zu markieren.« Das »Kollegialorgan Bundeskabinett« habe sich jetzt mit den Konsequenzen des Beschlusses zu befassen. Doch dürfe sich so etwas nicht wiederholen. Steinbrücks Botschaft ist klar: Einmal, zu Beginn des ungewöhnlichen Bündnisses allemal, nimmt er so einen Vorfall hin. Öfter nicht. Auf die Frage, wie er dafür sorgen wolle, dass das nicht wieder geschehe, sagt Steinbrück:»Indem ich ab jetzt im Koalitionsausschuss sitze.«[38] Tatsächlich wird das noch vor dem Jahreswechsel beschlossen.

Allerdings ist die Runde, zu der ja auch die Generalsekretäre kommen, irgendwann so groß, dass sie an Bedeutung verliert und durch eine kleinere, bestehend aus der Kanzlerin, dem SPD-Vorsitzenden Kurt Beck, dem CSU-Chef Edmund Stoiber und Vizekanzler Müntefering, Konkurrenz bekommt.

Peer Steinbrück fühlt sich erkennbar wohl als Bundesminister in einer großen Koalition. Natürlich gibt es Konflikte mit den Ressortministern, mit Sozialdemokraten ebenso wie mit Unionsleuten. Neben Müntefings Vorstoß bei den Ausgaben für die Langzeitarbeitslosen bürdet Familienministerin Ursula von der Leyen von der CDU dem Haushalt mit ihren milliardenschweren Elterngeldplänen ebenfalls enorme Zusatzlasten auf. Doch das bleibt letztlich im normalen Rahmen innerkoalitionärer Rangeleien.

Steinbrück kommt schon nach wenigen Monaten des Regierens zu dem Urteil, beide Seiten der Regierung arbeiteten »kollegial und professionell« zusammen. Ihn freut das:»Ist es für diese Republik nicht einmal ganz gut, wenn da zwei Koalitionspartner sitzen, die gut miteinander auskommen?«[39]

Die Bemerkung zeigt allerdings, wie sehr er durch das ange-
spannte Koalitionsklima in seiner Düsseldorfer Zeit geprägt
ist. Denn tatsächlich war die rot-grüne Bundesregierung unter Kanzler Schröder ungeachtet mancher Streitereien insgesamt gut miteinander ausgekommen. Für die schwarz-gelben
Vorgängerregierungen unter Helmut Kohl galt das Nämli-
che. Erstaunlich ist also nicht, dass sich da »einmal« zwei
Partner gut verstehen, sondern dass es diese beiden sind, deren Partnerschaft nicht geplant war. So wohl fühlt Peer Steinbrück sich im Bund mit der CDU, dass es ihn – so bekennt er
Mitte des Jahres 2006 – nicht einmal stört, wenn CDU-Mit-
glieder sagen, er könnte auch einer von ihnen sein. In den
Umfragen bekommt er von Unionsanhängern sogar mehr
Zustimmung als von SPD-Wählern.[40] Das erinnert an Stein-
brücks großes Vorbild Helmut Schmidt, den sich mancher
Unionswähler in die CDU gewünscht hatte mit dem Kom-
mentar, er sei ein guter Kanzler, aber leider in der falschen
Partei. Rasch freunden sich auch die Deutschen mit ihrem
neuen Finanzminister an. Schon wenige Monate nach dem
Amtsantritt klettert er auf Platz fünf der Beliebtheitsskala der
Politiker.

Der Verkauf des Ministers

Doch so ganz scheint er seinem Glück nicht zu trauen. Daher
macht sich Steinbrück schon bald auf die Suche nach einem
Imageberater. Steinbrücks Leute begründen das mit den
schwierigen finanzpolitischen Entscheidungen, die bevorstehen, die erklärt und verteidigt werden müssen. Ein Sprecher
Steinbrücks argumentiert, es solle darauf geachtet werden,
dass »der Minister mit der richtigen Sprache am Markt ist«.
Ein Minister müsse ein »Markenartikel sein, der richtig verkauft wird«.[41]

Das sieht der Koalitionspartner allerdings anders, von der FDP ganz zu schweigen. Steffen Kampeter, der haushaltspolitische Sprecher der Unionsfraktion, sagt, er erwarte, dass Steinbrück gute Finanzpolitik mache, dafür brauche er keinen Imageberater. Die FDP-Obfrau im Haushaltsausschuss, Ulrike Flach, kündigt an: »Die FDP wird einer teuren Imagekampagne für Minister Steinbrück im Haushaltsausschuss ihre Zustimmung verweigern.« Das habe ihre Partei auch getan, als es um eine Imagekampagne für Steinbrücks Vorgänger Hans Eichel gegangen sei, obwohl die nur ein Drittel dessen habe kosten sollen, was Steinbrück einplane. In der Tat langt der SPD-Minister ordentlich hin: 160 000 Euro sind für das Jahr 2006 eingeplant, das Ministerium hat den Auftrag ausgeschrieben. Der Vertrag soll über zwei Jahre laufen und um ein Jahr verlängert werden können.[42]

Der Sprecher des Finanzministeriums, Torsten Albig, verteidigt den Wunsch Steinbrücks dennoch ausgiebig. Die Finanzpolitik sei eine »sehr komplexe« Materie, die »gesellschaftspolitisch« zunehmend an Bedeutung gewinne. Sie müsse »so verkauft werden, dass sie die Leute auch verstehen«. Es sei Hilfe bei der strategischen Kommunikation erforderlich.[43] Das ist ein bemerkenswertes Argument, denn eigentlich sind Albig und die im Ministerium für die Kommunikation, Öffentlichkeits- und Pressearbeit angestellten Mitarbeiter dafür zuständig.

Doch Steinbrück hält es für erforderlich, auch selbst noch ein paar erklärende Worte zu seinem Vorhaben beizusteuern. Er berichtet, wie entspannt er bei einem Auftritt vor der Bundespressekonferenz gewesen sei, dass das »fast« Spaß gemacht habe. Auf die Frage, warum er denn dann einen Imageberater brauche, antwortet er: »Den brauche ich nicht. Mein Image habe ich. Das wird wohl niemand mehr ändern können.« Es gehe nicht um »Facelifting« für ihn, sondern um Beratung, wie komplexe Finanzthemen den Bürgern zu erklären seien. Das sei in anderen Ministerien auch üblich. »Sich in

diesen Themen auch externen Rat zu holen macht uns besser.
Darum geht es.«[44]
Steinbrücks Image ist allerdings nicht das zentrale Problem der großen Koalition. Vielmehr lernt diese nach der
Überraschung, dass es zusammen besser geht als befürchtet,
und nach ersten inhaltlichen Erfolgen wie dem Beschluss zur
Erhöhung des Renteneintrittsalters auf 67 Jahre schon bald
die Mühen der Ebene kennen. Anpassungen in den Sozial-
versicherungssystemen und vor allem anderen eine Reform
der Finanzierung des Gesundheitssystems zeigen den Koalitionären Grenzen auf. Schon im Sommer 2006 wirkt der Finanzminister deutlich ernüchterter von der Funktionsweise
der großen Koalition als noch zu deren Beginn. So beklagt er,
dass die Unionsseite sich dem Plan der Sozialdemokraten, die
Kosten stärker mit Steuermitteln zu decken, widersetze.
Schon verschiebt er die Idee, nach französischem Vorbild
eine eigene Gesundheitssteuer einzurichten, auf die nächste
Legislaturperiode, was nicht von allzu viel Optimismus hinsichtlich der Möglichkeiten dieser Koalition zur Lösung der
ganz großen Probleme zeugt. Steinbrück beklagt nicht das
Miteinander der Minister in Berlin, sondern vielmehr das
fehlende Zusammenspiel von Bundesregierung, Parlament
und den Landesregierungen.
    Als er im Juli mit der Wahrnehmung konfrontiert wird,
dass die große Koalition entgegen mancher hohen Erwartung
die politischen Blockaden in Deutschland keineswegs auflö-
se, weist Steinbrück das nicht zurück, sondern sagt: »Das ist
ein Problem, ja.« Das Verhältnis von Regierung, Parlament
und Ländern müsse »auf die Tagesordnung«, sagt der Finanzminister. Es könne nicht sein, dass zwischen den Ministern ein Kompromiss erarbeitet und im Kabinett beschlossen
werde, dieser durch einen zweiten Kompromiss zwischen
den Fraktionen ersetzt werde, der wiederum von einem dritten abgelöst werde, den die Länder miteinander beschlössen.
»Unter stringenter Politik verstehe ich etwas anderes.« Vor

allem hat er den Eindruck, dass die Ministerpräsidenten der unionsgeführten Länder ihren Willen den Unionsministern in der Regierung aufdrängen. Wie bei der Gesundheitsreform hat Steinbrück auch hier einen ganz großen Vorschlag zur Hand, nämlich die Zahl der Länder in Deutschland von 16 auf zehn zu reduzieren. Doch gibt er gleich zu, dass das »im nächsten Jahrzehnt« nicht zu verwirklichen ist. Für die Tagesarbeit hilft das jedenfalls nicht weiter.[45]

Doch bei solcher Kritik nimmt Steinbrück auch die eigenen Parteifreunde nicht aus. Blankes CDU-Bashing ist nicht sein Stil, vor allem ist er realistisch genug zu wissen, dass das Beharren, sei es auf landes-, sei es auf parteipolitischen Interessen, unter Hintanstellen des großen Ganzen kein Phänomen ist, das sich nur bei den Unionsparteien findet. Für Peer Steinbrück liegen der Sinn von Politik und auch die persönliche Erfüllung, die er dadurch erfährt, in der Lösung von Problemen, nicht im Punktvorteil oder -sieg seiner Partei, sieht man von Wahlen ab, bei denen er sie als Instrument der Machtgewinnung braucht. Die SPD, von deren Programmatik er mehr hält und mitträgt, als ihm bisweilen unterstellt wird, ist für ihn ein Vehikel zum Politikmachen, nicht ein Selbstzweck, wie es bei vielen der von ihm so gern geschmähten Funktionäre der Fall ist. Deswegen nähert er sich der Partei als Institution auch nur an, wenn es für seine Form des Politikmachens erforderlich ist. Einen Posten in der SPD um des Postens willen anzunehmen, gar in der Opposition auszuüben, ist ihm ein fremder Gedanke. Das ist einer der wesentlichen Gründe für sein einvernehmliches Verhältnis mit Kanzlerin Merkel. Auch sie hat in stärkerem Maße einen funktionalen als einen emotionalen Zugang zur CDU. Dass sie nach 1998 den Vorsitz anstrebte, als die CDU in die Opposition ging, war stets mit dem Gedanken verbunden, die Partei wieder an die Hebel der Macht zurückzuführen. Dabei ist der Gedanke, dass der Sinn einer Partei im Führen eines Gemeinwesens – ganz gleich auf welcher Ebene – bestehe, in

CDU und CSU stärker verankert als in weiten Teilen der SPD. Auch deswegen ist Steinbrück CDU-kompatibel.

Eine hübsche Szene, die als Beleg dafür dienen kann, dass Steinbrück und mancher CDU-Politiker sich nicht als Feinde betrachten, sondern durchaus so etwas wie Geistesverwandtschaft spüren, spielt Ende des Jahres 2006. Im November zeichnet die Handwerkskammer Düsseldorf den einstigen nordrhein-westfälischen Ministerpräsidenten mit dem »Georg-Schulhoff-Preis« aus. Damit wird Steinbrück für seinen Widerstand gegen die Ausbildungsplatzabgabe für Ausbildungsunwillige geehrt. Die Laudatio hält Steinbrücks Nachfolger im Amt des Ministerpräsidenten, der CDU-Mann Jürgen Rüttgers. Er lobt Steinbrück, der keine Konkurrenz mehr für ihn darstellt, als »vertrauensvoll-sachlich, undogmatisch-aufrichtig und schnörkellos«. Der Geehrte dankt für die »liebenswürdigen Worte«. Er fühlt sich gut durch sie dargestellt: »Es kann manchmal angenehmer sein, die Laudatio eines politischen Konkurrenten zu hören als das politische Naserümpfen der eigenen Parteifreunde.«[46]

Steinbrück – ein Deregulierer?

Haushaltskonsolidierung, Rente mit 67, Gesundheitsreform – das alles sind wichtige Themen in den vier Jahren, die Peer Steinbrück Bundesfinanzminister ist. Doch das entscheidende, das ganz große Ereignis ist die Finanzkrise, die in der Mitte der Legislaturperiode, im Sommer 2007, beginnt, als die Finanzmärkte die Folgen der massenhaften Vergabe von zweitklassigen, sogenannten Subprime-Krediten zu spüren bekommen. Im Herbst 2008 erreicht sie mit dem Zusammenbruch des amerikanischen Bankhauses Lehman Brothers endgültig das Einflussgebiet der Bundesregierung und vor allem ihres Finanzministers.

Daher ist es von Belang zu fragen, wie Steinbrück sich vorher zu den Risiken verhalten hat, die durch das weltweit immer schnellere, kühnere und weniger kontrollierbare Jonglie-
ren mit Milliarden- und Billionensummen auf den Finanzmärkten entstanden. Hat er es geahnt, gar dagegengehalten?
Oder war er den Verlockungen des schnellen Geldes, das die
Märkte im Erfolgsfall ausspucken, erlegen? Immerhin war
Steinbrück ja nicht erst seit 2005, sondern schon zuvor als
Landesfinanzminister und später Ministerpräsident in finanzpolitischer Verantwortung. Für die Akteure auf dieser Bühne
war und ist es stets eine Versuchung, das in den Haushalten
fehlende Geld nicht durch politisch mühsame Disziplin und
Einsparungen zu erwirtschaften, sondern sich mit riskanten
Manövern an den Finanzmärkten das Leben zu erleichtern.
Das gilt auch für die Finanzminister und Ministerpräsidenten
der Länder, von denen so mancher hoffte, die Landesbanken
zu Großakteuren am Finanzmarkt auszubauen und vor allem
zu Großverdienern – oft mit enormen Risiken.

Wie sieht Steinbrück selbst seine Rolle? Als es 2009 vorbei
ist mit dem sozialdemokratischen Regieren, Steinbrück auf
einen Schlag nur noch einfacher Abgeordneter der SPD statt
Bundesminister mit einem guten Draht zur Kanzlerin ist,
setzt er sich an seinen Schreibtisch und zieht in seinem schnell
zum Bestseller aufsteigenden Buch »Unterm Strich« Bilanz.
Er beginnt mit einem etwas wohlfeil daherkommenden
Rückblick. Bis zum Zusammenbruch des Sozialismus habe
der Kapitalismus nach westlicher Art immerhin ein Wider-
lager gehabt: »Die Systemkonkurrenz hatte den westlich geprägten Kapitalismus seinerzeit zumindest so weit diszipli-
niert, dass er sein hässliches Gesicht regelmäßig einem Lifting
unterziehen musste.« Der zuständige »Schönheitschirurg«
sei der Staat, das »Schnittmuster« die soziale Marktwirtschaft
gewesen. Doch habe es zugleich in den siebziger Jahren einen
»Parforceritt der monetaristischen Schule« in den Wirt-
schaftswissenschaften gegeben, so dass diejenigen, die Staat

und Markt »auf Augenhöhe« gesehen hätten, in die Defensive geraten seien.

Als diese Entwicklung mit dem Ende des Ost-West-Kon-
flikts zusammenkam, nahmen die Dinge nach Steinbrücks
Analyse ihren unguten Verlauf: »Die Jünger der Deregulierung waren jetzt überall zu finden, in der Politik, im Management, in der Beratungsindustrie und den Medien.« Der len-
kende Staat, zumal der Sozialstaat, habe als abgewirtschaftet
gegolten, überall sei die amerikanische Unternehmensphilo-
sophie gelobt worden, einschließlich des »Shareholder-Value«.[47] Gerade bei diesem Terminus zuckt man unwillkürlich
zusammen. Schreitet Peer Steinbrück, ausgestattet mit dem
Wissen des Jahres 2010, jetzt etwa mit erhobenem Zeigefinger
durch die Reihen, die Botschaft auf den Lippen, er habe es ja
schon immer gesagt? Das nähme man bestenfalls Oskar Lafontaine ab, der tatsächlich schon in den neunziger Jahren
immer vor der Ideologie des »Shareholder-Value« warnte.
Aber doch nicht Peer Steinbrück!

Für so erinnerungsschwach hält Steinbrück seine Leser
freilich nicht. Man braucht ein wenig Geduld, findet dann
aber doch ein einigermaßen umfassendes Eingeständnis. An
zwei Händen abzuzählen seien diejenigen, die schon vor
Ausbruch der Krise darauf hingewiesen hätten, dass die Rating-Agenturen und die Marktteilnehmer mit ihren Risiko-
einschätzungen falsch lägen und ein böses Erwachen drohe:
»Damit kein Missverständnis aufkommt, will ich der Selbstkritik hier nicht ausweichen. Auch die Politik hat sich in
Deutschland zu lange der angloamerikanischen Deutungs-
hoheit entfesselter Finanzmärkte ergeben.« Dabei sei es auch
immer darum gegangen, dass der Bankenplatz Frankfurt
einigermaßen den Anschluss habe behalten können an die anderen großen Finanzzentren, vor allem an New York und
London. Schließlich sei es nicht ratsam erschienen, dass eine
der größten Realökonomien der Welt einen vergleichsweise
unterentwickelten Finanzsektor habe. Diese Einschätzungen

hätten dazu geführt, »dass sich die Politik in Deutschland für Marktliberalisierungen offen gezeigt und der Schattenwelt – vielleicht besser: den Zauberkunststücken – der Banken sehr stark Raum gegeben hat«. Zur Verteidigung der großen Koalition, und damit seiner selbst, weist Steinbrück darauf hin, dass es auch keinen Widerstand gegen deren Kurs gegeben habe: »Im Gegenteil: In einer stramm marktwirtschaftlich ausgerichteten Überzeugung wurden die Initiativen der Bundesregierung – wie zum Beispiel die Zulassung von Hedgefonds – nicht etwa kritisiert und parlamentarisch abgelehnt, weil sie einen zu weiten Rahmen steckten, sondern weil die Auflagen als zu einschränkend empfunden wurden.«[48]

Es wäre ein Fehler, Steinbrücks Buch aus dem Jahre 2010 uneingeschränkt als Dokumentation seines Denkens zu nehmen. Zu sehr hat es – erstens – die Aufgabe, ein langes Politikerleben, das seinen Höhepunkt möglicherweise schon überschritten hat, in einem ordentlichen Licht dastehen zu lassen. Zu sehr könnte es – zweitens – die Funktion haben, ein Politikerleben, das seinen Höhepunkt eben noch nicht erreicht hat, werbewirksam darzustellen nach dem Motto: Hier können Sie sich ein Bild vom möglichen Kanzlerkandidaten machen. Dennoch ist seine Selbstdarstellung nicht völlig an der Wirklichkeit vorbei. Peer Steinbrück ist vor dem Zusammenbruch von Lehman Brothers nicht als Kämpfer gegen den Leichtsinn der Märkte aufgetreten, nicht einmal als Mahner aufgefallen. Er war andererseits auch nie ein Marktliberaler, der mit flammenden Reden noch den letzten politischen Schutzwall gegen das freie Spiel der Finanzmarktkräfte niederbrennen wollte. Irgendwo dazwischen liegt die Wahrheit.

Überhaupt geht die Sache viel früher los. Im Jahr 2004, als Steinbrück noch am Rhein regiert und in Berlin die SPD mit den Grünen an der Macht ist, als Finanzminister Hans Eichel verzweifelt versucht, den defizitären Bundeshaushalt unter Kontrolle zu bekommen, da ist ein gewisser Jörg Asmussen als Abteilungsleiter im Bundesfinanzministerium für die nationale und internationale Finanzmarkt- und Währungspolitik zuständig. Der Volkswirt war in der kurzen Zeit, als Oskar Lafontaine Finanzminister war, persönlicher Referent von dessen Staatssekretär Heiner Flassbeck. Unter Eichel wird der junge Ministerialdirektor Abteilungsleiter. Zu seinen Aufgaben zählt es, Gesetze vorzubereiten, mit denen die Wettbewerbsfähigkeit des deutschen Finanzmarktes gefördert werden soll. Das gelingt ihm frühzeitig schon so gut, dass von den Investment-Lobbyisten bis zur CDU alle applaudieren. »Er ist ein echter Manager im Ministerium. Davon brauchen wir mehr«, lässt sich etwa Stefan Seip zitieren, der Hauptgeschäftsführer des Bundesverbandes Investment und Asset Management. Nachdem Asmussen eine ganze Reihe von Gesetzesvorlagen durch die parlamentarischen Instanzen gebracht hat, ohne dass der Vermittlungsausschuss aktiv werden musste, lobt ihn sogar die Opposition. »Er tritt wirklich sachkundig auf«, sagt der finanzpolitische Sprecher der Unionsfraktion, der CDU-Mann Michael Meister. »Für uns ist wichtig, dass er nicht ideologische, parteipolitische Dinge in den Vordergrund rückt und dass er auf faire Weise versucht, Sachprobleme auszuräumen.«[49]

Asmussen sieht die Vorteile eines Finanzmarktes, der den Akteuren viel Bewegungsfreiheit gibt, lässt dabei allerdings die Risiken nicht völlig aus dem Blick. Anfang des Jahres 2004 verteidigt er zum Beispiel die Mechanismen des sogenannten grauen Kapitalmarktes, über den Unternehmensanteile verkauft werden, die keine Wertpapiere sind. Bis dahin wird er kaum beaufsichtigt oder reguliert. Da mittelständische Unternehmen immer häufiger Schwierigkeiten hätten, Bankkredite zu bekommen, sei der graue Kapitalmarkt für ihre Finanzierung wichtig: »Daran wollen wir auch nicht rütteln. Wir wollen aber, dass Privatanleger klare Informationen erhalten.«[50]

Asmussen und mit ihm sein Chef Hans Eichel stehen jedoch bei den Finanzmärkten nicht auf der Bremse, sondern im Gegenteil auf dem Gas. Mit dem Segen von Kanzler Schröder sorgen sie 2004 für die Zulassung von Hedgefonds in Deutschland, auch von spekulativen Derivaten und Kreditderivaten, die später ihren Anteil am Ausbruch der Finanzkrise haben. Später, als die Gefahren dieses Handels durch die Krise brutal offengelegt worden sind, wird Asmussen selbstkritisch Fehler eingestehen. Auch Eichel hat im Nachhinein eingesehen, dass die Risiken vieler neuer Finanzmarktinstrumente nicht erkannt worden sind.

Als Steinbrück Bundesminister der Finanzen wird, darf Asmussen bleiben. Er steigt sogar zum Staatssekretär auf, wenige Monate bevor die Banken- und Finanzkrise endgültig in Deutschland ankommt. Zuvor hilft er dem Minister bei dessen Bemühungen, die Regulierung der Finanzmärkte in Grenzen zu halten. Allerdings ist der Finanzfachmann Steinbrück nicht blind für die Risiken. Im April 2006 spricht er vor dem Bundesverband Deutscher Banken. Vor ihm hatte der stets kritikfreudige Norbert Lammert zum Auditorium gesprochen und dabei Thomas Jeffersons Spruch zitiert, dass Banken gefährlicher als stehende Heere seien. Steinbrück behauptet anschließend, dieses Zitat habe er auch bringen wollen. Doch Lammert habe es ihm weggenommen.

Peer Steinbrück ist, was die Finanzmärkte angeht, weder ein ultraliberaler Marktschreier noch ein Skeptiker. Er will die Finanzinvestoren nicht vertreiben, sieht aber die Notwendigkeit einer zumindest moderaten Regulierung. Mahnungen an Konzernvorstände oder Wirtschaftslobbyisten, mit der Deregulierung dürfe es nicht zu weit getrieben werden, sind von ihm lange vor Ausbruch der Krise zu hören. Im Sommer 2006, als Steinbrück gerade ein Jahr lang für die Finanzen der größten europäischen Volkswirtschaft – und einer der größten der Welt – zuständig ist, lässt sich das Risiko von Finanzfonds eindrucksvoll beobachten. Im September bricht die bis dahin höchst erfolgreiche amerikanische Investment-Gesellschaft Amaranth Advisors mit ihren Multi-Strategie-

Hedgefonds mehr oder weniger über Nacht mit Milliarden-
verlusten zusammen, weil sie sich mit Erdgasoptionen ver-
spekuliert hat. Das löst in Deutschland keinen Schock aus,
den eine breitere Öffentlichkeit spüren würde. Doch immerhin plant die Bundesregierung zu diesem Zeitpunkt schon,
die Regulierung von Hedgefonds und Private-Equity-Ge-
sellschaften zu einem Schwerpunkt ihrer Ratspräsidentschaft
in der Europäischen Union zu machen. Hintergrund ist auch
die Einsicht, dass sich mit nationalen Maßnahmen nicht viel
anrichten lässt auf den globalen Finanzmärkten.

Ende 2006 kritisiert Steinbrück, die »marktradikalen Modernisierer« hätten noch keine Antwort auf Probleme wie die
zunehmende Desintegration der Gesellschaft. Sein Vorbild
Helmut Schmidt zitierend, warnt er vor einem »Raubtierka-
pitalismus«. Ob er erste Anzeichen für einen solchen Raub-
tierkapitalismus sehe, wird er von der »Börsen-Zeitung«, der
»Zeitung für die Finanzmärkte«, in einem sehr aufschlussrei-
chen Interview gefragt. Seine Antwort: »Es gibt weltweit eine
zunehmende Sensibilität gegenüber Risiken, die die Finanzmärkte erwischen könnten. Hier muss man aufpassen und
für Prophylaxe sorgen.« Auch in den Vereinigten Staaten und
Großbritannien gehe die Meinungsbildung »erfreulicherwei-
se« in diese Richtung.[51]

Steinbrück äußert sich auch ausgiebig zum Wohl und Wehe
der modernen Finanzmarktinstrumente. Folgende Frage
wird dem Minister gestellt: In den Augen weiter Teile der Öffentlichkeit sei der neue Typus weltweit agierender Fonds die
»Inkarnation des bösen Kapitalismus« – was man denn tun
könne, um dieses »falsche Bild aus den Köpfen der Menschen
zu tilgen«. Er widerspricht nicht etwa dem Begriff vom falschen Bild, sondern sagt: »Wir müssen (…) die weit verbrei-
teten emotional basierten Reflexe in den Griff kriegen und
dagegen argumentieren.« Private-Equity-Fonds hätten eine
erhebliche Bedeutung für die Finanzierung der deutschen
Wirtschaft und stünden für den Wechsel von einer Kreditfi-

nanzierung zu einer immer stärkeren Beteiligungsfinanzierung. Die Aufgabe des Finanzministers sieht Steinbrück in der Kommunikation: »Man muss die positive Wirkung von Private-Equity-Fonds erklären, muss aber auch zugeben, dass diese neuen Akteure durchaus ambivalent zu sehen sind.« So gebe es auch »hochproblematische Erscheinungsformen«. Er kommt zu dem Schluss: »Hedgefonds und Private-Equity-Fonds sind also weder per se gut noch per se schlecht.« Der Minister weist auf das Gesetz zur Förderung von Unternehmensbeteiligungen hin, das im Januar 2008 in Kraft treten werde. Mit diesem solle die »positive Rolle« der Fonds auch steuerlich befördert werden, auf der anderen Seite sollten Grenzen gezogen werden. Dem »Ausquetschen« und der »Rekapitalisierung« von Unternehmen solle ein Riegel vorgeschoben werden. Später, im Frühling des Jahres 2009, also in Steinbrücks letzten Monaten als Bundesfinanzminister, wird er eine sehr grundsätzliche Bewertung seines Umgangs mit dem Thema Deregulierung im Allgemeinen und Hedgefonds im Speziellen abgeben. Ja, die Politik habe sich der »angloamerikanischen Definitionshoheit« zu wenig widersetzt. Nein, den Hedgefonds auch in Deutschland den Weg zu ebnen sei nicht falsch gewesen: »Weil unsere Nachbarländer solche Fonds genehmigten, konnten wir Deutschland doch nicht auf den Stand der Geldwirtschaft des 15. Jahrhunderts zurückwerfen.« Es komme eben darauf an, welche »Spielregeln« man für solche Fonds vereinbare.[52]

Um die Spielregeln geht es im Jahr 2007. Steinbrück will sich auf dem bevorstehenden Treffen der Finanzminister vor allem mit den Kollegen aus den Vereinigten Staaten und Großbritannien über die Fragen der Risiken und der Transparenz von Hedgefonds auseinandersetzen, »nicht aber mit der Frage einer Regulierung«.[53] Es wird schnell deutlich: Hier spricht nicht Oskar Lafontaine, hier ist nicht derjenige unterwegs, der den Finanzmärkten das Handwerk legen will, Sand in deren Getriebe streut, wo es nur geht. Nein, Peer Stein-

brück will der deutschen Wirtschaft mit Hilfe der Finanzmärkte Geld verschaffen. Aber er ist eben weder durch die
Wall Street noch durch die Londoner City geprägt, sondern
durch die deutsche Politik, ja sogar durch die SPD. Diese Mischung aus Manager und Politiker bewahrt ihn vor vollkom-
mener Blindheit auf dem Weg in die große Finanzkatastro-
phe, die im kommenden Jahr losbrechen wird.

Im Februar 2007 treffen sich in Essen die Finanzminister
der führenden Industrienationen. Schon für einen kleinen
Fortschritt bei der Erhöhung der Transparenz von Hedgefonds muss Steinbrück sich gegenüber seinen Kollegen mächtig ins Zeug legen. Immerhin wird man sich einig, dass das
Forum für Finanzstabilität (Financial Stability Forum, FSF)
bis zum Treffen im Mai seinen Bericht zu den Hedgefonds
auf einen aktuellen Stand bringen soll. Im Ergebnisbericht
des Jahres 2000 hatte das FSF im Wesentlichen auf die Kontrolle der Fonds durch den Markt gesetzt, die Rolle von Staaten, Behörden und internationalen Finanzinstitutionen zur
Eindämmung der Risiken war nicht übertrieben groß ausgefallen. Seither hat sich allerdings einiges verändert. Die Zahl
der Hedgefonds hat sich auf fast 10 000 verdoppelt, sie bewegen zusammen etwa 1,5 Billionen Dollar. Dass sie ein Risiko
für die Stabilität der Finanzmärkte sind, ist kein Geheimnis.
Nicht bekannt ist jedoch das Ausmaß der Bedrohung, das
eine größere Schieflage auf die Stabilität von Geldinstituten
und anschließend von ganzen Staaten haben könnte. So weit
will keiner sehen. Ein Strategiepapier, über das die Finanzminister in Essen diskutieren, nennt Risiken und Nutzen der
Hedgefonds für die Finanzmärkte. Eine direkte Regulierung
wird ausdrücklich abgelehnt, weil ihnen dadurch Kosten
drohen würden, die die Markteffizienz mindern könnten.[54]

Steinbrück müht sich durchaus, den Finanzministern der
anderen Länder während der deutschen G8-Präsidentschaft
im Jahr 2007 ein gewisses Risikobewusstsein beizubringen.
Er äußert die Sorge, dass es sich auf die Stabilität internatio-

naler Finanzsysteme auswirken würde, wenn Hedgefonds in
»schweres Wasser kommen und ihre Kreditoren wegen fehlender Transparenz zu große Risiken« eingingen. In jener
Zeit behauptet er sogar, dass »eine Reihe internationaler Institutionen«, amerikanische wie europäische, seine Besorgnis
teilten.[55] Im Rückblick wird er das jedoch nüchterner darstellen und daran erinnern, wie er im Zuge der deutschen G8-
Präsidentschaft »hochspekulative Hedgefonds enger an die
Kandare nehmen wollte und zunächst nur joviales Schulter-
klopfen dafür bekam«.[56]

Kapitel 8
In der Krise

Das Beben erreicht Deutschland

Im Laufe des Jahres 2007, vor allem in dessen zweiter Hälfte, ziehen die von Amerika ausgehenden Schockwellen der Finanzkrise immer weitere Kreise und erreichen auch Deutschland. Die IKB Deutsche Industriebank und die Sächsische Landesbank gehören zu denjenigen, die früh schweren Schaden nehmen, ebenso trifft es die Bayerische Landesbank und die nordrhein-westfälische WestLB. In Großbritannien macht die viertgrößte Hypothekenbank Northern Rock Milliardenverluste. Auch auf Steinbrück bleiben die Bilder von den Schlangen von Menschen, die vor der britischen Bank anstehen, um ihr Geld abzuheben und in Sicherheit zu bringen, nicht ohne Wirkung. Jedenfalls behauptet er das rückblickend: »Mir war sofort bewusst, dass solche Bilder von Menschenansammlungen vor den Filialen deutscher Kreditinstitute zu einer weitaus dramatischeren Situation führen würden.« Noch immer seien die Deutschen von der mehrfachen Vernichtung ihrer Sparguthaben im 20. Jahrhundert traumatisiert. Von den Bildern der wartenden Menschen vor der britischen Hypothekenbank habe ein »gerader Weg« zum 5. Oktober 2008 geführt.[1] An jenem Tag erklärten Steinbrück und Kanzlerin Merkel die Sparguthaben der Deutschen für sicher.

Doch trotz des zum Teil aus dem Rückblick behaupteten, zum Teil tatsächlich schon im Jahr 2007 vorhandenen Risikobewusstseins dauert es eine Weile, bis die Bundesregierung und ihr Finanzminister die krisenhaften Entwicklungen an den Finanzmärkten als die ganz große Herausforderung für

Deutschland und damit ihr eigenes Handeln begreifen und annehmen. Immerhin ist in der zweiten Hälfte des Jahres 2007 deutlich zu spüren, dass Steinbrück seine Rhetorik verschärft. So weist der deutsche Finanzminister im Juli auf die Risiken hin, die vor allem aus China, Russland und den Golfstaaten kämen. Staatlich kontrollierte Fonds aus diesen Weltregionen bewegten 2500 Milliarden Euro. »Da wird man doch wohl nach den Anlagestrategien fragen dürfen. Schließlich könnten manche dieser Fonds spielend ein Dutzend Dax-Konzerne kaufen.« Steinbrück sagt, es wäre »sträflich«, würde man sich nicht mit dem Einfluss Chinas auf die Private-Equity-Branche befassen.[2]

Im September wird er noch deutlicher. Er dringt auf die Konsolidierung der Landesbanken, warnt diese vor einem Aussitzen der Krise, die er als sehr ernst bezeichnet. Klar analysiert der Minister das Fehlverhalten der Banken, die mit Produkten gehandelt hätten, von denen sie nichts verstünden. »In Wirklichkeit ist das eine Wundertüte, bei der Sie nicht wissen, wo der Knallfrosch drin ist«, beschreibt er in der ihm eigenen Deutlichkeit die Risiken der Finanzprodukte.[3] Kurz vor Weihnachten des ersten Krisenjahres legt Steinbrück eine Haltung an den Tag, die eine Mischung aus Risikobewusstsein und Verdrängung ist oder eher fehlender Ahnung davon, was noch auf die globalisierte Finanz- und Wirtschaftswelt zukommt. Er wehrt sich gegen die Schuldzuweisung an die Politik, indem er den Managern und Verbandsvertretern vorwirft, sie erhöben gern »schwindelerregende Forderungen« gegenüber der Politik, wehrten sich aber gegen Forderungen an ihre eigene Adresse: »Die sind gut im Austeilen, haben aber ein Glaskinn, wenn es ums Einstecken geht.« Doch nicht nur im Allgemeinen, auch im Konkreten wehrt er sich gegen Kritik an der Politik. Auf die Frage, wieso gerade die vom Staat direkt oder indirekt kontrollierten Banken IKB und Sächsische Landesbank so stark von der Hypothekenkrise in den Vereinigten Staaten betrof-

fen seien, kontert er, die IKB sei ein privates Institut, »an der
die staatseigene KfW 38 Prozent hält, die ihr mehr oder weniger aufgedrängt worden sind«. Immerhin gibt er zu, dass die
Frage berechtigt sei, was Institute wie die IKB oder die Sächsische Landesbank auf hochspekulativen Märkten zu suchen
hätten: »Hier haben eher kleinere Kreditinstitute aus Sucht
nach hohen Renditen irrsinnige Summen in Geschäfte gesteckt, von denen sie nichts verstehen und die in einem Miss-
verhältnis zum Eigenkapital stehen.« Auch andere Privat-
banken hätten mit solchen Geschäften viel Geld verloren.

Und seine Rolle? Immerhin leitet Steinbrück den Verwaltungsrat der Kreditanstalt für Wiederaufbau, KfW, und einer
seiner engen Vertrauten, der Spitzenbeamte Jörg Asmussen,
sitzt im Aufsichtsrat der IKB. Hinweise darauf wehrt Steinbrück ab: »Den Schuh ziehe ich mir nicht an. Ich selbst bin
Ende Juli erstmals über die Probleme bei der IKB informiert
worden. Bis dahin war das im KfW-Verwaltungsrat kein
Thema gewesen.« Dass die Erschütterungen an den Finanzmärkten vom Segment zweitklassiger Hauskredite in Amerika ausgehen würden, habe niemand geahnt. Die Krise sei
»zunächst in den USA sträflich unterschätzt worden«.

Zunächst in den USA? Und in Deutschland? Steinbrück
bestreitet nicht, dass das Schlimmste noch bevorstehen könnte. Die Zahlen über dreistellige Milliardenverluste von Banken allein sagten noch nichts aus, denn eine Bank, die auf allen anderen Geschäftsfeldern gute Ergebnisse erziele, könne
solche »Wertberichtigungen« ohne spürbare Auswirkungen
auffangen. Die Haltung »Schwamm drüber« lässt der Bundesfinanzminister zwar nicht gelten, aber von Panik ist er
weit entfernt: »Wir sollten auch nicht so tun, als müssten wir
jede Sekunde damit rechnen, dass uns das Ungeheuer von
Loch Ness anspringt.«[4]

Peer Steinbrücks Reaktion auf das, was er sieht, ist der
nicht ganz ungewöhnliche Reflex eines Politikers. Seine Erfahrung auf dem Feld der Finanzpolitik, die täglichen Infor-

mationen, die er aus seinem Ministerium ebenso erhält wie bei seinen Begegnungen mit Politikern und Finanzfachleuten auf den nationalen wie internationalen Bühnen, reichen aus, um ein Problembewusstsein entstehen zu lassen. Er sieht die Erschütterungen, die vor allem sein Ressort, die Finanzen, betreffen. Zugleich lehnt der Mann, der zwar vor drastischer und bisweilen überzeichnender Rhetorik nicht zurückschreckt, der aber auch nicht ängstlich stets in Weltuntergangsszenarien denkt, eine allzu dunkle Sicht auf die Dinge ab. An Steinbrücks Umgang mit der heraufziehenden weltweiten Banken- und Finanzkrise zeigt sich sehr deutlich seine exekutive Herangehensweise an Politik. Wenn ein Problem da ist, so muss es mit Verstand und Ruhe gelöst werden, mehr nicht. Steinbrück und vor allem der linke Flügel der SPD passen nicht nur deswegen so schlecht zusammen, weil sie inhaltlich überwiegend unterschiedliche Auffassungen haben. Vielmehr kollidiert die sachliche, fast mechanische Herangehensweise Steinbrücks an politische Sachverhalte mit dem bisweilen übertrieben prinzipiengeleiteten, ja ideologisch gesteuerten Denken und Vorgehen nicht weniger Parteifunktionäre.

Ein Weiteres kommt hinzu. An der Wende vom Jahr 2007 zum Jahr 2008 lassen sich zwar weder die heftigen Erschütterungen auf dem amerikanischen Finanzmarkt leugnen noch ihre Auswirkungen auf einige außeramerikanische, europäische und deutsche Banken. Doch bislang sind die schwersten Treffer eben bei der IKB und der Sächsischen Landesbank zu verzeichnen und nicht bei den wirklich großen Häusern in Deutschland. Noch ist es nachvollziehbar, dass ein in Verantwortung stehender Politiker die Dinge beschönigt und die Gedanken an den ganz großen Crash verdrängt. Erst im Nachhinein ist jedem klar, dass das Vibrieren vor allem auf den amerikanischen Finanzmärkten das Vorbeben der großen Katastrophe ist. Und selbst wenn Peer Steinbrück seherische Fähigkeiten hätte, wären seine Möglichkeiten, den vor allem von New York und London dominierten Märkten Fesseln anzulegen, äußerst begrenzt gewesen.

Nach der Jahreswende benutzt Steinbrück zwar ausdrücklich den Begriff Krise –»damit das Wort mal gefallen ist«. Er sagt auch Sätze wie:»Ich glaube nicht, dass wir schon durch sind«, und äußert die Vermutung, dass die unruhigen Entwicklungen an den Finanzmärkten»uns über weite Teile des Jahres 2008 beschäftigen« werden. Noch drastischer wird er und prophezeit, dass das»Rattenrennen nach immer höheren Gewinnen« die gesamte Finanzdienstleistungsbranche erschüttern, ja dass diese ihrem Untergang entgegengehen könnte. Doch verbindet er das alles weiter mit dem Versuch, Deutschland aus der Sache herauszureden:»Aber es gibt große Unterschiede zwischen uns und den USA. In Deutschland sind viele ökonomische Fundamentaldaten nach wie vor gut.« In einer Art romantischem Rückzug schlägt er sogar strengere Regeln für Finanzprodukte vor, die – wenn nicht anders möglich – auf deutscher Ebene eingeführt werden sollten. Allerdings dürfe der heimische Finanzplatz dabei nicht geschwächt werden.[5]

Das Lieblingsprojekt droht zu scheitern

Peer Steinbrück hat einen großen Plan. Sein Umgang mit der Finanzkrise hat auch etwas mit diesem Plan zu tun. Es ist das Ziel, einen ausgeglichenen Haushalt vorzulegen. Das wäre nicht nur eine phantastische Nachricht für die deutschen Steuerzahler, die damit weniger Geld in den Schuldendienst des Staates stecken müssten. Es hätte nebenbei noch den hübschen Effekt, dass ein SPD-Minister das Vorurteil widerlegen würde, die Sozialdemokraten könnten nicht mit Geld umgehen.

Der ehrgeizige Steinbrück klammert sich an dieses Projekt. Im November 2007 hatte er noch posaunt:»Ein roter Finanz-

minister legt als Erster wieder schwarze Zahlen vor.« Das
war allerdings reichlich schönfärberisch, was seine eigenen
Verdienste angeht. Denn nur weil Länder, Kommunen und
Sozialversicherungen auf neue Schulden verzichtet hatten,
war die gesamtstaatliche Finanzbilanz nicht mehr im Minus.
Der von Steinbrück zu verantwortende Haushalt war zwar
auf gutem Weg, allerdings noch nicht ausgeglichen. Es gilt die
Ankündigung des Ministers, damit werde es im Jahr 2011 so
weit sein.[6]

Auch Anfang 2008 – die dunklen Wolken über den Finanzmärkten ziehen sich immer dichter zusammen – bleibt Steinbrück bei seinem Plan. Kurz vor dem Finanzministertreffen
der großen Industrienationen im Februar in Tokio erklärt er
ihn sogar zum konstitutiven Bestandteil des Leistungskata-
logs der Regierung: »Das Ziel, spätestens 2011 einen ausgeglichenen Bundeshaushalt zu erreichen, ist von grundlegender
Bedeutung für die Glaubwürdigkeit und Leistungsfähigkeit
der großen Koalition.«[7] Wegen seiner Entschlossenheit, vom
Sparkurs nicht abzuweichen, wehrt sich Steinbrück auch vehement gegen Konjunkturpakete zur Ankurbelung der von
der Banken- und Finanzmarktkrise bedrohten Wirtschaft.
Kurzfristige Konjunkturprogramme seien nicht die richtige
Antwort auf die Entwicklungen. Die Bundesregierung plane
auch nichts Entsprechendes, sagt der Minister im Februar
noch unverdrossen. Die Krise stelle zwar eine Herausforderung für die Weltwirtschaft dar, er halte allerdings die europäische und insbesondere die deutsche Wirtschaft derzeit für
»wetterfester als die amerikanische«.[8] Steinbrück prügelt auf
die Finanzindustrie ein, geißelt immer wieder die Geldgier
ihrer Manager, sagt, sein Glaube an die Rationalität der dort
getroffenen Entscheidungen habe gelitten. Er klammert sich
an das Szenario, vor allem die Banken seien betroffen, die
Krise lasse sich wesentlich auf sie beschränken. Und wenn sie
schon auf die Realwirtschaft überschwappt – ein Gedanke,
der Steinbrück Anfang 2008 schon bewegt –, dann doch vor

allem auf die amerikanische und nicht auf die deutsche. Dabei
schreckt er auch nicht vor der Prognose zurück, dass der Einfluss der amerikanischen Wirtschaft auf die Weltwirtschaft
relativ betrachtet abnehme. Immerhin so viel gibt er zu:
»Aber natürlich verschwindet er nicht.«[9]

Wie sehr die Finanzkrise – erstens – Steinbrücks seherische
Fähigkeiten überfordert und mit wie viel Macht er – zweitens – an der Hoffnung festhält, Deutschland werde es schon
nicht so schwer treffen, zeigt sich, als das Jahr 2008 noch keine sechs Wochen alt ist. Sieben Monate bevor die amerikanische Investmentbank Lehman Brothers Insolvenz beantragt
und acht Monate bevor Steinbrück mit Kanzlerin Merkel den
deutschen Sparern versichert, dass ihre Guthaben nicht in
Gefahr seien, wiegt der Bundesfinanzminister diese in Sicherheit. Gefragt, ob der Arbeitnehmer in Deutschland sich
sorgen müsse wegen der Finanzkrise, antwortet er: »Nein.
Der durchschnittliche Arbeitnehmer, der ein normales Sparguthaben hat, wird nicht von dieser Finanzkrise berührt. Da
braucht es keine Nervosität zu geben.«[10] Allerdings beweist
der Finanzminister grundsätzlich sehr wohl Weitblick, als er
im Zusammenhang mit der Schieflage der IKB davor warnt,
eine Bank in den Konkurs gehen zu lassen. Eine Bankenplei-
te könne eine Breitenwirkung haben, die keiner wolle. Sie
könne andere Häuser mitreißen und schwerwiegende Auswirkungen auf das Vertrauen und das Wirtschaftswachstum
haben.[11]

Langsam, ganz langsam wird Peer Steinbrücks Mischung
aus Überzeugung und Hoffnung, als großer Haushaltskon-
solidierer in die Geschichte der Bundesrepublik einzugehen,
erschüttert. Im Frühjahr 2008 gesteht er ein, dass die Auswirkungen der Krise noch das ganze Jahr zu spüren sein würden,
möglicherweise sogar bis weit in das Jahr 2009 hinein. Ein
knappes halbes Jahr vor der Lehman-Katastrophe werden
seine Formulierungen zum Thema ausgeglichener Haushalt
bis 2011 erstmals vorsichtiger: »Das Ziel bleibt bestehen.

Aber die Belastungen durch die Finanzkrise machen es gewiss nicht einfacher.«[12]

Es wäre mittlerweile relativ leicht für den deutschen Finanzminister, mit dem Hinweis auf die Erschütterung der
Finanzmärkte und die Gefahr einer negativen wirtschaftlichen Auswirkung für die größte europäische Volkswirtschaft die Zügel lockerer zu lassen, die Konsolidierung der
Staatsfinanzen auf einen späteren Zeitpunkt zu verschieben.
Doch so schnell ist Steinbrück nicht bereit, klein beizugeben
und die Auswirkungen des finanzpolitischen Weltlaufs auf
seine Handlungsfreiheit als Finanzminister hinzunehmen. Er
ist kein Fatalist, niemand, der sich schnell ergibt. Im Gegenteil: Er mag Duellsituationen, Kämpfe, Machtproben.

Zu einer solchen kommt es im Frühjahr 2008, als der Haushalt für das nächste Jahr aufgestellt werden muss. Die Forderungen von gleich vier Ressorts hält der Finanzminister für
derart übertrieben, dass er sich querstellt und deutlich macht,
ohne seine Zustimmung gibt es keinen Haushaltsentwurf.
Die Minister für Wirtschaft, Verkehr, Forschung und Ent-
wicklungshilfe haben für das kommende Jahr Mehrausgaben
in Höhe von zusammen 7,5 Milliarden Euro angemeldet.
Über die kommenden Jahre würde sich die Summe noch erheblich erhöhen, gäbe Steinbrück den Forderungen nach.
Das tut er nicht. Er lässt seinen Staatssekretär Werner Gatzer
Briefe an die vier Ressorts schreiben, in denen ihre Wünsche
abschlägig beschieden werden. Steinbrück droht mit Verweis
auf seine in der Bundeshaushaltsordnung festgelegten Kompetenzen sogar damit, den Haushalt ohne Abstimmung mit
den Ministerien ins Kabinett einzubringen.

Es kracht in der Regierung. Die vier Minister wehren sich
gegen die harte Gangart Steinbrücks. Parteipolitische Motive
können für sein Vorgehen nicht entscheidend gewesen sein,
gehören doch sowohl Verkehrsminister Wolfgang Tiefensee
als auch Entwicklungsministerin Heidemarie Wieczorek-
Zeul seiner Partei, der SPD, an. Forschungsministerin Annette

Schavan ist CDU-Mitglied, und der Chef des Wirtschaftsressorts, Michael Glos, ist ein CSU-Mann. Gerade Steinbrücks Parteifreundin vom linken SPD-Flügel Wieczorek-Zeul wird deutlich. Es sei ein »bisher beispielloser Stil«, dass Steinbrück Drohungen an Ministerkollegen über die Medien ausstoße.[13]

Nein, Steinbrück geht es 15 Monate vor der nächsten Wahl nicht um Parteinahme, höchstens für sich selbst: Er will eben partout nicht von seinem Ziel eines konsolidierten Haushalts lassen, ein Ziel, das freilich auch dem Land und nicht nur dem Minister hilft. Das sieht die Kanzlerin offenbar auch so, denn sie gibt Steinbrück über ihren Regierungssprecher Ulrich Wilhelm Rückendeckung. Der sagt, die Bundeskanzlerin unterstütze grundsätzlich die Konsolidierungsbemühungen. Immerhin tritt er den Befürchtungen entgegen, Steinbrück könnte kurzen Prozess mit den vier Ressorts machen und eine Entscheidung über deren Köpfe hinweg treffen. Wilhelm kündigt an, es werde weitere Haushaltsgespräche geben. Kurz darauf springt die Kanzlerin höchstselbst ihrem Finanzminister bei und unterstützt dabei sogar noch ausdrücklich Steinbrücks Lieblingsprojekt: »Ich bin überzeugt, dass wir in den anstehenden Haushaltsberatungen unseren Konsolidierungskurs konsequent fortsetzen werden, weil wir 2011 einen ausgeglichenen Haushalt vorlegen wollen.«[14]

Peer Steinbrück ist – um es milde auszudrücken – kein Spezialist in Sachen Deeskalation. Im Gegenteil. Dem Fernsehsender N24 sagt er: »Ich habe von diesen Ressorts jetzt zweimal hintereinander auf Staatssekretärsebene Briefe bekommen, die außer Rand und Band sind, um das ganz deutlich zu sagen, die weit oberhalb dessen liegen, was wir in der mittelfristigen Finanzplanung verabreden können.«[15] Er hat keine Angst vor Streit, weder mit dem Koalitionspartner noch mit den eigenen Leuten. Nicht immer kann er sich dabei durchsetzen, diesmal erringt er aber einen ganz achtbaren Erfolg. Die Mehrforderungen sinken auf insgesamt 2,9 Milliarden Euro: »Damit bin ich sehr zufrieden«, sagt der Finanzminister.[16] Allerdings kann diese Selbstzufriedenheit nicht darüber hinwegtäuschen, dass trotz reichlich sprudelnder Steuereinnahmen immer noch eine Lücke in zweistelliger Milliardenhöhe zwischen laufenden Einnahmen und Ausgaben bleibt. Es gibt Oppositionsstimmen, die Steinbrück vorwerfen, weil er zu lange nicht konsequent genug beim Sparen gewesen sei, müsse er nun besonders hart mit den Kabinettskollegen umgehen.

Der große Crash: Lehman Brothers bricht zusammen

Der 14. September 2008 lässt aus der Krise auch für Deutschland ein finanzpolitisches Erdbeben werden. Es geht um das Ende des 19. Jahrhunderts in Montgomery / Alabama von den Brüdern Henry, Emmanuel und Mayer Lehman gegründete Bankhaus Lehman Brothers, das in existenzielle Not geraten ist. Was 1844 als Gemischtwarenhandel einer aus Franken nach Amerika emigrierten Familie begonnen hatte, später zum Geldinstitut und schließlich zur viertgrößten Investmentbank der Vereinigten Staaten mit Hauptsitz in New York wurde, gerät zum Stolperstein für die Weltfinanzindustrie. Spätestens mit dem Kauf des zweitgrößten börsennotierten Wohnungseigentümers der USA, Archstone-Smith, im Mai 2007 für 22 Milliarden Dollar war Lehman Brothers existenziell von der Lage auf dem amerikanischen Häuser- und Hypothekenmarkt abhängig. Als durch die massenhafte Vergabe billigen Geldes für den Hausbau dieser Markt ins Rutschen geriet, machte Lehman schwere Verluste. Schon bald ist klar, dass nur noch der amerikanische Staat das Leben der Bank retten kann.

Tut er aber nicht. Am 10. September teilt der amerikanische Finanzminister Hank Paulson mit, dass die Lehman-Bank keine öffentlichen Mittel zur Unterstützung in ihrer schweren Schieflage bekomme. Ein halbes Jahr zuvor hat die Regierung in Washington bei der Übernahme der Investmentbank durch den Konkurrenten JPMorgan Chase noch geholfen. An jenem 14. September findet eine Telefonschaltkonferenz der G7-Finanzminister und Notenbankchefs statt, an der auch der deutsche Finanzminister Steinbrück teilnimmt. Paulson bleibt hart: kein Geld der Steuerzahler für Lehman. Die britische Barclays Bank zieht ihr Übernahmeangebot zurück. Das ist das Todesurteil für Lehman Brothers. Am Montag, dem 15. September, meldet das Bankhaus Konkurs an.

Die Märkte hätten Paulsons erste Ankündigung, Lehman nicht zu helfen, als Verhandlungstaktik eingestuft, zumal zwei Tage zuvor die beiden größten Hypothekenfinanzierer der Vereinigten Staaten, Fannie Mae und Freddie Mac, verstaatlicht worden seien, erinnert sich Steinbrück. Doch sei diese Einschätzung ein Fehler gewesen. Auch für ihn sei die Weigerung Paulsons »unerwartet« gekommen. Steinbrücks Rückblick auf die Geschehnisse jener Tage ist eindeutig: »Ein Beben erschütterte die weltweiten Finanzmärkte, denn schlagartig wurde allen klar: Wenn eine angesehene, systemrelevante Bank wie Lehman pleitegehen kann, dann kann das auch mit jeder anderen Bank auf der Welt passieren.« Damit sei die wichtigste Ressource der Finanzmärkte, das Vertrauen, von einem auf den andern Tag verlorengegangen.[17]

Zum Zeitpunkt des Geschehens kann der Blick freilich noch nicht so klar sein. Einen Tag nach dem Zusammenbruch von Lehman Brothers erscheint ein Interview Steinbrücks ausgerechnet in der »taz«, einem Blatt, mit dem der Finanzminister nicht die Bankenwelt, wohl aber den linken SPD-Flügel erreichen kann. Dort sagt er zwar, dass die Finanzmarktkrise die größte der vergangenen Jahrzehnte sei und es keinen Anlass zur Entwarnung gebe. Doch tritt er entschlossen Befürchtungen entgegen, was die Lage im eigenen Land angeht:»Nach dem, was wir bisher wissen, werden die Auswirkungen der jüngsten Entwicklungen in Deutschland sehr begrenzt sein.« Und weiter:»Die deutschen Banken sind weit weniger labil als US-Banken. Wir haben allen Anlass anzunehmen, dass sie wesentlich stabiler sind als die angelsächsische Konkurrenz.« Es kann gar nicht genug der Beruhigung sein. Er wolle nicht ausschließen, dass»einzelne Investments deutscher Banken an Wert verlieren könnten«, sagt Steinbrück. Doch scheine ihm diese Gefahr»überschaubar« zu sein. Er gehöre nicht zu den»Kassandra-Rufern, die massive Dominoeffekte sehen«.[18]

Will Steinbrück mit diesen Beschwichtigungen nur die nervösen Märkte beruhigen? Nein, es steckt noch etwas anderes dahinter. Am Tag, an dem das Interview erscheint, muss er seinen Haushalt vorstellen. Dessen Überschrift lautet »Keine Schulden, alle Chancen«. Der Minister verkündet über die Zeitung, dass er sein Ziel, bis zum Jahr 2011 einen Haushalt ohne neue Kredite vorzulegen, einhalten wolle. Die Rahmenbedingungen dafür seien günstiger als im Jahr 2006, als sein Vorgänger Hans Eichel noch 34 Milliarden Euro neue Kredite habe aufnehmen müssen.[19] Die schwarze Schuldenwand, die einem Tornado gleich auf Deutschland zurast, kann Peer Steinbrück noch nicht sehen. Oder will er sie nicht sehen, weil er sonst das große Ziel des ausgeglichenen Haushalts aufgeben müsste, nicht ruhmvoller in die Zeitgeschichtsschreibung einginge als sein Vorgänger, der gern belächelte Sparkommissar Eichel?

Jahre später wird Steinbrück über den 16. September, den Tag der Haushaltseinbringung also, sagen, er sei»einer der dramatischsten Tage meines Politikerlebens gewesen«. In der Nacht zuvor habe er noch an seinem Redemanuskript gefeilt und überlegt, wie»direkt und ungeschminkt ich auf die seit diesem Tag aus den Fugen geratene Welt eingehen sollte«. Mancher habe ihm damals vorgeworfen, er habe die Lage »zu

kursorisch behandelt und die Wucht der Ereignisse herunter-
gespielt«. Doch werde kein Wort von den Märkten so auf die
Goldwaage gelegt wie das des Finanzministers. Da habe er
es vorgezogen, eine »ausgewogene und vorsichtige« Sicht
auf die Dinge zu präsentieren, auch wenn ihm das den Vorwurf der Verharmlosung einbringe.[20] Das ist nicht unge-
schickt. So erweckt er im Rückblick den Eindruck, er habe
zwar auch im Moment der Krise im Allgemeinen und des
Lehman-Zusammenbruchs im Besonderen exakt die Dimension des Geschehens erkannt, aber aus Vorsicht und wegen
der Verantwortung, die er als Finanzminister trug, die Dramatik öffentlich nur maßvoll dargestellt. Wirklich glaubhaft
ist es jedoch nicht.

In den Tagen nach der Lehman-Pleite ist der deutsche Finanzminister auf der heimischen Bühne mit Maßnahmen zur
Stabilisierung der IKB beschäftigt. Doch auf dem amerikanischen Finanzkriegsschauplatz droht schon die nächste
Schlacht von enormen Ausmaßen. Der Versicherungskonzern AIG – »nicht AEG, die waren schon vorher pleite«,
pflegt Steinbrück später bei Auftritten zu scherzen – ist ins
Wanken geraten. In Deutschland, aber nicht nur dort, macht
die Angst die Runde, dass die Regierung in Washington noch
einmal auf eine Rettung verzichtet wie im Falle von Lehman.
Als Steinbrück am 16. September mit seiner Regierungserklärung fertig ist, empfängt er Robert Rubin, der unter Präsident Bill Clinton Finanzminister war und inzwischen Manager bei der Citigroup ist. Auch dieses Institut musste bereits
100 Milliarden Dollar Verlust wegen der Krise hinnehmen.
Nach Rubin kommen europäische Gäste. Bundesbankpräsident Axel Weber und der italienische Notenbankchef Mario
Draghi sind sich mit Steinbrück einig, dass alles getan werden
muss, um die Amerikaner dazu zu bringen, AIG vor dem Ab-
sturz zu bewahren. Steinbrück schließt sich mit der französischen Finanzministerin Christine Lagarde kurz. Sie verabreden, dass jeder von ihnen den amerikanischen Finanzminister

Hank Paulson anruft, um ihn von der Notwendigkeit einer AIG-Rettung zu überzeugen. Als Steinbrück ihn erreicht, ist Paulsons Tag wegen der Zeitverschiebung noch jung. Er kann seinem deutschen Kollegen noch nicht definitiv zusagen, ob die Rettung von AIG gelingen wird. Doch noch am Abend jenes bewegten Tages ist klar, dass die amerikanische Zentralbank der AIG Kredit bis zu einer Höhe von 85 Milliarden Dollar einräumt. Der Versicherungskonzern gehört damit zu 80 Prozent dem amerikanischen Staat. Die Katastrophe ist abgewendet.[21]

Der erste Einschlag im Zusammenhang mit dem Lehman-Crash trifft Deutschland und seinen Finanzminister allerdings ganz anders als erwartet. Es ist ein Vorgang, der unter normalen Umständen nur dem kleinen Kreis der beteiligten Akteure bekannt gewesen wäre. In der neuen Lage sorgt er für Empörung, ja Wut in Deutschland. Die »FAZ« hat aufgedeckt, dass die staatliche Kreditanstalt für Wiederaufbau (KfW), die unter der Rechtsaufsicht des Bundesfinanzministeriums steht, noch am Tage, als Lehman Brothers Insolvenz angemeldet hat, mehr als 300 Millionen Euro an die Pleitebank überwiesen hat. Es handelt sich um einen automatischen Überweisungsvorgang, der nicht rechtzeitig gestoppt wurde. Der neue Vorstandschef der KfW, Ulrich Schröder, ist noch nicht einmal zwei Wochen im Amt.

Die Opposition dröhnt. Der FDP-Vorsitzende Guido Westerwelle schleudert der Regierung im Bundestag entgegen, sie solle nicht nur über das Fehlverhalten der Privatwirtschaft reden, sondern sich »an die eigene Nase packen«. Wenn die Staatsbank KfW der in Konkurs gehenden Lehman-Bank noch 300 Millionen Euro »rüberschiebt«, dann könne das nicht mit einer fehlerhaften Buchung erklärt werden. Der Fraktionsvorsitzende der Linken, Gregor Gysi, spottet: »Futsch sind se. Tolle Experten, die da sitzen.« Und auch aus der Partei des Finanzministers kommt die Kritik mit voller Wucht. »Ich bin sprachlos«, spricht der finanzpo-

litische Sprecher der SPD-Fraktion, Carsten Schneider. Und
fährt fort:»Unglaublich. Das muss organisatorische und per-
sonelle Konsequenzen haben.« Ein Sprecher des Finanzministeriums verkündet, das Fehlverhalten müsse aufgeklärt
werden.[22] Steinbrück droht:»Der Vorgang ist mehr als ver-
wunderlich und ärgerlich und wird mit Konsequenzen verbunden sein.«[23] Die Krise sei für den Normalbürger unfass-
lich.»Aber so eine idiotische Überweisung – da flippt sogar
meine 89-jährige Mutter aus. Das begreifen alle 80 Millionen
Bundesbürger«, sagt der Minister. Von politischer Verantwortung will Steinbrück nichts wissen:»Natürlich war das
ein unsäglicher Hammer. Eine groteske Fehlhandlung. Aber
von Bankmanagern – nicht von dem auch politisch besetzten
Verwaltungsrat.«[24]

Zunächst sieht es so aus, als wären die mehr als 300 Millionen Euro, die von Deutschland aus der zusammenbrechen-
den Lehman-Bank hinterhergeschmissen werden, schon ein
dicker Brocken. Noch ahnt niemand in Berlin, auch nicht im
Bundesministerium der Finanzen, dass die Größenordnung
Millionen oder auch hundert Millionen im Zusammenhang
mit der Bankenkrise auch in Deutschland schon bald weh-
mütiges Seufzen auslösen wird nach dem Motto: Das waren
noch Zeiten. Erst einmal gibt der Finanzminister am 25. September 2008 eine Regierungserklärung vor dem Deutschen
Bundestag ab. Er bestreitet zwar die Dimensionen der Krise
nicht, spricht von einem »Erdbeben in der internationalen
Finanzarchitektur« und – in Anlehnung an den Begriff
»Schwarzer Freitag« – von einem »Schwarzen September«.
Auch die geschätzt mehr als eine halbe Billion Dollar Wertberichtigungen und Abschreibungen, die die Krise vor allem
in Amerika bis dahin verursacht hat, unterschlägt Steinbrück
nicht, und er thematisiert das Rettungspaket der amerikanischen Regierung »mit dem unglaublichen Volumen von
700 Milliarden US-Dollar«. Doch durchzieht seine Rede, die
immer wieder vom Applaus der SPD, aber auch der CDU und

CSU, ja sogar der FDP und des Linksparteimitglieds Oskar Lafontaine begleitet wird, die Behauptung, dass das auf den drei Säulen Geschäftsbanken, Sparkassen und Genossenschaftsbanken ruhende deutsche System im internationalen Vergleich »relativ robust«, ja »wesentlich robuster« als das angloamerikanische »Trennbankensystem mit seiner überzogenen Renditefixierung war und ist«. Steinbrück geht sogar noch einen Schritt weiter, macht gleich zu Beginn seiner Regierungserklärung deutlich, dass er die Fragen und Sorgen der Menschen verstehe. Dann sagt er: »Die Bürgerinnen und Bürger müssen keine Angst um ihr Erspartes haben.«[25] Der Satz fällt an dieser Stelle noch nicht besonders auf. Er drückt die Hoffnung, aber auch die Überzeugung des Ministers aus, dass es für Deutschland nicht so schlimm kommen werde, aber natürlich soll er auch beruhigen. Sparer, die das Vertrauen in das Bankensystem verlieren und plötzlich massenhaft ihr Geld abziehen, können weder die Banken noch eine Bundesregierung gebrauchen. Doch sagt Steinbrück den Satz vor einer anderen Kulisse, als das zehn Tage später der Fall sein wird.

Steinbrück heißt die Stabilisierungsmaßnahmen der amerikanischen Regierung gut, betont dabei, dass der deutsche Steuerzahler bisher weniger belastet worden ist »und auch belastet wird«. Doch trotz aller Beruhigungsversuche bereitet er die Deutschen indirekt vorsichtig darauf vor, dass da noch etwas kommen kann. Die Kosten, die bisher in Deutschland bei der Stabilisierung der in Schwierigkeiten geratenen Banken entstanden seien, lägen weit unter den Ausgaben, die »für unsere Wirtschaft entstanden wären, wenn wir diese Stabilisierung nicht vorgenommen hätten«. Staatliche Autoritäten müssten immer abwägen zwischen den Kosten, die entstünden, wenn man einem Marktteilnehmer, der sich »verzockt« hat, hilft, und den Folgeschäden, die entstehen, wenn man nichts tut.[26] Am Ende seiner Rede kündigt er acht »neue Verkehrsregeln« an, die er auf den Finanzmärkten installiert

wissen will. Unter anderem fordert er eine höhere Liquidi-
tätsversorgung der Banken, mehr persönliche Haftung der
Finanzmarktakteure und das Verbot »rein spekulativer Leerverkäufe«.[27]
   Später rechtfertigt sich Steinbrück: »Weder hier noch anderswo habe ich behauptet, dass die Finanzkrise auf die USA
beschränkt sei. Das ist Kolportage. Ich habe vielmehr gesagt,
dass der Ursprung und der Schwerpunkt dieser Krise in den
USA lägen. Das war und bleibt richtig.«[28] Nimmt man alle
seine Äußerungen von damals, aus den Krisenjahren 2007
und 2008, zusammen, so scheint Steinbrück allerdings bemüht, sich mit dieser nachträglichen Wertung in ein recht
mildes Licht zu stellen.

Im Auge des Orkans: Die Hypo Real Estate wankt

Als der Minister im September 2008 über die Krise und die
Lehman-Pleite spricht, ist den meisten Deutschen die Ab-
kürzung HRE unbekannt. Sie steht für Hypo Real Estate,
den Namen einer Bank mit starkem Engagement in der Im-
mobilienfinanzierung mit Sitz in München. Wenige Tage
nach Steinbrücks Auftritt im Bundestag wird den Deutschen
schlagartig klar, dass es mit der Stabilität des deutschen Ban-
kensystems nicht annähernd so weit her ist wie gehofft. Am
28. September wird der Öffentlichkeit bekannt, dass die HRE
ernste Refinanzierungsprobleme hat. Die kommen allerdings
keineswegs aus dem Nichts. Seit Ausbruch der Finanzkrise
Mitte des Jahres 2007 hat der Aktienkurs des Dax-Unterneh-
mens etwa drei Viertel seines Wertes eingebüßt. Schon im
Mai 2008 war klar, dass der Vorsteuergewinn der HRE um
98 Prozent eingebrochen war.
   Steinbrück hatte bereits eine Woche nach dem Lehman-
Zusammenbruch, am Montag, dem 22. September 2008, von

seinem Staatssekretär Asmussen erste Informationen über die bedrohliche Liquiditätssituation bei der HRE erhalten. Das ist der Auftakt zu einer Serie von Krisentreffen, die bereits kurz danach dazu führen, dass die HRE eine Risikoabsicherung in der bis dahin für das deutsche Publikum unvorstellbaren Höhe von 35 Milliarden Euro erhält. Die endgültige Einigung erfolgt am späten Abend des 28. beziehungsweise am frühen Morgen des 29. September. Steinbrück spricht erst mit dem Chef der Deutschen Bank, Josef Ackermann, der für die Bankenseite verhandelt. Anschließend findet ein Gespräch des Ministers mit der Kanzlerin statt. Als der 29. September gerade eine Stunde alt ist, kommt Angela Merkel mit Josef Ackermann überein. Die Banken beteiligen sich mit 8,5 Milliarden Euro an der HRE-Rettung.[29]

Steinbrück mag nicht nur beißenden Humor, sondern auch rhetorische Provokationen. Ende September macht er im Zusammenhang mit der Krise der Banken eine erstaunliche Bemerkung: »Generell muss man wohl sagen, dass gewisse Teile der marxistischen Theorie doch nicht so verkehrt sind.« Jede Übertreibung schaffe sich in einem dialektischen Sinn eine Antithese: »Ein maßloser Kapitalismus, wie wir ihn hier erlebt haben mit all seiner Gier, frisst sich am Ende selbst auf.«[30] Ein apokalyptisches Szenario entstand für ihn auch in der Zeit, als unklar war, ob die AIG gerettet würde: »Da haben wir alle in einen Abgrund geblickt.«

In den Abgrund gleich vor der Haustür blickt Steinbrück erst wenige Tage später. Als am 5. Oktober, einem Sonntag, Kanzlerin Merkel und ihr Finanzminister wieder mal an unterschiedlichen Stellen gegen die Auswirkungen der Krise auf Deutschland kämpfen, erreichen sie von einzelnen Bankhäusern, aber auch von der Bundesbank Hinweise, dass die Menschen zunehmend nervös würden und die Gefahr des massenhaften Abhebens von Bargeld an den Bankschaltern und -automaten bestehe. Steinbrück und Merkel nehmen die Warnungen sehr ernst. Der Finanzminister ist gerade bei

einer SPD-Sitzung im Willy-Brandt-Haus in Berlin. Die
Kanzlerin ist mit ihrem Wirtschaftsberater Jens Weidmann
und dem Staatssekretär des Finanzministeriums Jörg Asmussen beim Treffen der europäischen G7-Staaten in Paris. Über
die beiden Mitarbeiter entwickeln Merkel und Steinbrück
den Plan, am Sonntag vor die Kameras zu treten und den
deutschen Sparern eine Garantie von höchster staatlicher
Warte zu geben, dass jeder, aber auch jeder ihrer angesparten
Euros sicher sei. Damit wollen die beiden obersten Krisen-
kämpfer der Politik den Ansturm der Menschen auf Banken
und Sparkassen verhindern.[31]

Für einen längeren Moment erwägt die Bundeskanzlerin,
allein vor die Kameras zu treten und somit die Rolle der
Jeanne d'Arc der deutschen Sparer nur für sich zu haben.
Steinbrück – so stellt er es selber dar – telefoniert daraufhin
mit ihr und gibt zu bedenken, dass er mit geringem zeitlichem
Abstand dasselbe sagen müsste.[32] In einer derart zugespitzten
Lage ist solch ein Hinweis von einem Spitzenpolitiker an einen anderen kein freundlich gemeinter Diskussionsbeitrag,
sondern eine Drohung. Steinbrück würde nicht davor zu-
rückschrecken, in Konkurrenz mit der Kanzlerin zu treten in
der Frage, wer Deutschlands oberster Krisenmanager sei. Sie
steht zwar in der Hierarchie über ihm, aber er genießt einen
guten Ruf in der Disziplin Krisenmanagement. Tatsächlich
ist es wohl auch nicht nur ein Telefonat, sondern es sind mehrere Vorstöße, auch per SMS, die androhen, dass es Krach geben werde, wenn Merkel allein auftrete. Jedenfalls lenkt die
Kanzlerin schnell ein, gibt ihrem Minister nach etwa zehn
Minuten ihr Einverständnis per Telefon kund. So stellen sie
und Steinbrück sich an jenem Sonntag im Kanzleramt gemeinsam vor die Kameras und beteuern, die Spareinlagen der
Deutschen seien sicher. Wie Steinbrück im Nachhinein zu-
gibt, gab es weder eine Rechtsgrundlage für den Vorstoß,
noch wussten Kanzlerin und Minister, für welche Menge
Geldes sie gebürgt hatten.[33]

Steinbrück stellt den Auftritt gern als zentralen Moment seiner vier Jahre im Amt des Bundesfinanzministers dar, der in die Geschichte der Finanzkrise eingegangen sei. Unbestreitbar ist es ein wichtiger Tag, vor allem aber ist es der Tag, an dem der Krisenmanager Peer Steinbrück für das Publikum sehr gut sichtbar wird, besser als an jeder anderen Stelle, an jedem anderen Tag seiner Amtszeit. Wirkung ist für den Mann, der sich gern reden hört, der den Menschen gern die Welt erklärt, sehr wichtig. Er möchte, dass ein jeder hören kann, wie klug er analysiert, dass ein jeder sehen kann, wie beherzt er handelt. Steinbrück mag das Risiko, ja das Spiel mit dem Feuer, ganz gleich, ob er die frisch von ihm übernommene rot-grüne Koalition in Düsseldorf aufs Spiel setzt oder sich von Helmut Schmidt zum Kanzlerkandidaten ausrufen lässt. Zaudern ist etwas für Weicheier, für diejenigen, die schwächer sind als Peer Steinbrück.

Deswegen ist der Auftritt am 5. Oktober 2008 für ihn in jedem Falle sehr wichtig. Nie war er so sichtbar der Held der Finanzkrise wie an jenem Sonntag. Was wäre passiert, wenn die Deutschen anders als geplant reagiert hätten? Wenn sie sich gesagt hätten, wo das Geld ja nun für alle reicht, wollen wir es uns mal holen? Wenn sich dann irgendwann das Versprechen von Steinbrück und Merkel doch als großer Bluff herausgestellt hätte und neben dem Vertrauen in die Banken auch das in die Politik verlorengegangen wäre? Kurzum: wenn Steinbrück und Merkel vor den Augen von 80 Millionen Deutschen im Krater der Finanzkrise verschwunden wären? Das muss hier nicht erörtert werden, da es nicht geschehen ist.

Der 5. Oktober 2008 ist noch aus einem anderen Grund ein wichtiger Tag für den Bundesminister der Finanzen. Kurz zuvor ist nämlich bekannt geworden, dass die HRE für ihre Rettung mit 35 Milliarden Euro nicht auskommen wird, sondern 15 Milliarden mehr braucht. Steinbrück ist entsetzt und nicht nur er. Noch sind er und der Rest des Landes an solche oder noch ganz andere Summen nicht gewöhnt. Für den 5. Oktober beruft er eine weitere HRE-Krisensitzung ein, die bis tief in die Nacht dauert. Am Ende stocken die Banken ihren Rettungsbeitrag um 15 Milliarden Euro auf. Schon zuvor hat Steinbrück auf eine Entmachtung der HRE-Führung gezielt. Jetzt ist er noch entschlossener.

Aber was heißt das bei dem Mann, der nach außen so gern den Hardliner gibt, den Politiker mit dem Killerinstinkt, dem es nur um Ergebnisse, um das Funktionieren des großen Ganzen geht? Drängt er, bewaffnet mit seinem scharfen norddeutschen Idiom, den Vorstandsvorsitzenden der Hypo Real Estate, Georg Funke, zum Rücktritt – vor den Kameras, vor denen er den deutschen Sparern kurz zuvor das Blaue vom politischen Himmel herab versprochen hat? Nein. Am 6. Oktober – es ist wieder einmal später Abend – treffen sich Steinbrück, Kanzleramtsminister Thomas de Maizière und der Chef der Bundesanstalt für Finanzdienstleistungsaufsicht (BaFin), Jochen Sanio, mit Funke im Bundeskanzleramt auf der siebten Etage im Versammlungsraum. In diesem Stockwerk haben die Kanzlerin und de Maizière ihre Büros. Vereinbart war zuvor, man wolle Funke zum Rücktritt nötigen. Steinbrück stellt das Treffen später so dar: Noch nie sei ihm eine solche Mischung aus Realitätsverweigerung, Selbstüberschätzung und Verständnislosigkeit gegenüber den Vorgängen der vergangenen Tage begegnet wie an jenem Abend in der Person von Funke. Doch ist es keineswegs er, der Funke das Feuer in dessen Karriereleuchtturm ausbläst. »Thomas de Maizière nahm zur Schonung meines Nervenkostüms eine ziemlich unerbittliche Position ein«, schildert Steinbrück den Abend.[34] Das ist eine für ihn freundliche, allerdings auch eine ehrliche Version. Steinbrück tut nicht so, als sei er der entscheidende Akteur gewesen. Es gibt belastbare Darstellungen, dass der Finanzminister es schlicht nicht fertigbringt, Funke zu sagen, man wolle ihn in seiner Position nicht mehr haben, und daraufhin der Kanzleramtsminister den Job des bösen Polizisten übernimmt. Formal kann die Politik das mangels direkten Einflusses in der Hauptversammlung und im Aufsichtsrat ohnehin nicht entscheiden. Aber offenbar wirkt de Maizières Ansage. Am 7. Oktober 2008 legt Funke nach gut fünf Jahren sein Vorstandsmandat nieder. Schon bald werden noch einmal erheblich höhere Beträge zur Rettung der HRE aufgebracht werden müssen. Im Februar 2009 wird die Bank verstaatlicht.

Nur ein Maulheld?

Was also sind die Leistungen, die Peer Steinbrück im Kampf gegen die Krise vorzuweisen hat? Ist er am Ende nur ein Maulheld, der bis kurz vor dem folgenschweren Zusammenbruch der ersten deutschen Großbank behauptet, Deutschland sei nicht so sehr betroffen? Der den Menschen die Sicherheit ihrer Ersparnisse verspricht, ohne genau zu wissen, was das heißt? Der die Manager wegen ihrer Maßlosigkeit beschimpft, sich aber anschließend nicht traut, ihnen entschlossen entgegenzutreten? Nein, das wäre ein ungerechtes Urteil.

Steinbrück wird sogar ein wesentlicher Anteil an der Bewältigung der Krise zugesprochen. Selbst die politische Konkurrenz gibt heute zu, dass er das Verdienst habe, schon ziemlich früh eine systemische Lösung gefordert zu haben. Tatsächlich meldet sich der Minister schon wenige Tage nachdem Deutschland die ersten schweren Erschütterungen durch das Wanken der HRE überstanden hat entsprechend zu Wort. Zunächst legt er der internationalen Gemeinschaft einen Acht-Punkte-Plan für bessere Regeln auf den Finanzmärkten vor. Anschließend kündigt er an, dass er gemeinsam mit der Kanzlerin erst dem Kabinett und anschließend »in einem hoffentlich sehr schnellen Verfahren« auch dem Bun-

destag und Bundesrat ein Maßnahmenpaket präsentieren
werde: »Das ist die Antwort, die wir geben müssen, um aus
dem fallweisen Krisenmanagement in eine umfassendere Lösung für den gesamten Finanzsektor zu kommen.«[35]
Steinbrück gibt durchaus zu, dass er nicht von Anfang an
diese Erkenntnis hatte. Im Januar 2009 sagt er, er habe zu Beginn der Krise »wie viele andere« noch gedacht, dass in
Deutschland Lösungen für Einzelfälle gebraucht würden.
»Aber während Sie neue Lösungen entwickeln, lernen Sie
permanent dazu.«[36] Die Folge ist das Finanzmarktstabilisie-
rungsgesetz mit einem annähernd 500 Milliarden umfassenden Rettungsschirm. Von wem lernt Steinbrück? Zu seinen
engen Gesprächspartnern in der Krise gehören neben Jörg
Asmussen seine beiden Staatssekretäre Thomas Mirow und
Axel Nawrath sowie Heiko Geue, der den Leitungsbereich
im Ministerium führt. Außerhalb des Hauses spricht er oft
mit Deutsche-Bank-Chef Ackermann und Klaus-Peter Müller aus der Führungsetage der Commerzbank.

Trotz aller Notwendigkeit, Positionen zu überdenken und
an die Wirklichkeit anzupassen, ist Steinbrück noch ein relativ souverän Handelnder, wirkt auf das Publikum wie einer,
der auch in der Krise noch die Zügel in der Hand hält. Sicht-
bares Zeichen dafür ist sein unabgesprochener Vorstoß im
Herbst 2008, die Jahresgehälter der Chefs von Banken, die
sich mit staatlicher Hilfe retten lassen, auf eine halbe Million
Euro zu begrenzen. Das kommt gut an, nicht nur in der SPD,
sondern in der Breite der Bevölkerung. Allerdings zeigt er
auch Schwächen und Fehltritte, die den sich überschlagenden
Ereignissen ebenso geschuldet sind wie seiner Neigung zu
schnellen Äußerungen. So spricht er kurzzeitig von der »geordneten Abwicklung« der HRE, nimmt diese Formulierung
aber bald wieder zurück.

Je mehr die Krise der Banken und der Finanzwelt auf die
Wirtschaft überzugreifen droht, desto mehr wird Steinbrück
allerdings zu einem Getriebenen. Das hat vor allem mit sei-

nem hartnäckigen Widerstand gegen Konjunkturprogramme zu tun, die der deutschen Wirtschaft in den schweren Zeiten helfen sollen. Während der Rest des Kabinetts längst fröhlich Vorschlag für Vorschlag entwickelt, mit welchen Kuren der Wirtschaft zu helfen sei, haut der Finanzminister die Hacken in den Sand und lässt sich nur widerwillig nach vorne schieben. Am Ende ist der Druck doch zu hoch, der für das Geld zuständige Minister muss Schritt für Schritt Konjunkturpakete, Abwrackprämien für alte Autos und ähnliche vermeintliche oder tatsächliche Stimulanzen akzeptieren.[37]

Die Suche nach dem Grund für Steinbrücks Widerstand ist schnell beendet. Es steht sein altes Ziel dahinter, als der Finanzminister in die Geschichte einzugehen, der einen ausgeglichenen Staatshaushalt vorlegt. Steinbrück wirkt wie ein Kapitän, dessen Schiff gleich mehrfach leckgeschlagen ist und der es nicht wahrhaben will, dass immer mehr Wasser eindringt. Nur allmählich fügt er sich in das Unvermeidliche. Kurz nach dem Zusammenbruch der HRE und dem teuren Rettungsmanöver sagt er:»Unser Etatziel eines ausgeglichenen Haushalts verlieren wir nicht aus den Augen – auch wenn es jetzt länger dauern dürfte.«[38] Zwei Wochen später heißt der Kommentar des Ministers:»Die Bundesregierung behält das Ziel bei, möglichst 2011 einen Haushalt ohne Neuverschuldung vorzulegen. Aber wir sagen nicht: Das schaffen wir auf jeden Fall.« Der Haushalt sei nun mal von der allgemeinen wirtschaftlichen Entwicklung durch die Finanzkrise betroffen.[39]

Mit der Jahreswende von 2008 auf 2009, mit dem zweiten, 50 Milliarden Euro schweren Konjunkturpaket, hisst Steinbrück dann die weiße Flagge. Er muss akzeptieren, dass er nicht als Held des Sparens in die Geschichtsbücher eingehen wird, sondern den bisher von Finanzminister Theo Waigel gehaltenen »Schuldenrekord« brechen wird. Gefragt, ob er sich als Versager fühle, antwortet er:»Nein, die Situation habe ja nicht ich herbeigeführt.« Sie sei einer der schwersten

Rezessionen geschuldet, die Deutschland je erlebt habe. Dem müsse man sich stellen. Und weiter: »Natürlich hätte ich zum Ende der Legislaturperiode gern den Nachweis geliefert, dass wir 2011 einen Haushalt ohne Neuverschuldung schaffen. Bei normaler Entwicklung hätten wir das auch geschafft.« Steinbrück will sich nicht darauf festlegen lassen, wann denn der Haushalt ausgeglichen sein werde. Das komme darauf an, wann der Aufschwung wiederkomme.[40] Im April 2009 sagt er auf die Frage, ob es ihn bedrücke, als Sparminister gestartet zu sein und als Schuldenminister zu enden: »Ja, schon etwas.« Wäre die Wirtschaft nicht weltweit in die Krise geraten, hätte er sein Ziel wohl 2010 oder 2011 erreicht. Aber: »Hätten wir in dieser Konjunkturkrise nichts tun sollen? Alles so lassen, wie es ist? Ich meine, wir waren gezwungen, so zu handeln.«[41] Viel später, es sind nur noch zwei Monate bis zur Bundestagswahl, beschreibt Steinbrück seine Rolle mit dem ihm eigenen spitzen Humor. Der CSU-Mann Theo Waigel sei als Finanzminister zum »Schuldenkönig« geworden, als die Wirtschaft gewachsen sei. Er, Steinbrück, habe es dagegen mit einer rückläufigen Entwicklung zu tun: »Wenn es der Unterhaltung dient, bin ich eben der Schuldenkaiser, aber bei einem Wirtschaftseinbruch von sechs Prozent!«[42]

Dass die Opposition eine solche Gelegenheit nicht ungenutzt verstreichen lässt, gehört zum politischen Geschäft. Steinbrück habe in den ersten drei Jahren seiner Amtszeit die gute Konjunktur und die hohen Steuereinnahmen nicht ausreichend genutzt, um die Neuverschuldung abzubauen. »Noch nie hatte ein Finanzminister so viel Konjunkturglück – und hat so wenig daraus gemacht«, gibt der FDP-Politiker und Vorsitzende des Haushaltsausschusses im Bundestag, Otto Fricke, Steinbrück mit auf den Weg.

Steinbrück droht mit der Kavallerie

Ein Wort noch zum Thema Maulheld. Peer Steinbrück denkt bekanntlich nicht nur schnell, er spricht das Gedachte auch gerne schnell aus. Im Frühjahr des Wahljahres 2009 denkt Steinbrück viel über Steueroasen nach, Länder also, in die deutsche Bürger ihr Geld bringen, um sich vor dem Zahlen der Steuer im Heimatland zu drücken. Solches Verhalten anzuprangern macht sich gut für einen sozialdemokratischen Finanzminister in einem Jahr, in dem der Bundestag gewählt wird. Es macht sich besonders gut in einer Zeit, da man dem braven Steuerzahler mitzuteilen hat, dass wegen des Fehlverhaltens von Spitzenmanagern sein Geld dafür herhalten muss, Banken zu retten und Konjunkturpakete zu schnüren, weshalb die Regierung keinen stabilen Haushalt präsentieren kann. So etwas kann Bürger wütend machen, SPD-Wähler ganz besonders. Deswegen fängt Steinbrück mit dem Wütendwerden schon mal an, um zu zeigen, dass er begriffen hat.

Seine öffentlich vorgetragene Wut richtet er im März des Jahres 2009 vor allem gegen die Schweiz. Es geht um eine »schwarze Liste«, auf der die Namen von Steueroasen stehen, die nicht bereit sind, mit dem deutschen Fiskus zu kooperieren. Der Schweizer Finanzminister Hans-Rudolf Merz hatte sich vergeblich bemüht, vom britischen Premierminister Gordon Brown eine Zusage zu erhalten, dass sein Land nicht auf der von London angestoßenen schwarzen Liste stehe. Steinbrück nun sagt, die Liste sei lediglich ein Instrument, mit deren Hilfe »die Kavallerie in Fort Yuma«, die eben ausreiten könne, aber nicht müsse, die »Indianer in Angst und Schrecken« versetze. Deutschland als Kavallerie und das kleine Nachbarland als Indianer? Das kommt in der Schweiz gar nicht gut an. Die politische Führung in Bern ist empört, zumal man gerade mitgeteilt hat, man werde bei begründeten Anfragen Amts- und Rechtshilfe bei mutmaßlicher Steuerhinterziehung leisten nach den Standards der Organisation für Wirtschaftliche Zusammenarbeit und Entwicklung (OECD). Der deutsche Finanzminister will aber mehr, dringt auf einen automatischen Austausch von Informationen.[43] Es kracht zwischen Bern und Berlin. Schon im Herbst des Vorjahres hatte Steinbrück angekündigt, er wolle die Schweiz mit Zuckerbrot und Peitsche zur Zusammenarbeit bringen – und nun das. Von »tief beleidigenden Attacken« spricht die Schweizer Regierung. Auch Sozialdemokraten in der Schweiz nennen Steinbrücks Einlassungen »arrogant und unanständig«, »unerträglich und ausfällig«. Der Vorsitzende der Schweizer sozialdemokratischen Partei (SP), Christian Levrat, beschwert sich sogar schriftlich beim SPD-Vorsitzenden Franz Müntefering. Seine Partei wolle zwar wie die SPD das Bankgeheimnis in der Schweiz ganz abschaffen, aber Steinbrücks Verhalten sei da nicht hilfreich. »Wir fordern Dich und Peer auf, solche Aussagen in Zukunft zu unterlassen«, heißt es in dem Brief.[44] Es dauert nicht lange, bis erste Vergleiche mit der Nazizeit bemüht werden. Thomas Müller, Abgeordneter der Christdemokratischen Volkspartei (CVP), bringt Steinbrück mit Marschkolonnen der Nationalsozialisten in Verbindung. Das Ganze erinnere ihn daran, dass »die Gestapo … in Deutschland ja auch nur eine Elite« gewesen sei. Steinbrücks Verhalten sei kompromisslos, rücksichtslos und überheblich.[45] Die Sache gipfelt darin, dass der deutsche Botschafter in der Schweiz in Bern einbestellt wird und sich Außenministerin Micheline Calmy-Rey beschwert.

Steinbrück hat mit seiner unbeherrschten Art also mächtig Porzellan zerschlagen in einer gerade für sein Ressort heiklen Frage. Er habe, so heißt es in der Union, das Bild vom »hässlichen Deutschen« wiederbelebt.

Und was macht Steinbrück? Ist er erschrocken über seine Äußerungen und deren Wirkung? Zerknirscht gar? Bittet er um Entschuldigung? Das ist nicht die Art von Peer Steinbrück. Vielmehr beklagt er sich: »Ich bekomme Drohbriefe aus der Schweiz und werde als Nazi-Scherge beschimpft. Das ist absolut unverhältnismäßig und inakzeptabel.« Diese Reaktionen resultierten wohl aus dem Bewusstsein, dass man jenseits der internationalen Vereinbarungen stehe, tritt der deutsche Finanzminister nach.[46] Er zeigt nicht etwa Reue, sondern sattelt noch drauf, als er in Brüssel zum Thema Steueroasen die europäischen Länder Luxemburg, Liechtenstein, die Schweiz und Österreich in eine Reihe stellt mit Ouagadougou, der Hauptstadt des afrikanischen Landes Burkina Faso. Das ergibt keinen wirklichen Sinn, ist ebenso ein Beispiel von sprachlichem Dosenwerfen, wie es Steinbrück mag, sorgt aber prompt wieder für Empörung und diplomatische Verwerfungen. Als ihm die Frage gestellt wird, ob sprachlich manchmal der Gaul mit ihm durchgehe, bestreitet er das mit dem Hinweis auf eine seiner Lieblingsphrasen: »Ich kann auch im korrekten Politikerdeutsch reden: Eine gute Grundlage ist die beste Voraussetzung für eine solide Basis. Das eckt nicht an, bleibt aber folgenlos.«[47]

Vermutlich kann man Steinbrück sogar glauben, dass er bei solchen rhetorischen Ausritten nicht zunächst die im Herbst anstehende Bundestagswahl im Sinn hat. Er spricht einfach gerne so. Als er in einem Interview mit vier Schülern gefragt wird, ob der Streit mit der Schweiz schon der Beginn des Wahlkampfes sei, im September sei ja schließlich Bundestagswahl, antwortet er: »Nö, ich denke nicht immer an den Wahlkampf. Richtig ist aber, dass das Thema Steueroasen viele Menschen aufregt.«[48]

Ist es nicht gerade für das bevölkerungsreichste Land der Europäischen Union, allemal nach seiner manchen Nachbarn zunächst ängstigenden Wiedervereinigung, stete und durch die deutsche Geschichte unterlegte Pflicht, sich auch rhetorisch zurückzuhalten, gerade gegenüber den kleinen Nachbarländern? Kavallerie und Indianer – das steht für militärische Unterwerfung des Schwächeren durch den Stärkeren. Darf ein noch so sehr mit Freude am sprachlichen Angriff

ausgerüsteter wichtiger Minister aus Berlin sich so etwas erlauben? Und was heißt das für den Fall, dass Steinbrück einmal noch mehr werden sollte als Bundesfinanzminister?
Dann würden solche Ausreißer für weit mehr Ärger sorgen.
Welche diplomatischen und politischen Erschütterungen
derartige sprachliche Eskapaden auslösen, lässt sich am Interview des einstigen Kanzlers Kohl im Magazin »Newsweek«
aus dem Jahr 1986 ablesen, als er den russischen Politiker
Michail Gorbatschow mit Hitlers Propagandaminister Jo-
seph Goebbels verglich. Nicht nur Moskau, auch die Deutschen waren einhellig empört.

Der Bundesfinanzminister Steinbrück erlebt zu Hause sowohl Kritik als auch Unterstützung für seine Wortwahl. Der
FDP-Vorsitzende Guido Westerwelle spricht von einer »un-
diplomatischen Unverschämtheit«. Sogar der Vorsitzende
der Unionsfraktion im Bundestag, Volker Kauder, immerhin
ein wichtiger Kopf der schwarz-roten Koalition, zu der
Steinbrück gehört, ist verärgert und nennt diesen einen »Rü-
pel«. Die Kanzlerin dagegen springt dem Genossen Steinbrück in einer Regierungserklärung vor dem Bundestag bei.
Es sei richtig, beim Thema Steueroasen Ross und Reiter zu
nennen.[49]

Die Krise trifft Opel – und Steinbrück trifft Guttenberg

Ende des Jahres 2008, die Wirtschaft spürt längst das Gift der
Finanzkrise, argumentiert Steinbrück immer noch kräftig gegen Konjunkturpakete an. Wenn er jetzt weitere 25 Milliarden in den Wirtschaftskreislauf pumpe, zahlten seine Enkel
noch die Zinsen ab, und genutzt habe es doch nichts, sagt der
Finanzminister. Gegen eine weltweite Krise könne auch
Deutschland nicht anfinanzieren. Doch gibt es einen Fall, der
in dem so stark von der Autoindustrie abhängigen Deutsch-

land schnell eine Sonderrolle spielt. Der Autokonzern Opel mit seiner amerikanischen Muttergesellschaft General Motors gerät in schwere Schieflage. Es droht der Verlust Zigtausender Arbeitsplätze in Deutschland – ein Jahr vor der Bundestagswahl.

Steinbrück windet sich. Er muss seine generelle Skepsis gegenüber Staatshilfen und Konjunkturpaketen irgendwie in Einklang bringen mit Unterstützung für Opel aus dem Steuertopf. Er stelle fest, dass die Lage von Opel durch den Konzernverbund mit der amerikanischen Mutter »etwas Besonderes« habe. Er sei zwar auf der Seite der Skeptiker, könne sich aber um die Beurteilung des Einzelfalls nicht herumdrücken. »Wenn ein solches Unternehmen pleiteginge und, direkt und indirekt, 50 000 Menschen arbeitslos würden, dann kostete das den Steuerzahler zwei bis drei Milliarden Euro jährlich.«[50]

Trotz solcher Slalomfahrten Steinbrücks zwischen Anspruch und Wirklichkeit, trotz der Korrekturen seines Kurses, erklärt durch die Besonderheit der Entwicklungen, sind die Deutschen im Reinen mit ihrem Finanzminister. An der Seite der Kanzlerin gilt er vielen Menschen, nicht nur SPD-Sympathisanten, als Fels in der Krisenbrandung.

Schon vorher haben sie Steinbrück gemocht. Er taucht von Anfang an in der Liste der zehn wichtigsten Politiker auf, mit der die Forschungsgruppe Wahlen Sympathie und Leistung bewerten lässt. Im Herbst 2005 landet er hinter dem frisch gewählten SPD-Vorsitzenden Matthias Platzeck, dem niedersächsischen Ministerpräsidenten Christian Wulff und Angela Merkel auf dem vierten Platz. Mitte 2006 bekommt er Platz fünf, wobei außer der Tabellenführerin Merkel gleich drei Parteifreunde vor ihm rangieren: Sowohl der schnell wieder aus dem Amt als SPD-Vorsitzender geschiedene Platzeck als auch sein Nachfolger Kurt Beck sowie Außenminister Steinmeier sind den Deutschen näher als ihr Finanzminister. Ende des Jahres verdrängt Steinmeier Merkel sogar vom ersten auf den zweiten Platz. Den dritten teilt sich Steinbrück mit Beck und dem CDU-Mann Wulff. Auch 2007, als die Krise unaufhaltsam näher rückt, bleibt Steinbrück auf einem der vorderen Plätze. Steinmeier und Merkel liegen weiter vor ihm, mal gelingt das auch Franz Müntefering. Im Jahr des Lehman-Zusammenbruchs ändert sich diese Konstellation nicht grundsätzlich.[51]

Doch am 10. Februar 2009, gerade mal sieben Monate vor der Bundestagswahl, taucht unerwartete Konkurrenz auf, die sich bald außerordentlicher Beliebtheit erfreuen soll. An jenem Tag wird Karl-Theodor zu Guttenberg als Bundeswirtschaftsminister vereidigt, nachdem sein glückloser Vorgänger und Parteifreund Michael Glos hingeworfen hat. Der CSU-Mann Guttenberg, der bislang als Bundestagsabgeordneter und selbst als kurzzeitiger Generalsekretär seiner Partei nicht besonders auffiel, ist fast ein Vierteljahrhundert jünger als Steinbrück. Er ist schlank, hat volles, gegeltes Haar, ist millionenschwerer Erbe mit Schloss und junger Frau, die sich wie er gerne den Medien zeigt, und wird über Nacht zum Liebling der Deutschen. Und weil die sich in Guttenberg verguckt haben, finden viele auch seine Politik richtig.

Schnell fangen die Journalisten an zu sticheln und fragen den Finanzminister, ob die Zeit des Krisenmanager-Duos Merkel-Steinbrück vorüber sei und Guttenberg den Platz an der Seite der Kanzlerin eingenommen habe. »Er ist neu, also wird viel über ihn berichtet. Das verändert nicht die Rolle des Finanzministers«, reagiert Steinbrück schmallippig. Auf die Frage, ob er nicht eifersüchtig sei, entfährt ihm nur ein kurzes »In meinem Alter?«[52].

Guttenberg kratzt von Anfang an an Steinbrücks Lack. Hatte dieser zu Beginn der großen Koalition die Mehrwertsteuererhöhung mitgetragen und schöngeredet, jongliert der junge Minister kurz vor dem Ende der Legislaturperiode mit dem Gedanken an eine Senkung der Abgabe. Steinbrück giftet über seinen Kabinettskollegen: »Wenn Herr Guttenberg meint, er müsse in Sachen Mehrwertsteuer einer Lobbygruppe nach dem Mund reden, obwohl es einen anderslautenden Beschluss in der Koalition gibt, dann ist das sein Problem und nicht meins.«[53] Spricht sich Steinbrück für eine Verstaatlichung der Hypo Real Estate aus, warnt der Wirtschaftsminister vor »Enteignung«. Nachdem CDU und CSU mit dem wenig öffentlichkeitswirksamen Glos dem beliebten Genossen Steinbrück kaum etwas entgegenzusetzen hatten, ist die Kanzlerin beglückt, dass das Wirtschaftsministerium endlich zum Kraftwerk der Union wird. Wenn sie in jener Zeit über Guttenberg spricht, hat sie leuchtende Augen.

Guttenberg dient ausgerechnet das Thema als Katapult für seine Popularität, bei dem Steinbrück herumlavieren muss. Wenige Wochen nach seiner Ernennung fliegt der Wirtschaftsminister nach Amerika, um dort über die Zukunft von Opel zu verhandeln. Er wird begleitet von annähernd 40 Journalisten, für einen Wirtschaftsminister ist das eine spektakuläre Zahl. Auf dem Times Square entsteht ein schnell zu größter Bekanntheit gelangendes Bild, das Guttenberg mit ausgebreiteten Armen in einer Was-kostet-die-Welt-Pose zeigt. Ende Mai macht Guttenberg mit einer zweiten Pose Furore. Nach einer langen Verhandlungsnacht im Kanzleramt, bei der es um die Zukunft von Opel geht, stemmt er sich wie ein Widerstandskämpfer gegen den Rest der Regierung. Alle wollen Opel mit Staatshilfe retten, Guttenberg mimt dagegen den letzten aufrechten Ordnungspolitiker, der von einer Insolvenz des Autobauers spricht. In den frühen Morgenstunden entsteht vor dem Kanzleramt ein Bild, das Guttenberg vor einem Wald von Mikrophonen zeigt, in die er seine abweichende Meinung spricht. Hinter ihm stehen der hessische Ministerpräsident Roland Koch von der CDU und Steinbrück. Der Gesichtsausdruck des Bundesfinanzministers spricht Bände. Die Selbstinszenierung des jungen Publikumslieblings geht ihm erkennbar auf die Nerven.[54]

Doch Steinbrück sitzt in der Klemme. Die SPD ist die Par-

tei, die sich um die Arbeitsplätze von Arbeitern und Angestellten kümmern muss, sie ist zur Rettung von Opel entschlossen. Im Wahlkampf kann selbst der Finanzminister, der
das Geld zusammenhalten muss, da nicht ausscheren. Die
Union hat es in gewisser Weise leichter. Angela Merkel und
die anderen Unionsgrößen aus dem Kabinett und den Landesregierungen sind zwar auch für Staatshilfen; Ministerpräsident Roland Koch, der CDU-Mann aus Hessen, muss das
schon sein, weil Opel in seinem Land produziert und für Arbeitsplätze sorgt. Aber mit dem Auftreten von Guttenberg
haben sie einen Publikumsliebling, der den Ordnungspolitiker und Staatskritiker gibt. Die Kanzlerin schafft es, Rettung
und Nicht-Rettung unter einen Hut zu bringen, ohne dass
die Union dadurch in der Wählergunst erkennbar Schaden
nähme – im Gegenteil.

Steinbrück beschreibt dieses Dilemma später:»Der Ge-
lackmeierte war die SPD, die nur einen Ausschnitt im Mei-
nungsspektrum erreichte. Und der war viel kleiner, als wir
uns vorgestellt hatten.« Der überwiegende Teil des Publi-
kums habe sich nicht»wie erwartet« als solidarisch mit der
Arbeitnehmerschaft, mit den Opel-Arbeitern und ihren Familien erwiesen, sondern habe als Steuerzahler reagiert. Das
nicht erkannt zu haben sei der»Irrtum der SPD« gewesen.
Das habe seine Partei bei der Bundestagswahl vier Monate
später mehr gekostet, als sie sich eingestanden habe, urteilt
Steinbrück im Rückblick.[55]

Was tut der Finanzminister in dieser Lage? Er versucht,
seinen Argumenten zunächst mehr Gewicht zu geben, indem
er die Prognose vom Ende des Jahres 2008, es seien 50 000 Arbeitsplätze in Gefahr, im April 2009 mal eben verdoppelt:
»Geht Opel pleite, sind über 100 000 Menschen direkt oder
indirekt betroffen.«[56] Möglicherweise meint er damit nicht
nur die unmittelbar Arbeitslosen, sondern auch noch deren
Partner und Familien. Ansonsten wäre der Anstieg von 50 000
auf 100 000 ein bisschen wahllos.

Insgesamt sucht Steinbrück jedoch keineswegs die Eskalation. Selbst der politische Konkurrent anerkennt im Nachhinein das faire Verhalten des SPD-Ministers. So sagt Roland Koch über dessen Verhalten: »Bei den Verhandlungen zur Zukunft von Opel war er ausgesprochen konstruktiv. Zudem war er zurückhaltend. Er wusste, dass wir wegen der Haltung von Wirtschaftsminister zu Guttenberg ein Problem in den eigenen Reihen hatten. Den Keil hat er nicht weiter in die Union hineingetrieben.« Es habe, so sagt Koch heute weiter, bei Opel keinen Einschätzungsunterschied zwischen Kanzleramt und Finanzministerium gegeben: »Steinbrück hatte da keine parteipolitische, sondern auch eine pragmatische Herangehensweise.« Menschlich und hinsichtlich der Bereitschaft, Probleme zu lösen, ist das ein Urteil, das den Beschriebenen nur freuen kann. Aber für einen Spitzenpolitiker, der wenige Monate vor einer Bundestagswahl steht, ist es doch ein fragwürdiges Lob. Seinen eigenen Reihen hätte er vielleicht mit ein paar Schlägen auf den Keil mehr gedient.

Steinbrücks Umgang mit dem kometenhaften Aufstieg Guttenbergs in den Beliebtheitsumfragen offenbart eine gewisse Hilflosigkeit, mit der er allerdings nicht allein ist. Einerseits will er ihn kritisieren, attackieren, schließlich kann er den neuen Spitzenstürmer der politischen Konkurrenz nicht einfach nach Belieben schalten und walten lassen. Andererseits ist die nicht zu bremsende Begeisterung der Deutschen ein so ungewöhnliches Phänomen, dass Zurückhaltung geboten scheint beim Herumnörgeln an dem fränkischen Politiker. Als Steinbrück Äußerungen Guttenbergs im Mai 2009 so versteht, als sei dieser für Steuersenkung, die der Finanzminister strikt ablehnt, versucht dieser es mit einem Spagat. Er kritisiert die Forderung nach niedrigeren Steuern, schont aber zugleich den Wirtschaftsminister: »Ich glaube, dass sein Kopf zwar richtig aufgeräumt ist, aber die Telefonleitung nach München etwas anderes nicht zulässt«, sagt Steinbrück über Guttenberg. Dort sitze der CSU-Chef und bayerische

Ministerpräsident Horst Seehofer, der ein riesiges Landes-
bankendesaster habe und trotzdem munter die großen Er-
leichterungen verspreche: »Unglaublich.«[57]
   Doch je näher die Wahl rückt, desto deutlicher wird auch
Steinbrück in seinen Angriffen auf den Mann von der CSU,
mit dem er noch an einem Kabinettstisch sitzt. Er habe Neu-
igkeitswert, könne sich auf dem Parkett bewegen: »Er ist ein
Exot, ist bunt. Jeder, der ein bisschen gegen den Strich seiner
eigenen Partei bürstet, ist damit erkennbarer.« Steinbrück
schimpft auf die Arbeitsteilung in der Union beim Thema
Opel. Die Bundeskanzlerin und drei CDU-Ministerpräsidenten hätten bei der Durchsetzung von Staatshilfen »auf die
Tube gedrückt«, während »Kollege Guttenberg sich als letzter Ritter und Lordsiegelbewahrer der puren Ordnungspoli-
tik« darstelle. Das habe verfangen, sei aber nicht ganz redlich,
beschreibt Steinbrück das Dilemma seiner Partei. Auf die
Frage, ob er sich Guttenberg gewachsen fühle, antwortet
Steinbrück mit einem knappen »Aber hallo!!«. Die Auffor-
derung eines Interviewers, zu sagen, was ihn von dem CSU-
Star unterscheide, weist er allerdings zurück, weil man auf
solche Fragen nur falsch reagieren könne: »Entweder indem
man überzeichnet, dann gehen Sie hier raus und sagen: Der
Junge hat ja einen Knall. Oder man unterschneidet so deutlich, dass Sie hinterher sagen: Diese geschauspielerte Bescheidenheit passt doch zu dem Kerl gar nicht.«[58]
   Für den Moment des Wahlkampfs kann Steinbrück im Be-
liebtheitswettbewerb nicht mit Guttenberg mithalten. Aber
er wird länger durchhalten. Das hat auch mit seiner scharfen,
oft witzigen, sich selbst und andere auf den Arm nehmenden
Rhetorik zu tun. Er bezeichnet sich als »Jungen«, der »einen
Knall« habe, und Guttenberg als »Sir Lancelot«. Als die Fragen nach Guttenbergs Erfolg in den Umfragen ihm kurz vor
der Wahl zu bunt werden, macht Steinbrück eine Bemerkung, die das Phänomen Guttenberg treffend beschreibt. Für
die Medien sei der Wirtschaftsminister der »George Clooney

der Politik«, gutaussehend und schick angezogen: »Das ist ja okay. Und ich verliere den Schönheitswettbewerb.« Aber Politik sei nun mal mehr als nur »Glamour und Entertainment«. Im Falle Opel etwa habe Guttenberg die Risiken einer Insolvenz nie analysiert.[59] Allerdings ändert die zukunftsweisende Analyse des Finanzministers nichts daran, dass der beliebte CSU-Mann bei der Bundestagswahl kräftig Stimmen einsammelt.

Das Ende

Peer Steinbrück macht seit dem Herbst 2005, als die große Koalition ihre Arbeit aufnimmt, nie einen Hehl daraus, dass er das Regieren mit der Union für eine vernünftige Angelegenheit hält. Parteitaktisches, gar ideologisches Denken ist dem Pragmatiker fremd, der so lange ein Mann der politischen Verwaltung war. Er will die Probleme des Landes lösen. Wenn die Kasse für alle stimmt, nicht nur für die Bankmanager, sondern auch für deren Fahrer, dann ist ihm das politische Erfüllung genug. Diese Haltung spiegelt sich wider in einem schon lange vor seiner Zeit als Bundesfinanzminister guten Verhältnis zu dem CDU-Politiker Roland Koch und – mit dem Beginn der schwarz-roten Bundesregierung – ebenfalls recht ordentlichen Umgang mit der CDU-Vorsitzenden und Bundeskanzlerin Angela Merkel.

Daran ändert sich im Lauf der großkoalitionären Jahre nichts. Gut ein Jahr bevor im September 2009 ein neuer Bundestag zu wählen sein wird und kurz bevor die Banken- und Finanzkrise ihr hässliches Antlitz endgültig auch Deutschland zuwendet, äußert Steinbrück Zweifel, ob seine Landsleute mit ihrem ausgeprägten Sicherheitsbedürfnis ein »Experiment mit drei Koalitionspartnern« schon verkraften würden. Daraus schließt er: »Die große Koalition bietet gute

Chancen, die wirtschaftliche und soziale Stabilität zu gewährleisten. Und über alles betrachtet, macht sie ihre Arbeit gut.«[60]

Wenig später veröffentlicht der Finanzminister zusammen mit dem hessischen Ministerpräsidenten Koch wieder mal einen gemeinsamen Artikel, in dem sie sich für Subventionsabbau im Allgemeinen und gegen die Pendlerpauschale im Konkreten aussprechen. Sie erwähnen die von ihnen seinerzeit aufgestellte Koch/Steinbrück-Liste zum Abbau von Steuervergünstigungen und rühmen sich, seit 2006 spare der Staat durch die Kürzung von Steuersubventionen und Finanzhilfen etwa zehn Milliarden Euro jährlich. Auch die hohen Benzinpreise seien kein Argument, die Entfernungspauschale zu erhalten: »Die Erwartung vieler Menschen, der Staat könne quasi als Puffer globale Marktentwicklungen dauerhaft von ihnen fernhalten oder auch nur korrigieren, ist ein Irrglaube.«[61]

Wer so zusammenarbeitet mit einem CDU-Mann, der in seinen eigenen Reihen als konservativ gilt, hat mit einer großen Koalition kein Problem. Koch lobt die Kooperation mit Steinbrück noch heute. Er habe mit ihm »immer vertraulich und verlässlich« sprechen können, sei es über Subventionskürzungen, den Länderfinanzausgleich oder in den Koalitionsverhandlungen über Steuerfragen. Der Christdemokrat geht nicht so weit, Steinbrück einen Freund zu nennen, aber sieht in ihm einen guten Partner: »Wir respektieren uns sehr, die Grundlage unseres Miteinanders war und ist aber nicht Freundschaft, sondern vertrauensvolle Verlässlichkeit. Und unsere Rolle war die von ehrlichen Maklern ohne kumpelhafte Verbrüderung.«

Noch im Dezember 2008 turteln die beiden auf offener Bühne miteinander, als Steinbrück von der Zeitschrift »politik & kommunikation« zum Politiker des Jahres ausgezeichnet wird. Die Laudatio hält Roland Koch. Er hoffe nicht, dass er Steinbrück damit »über Gebühr« schade, scherzt der hessische CDU-Mann. Der Angesprochene nimmt den Ball gleich auf und entgegnet:»Noch ein Lob von Herrn Koch, und ich bin politisch tot.«Steinbrück nutzt die launige Stimmung bei der Veranstaltung in Berlin, um seinen Genossen einen mitzugeben. Er schimpft über die ständigen Forderungen nach Konjunkturprogrammen aus den Reihen der SPD, spricht von einem»Chaotisierungswettbewerb«.[62]

Obwohl Politiker sich im Zeitraum eines Jahres vor der nächsten Bundestagswahl in der Regel längst auf diese einstellen und die eigene Position klar von der des Mitbewerbers oder gar des politischen Gegners abzugrenzen pflegen, sieht Peer Steinbrück keinen Anlass, seine Begeisterung für die große Koalition zu verbergen. Zu seiner grundsätzlichen Neigung kommt hinzu, dass er gerade seit dem Spätsommer 2008, als die Krise sich zuspitzt und schließlich die Lehman-Bank zusammenbricht, besonders auf die enge Zusammenarbeit mit der CDU-Kanzlerin Merkel angewiesen ist. Mitte September 2008 sagt er, er könne sich nach 2009 auch anderes als die große Koalition vorstellen:»Aber ausschließen kann ich sie im Lichte konkreter Wahlergebnisse auch nicht.«[63]

Das sind nicht die Äußerungen, die sich diejenigen in der SPD wünschen, die nur das eine Ziel haben: weg von der großen Koalition.

Immer wieder streut Peer Steinbrück Sätze ins politische Geschäft, mit denen er für das Bündnis mit der Union wirbt. Ob es in der Krise einfacher sei, mit einer großen Koalition zu regieren?»Ein klares Ja.« Er begründet das damit, dass hinter dem Bündnis Mehrheiten in Bundestag und Bundesrat stünden. Ob die Krise es wahrscheinlicher mache, dass es nach der Wahl mit einer großen Koalition weitergehe?»Das ist möglich – aber nicht die Wunschlösung – weder der SPD noch der Union.« Immerhin fügt er diesen im Dezember gesprochenen Worten noch die Behauptung an, sozialdemokratische Politik erlebe gerade eine»Renaissance«.[64] Insgesamt ist das jedoch nicht das Verhalten, das einem SPD-Wahl-

kämpfer kurz vor einem Bundestagswahljahr gut zu Gesicht
steht.

Das Problematische an einer großen Koalition ist für die
Volksparteien CDU / CSU und SPD nicht so sehr der Umgang
miteinander während vier Regierungsjahren. Schwieriger ist
es, nach diesen wieder in ein Regierungsbündnis zu wechseln, das in Deutschland nach wie vor für den Normalfall gehalten wird, also eines zwischen einer großen und einer deutlich kleineren Partei. Da die Volksparteien in großen Koalitionen zueinanderfinden müssen und nicht ständig mit
programmatisch scharfen Schwertern aufeinander einschla-
gen dürfen, gibt das den kleinen Parteien umso mehr die
Möglichkeit zur Profilbildung aus der Opposition heraus.
Die Sorge der Wahlkämpfer von CDU und SPD ist denn auch,
dass sie deutlich geschwächt aus großen Koalitionen heraus-
gehen.

Steinbrück schert das nicht übermäßig. Im März räumt er
ein, dass die Luft im Wahlkampf »ein bisschen bleihaltiger
werde«. Doch sei er überzeugt, dass die Menschen von der
Regierung »bis zum letzten Tag« ein reibungsloses und nicht
parteipolitisch gefärbtes Krisenmanagement erwarteten.[65]
Einen Monat später personalisiert er sein Lob für die große
Koalition, indem er sein vertrauensvolles Verhältnis zur Bundeskanzlerin betont: »Sie instrumentalisiert mich nicht, ich
instrumentalisiere sie nicht. Sie agitiert mich nicht, ich agitie-
re sie nicht.« Die Historiker würden eines Tages zu dem
Schluss kommen, dass das Regierungsbündnis von Union
und SPD eine »äußerst glückliche Fügung« für die Jahre 2008
und 2009 gewesen sei. Die Leute wollten in einer solchen Krise »keine Wirtshausschlägerei«. Auf die Frage, ob es denn da
nicht besser wäre, wenn die Wahl ausfiele und die Regierung
einfach weitermachte, sagt Steinbrück nur lapidar, dass man
sich das in der Demokratie nicht aussuchen könne.[66]

Erst im Juli, zwei Monate vor der Wahl, wird Steinbrück
gegenüber der Union angriffslustiger, etwa wenn er diese da-

für kritisiert, dass CDU und CSU mal nach Steuererhöhungen riefen, mal die Senkung der Steuern forderten. Doch insgesamt bleibt das harmlos. Bis er sich überhaupt zu Kritik an der Kanzlerin hinreißen lässt, muss schon der Wahlmonat September anbrechen. Nachdem er ihr Respekt gezollt hat für ihre »gute kommunikative Aufstellung«, sagt Steinbrück über Angela Merkel, keiner wisse, wofür sie genau stehe. Einerseits gebe sie sich sozialdemokratisch, andererseits liebäugle sie mit der FDP.[67] Von einer brutalen Attacke ist das weit entfernt. Noch wenige Tage vor der Wahl versichert er, er werde sich nicht von der guten Zusammenarbeit mit der Kanzlerin distanzieren, werde keinen persönlichen Streit mit ihr anfangen. Gerade bei der Arbeit auf der internationalen Ebene gebe es eine hohe Übereinstimmung.[68] Als er sich in jenen Tagen allzu positiv zur Perspektive einer Fortsetzung der großen Koalition äußert und das für Verärgerung in der SPD sorgt, sieht er sich immerhin zu der Aussage veranlasst, man strebe die Fortsetzung dieses Bündnisses nicht an. Man schließe sie allerdings auch nicht aus.

In der Woche vor der Bundestagswahl trifft sich die gegen die Krise kämpfende politische Weltgemeinschaft im relativ neuen G20-Format in Pittsburgh. Obwohl der Wahlkampf in der heißesten Phase ist, kommen Angela Merkel und Peer Steinbrück nicht um eine gemeinsame Teilnahme herum. Und sie macht ihnen auch gar keine Mühe, im Gegenteil. Sie treten harmonisch und gutgelaunt Seite an Seite auf, wie man das über vier Jahre gewohnt ist. Nur als die Fotografen Kanzlerin und Minister kurz vor dem Abflug bitten, sich die Hand zu geben, wird dieser Wunsch nicht erfüllt. Angela Merkel lehnt ihn ab. Schließlich sei Steinbrück kein Staatsgast.

Kapitel 9
Unter Genossen

In der Heulsusen-SPD

Wenn Steinbrück im heimatlichen Bad Godesberg am Rodderberg spazieren geht, sprechen ihn immer wieder Leute an, die ihm sagen, dass sie ihn zwar schätzten, doch sei er leider in der falschen Partei. Steinbrück reagiert auf solche Ansprachen mittlerweile leicht aggressiv. »Ich bin nicht in der falschen Partei«, pflegt er zu erwidern, »aber Sie wählen falsch.« Steinbrück will keinen Zweifel daran lassen, dass er ein Sozialdemokrat ist. Und auch nicht daran, dass die SPD in Deutschland gebraucht wird. Mitunter formuliert er das in schönen Wendungen, etwa: »Die SPD hat das Alleinstellungsmerkmal, dass sie den Zusammenhalt in der Gesellschaft und die Wohlstandsbasis sichern kann.« Steinbrück würde es aber wohl als Beleidigung verstehen, wenn man ihn als typischen Sozialdemokraten bezeichnen würde. Denn er sieht seine eigene Partei sehr kritisch. Und er äußert diese Kritik immer wieder und so deutlich wie kaum ein anderer Sozialdemokrat. Am bekanntesten ist sein Wort von der SPD als »Heulsusen«-Partei, das er im Sommer 2007 angesichts des Umfragetiefs der Sozialdemokraten in der großen Koalition mit der Union zum Besten gibt und in dem er seine Partei aufruft, Selbstbewusstsein zu zeigen, anstatt an Bundeskanzlerin Merkel herumzukritteln: »Den Leuten kommen wir im Moment wie eine Heulsuse vor: Wir ziehen einen Flunsch wegen der Popularität der Kanzlerin. Wir gucken verkniffen auf das Phänomen der Linkspartei. Wir klagen darüber, dass die Globalisierung uns erwischt, obwohl Deutschland davon profitiert. Wir heulen, weil wir Reformpolitik machen müssen. Wir heulen ein bisschen über Hartz IV und über die Agenda 2010.« Und er fährt fort:»Da sagen die Menschen: Wenn die sich nicht vertrauen, warum soll ich ihnen vertrauen?«[1] Solche Ohrfeigen kommen bei vielen in der SPD nicht gut an.

Besonders scharf trägt Steinbrück seine grundsätzliche Kritik an seiner Partei in einer»Abschiedsrede« im SPD-Parteivorstand nach der verlorenen Bundestagswahl 2009 vor. Sie kann als eine Art Abrechnung wegen des historisch schlechten Ergebnisses von nur 23 Prozent angesehen werden. Wenige Tage nach der Sitzung kann man sie im»Spiegel« lesen, für den Steinbrück sie aufgeschrieben hat.[2] Auch in seinem Buch »Unterm Strich« geht der Autor mit seiner Partei hart ins Gericht.

Steinbrück wirft der SPD vor, dass ihre Parteikultur verkommen sei, dass sie sich politisch falsch orientiert und dass sie eine Kraft ist, die sich vor allem mit sich selbst beschäftigt, anstatt mit der Gesellschaft und den realen Verhältnissen. So sieht er den Verfall einer Führungskultur als maßgeblich an für das schwache Abschneiden der SPD bei Wahlen. Der permanente Autoritätsverfall der Führung müsse gestoppt werden. Es gebe in der SPD einen»teilweise argwöhnischen Umgang generell mit ihren Führungspersonen, insbesondere mit ihren Ministern«. Es geht also auch und nicht zuletzt um den Umgang mit ihm selbst. Steinbrück hat zu Recht das Gefühl, dass er als Bundesfinanzminister in der Bevölkerung geachtet und geschätzt wird, dass aber in der SPD nicht alle diese Wertschätzung teilen. Dass er sich als Bundesfinanzminister nicht gerade darum gekümmert hat, sich auch nur mit den Finanzexperten seiner Partei in der SPD-Bundestagsfraktion ins Benehmen zu setzen, kommt in seiner Analyse freilich nicht zur Sprache.

Als Beispiel für die mangelnde Achtung vor dem Führungspersonal führt Steinbrück in seiner Abrechnung den traditionell linken Berliner Landesverband an, also jenen, in dem Klaus Wowereit die Hauptrolle spielt. Dessen Mitglieder hätten am Tag vor der Bundestagswahl noch der SPD-Spitze zugejubelt, um am Tag danach als Erste das »Revolutionstribunal« über den Kanzlerkandidaten Frank-Walter Steinmeier, den SPD-Vorsitzenden Franz Müntefering und über Steinbrück einzurichten. Das sei »beschämend«, zumal die Abrechnung genau die Personen betreffe, »die bei Umfragen zur Wertschätzung von Politikern die führenden Positionen für die SPD einnehmen«.

Neben einer größeren Wertschätzung für die Führung der Partei fordert Steinbrück auch eine politisch eindeutige Ausrichtung: Die Partei dürfe sich nicht nach links, sondern müsse sich in die Mitte bewegen, denn dort würden Wahlen gewonnen. Während die SPD die Bedeutung der Sozialpolitik überbewerte, vernachlässige sie die Felder Wirtschaft, Mittelstand und Technologie. Dort habe sie »Kompetenzdefizite«. Da die SPD mit diesen Themen fremdele, fehlten ihr in der Breite auch die versierten Politiker, um sie glaubwürdig zu vertreten.

Hinter den Defiziten, die er seiner Partei bescheinigt, sieht er allerdings ein viel grundsätzlicheres Problem. Die SPD habe zu spät bemerkt, dass der Ausbau des Sozialstaates an seine Grenzen gestoßen sei. Sie habe damit ihre »Leitidee« verloren und nicht durch eine neue ersetzt. So sei eine »strukturell bedingte ständige Verspätung der SPD in der Realität« entstanden.[3] Störten die Realitäten das Selbstbild und das Sendungsbewusstsein der SPD, dann sei es – in der Sicht der Partei – umso schlimmer für die Realitäten. In ihrem Hang, sich mehr am Wünschenswerten als am Machbaren zu orientieren, sei die SPD auch als Regierungspartei immer zugleich Oppositionspartei geblieben. Sie habe es nicht geschafft, »sich als eine moderne, linke Volkspartei auf der Höhe der Zeit zu formieren«. Der Fortschrittsbegriff, der für die Partei bestimmend gewesen sei, sei ihr »in seiner gesellschaftlichen, ökonomischen und kulturellen Dimension weitgehend entglitten«. Technologieskepsis und »Unverständnis gegenüber der modernen Großindustrie« dominierten die Partei.

In der SPD stört Steinbrück besonders die Gremienpolitik von Parteifunktionären, die seiner Ansicht nach absurden Regeln folgt. Statt einer freien Diskussion gehe es dabei um die ritualisierte Abfolge von Wortmeldungen und Redebeiträgen, die aber schon vorher genau abgesprochen würden, sowie um den »Kampf um Spiegelstriche bei Texten, die außerhalb der SPD den Aufmerksamkeitswert von ablaufendem Badewasser haben«. Zudem bezögen sich die SPD-Funktionäre – anstatt Führung zu akzeptieren – im Zweifelsfalle auf die ominöse »Basis«, die sakrosankt sei. Wer aber im parteiinternen Streit die Basis als letzte Instanz nicht akzeptiere, begehe ein Sakrileg.[4]

Der Auswahlprozess der Parteien begünstige die »Zeitreichen«, die in der Lage seien, jede Sitzung zu besuchen und die Ochsentour vom Kassierer bis zum Kandidaten durchzustehen. »So sitzen schließlich immer dieselben Personen in den Gremien, bilden einen nicht sehr repräsentativen Querschnitt von sozialen und beruflichen Milieus – und werden immer älter«, schreibt Steinbrück. In Sitzungen des Parteivorstands und des Parteirates habe er sich immer mal eine gedankliche Auszeit genommen, »um nicht aus dem Anzug zu fahren« und die Teilnehmer Revue passieren lassen: »Da saßen einige seit Jahrzehnten. Völlig unverändert. Von neuen Erkenntnissen oder Erfahrungen nicht die Bohne angekränkelt. Die Kompassnadel festgeschweißt, redselig nie ein Mikrophon auslassend und dem Lieblingssport frönend, in einer Art Selbstbeweis denjenigen ans Schienbein zu treten, die in schwieriger politischer Verantwortung stehen.«[5]

Kurzum: Der Mann, der es nicht leiden kann, wenn man ihm nachsagt, er sei in der falschen Partei, entwirft ein Bild dieser Partei, in der diese als langweilige, verstaubte, unattraktive, unmoderne, ja überkommene politische Vereinigung erscheint, die vor allem um sich selbst kreist und der zudem eine Leitidee abhandengekommen ist. Man könnte ketzerisch fragen, warum er dann trotzdem Mitglied in dieser Politsekte ist.

Dabei hat Steinbrück in vielem, was er an der SPD kritisiert, zweifellos recht. Um die Sozialdemokratie ist es in den letzten Jahren nicht zum Besten bestellt, und ein Wahlergebnis von 23 Prozent bei einer Bundestagswahl nötigt dazu, eine offene Fehleranalyse zu betreiben. Dennoch muss man fragen, warum Steinbrück die SPD so gnadenlos mit Kritik überzieht.

Die Antwort hat viel mit Steinbrücks Charakter und mit seinem Lebensweg zu tun: Er hat eine durch seine Arbeit in Ministerien und Regierungen geprägte Sicht auf Politik. Er wurde im Apparat entdeckt, von dem einen oder anderen führenden Genossen gefördert und konnte so aufsteigen. Er ist ein Quereinsteiger in der Politik. Das hat den Vorteil, dass er nie in die Versuchung gekommen ist, seine Partei für wichtiger als alles andere zu nehmen. Was Steinbrück kennt, ist vor allem die Regierungs-SPD. Die andere SPD, die der Ortsvereine, in der ehrenamtlich Politik gemacht wird und in der sich die Genossen langsam – meist zu Beginn durch die Übernahme eines Kreisvorsitzes bei den Jusos – in der Partei hocharbeiten, kennt er kaum. Es ist die SPD, deren Mitglieder im Stadtteil, im Stadtrat und im Kreisrat Politik machen. Einige Genossen rücken dann in die Landes- und manche gar in die Bundespolitik auf. Es ist auch die SPD, die sich zuvorderst um Sozialpolitik kümmert und die einen sozialen Sound pflegt. Steinbrück hat Schwierigkeiten mit dieser SPD, sie ist ihm nicht sympathisch. Bärbel Höhn, Steinbrücks langjährige Kritikerin bei den Grünen, bringt es auf den Punkt: »Peer Steinbrück hat das grundsätzliche Problem, dass er aus der Verwaltung kommt und kein klassischer Parteisoldat ist. Er nimmt weniger Rücksicht auf die Partei als andere, hat auch nicht so ein Gefühl für die Partei, wie es jemand hat, der von unten in ihr aufgestiegen ist.«

Bei seiner Rede im Parteivorstand der SPD nach der Bundestagswahl 2009 verkündet Steinbrück auch, dass der Zeitpunkt gekommen sei, »zu dem ich Platz für Jüngere mache
und aus der ersten Reihe der Politik ausscheiden möchte«.
Das ist einigermaßen überraschend für einen Politiker, der
erst vor wenigen Jahren stellvertretender Parteivorsitzender
geworden ist – und der vorher kein Parteiamt bekleidet hat.
Man kann diesen Schritt angesichts des Wahlergebnisses der
SPD honorig nennen, schließlich zieht da ein Parteivize
scheinbar die Konsequenz aus einer Wahlniederlage. Aber
wenn dieser Maßstab angelegt wird, dann hätten auch die Vi-
zevorsitzenden Frank-Walter Steinmeier und Andrea Nahles
zurücktreten müssen. Steinmeier, der zudem als Spitzenkandidat gescheitert ist, also die größte Verantwortung trägt,
wird hingegen Fraktionschef im Bundestag. Und Andrea
Nahles wird Generalsekretärin, muss im Willy-Brandt-Haus
mit dem neuen SPD-Vorsitzenden Sigmar Gabriel zusammenarbeiten. Steinbrück hingegen möchte sich nicht in die
Pflicht nehmen lassen. Lieber macht er den nörgelnden Kritiker an der Außenlinie, als sich weiter in das Kampfgetüm-
mel auf dem Platz zu begeben.

Macht hier jemand nach einem verlorenen Spiel gar die
Heulsuse? Müsste jemand, der die SPD so in die Kritik
nimmt, nicht an vorderster Stelle dafür kämpfen, dass sie sich
ändert? Müsste er nicht seine Stellung als Vizechef der größten deutschen Partei dafür nutzen, die Verhältnisse in seinem
Sinne zu beeinflussen? Steinbrück macht das nicht. Mit Nie-
derlagen kann er schlecht umgehen. Und natürlich ist die
Niederlage der SPD bei der Bundestagswahl auch die des
Bundesfinanzministers und stellvertretenden SPD-Chefs,
auch wenn der persönlich wohl nicht das meiste dazu beigetragen hat.

Also Ende mit der Politik, so wie Steinbrück es 2005 schon
einmal überlegt haben will? Steinbrück ist 2009 62 Jahre alt,
er ist seit 16 Jahren in führenden Ämtern in der Landes- und

Bundespolitik tätig, er könnte sich getrost in den Ruhestand verabschieden. Aber sein Bundestagsmandat nimmt Steinbrück an. Es ist das erste Mal, dass er einen Sitz im nationalen Parlament bekommt. Angetreten ist er im Wahlkreis Mettmann I, zu dem neben Mettmann die Städte Erkrath, Haan, Hilden, Langenfeld und Monheim gehören; Steinbrück ist SPD-Mitglied im Ortsverein Hilden. In seinem Wahlkreis hatte ihn die SPD mit mehr als 98 Prozent im November 2008 nominiert. Doch den Kampf um sein Direktmandat hat er verloren. Steinbrück kommt nur auf 33,8 Prozent der Stimmen. Das sind immerhin rund neun Prozentpunkte mehr, als die SPD Zweitstimmen in dem Wahlkreis erhält, und gut zehn Prozentpunkte mehr als bundesweit. Aber seine Gegenkandidatin Michaela Noll von der CDU erreicht 44,5 Prozent und ebenfalls fast zehn Prozentpunkte mehr als die Zweitstimmen für ihre Partei in ihrem Wahlkreis. Steinbrück hat also auch persönlich eine Wahl verloren, selbst wenn er im Vergleich zum Ergebnis seiner Partei nicht so schlecht abgeschnitten hat. Für einen populären Bundesminister, der als entscheidende Figur in der Finanzkrise gilt und im Sommer 2009 hinter Karl-Theodor zu Guttenberg und Angela Merkel auf Platz drei der beliebtesten Politiker Deutschlands rangiert, ist es dennoch ein schwaches Ergebnis. Doch Steinbrück ist über den dritten Platz auf der Landesliste abgesichert, er zieht also in den Bundestag ein.

Steinbrück und die Parteilinke

Steinbrück ist von seinen Positionen her ein klassischer rechter Sozialdemokrat, auch wenn er sich nicht in das Links-rechts-Schema einordnen lassen will. In der Bundestagsfraktion fühlt er sich dem Seeheimer Kreis und dem Netzwerk zugehörig, also den Gruppierungen, die sich traditionell als reformistisch, pragmatisch und staatstragend verstehen. Maß und Mitte gelten hier als Leitlinie, dem Hang zum Utopischen, der der SPD als Vorkämpferin für Freiheit und Gerechtigkeit eigen ist, stehen diese Gruppierungen skeptisch gegenüber. Regierungsfähigkeit gilt als hoher Wert, zugleich wendet man sich gegen Marxismus und Klassenkampfideologie, wie sie durch die Achtundsechziger wieder in die SPD geströmt waren. Steinbrück steht diesem Teil der SPD, der mitunter auch verkürzt als Regierungsflügel bezeichnet wird und tatsächlich seit langem die Mehrheit in der jeweiligen Bundestagsfraktion stellt, von seinem politischen Naturell her nahe, ja er bringt viele der dort gepflegten Überzeugungen schärfer und zugespitzter als andere auf den Punkt.

Für den anderen, den linken Parteiflügel ist Steinbrück daher ein rotes Tuch. Dabei sind es seine inhaltlichen Positionen, die ihn unbeliebt machen – für viele ist der als wirtschaftsfreundlich erachtete Steinbrück der Friedrich Merz der SPD, der für Privatisierung und für Deregulierung steht. Ein Beispiel dafür ist in den Augen der Parteilinken die Schuldenbremse, für deren Einführung sich Steinbrück stark macht. Für SPD-Linke wie Andrea Nahles oder Niels Annen ist diese Schuldenbremse ein neoliberales Kampfinstrument, auf jeden Fall aber eine Regelung, die nie und nimmer in eine Verfassung gehört. Steinbrück kann sich in diesem Punkt durchsetzen, auch weil der Koalitionspartner von der Union die Schuldenbremse ebenfalls will. Ab 2020 dürfen die Bundesländer keine Schulden mehr machen, und dem Bund sind ab 2016 enge Grenzen gesetzt, wenn es darum geht, Geld zu leihen.

Es sind aber nicht nur solche politischen Konflikte, durch die Steinbrück bei der Parteilinken schlecht gelitten ist. Wohl noch mehr ist es seine scharfe und auch oft mit entsprechender Arroganz vorgetragene Kritik an den Heiligtümern der Partei und an Genossen, deren Ansichten er nicht teilt oder die er für dumm hält. Steinbrück ist dann groß im Austeilen,

neigt auch zu Grobheiten.»Steinbrück verachtet die Partei«,
ist ein Satz, den man unter Parteilinken zu hören bekommt.
Dass Steinbrück 2005 auf Vorschlag der nordrhein-westfälischen SPD stellvertretender Parteivorsitzender wird, hat
denn auch mehr mit seinem wichtigen Amt als Bundesfinanzminister zu tun als mit einer etwaigen breiten Akzep-
tanz in der ganzen Partei. Es ist allerdings ein Posten – insgesamt gibt es fünf Stellvertreter –, dessen Einflussmöglichkei-
ten begrenzt sind. Im Frühjahr 2006 wählt die SPD wieder
einmal einen neuen Vorsitzenden: Kurt Beck, der Ministerpräsident aus Mainz, übernimmt das Amt, nachdem Matthias
Platzeck, Regierungschef im Land Brandenburg, wegen ge-
sundheitlicher Probleme den Parteivorsitz nach nur fünf
Monaten abgegeben hatte. Steinbrück hält wohl nicht viel
von diesem hemdsärmeligen Politiker aus Mainz, der auf der
Berliner Bühne so wenig gewandt daherkommt. Doch lässt
er es nach außen zunächst nicht an Loyalität fehlen.
   Ein Jahr später setzt Beck eine Reform der Parteispitze
durch. Erstmals wird ein Gremium nicht erweitert, sondern
verkleinert. Statt fünf Stellvertretern will Beck nur noch drei
Vizevorsitzende, um die Schlagkraft der SPD-Führung zu
stärken. Neben Frank-Walter Steinmeier, dem Außenminister und damals schon möglichen Kanzlerkandidaten, macht
Beck Andrea Nahles als bisherige Sprecherin des linken Par-
teiflügels und Bundesfinanzminister Peer Steinbrück als das
entsprechende Pendant auf dem rechten Flügel zu seinen
Stellvertretern – Steinbrück ist der einzige der bisherigen
Stellvertreter, der seinen Posten behält. Beck will sich so auch
die Loyalität der stärksten Flügelvertreter sichern. Steinbrück sagt, er freue sich, in einem»starken Team« arbeiten zu
können. Die Politik der SPD solle darauf zielen, den Wohlstand zu erhalten, damit die»Gesellschaft zusammenhält«.
Mehrfach erwähnt er die Politik des früheren Kanzlers
Schröder, die nun zu den politischen Renditen von heute beigetragen habe.

Im Sommer 2007 stellt sich Steinbrück hinter Becks Pläne, Kanzlerkandidat zu werden. In mehreren Interviews bekundet er, dass er die Frage für entschieden halte und dass Beck der nächste Kanzlerkandidat werde. »Alle anderen Personen, über die in den Medien spekuliert wird, erfüllen diese Anforderungen vielleicht in einem bestimmten Ausschnitt, aber nicht über das ganze Spektrum wie Kurt Beck«, sagt Steinbrück.[6] Die anderen Personen sind aufgrund schwacher Umfragewerte der SPD und des Parteivorsitzenden Beck vor allem Frank-Walter Steinmeier, aber auch Steinbrück selbst. Dessen Name wird auch immer wieder genannt. Er reagiert mit Ironie auf entsprechende Fragen. Er stelle sich jede Nacht den Wecker und denke dann zwischen zwei und drei darüber nach, ob er Kanzler werde. Und er verweist darauf, dass die SPD einen wie ihn kaum aufstellen werde, dass es zudem um seine Lebensqualität gehe und um Selbstbestimmung. Er sagt: »Ich habe doch keine Lust, bis 70 in dieser Mühle zu stecken. Um Himmels willen, es gibt noch so viele Dinge außerhalb der Politik.«[7]

Wie zerbrechlich das innere Gefüge der SPD-Führung ist, zeigt ein Vorgang im Spätsommer 2007. Steinbrück, Steinmeier und Matthias Platzeck, Vorgänger Becks als Parteichef und ein Freund Steinmeiers, präsentieren im Willy-Brandt-Haus ein Buch, in dem verschiedene Autoren für die Fortsetzung des »Agenda 2010«-Kurses plädieren. Es geht darum, dass die SPD nicht nur Gerechtigkeitspartei, sondern auch Wirtschaftspartei sein müsse, auch darum, den überkommenen Sozialstaat, der allzu oft eine Reparaturwerkstatt sei, durch einen »vorsorgenden Sozialstaat« zu ersetzen. Und es geht auch darum, den »demokratischen Sozialismus«, einen alten Zopf, wie die Modernisierer finden, zu ersetzen durch den Begriff der »sozialen Demokratie«. Es ist zugleich ein Vorstoß für den kommenden Parteitag im Oktober 2007 in Hamburg, bei dem sich die SPD ein neues Programm geben will. SPD-Chef Beck fühlt sich durch das Buch herausgefordert – er fehlt bei der Präsentation im Willy-Brandt-Haus, nicht hingegen Franz Müntefering. Beck wettert nun öffentlich gegen »einige Leute in der dritten oder vierten Reihe, die hinter Büschen sitzen und mehr oder weniger Intelligentes erzählen« – es ist nicht klar, wen er meint, aber es geht wohl eher um diejenigen in der zweiten Reihe, also um Steinmeier und Steinbrück. Die Medien jedenfalls haben Stoff, um die Führungskrise in der SPD ausgiebig zu behandeln.[8]

Allerdings strapaziert auch Beck die Loyalität seiner Stellvertreter. Ohne Absprache mit ihnen unternimmt er einen Vorstoß zur Verlängerung des Arbeitslosengelds I (ALG I). Die Bestimmung, das jemand nur 18 Monate lang ALG I erhält und dann in Hartz IV kommt, unabhängig davon, wie lange er zuvor gearbeitet und in die Sozialkassen Beiträge gezahlt hat, will er ändern. Das werde von der Bevölkerung und den SPD-Wählern für eine schreiende Ungerechtigkeit gehalten und müsse deshalb korrigiert werden, argumentiert er. Einen solchen Vorschlag hatte zuvor schon der CDU-Ministerpräsident in Nordrhein-Westfalen und Steinbrück-Nachfolger Jürgen Rüttgers gemacht und auf dem CDU-Parteitag durchgesetzt. Schon damals hatte Steinbrück dagegengehalten, er betrachte das als Populismus, und sagte voraus, mit der SPD werde es einen entsprechenden Beschluss in der großen Koalition nicht geben.

Steinbrück hält deswegen nun auch den Vorstoß von Beck für falsch. Ebenso wie Vizekanzler und Arbeitsminister Franz Müntefering, der den Streit zu einem grundsätzlichen Konflikt mit Beck über den Kurs der SPD macht, ist er der Meinung, das werde als Signal dafür aufgefasst, dass die Sozialdemokratie sich scheibchenweise von der »Agenda 2010« trenne. Auch fragt er bei einer Schaltkonferenz des SPD-Präsidiums, ob Becks Vorschlag durchgerechnet sei. Damit macht er klar, dass er nicht nur als Finanzfachmann der Partei, sondern auch als von der SPD gestellter Bundesfinanzminister gerne vorher mit Becks Plan befasst worden wäre. Die

Minister dürften nicht beschädigt werden, mahnt er. Doch anders als Müntefering tritt er Beck nicht offen entgegen. Im SPD-Parteivorstand bekommt das Konzept Becks eine große Mehrheit – nur zwei Mitglieder sind auf Münteferings Seite. Steinbrück enthält sich der Stimme. Bei den Wahlen der Stellvertreter auf dem Hamburger Parteitag Ende Oktober 2007 danken es ihm die Delegierten mit einem Ergebnis von mehr als 75 Prozent – das ist besser als erwartet und sogar etwas mehr, als Andrea Nahles bekommt. Die SPD aber beschließt, wie zuvor die CDU, dass das ALG I fortan für zwei Jahre gezahlt werden soll. Damit ist der Weg frei für die große Koalition, zumindest diesen Teil der »Agenda 2010« zurückzudrehen. Steinbrück verzichtet darauf, auf dem Hamburger Parteitag zu sprechen. Er hat in einer entscheidenden Frage ohnehin die Mehrheit des Parteitags gegen sich. Es geht um die Teilprivatisierung der Bahn. Steinbrück ist dafür, doch die Mehrheit der Delegierten dagegen. Sie sind entschlossen, die Privatisierungspläne per Beschluss endgültig zu begraben. Nur eine Intervention des Parteivorsitzenden Beck verhindert, dass der Beschluss zustande kommt. Die Entscheidung wird vertagt und so eine empfindliche Niederlage für Steinbrück verhindert.

Beck, Ypsilanti und die Angst vor dem Linkskurs

Steinbrück sieht mit wachsender Sorge, dass die Parteilinke unter Beck an Einfluss gewinnt. Dass Bundesumweltminister Sigmar Gabriel, der sich zu den Pragmatikern in der Partei rechnet, auf Betreiben der Parteilinken im November 2007 nicht mehr ins SPD-Präsidium gewählt worden ist, ist Anlass für die Nicht-Linken, Steinbrück darum zu ersuchen, die Arbeit von Seeheimer Kreis und Netzwerk zu koordinieren. Steinbrück lädt Anfang Januar 2008 zu einer ersten Vorbesprechung ein, damit die »schweigende Mehrheit« sich in Zukunft abstimme – etwa 20 Spitzengenossen aus dem Mitterechts-Lager sind gekommen. Andrea Nahles lässt mit ihrer Gegenattacke nicht lange auf sich warten. Sie habe nach ihrer Wahl zur stellvertretenden Parteivorsitzenden ihr Amt als Sprecherin der Parteilinken aufgegeben. Denn es sei ein ungeschriebenes Gesetz, dass man als Parteivize für die gesamte SPD spreche. »Dass nun gleich zwei Kollegen einen anderen Weg beschreiten, ist zumindest ungewöhnlich«, greift sie Steinbrück und Steinmeier an.[9]

Steinbrück ist hin- und hergerissen zwischen dem Bemühen um Loyalität, die ein SPD-Chef von seinem Stellvertreter erwarten kann, und einer zunehmenden Skepsis angesichts des Einflusses der Parteilinken auf den Vorsitzenden Beck. Die SPD sieht er auf einem schwierigen Kurs. Seine Geduld ist am Ende, als Beck einen schweren Fehler begeht. Kurz vor der Hamburg-Wahl am 24. Februar 2008 heißt Beck in einem Hintergrundgespräch den Plan der hessischen SPD-Chefin Andrea Ypsilanti gut, sich mit Hilfe der Linkspartei in Hessen zur Ministerpräsidentin wählen zu lassen. Die Presse berichtet ausführlich über seine Aussagen, die als Wortbruch gewertet werden. Beck verhagelt so den Hamburger Genossen die Wahl. Wieder hat sich der SPD-Chef mit seinen Stellvertretern nicht abgesprochen. Zu allem Überfluss zwingt er sie am Wahlsonntag auch noch – nach einer lautstarken Auseinandersetzung –, mit ihm auf die Bühne des Willy-Brandt-Hauses zu kommen. Während Beck von einem »großartigen Ergebnis« in Hamburg fabuliert und zugleich den Kurs der Hessen-SPD rechtfertigt, stehen Steinmeier mit verschränkten Armen und Steinbrück in Cordhose und offenem Hemd mit sichtlich genervtem Gesichtsausdruck hinter dem Parteichef.

Steinbrück, der sich mit mehreren Wahlkampfauftritten in Hessen für den Sieg der SPD und ihrer Spitzenkandidatin Andrea Ypsilanti engagiert hat, hält das Vorgehen Becks, der eine Zusammenarbeit mit der Linkspartei im Westen wie im Bund zuvor immer ausgeschlossen hatte, für katastrophal. Und diesmal ist er nicht bereit, mit seiner Meinung hinter dem Berg zu halten. Er sei überzeugt, dass Becks und Ypsilantis Zusage vor der Wahl, keine Kooperation mit der Linkspartei einzugehen, auch nach der Wahl gelten werde: »Sollte das jemand in Zweifel ziehen, spielt er mit der Glaubwürdigkeit der gesamten SPD.«[10] Steinbrück hält Beck einen Wortbruch vor. Doch bis zum offenen Affront will er nicht gehen: Im SPD-Parteivorstand stimmt er doch nicht gegen das Papier, das den Hessen freie Hand gibt. Allerdings wirbt er intern weiter dafür, andere Koalitionen in Hessen zu suchen – also eine große Koalition mit der CDU von Ministerpräsident Roland Koch einzugehen, die bei der Wahl hauchdünn vor der SPD gelandet ist. Doch Ypsilanti, die mit einem dezidiert linken Programm der »sozialen Moderne« Wahlkampf gemacht hat, schließt ein Zusammengehen mit der CDU aus, selbst wenn ein anderer CDU-Politiker als Koch Ministerpräsident sein sollte.

Beck aber stützt Ypsilanti, macht sich dadurch Freunde auf dem linken Flügel der Partei. Die pragmatischen SPD-Politiker aber haben es schwer mit diesem Vorsitzenden, der eigentlich von seinem Habitus und seinen politischen Positionen her konservativ ist. Doch Beck fühlt sich von den führenden Pragmatikern der SPD nicht akzeptiert, vor allem von Vizekanzler Franz Müntefering, der wiederum ein enges Verhältnis zu Steinmeier und Steinbrück pflegt. Beck sucht deshalb Unterstützung bei der SPD-Linken, angeführt von den ehemaligen Juso-Vorsitzenden Andrea Nahles, Björn Böhning und Niels Annen. Sie sehen ihre Chance, auf den SPD-Chef und damit auf den Kurs der Partei einzuwirken.

Steinbrück kommt immer mehr zu der Überzeugung, dass die SPD unter Beck auf dem falschen Weg ist. In der Presse werden Spekulationen verbreitet, dass Steinbrück, Steinmeier und Müntefering, der sich im Herbst 2007 wegen der Erkran-

kung seiner Frau von allen Ämtern in Regierung und Partei
zurückgezogen hat, planten, Beck als Kanzlerkandidaten der
SPD zu verhindern. Steinbrück wird im Parteirat, der von der
Parteilinken dominiert ist, Anfang März 2008 für seine Angriffe auf Beck und Ypsilanti angefeindet. Wenn es eine Per-
sonaldiskussion geben müsste, dann eine über Steinbrück,
werden Teilnehmer der Sitzung zitiert. Aus Rheinland-Pfalz
meldet sich Becks Innenstaatssekretär Roger Lewentz zu
Wort: Beck müsse sich von »Wahlverlierern wie Steinbrück«
keine Ratschläge geben lassen.[11]

Als Andrea Ypsilanti im Sommer 2008 einen zweiten Anlauf nimmt, um sich doch noch mit Hilfe der Linkspartei zur
Ministerpräsidentin in Hessen wählen zu lassen, hält Steinbrück mit seiner Kritik an dem Vorhaben nicht mehr zurück.
Die SPD stehe »zwischen Pest und Cholera«. Eine Wahl Ypsilantis werde sie selbst, die hessische SPD und die Bundes-
SPD schwer beschädigen. »Wird sie gewählt, ist sie abhängig
von der Linken und den Traumata von Herrn Lafontaine. Sie
begibt sich in die Hände einer Partei, die Einfluss ohne Verantwortung, ohne jede Verpflichtung hätte, die wöchentlich
dafür sorgen kann, dass Regierungsfähigkeit wieder verloren-
geht«, sagt Steinbrück im Interview mit dem »Stern«.[12] Die
SPD-Linke ist empört, Hermann Scheer, der Schattenwirt-
schaftsminister Ypsilantis, schreibt einen Brief an Steinbrück,
in dem er ihm vorwirft, er habe mit seiner Wortwahl von Pest
und Cholera »die Grenze des Zumutbaren im politischen
und persönlichen Umgang überschritten«. Steinbrück benut-
ze »eine Sprache des populistischen Aufwiegelns dumpfer
Ressentiments, die abschreckend und abstoßend wirkt und
nicht in eine demokratische Kultur der Aufklärung passt«, so
Scheer, der eine Entschuldigung Steinbrücks verlangt.[13]

Doch trotz solcher Schützenhilfe bekommt Beck die Lage
nicht mehr in den Griff. Zwar wird er offiziell weiter als
Kanzlerkandidat genannt, aber SPD-Fraktionschef Peter
Struck nennt nun auch Steinmeier und Steinbrück – und fügt

Beck nur noch pflichtgemäß an.[14] Beck muss aufgrund seiner Umfragewerte einsehen, dass er nicht Kanzlerkandidat werden kann. Am 24. August 2008 schlägt er Steinmeier während eines Vieraugengesprächs in der rheinland-pfälzischen Landesvertretung in Berlin vor, dass dieser Kanzlerkandidat werden soll. Steinmeier gelingt es, bei einem gemeinsamen Treffen mit Franz Müntefering am 4. September in Bonn Beck noch das Zugeständnis abzuringen, dass auch Müntefering eine führende Rolle im Wahlkampf spielen soll. Beck ist nun schon weitgehend entmachtet. Am 7. September, einem Sonntag, soll er Steinmeiers Kandidatur bei einem Treffen der SPD-Spitze am Schwielowsee unweit von Berlin bekanntgeben. Als am Tag vorher die Medien schon verkünden, dass Steinmeier Kandidat wird und Beck dadurch entmachtet sei, sieht sich der Pfälzer so in seiner Autorität getroffen, dass er beschließt, den Parteivorsitz sofort hinzuschmeißen. Er lässt sich auch am nächsten Tag bei einem Krisentreffen der Parteispitze nicht mehr umstimmen. Nur eine Rückkehr von Müntefering als Parteichef will er verhindern. Doch Steinbrück lehnt Becks Vorschlag ab, Steinmeier solle neben der Spitzenkandidatur auch den Parteivorsitz übernehmen – diese Doppelbelastung solle er sich nicht antun, rät er Steinmeier. Und er ist auch, genau wie Steinmeier, gegen Becks letzten Vorschlag, Müntefering zu verhindern: Olaf Scholz, der damalige Arbeitsminister, so schlägt Beck vor, solle SPD-Chef werden. Beck verliert auch noch diese letzte Runde des Spiels, Müntefering wird wieder die SPD anführen.

Einen Plan, Beck als Parteichef abzulösen, habe es nicht gegeben, sagt Steinbrück in den Tagen nach diesem Desaster. »Man sollte der Legendenbildung vorbeugen, nach der von langer Hand ein Putsch vorbereitet worden ist.«[15] Er selbst habe damals, so erinnert er sich später, sozusagen als Preis für die Zustimmung zum Kanzlerkandidaten Steinmeier und zur Rückkehr Münteferings als SPD-Chef, aus der Parteiführung ausgebootet werden sollen – an seiner Stelle habe der Berliner

Regierende Bürgermeister Klaus Wowereit »eingecheckt werden« sollen. Wäre dieser Plan weiterverfolgt worden, so wäre er entschlossen gewesen, »auch als Bundesfinanzminister von der Mannschaftsliste der SPD zurückzutreten«.[16] Steinbrück ist also durchaus bereit, um seinen Einfluss in der Partei zu kämpfen. Seine Interpretation des damaligen Machtkampfes ist allerdings stark durch Psychologisierung geprägt. Kurt Beck habe sich vom linken Flügel der Partei als Parteivorsitzender besser verstanden gefühlt, »gefühlsmäßig eher angenommen und anständiger behandelt« als von den Modernisierern, die »ihm – einschließlich meiner Person – zu rational und mechanistisch erschienen«. Beck, der bodenständige Landesvater aus Mainz, habe sich paradoxerweise eher dort zu Hause gefühlt, wo er in der SPD »gar nicht herkam und politisch auch nicht verortet war«.[17] Steinbrück schätzt das wohl richtig ein. Doch er verschweigt, dass auch er der Meinung war, Beck sei zur Führung der SPD nicht geeignet und dass er seinen Anteil daran hatte, eine Ablösung Becks herbeizuführen.

Ein Beispiel für einen inhaltlichen Konflikt zwischen Steinbrück und der Parteilinken ist die Rente mit 67. Steinbrück wird im Wahljahr 2013 66 Jahre alt sein. Wenn er nach der Wahl noch einmal in die Regierung kommt, als Minister oder sogar als Kanzler, dann ist er bei Ablauf der Legislaturperiode 70. Zwar spricht er oft davon, was das Leben neben der Tretmühle Politik an Schönem zu bieten habe, aber den Wunsch, seinen Interessen und Leidenschaften sobald wie möglich als Rentner nachzugehen, hat er nie geäußert. Stattdessen ficht er so vehement wie sonst kaum einer in der SPD dafür, dass das Rentenalter in Deutschland angehoben wird. Der Streit um die Rente mit 67 ist in der SPD wohl nur mit jenem um Hartz IV zu vergleichen. Vielleicht ist die stufenweise Heraufsetzung des Renteneintrittsalters für den linken SPD-Flügel und die Gewerkschaften sogar noch schwerer zu ertragen. Klar ist, dass sich weite Teile der SPD und der Gewerkschaften in Deutschland bis heute nicht mit diesem Beschluss abgefunden haben. Er war von der großen Koalition gefasst worden, und der damalige Arbeitsminister Müntefering hatte daran großen Anteil. In seinem Bemühen, die SPD mit sich selbst zu versöhnen und die Gewerkschaften wieder stärker als Partner zu gewinnen, verfolgt Parteichef Sigmar Gabriel nach der Wahlniederlage 2009 das Ziel, den Beschluss zu relativieren. Steinbrück erkennt dieses Motiv zwar als ehrenwert an. Er ist aber entschieden dagegen, die Bestimmungen zur Rente mit 67 aufzuweichen. Der Kurswechsel von Gabriel sei »problematisch«, greift Steinbrück seinen Parteichef offen an. Es könne für den Erhalt der Sozialsysteme nicht gutgehen, dass die Deutschen immer später in den Beruf einstiegen, früher in Rente gingen und gleichzeitig immer länger lebten. »Man muss kein Mathematiker sein, um zu sehen, dass sich die Politik nicht auf Dauer über die Gesetze der Arithmetik hinwegsetzen kann«, ist ein typischer Steinbrück-Satz zu diesem Thema. Die SPD mache einen Fehler, wenn sie jetzt Dinge beschließe und später, wenn sie wieder an der Regierung sei, ihren Mitgliedern erklären müsse, »dass die Versprechen aus Oppositionstagen leider nicht umgesetzt werden können«.[18] Diesen Fehler habe die SPD schon mehrfach gemacht, etwa als Kanzler Schröder 1998 den demografischen Rentenfaktor abgeschafft habe, um ihn wenig später unter anderem Namen wieder einzuführen.

Steinbrück ist dabei auch bereit, sich mit den Gewerkschaften anzulegen. Die SPD solle sich zwar nicht von ihnen distanzieren, aber sich nicht in allen Fragen in die »warmen Arme der Gewerkschaften« werfen. »Da kann man auch verhungern«, warnt Steinbrück im Herbst 2010 mit Blick auf deren Gegnerschaft zur Rente mit 67. Steinbrück selbst ist früher Mitglied der IG Metall gewesen, tritt aber aus Verärgerung darüber aus, »für sozialdemokratische Positionen immer wieder von denen verbal verprügelt zu werden«. Deshalb ist er der weniger linkslastigen IG Bergbau, Chemie, Energie beigetreten.[19] Nicht nur die Gewerkschaften kritisiert Steinbrück für ihr Engagement gegen die Rente mit 67. Auch die Führung der Jusos greift er an. Wenn deren Vorsitzender Sascha Vogt die Rente mit 67 abschaffen wolle, dann vertrete er die Interessen der Menschen, die mehr als 60 Jahre alt seien.»Das ist grotesk!«, wettert Steinbrück.»Ich dachte, das sei eine Jugendorganisation, die für Zukunftsinteressen einsteht. Für wen machen die Jungsozialisten denn Politik?«[20] Steinbrück ist in Sachen Rente ein gebranntes Kind. Die große Koalition hatte auf Vorschlag des SPD-Arbeitsministers Olaf Scholz im Frühjahr 2009 eine Rentengarantie beschlossen. Danach dürfen die Renten niemals sinken – selbst wenn die Löhne es tun. Das aber widerspricht dem Prinzip der dynamischen Höhe des Rentenfaktors. Danach wird der individuelle Faktor, also die im Leben geleisteten Rentenbeiträge, jährlich an die durchschnittliche Lohnentwicklung aller Beitragszahlenden angepasst. Steinbrück ist gegen diese Schutzklausel, weil sie einseitig nur die Rentnergeneration begünstigt. Er hätte als Finanzminister damals sein Veto einlegen können, aber er tut es nicht. Später, schon in der Opposition, bezeichnet er sein Verhalten als Fehler.»Ich hätte nicht mitmachen dürfen! Das war ein Tabubruch«, sagt Steinbrück im Sommer 2010.»Ich habe letztlich am Kabinettstisch mitgestimmt. Das war – im Sinne der Generationengerechtigkeit – eine falsche Entscheidung.«[21]

Durchsetzen kann sich Steinbrück auch in der Frage der Rente mit 67 mit seiner Haltung nicht. Auf ihrem Parteitag Anfang Dezember 2011 beschließt die SPD, dass – im Falle der Regierungsübernahme durch die Sozialdemokraten – der Beschluss zur Anhebung des Renteneintrittsalters ausgesetzt werden soll. Das Gesetz dürfe erst dann zur Anwendung kommen, wenn die Hälfte der Arbeitnehmer über 60 einer sozialversicherungspflichtigen Beschäftigung nachgeht. Steinbrück aber bleibt trotz des Beschlusses bei seiner Haltung

und vertritt sie weiter öffentlich. Die Parteilinke hat ein neu-
es Argument, um auf Steinbrück einzuschlagen.»Wenn Peer
Steinbrück darauf hinweisen wollte, wo er sich vom SPD-
Programm unterscheidet, dann ist ihm das gelungen«, sagt
Steinbrücks vehementester Kritiker in der SPD, der Parteilin-
ke Ralf Stegner aus Schleswig-Holstein.[22]

Steinbrück und Sarrazin

Ein dünner, kauziger Mann mit Rundbrille und Schnauzbart
macht der SPD im Herbst 2010 zu schaffen. Thilo Sarrazin,
SPD-Mitglied und ehemaliger Berliner Finanzsenator, hat ein
Buch geschrieben, das die Gemüter erregt:»Deutschland
schafft sich ab«. Obwohl es ein mit Statistiken und allerlei
komplizierten Berechnungen angereichertes Werk ist, schlägt
es wegen seiner Thesen ein wie eine Bombe. Auch unsere
Nachfahren in 50 oder 100 Jahren sollen»noch in einem
Deutschland leben, in dem die Verkehrssprache Deutsch ist
und die Menschen sich als Deutsche fühlen«, schreibt Sarrazin. Auch Enkel und Urenkel sollen nicht in einem Deutschland wohnen,»in dem über weite Strecken Türkisch und
Arabisch gesprochen wird, die Frauen ein Kopftuch tragen
und der Tagesrhythmus vom Ruf der Muezzine bestimmt
wird«. Die Deutschen aber schafften sich durch ihre sinken-
de Geburtenzahl selbst ab. Es müsse eine Debatte geben, in
der die Sorge um Deutschland als Land der Deutschen nicht
mehr als politisch inkorrekt diffamiert werde. Sarrazin sieht
vor allem muslimische Migranten – besonders aus der Türkei
und den arabischen Ländern – als Problem. Sie seien schwer
integrierbar, erbrächten schlechtere Schulleistungen, seien oft
arbeitslos und bezögen entsprechend Sozialleistungen. Sie
neigten zur Abschottung bis zur Bildung von Parallelgesell-
schaften. Muslimische Jugendliche seien öfter gewaltbereit

und kriminell. Da muslimische Migranten sich überdurch-
schnittlich vermehrten, bestehe die Gefahr, dass »Staat und
Gesellschaft im Laufe weniger Generationen von den Migranten übernommen« würden. Die Deutschen müssten ihr
Geburtenverhalten radikal ändern, und es müssten vor allem
die Klugen wieder mehr Kinder bekommen, weil Intelligenz
zum großen Teil erblich sei.

Viele SPD-Politiker finden dieses Buch schwierig und seine
Thesen inakzeptabel, auch Bundeskanzlerin Angela Merkel
beschreibt es als »nicht hilfreich« – ohne es allerdings gelesen
zu haben. Doch der Erfolg ist überwältigend. Sarrazin wird
beklatscht als einer, der sich mit der politischen Klasse anlegt,
als Kämpfer gegen die politische Korrektheit. Das SPD-Mitglied Sarrazin wird damit zu einem Problem für seine Partei.
Denn gerade hat sich die deutsche Sozialdemokratie nach der
verlorenen Bundestagswahl beruhigt, eine innerparteiliche
Versöhnung scheint zu gelingen, sogar die Umfragewerte
steigen – da platzt der Fall Sarrazin zur Unzeit herein. Ganz
schnell will man sich von diesem Störenfried distanzieren.
Am Tag, als Sarrazins Buch erscheint, beschließt der SPD-Vorstand, ein Parteiordnungsverfahren gegen den Autor anzu-
strengen, auf gut Deutsch: ihn rauszuschmeißen. Parteichef
Gabriel ist die treibende Kraft, erwägt gar ein Schnellverfahren. Generalsekretärin Andrea Nahles bremst zunächst. Die
Erinnerung an die parteischädigende Wirkung des Verfah-
rens gegen Wolfgang Clement, der vor der Wahl in Hessen
dazu aufgerufen hatte, nicht die SPD zu wählen, ist noch
wach. Doch Gabriel setzt sich durch. Der Fehler ist gemacht.
Denn viele Mitglieder und Wähler der SPD teilen Sarrazins
Thesen von einem Deutschland, in dem es zu viele nicht inte-
grierte Migranten gibt. Sie wohnen, weit mehr als die Wähler
von CDU, FDP und Grünen, in den Städten und Stadtteilen,
in denen sie mit den Problemen der Integration täglich konfrontiert sind. Sie fühlen sich von Sarrazins Thesen angesprochen.

Peer Steinbrück gehört dem SPD-Vorstand nicht mehr an. Doch er wendet sich öffentlich gegen einen Parteiausschluss Sarrazins. »Ich würde ihn halten«, sagt er Mitte September 2010 dem »Spiegel«. Sarrazin habe zwar durch seinen »biologischen Unsinn« eine notwendige Debatte über die Integration von Migranten »eher vergiftet als befördert«. Aber die Integrationsprobleme würden nicht dadurch gelöst, dass die SPD ihn ausschließe. Man solle lieber darüber reden, dass nicht wenige Migranten in die Sozialsysteme eingewandert seien und »nicht den Überbringer dieser Nachricht mundtot machen«.[23] Auch später wendet sich Steinbrück gegen den »verquasten Überbau«, den Sarrazin mit seinen Erbtheorien errichtet habe und der »platter Sozialdarwinismus« sei. Integrationsprobleme hätten nichts mit ethnischen, genetischen oder biologischen Kriterien zu tun. »Hier vergiftet Sarrazin die Debatte.« Was aber die Integrationsproblematik angehe, »kann man weiten Teilen von Sarrazins Analyse nicht widersprechen«, so Steinbrück Mitte November 2010. Durch einen Parteiausschluss vermittle die SPD »den falschen Eindruck, sie wolle die Debatte loswerden«. Doch viele Bürger wollten über Zuwanderung und »vermurkste Integration« reden.[24]

Nachdem die erste Aufregung über Sarrazin sich gelegt hat, gewinnt Steinbrücks Haltung in der SPD immer mehr Anhänger. Am Gründonnerstag 2011 wird das Verfahren gegen Sarrazin eingestellt; Sarrazin hatte eine Erklärung abgegeben, in der er unter anderem betont, dass er nicht dafür eintrete, »Chancengleichheit durch selektive Förderungs- und Bildungspolitik zu gefährden«. Die Parteilinke reagiert verärgert über diese Entscheidung, die allgemein als Rückzugsmanöver des Parteivorsitzenden Sigmar Gabriel verstanden wird. Und sie verübelt Steinbrück seine Parteinahme.

Eineinhalb Jahre später hat Sarrazin ein neues Buch geschrieben – »Europa braucht den Euro nicht«. Steinbrück nimmt eine Einladung an, mit Sarrazin am 20. Mai 2012 bei Günther Jauch zu diskutieren. Sarrazin verficht die These, dass der Euro Deutschland wie den Ländern der Eurozone insgesamt ökonomisch nichts gebracht habe und dass alle wichtigen Werte der Europäischen Union – Frieden, Freiheit und Wohlstand – mit der Einheitswährung nichts zu tun hätten. Obwohl Sarrazins Ausführungen rechthaberisch und mitunter unerträglich detailreich sind, bleibt Steinbrück sachlich, auch wenn es ihm schwerfällt. Nur einmal erregt er sich, Sarrazin verbreite »Bullshit«, er aber dürfe nicht darauf antworten. Steinbrück argumentiert nicht in erster Linie ökonomisch, sondern wirft Sarrazin »Geschichtsvergessenheit« vor. Der Euro sei eine der tragenden Säulen der europäischen Integration, seine Aufgabe würde zu einer »politischen Renationalisierung Europas« führen. Sarrazin habe keine Lösung und kein Rezept, wie man den Euro ersetzen solle, er spiele hingegen mit dem Schicksal von Millionen, obwohl er eigentlich erkenne, welche »Erschütterungsdynamik« eine Abschaffung des Euro für die gesamte Europäische Union mit sich bringe. Dennoch sei Sarrazin »kein gefährlicher Mann«, wendet sich Steinbrück gegen eine Dämonisierung des Erfolgsautors.

In der Presse wird Steinbrück gelobt, weil er überzeugender gewesen sei und gezeigt habe, dass es richtig sei, sich mit den provokanten Thesen Sarrazins argumentativ auseinanderzusetzen. In der SPD-Linken, für die Sarrazin eine Unperson ist, wird Steinbrücks Auftritt hingegen scharf kritisiert. Der schleswig-holsteinische SPD-Vorsitzende Ralf Stegner legt ihm, Steinbrück, nach der Sendung sogar den Parteiaustritt nahe: »Sein einzig wertvolles Buch ist das Parteibuch. Er täte sich und der SPD einen großen Gefallen, wenn er dieses zurückgibt.«[25]

Annäherungen

Es wäre allerdings falsch, nur die Gegensätze zwischen den Überzeugungen Steinbrücks und jenen des linken Flügels der deutschen Sozialdemokraten herauszustellen. Denn es gibt auch eine Reihe von Annäherungen, die zum Teil daraus resultieren, dass Steinbrück frühere Positionen verändert, zum Teil daraus, dass die Parteilinke selbst ihre Haltungen relativiert hat. So ist Steinbrück mittlerweile ein Befürworter des gesetzlichen Mindestlohns, den er früher ablehnte, als ihn die SPD schon vertrat. Weitgehenden Flexibilisierungen des Arbeitsmarktes, denen er das Wort redete, steht er mittlerweile skeptisch gegenüber. Der Missbrauch der Leiharbeit hat dazu geführt, dass Steinbrück sie nur noch unter den Bedingungen zulassen will, dass die Zahl der Leiharbeiter eines Unternehmens einen bestimmten Prozentsatz nicht übersteigt und dass die Leiharbeiter grundsätzlich dieselben Löhne erhalten wie die Stammbelegschaft.[26] Die Abgeltungssteuer auf 25 Prozent zu setzen sei ein Fehler gewesen, sagt Steinbrück schon auf dem SPD-Parteitag im Herbst 2010 – und er wiederholt seitdem, dass sie höher, nämlich 30 Prozent, hätte ausfallen müssen.

Auch treffen Steinbrücks kritische Positionen, was die ungezügelte Macht der Finanzmärkte angeht, etwa sein Eintreten für eine internationale Umsatzsteuer auf Finanzgeschäfte oder seine Kritik an hohen Manager-Boni, in der Parteilinken auf Zustimmung ebenso wie die Ablehnung des Steuerabkommens, das Bundesfinanzminister Wolfgang Schäuble (CDU) mit der Schweiz aushandelte. Das im Herbst 2011 vorgestellte Steuerkonzept der SPD, das eine Erhöhung des Spitzensteuersatzes von 42 auf 49 Prozent und eine Vermögensteuer vorsieht, trägt Steinbrück mit. Einst hatte er als nordrhein-westfälischer Finanzminister die Senkung des Spitzensteuersatzes von damals 53 Prozent auf 42 Prozent gefordert. Einige Positionen hat Steinbrück tatsächlich revi-

diert, bei anderen geht es wohl auch darum, sich kompatibel
mit der SPD-Linie zu machen.

Gleichzeitig ist die Zahl der öffentlichen Kritiker Steinbrücks überschaubar geworden – denn der linke Flügel der
SPD ist längst nicht mehr so stark wie in früheren Zeiten. Neben Steinbrücks Dauerkritiker Ralf Stegner, dem Landesvorsitzenden aus Schleswig-Holstein, sind es etwa der Sozial-
veteran Ottmar Schreiner und die wenig bekannte neue Sprecherin der Parteilinken Hilde Mattheis, die Steinbrück heftig
attackieren – oder der traditionell besonders linke Juso-Vor-
sitzende, im Jahre 2012 Sascha Vogt. Zwar gibt es auch in den
Landesverbänden der SPD, etwa in Hessen und in Berlin,
starke Vorbehalte gegen den ehemaligen Finanzminister. Und
es ist wahrscheinlich, dass Steinbrück eine Urwahl des Kanzlerkandidaten in der SPD, etwa gegen Steinmeier, nicht gewinnen würde. Doch zugleich gibt es auch in der Parteilinken Politiker, die Steinbrück die besten Chancen einräumen,
ein möglichst gutes Ergebnis für die SPD zu holen. »Ich kriege keine Pickel bei Peer Steinbrück«, sagt Ernst-Dieter Ross-
mann, der Sprecher der Parteilinken im Bundestag, im Sommer 2011. »Für uns als Linke ist entscheidend, dass wir als
Team antreten und ein gutes Programm beschließen«, fügt er
hinzu.[27]

Steinbrück ist sich bewusst, dass er der Partei entgegen-
kommen muss, ohne sich dabei zu verbiegen. Ende Mai 2012
gibt er der »Bild«-Zeitung ein Interview, das diesem Zweck
dient. »Ich glaube, ich habe der SPD viel von dem zurückge-
geben, was sie mir gegeben hat. Ich verdanke ihr phantastische Erfahrungen und Begegnungen, viele interessante, wenige auch ärgerliche Auseinandersetzungen. Kurz: Ein sehr
buntes Leben und seit über 40 Jahren eine politische Heimat«, schlägt Steinbrück einen Ton an, der bisher von ihm
selten zu hören war. Befürchtungen, er könne ein »Basta«-
Kanzler werden, tritt Steinbrück entgegen. Auf die Frage, ob
die SPD einen brauche, der sie an die Kandare nehme, ant-

wortet er, das sei »kein zeitgemäßer Führungsstil« mehr.
»Heutzutage muss man führen und sammeln, wenn man Erfolg haben will«, so Steinbrück, der zumindest für das Sammeln bisher nicht bekannt gewesen ist.[28]
   Ob das die Kritiker Steinbrücks nach einer möglichen
Ausrufung zum Kanzlerkandidaten verstummen lässt, ist bei
einer so lebendigen Partei wie der SPD allerdings ungewiss.

Der atypische Politiker

Der typische Sozialdemokrat, der hundertprozentige Parteigänger, nervt Steinbrück. Welche Art von Politiker aber
wünscht er sich? Steinbrück selbst nennt sie »Grenzgänger«,
und es ist offenkundig, dass dessen Definition auch eine
Selbstbeschreibung ist. Die Partei ist Grenzgängern Mittel
zur Gestaltung, aber nie Selbstzweck; das Gemeinwohl achten sie höher als das Parteiwohl, sie sehen die Wirklichkeit
nicht durch die Raster der Partei, sondern mit eigenen Augen. Die Vertreter anderer Parteien sind keine Feinde, sondern gegebenenfalls auch Kooperationspartner; Grenzgänger
»würden einer politischen Notwendigkeit gehorchen, die
den Wählern und ihrer Partei nicht gleich einleuchtet, auch
wenn sie dies ihr Mandat kosten könnte«. Und natürlich
glauben sie, um einen oft verwendeten Steinbrück-Spruch zu
zitieren, dass »die Verteilung von gescheiten Köpfen und
Deppen, Persönlichkeiten und Knallchargen über die Partei-
en der Normalverteilung der Bevölkerung entspricht«.[29]
   Ist Steinbrück ein solcher Grenzgänger? In vielerlei Hinsicht ja. Kontakte zu anderen Parteien hat er schon immer
gehalten, mitunter über das gemeinhin übliche Maß hinaus.
In seiner Zeit als Minister in Kiel besucht er sogar an Wahl-
abenden die Wahlparty der FDP, angeblich weil es dort den
besseren Rotwein gibt, lästert dort mit den Liberalen Wolf-

gang Kubicki und Jürgen Koppelin über die jeweils eigene
Partei.[30] Steinbrück hat und hatte aber auch echte Freundschaften,
die politisch auf den ersten Blick nicht zu ihm passen. Im Januar 2012 stirbt sein alter Freund Fritz-Eugen Kropatschek
im Alter von 68 Jahren. Er ist auf einem Neujahrsempfang im
Hamburger Rathaus zusammengebrochen und nicht mehr
zu sich gekommen. Steinbrück spricht bei der Trauerfeier in
der Kirche eine Würdigung, es ist eine Rede, die ihm schwerfällt. Mit Kropatschek ist er seit Schultagen befreundet gewesen, Steinbrück ist der Patenonkel eines der Kinder. Die Ehepaare harmonierten miteinander, Steinbrücks feierten öfter
Silvester bei den Kropatscheks auf Helgoland, wo der Freund
herstammt. Kropatschek ist Banker gewesen, war lange Jahre
für die Deutsche Bank in Hongkong und New York tätig,
Mitglied der Geschäftsleitung und politisch eher konservativ
gesinnt. Steinbrück hat sich auch in der heißen Phase der Finanz- und Bankenkrise mehrfach mit ihm beraten. Austausch
mit Leuten, die eine andere politische Überzeugung, ein anderes Koordinatensystem haben, wie Steinbrück es nennt, ist
ihm wichtig.

Steinbrück entwirft neben dem Grenzgänger in seinem
Buch »Unterm Strich« auch das Bild des atypischen Politikers. Es ist ebenfalls in vielem die Skizze des Politikers Peer
Steinbrück. Ein atypischer Politiker, so Steinbrück, ist in seiner Partei geerdet, aber kein Diener seines Parteimilieus. »Er
bürstet gelegentlich gegen den Strich des parteiverträglichen
Kodex und lässt sich von seiner Realitätsdiagnose nichts abkaufen.« Er übernimmt Führung, weiß aber zugleich, dass
sich Kabinette, Ministerien und Parteien heute nicht mehr
autoritär führen lassen. Er kennt sich in der Medienwelt aus,
aber er macht sich in ihr gelegentlich und bewusst rar. Er
redet »keine Sprechblasen, keinen Politjargon, kein Technokratendeutsch«. Er verweigert sich den Ansprüchen der
Medienwelt nach reinem Amüsement, kommt aber nicht so

bedeutungsschwer daher, dass Leichtigkeit und Ironie dabei
auf der Strecke bleiben. Er quält das Publikum nicht mit »Er-
ziehungseifer« und verzichtet auf »ritualisierte Schimpfka-
nonaden«. Der atypische Politiker »hat eine gewisse Distanz
zum politischen Betrieb, seinen Umdrehungen und Gepflogenheiten – und wenn er gut ist, auch noch zu sich selbst«.[31]
So lautet das Idealbild, das Steinbrück mit Helmut Schmidt
in Verbindung bringt – aber auch mit Richard von Weizsäcker, Gerhard Schröder und Joschka Fischer. Steinbrück geht
davon aus, dass die Bevölkerung sich solche atypischen Politiker wünscht – die vormalige oder aktuelle Beliebtheit der
Genannten ist ihm Beweis dafür. Es sind allesamt Politiker,
die sich oft im Streit mit ihrer Partei profilierten und denen
ein von großem Selbstbewusstsein geprägter, allerdings auch
oft autoritärer Führungsstil eigen war.

Mit einem atypischen Politiker, der ganz anders sein wollte
als die üblichen Parteipolitiker, hat Deutschland vor nicht
langer Zeit zwiespältige Erfahrungen gemacht. Die Rede ist
von Karl-Theodor zu Guttenberg. Zwar fallen die Grenzen
eines Vergleichs von Steinbrück und Guttenberg unmittelbar
ins Auge. Steinbrück ist weder jung noch sportlich, sein Por-
trät strahlt nicht von Hochglanzfotos bunter Magazine, seine
Anzüge und Krawatten sind tadellos einfallslos, er wird
kaum zum bestangezogenen und erotischsten Politiker er-
nannt werden. Auch die »Bild«-Zeitung steht bisher nicht
im Verdacht, mit Steinbrück Kasse machen oder ihn zum
Kanzler hochschreiben zu wollen. Zudem hat er keine aristo-
kratische Herkunft und keine ebensolche Großfamilie im
Rücken, und seine Ehefrau ist das genaue Gegenteil einer pu-
blicityträchtigen Blondine aus vordem hochadeligen Kreisen.
Schließlich hat er im Gegensatz zu Guttenberg über Jahrzehnte bewiesen, dass er über Sachverstand und Fleiß verfügt.

Die Reihe der Unterschiede ließe sich fortführen. Und
doch gibt es auch Gemeinsamkeiten. Guttenberg zog einen

Teil seiner ungeheuren Beliebtheit daraus, dass er sich als anders als die übrigen Politiker darstellte, Distanz zum politischen Betrieb, besonders jenem in Berlin, demonstrierte. Guttenberg gerierte sich als »Anti-Politiker«, als einer, der von seiner Partei unabhängig sei, der es nicht nötig hatte, eine typische Politikerkarriere zu machen. Stattdessen setzte er auf den unmittelbaren Kontakt mit den Bürgern, die die Parteipolitiker leid sind und sich nach einem Politiker sehnen, der Klarheit und Wahrheit verkörpert. Auch Steinbrück bezieht seine Popularität zu einem großen Teil wie Guttenberg aus einer besonderen Volksnähe, daraus, dass er auf zahlreichen, höchst unterschiedlichen Veranstaltungen unmittelbar mit der Bevölkerung zu tun hat, weit über die üblichen SPD-nahen Kreise hinaus. Steinbrücks Beliebtheit beruht nicht zuletzt darauf, dass er Klartext redet, »klare Kante« zeigt, anders als viele Politiker, die sich in vorsichtigen und abwägenden Erklärungen ergehen, um nicht angreifbar zu sein. Auch erweckt er mitunter den Eindruck, dass er seine Partei eigentlich nicht braucht, auch wenn seine politische Karriere ohne diese Partei nicht möglich gewesen wäre. Ähnlich wie Guttenberg lässt Steinbrück mitunter durchscheinen, dass ihm seine persönliche Freiheit und Unabhängigkeit wichtiger sind als alles andere, als Mandate und Posten. Auch er hat, wie Guttenberg, immer mal wieder damit gespielt, dass er sich aus der Politik zurückziehen könne, obwohl er längst am Spiel um Einfluss und Macht Gefallen gefunden hat, ja ein »Polit-Junkie« geworden ist. Natürlich kann Steinbrück keinen Hype erzeugen, wie Guttenberg es getan hat, er würde es auch nicht wollen. Vielleicht braucht es aber ein bisschen Guttenberg, um in der deutschen Politik erfolgreich zu sein – erfolgreich auch gegen eine Bundeskanzlerin, der es gelungen ist, Unaufgeregtheit und Normalität zu ihrem gewinnbringenden Markenzeichen zu machen.

Kapitel 10

Kandidat

Vortragsreisender – und Abgeordneter

Am Tag nach der Bundestagswahl 2009 ist Peer Steinbrück nur noch ein einfacher Bundestagsabgeordneter. Das ist für einen ehemaligen Bundesminister der Finanzen, der eine schwere Krise zu bewältigen hatte, zunächst eine ungewohnt entspannte Lebenssituation. Steinbrück redet seitdem darüber, wie sehr er den Zuwachs an freier Zeit und Selbstbestimmung genieße, wie sehr es ihm gefalle, dass er wieder öfter seinen Hobbys nachgehen könne. »Seit ich einfacher Abgeordneter bin, mache ich neue, wunderbare Erfahrungen: Was ich da an Freiheit gewonnen habe, an Zeitsouveränität, das habe ich über die letzten zwei Jahrzehnte nicht gekannt.«[1] Dass sich der Neuabgeordnete, der im Alter von 62 Jahren erstmals in den Bundestag gewählt worden ist, mit voller Kraft in die Parlamentsarbeit gestürzt hätte, lässt sich nicht behaupten. Auch Freunde haben diese Zeit nicht als einen politischen Neuanfang, sondern als eine Abkehr von der Politik erlebt. »Nach der Wahlniederlage 2009 hatte Peer Steinbrück eine Phase, in der er sich von der Politik verabschiedete. Er saß in den hinteren Bänken des Bundestages, genoss es, Zeit zu haben, Bücher zu lesen«, erinnert sich der Grüne Michael Vesper. Vom Verhalten eines politischen Alphatiers ist Steinbrück in diesen Monaten weit entfernt.

Nach einigen Wochen in einem Notquartier bezieht er ein Büro im vierten Stock des Abgeordnetenhauses Unter den Linden 50, das etwas abseits vom Reichstag und damit vom Parlamentsbetrieb liegt. Ex-Kanzler Gerhard Schröder hat hier sein Büro, auch Otto Schily saß nach seiner Zeit als Bun-

desinnenminister auf dieser Etage. Der Ort passt zu Stein-
brücks neuer Rolle am Rand des politischen Geschehens.
Erst zwei Jahre später, im Januar 2012, als er schon längst als
Kanzlerkandidat im Gespräch ist, zieht er um in die vierte
Etage des Jakob-Kaiser-Hauses, in dem auch der Fraktions-
vorsitzende Frank-Walter Steinmeier sein Büro hat.

Steinbrück sind andere Dinge wichtiger als die Arbeit im
Bundestag. Er hält Vorträge, so viele wie kein anderer Abgeordneter. Von Beginn der Legislaturperiode bis Ende 2011
kommt er auf 75 bezahlte Auftritte, wie sich aus den Angaben über seine Nebeneinkünfte ergibt. Die meisten laufen
unter der Rubrik »Stufe 3«. Die gilt für Honorare, die jenseits
der 7000 Euro liegen, genauere Angaben werden nicht verlangt. Natürlich kann es auch weit mehr als dieser Betrag
sein. Das macht insgesamt mindestens 500 000 Euro, aber da
ein Vortrag eines Topredners wie Steinbrück auch gut und
gerne mit 20 000 Euro vergütet wird, hat er wahrscheinlich
mehr als eine Million bekommen. Hinzu kommen die Honorare für zwei Bestseller. Steinbrück, der einfache Abgeordnete und Vortragsreisende, hat damit deutlich mehr verdient
als in seinen Zeiten als Finanzminister. Doch die Berichter-
stattung darüber nervt ihn, er sieht darin eine Neiddebatte.
Es sei doch klar, dass er, wenn er etwa bei einer großen Bank
oder einem Unternehmen rede, ein entsprechendes Honorar
verlange. Schließlich spricht Steinbrück auch bei solchen
Finanzriesen wie der Deutschen Bank, dem Crédit Agricole
oder dem Investmenthaus JPMorgan, um nur einige zu nennen. Bei ehrenamtlich arbeitenden Organisationen redet er
allerdings ohne Honorar. Und seit November 2011 hält er als
Honorarprofessor auch Vorlesungen an der Universität Leipzig.

Der Abgeordnete Steinbrück ist Vollmitglied im Europa-
ausschuss, beeindruckt dort andere Parlamentarier mit seinen Redebeiträgen. Das ist allerdings eher selten der Fall,
denn oft fehlt Steinbrück bei den Ausschusssitzungen. Seine

Anwesenheit schätze sie »auf höchstens 20 Prozent«, sagt die CDU-Abgeordnete Bettina Kudla. Zudem habe Steinbrück an kaum einer Sitzung vollständig teilgenommen, sondern komme nur zu einzelnen Tagesordnungspunkten, die ihn interessierten.[2] Auch mit der Anwesenheit bei Bundestagsdebatten nimmt er es nicht so genau. Gregor Hackmack von der Internetplattform »abgeordnetenwatch.de« sagt Ende 2011, Steinbrück habe rund ein Viertel der wichtigen Abstimmungen im Bundestag seit Beginn der Legislaturperiode verpasst.[3]

Steinbrück hasst Sitzungen in großem Kreis, die oft mühsam und wenig effizient sind und bei denen Dinge besprochen werden, die ihn nicht interessieren. Zuhören ist seine Sache nicht, lieber reißt er Diskussionen an sich. Ein zurückhaltendes Auftreten fällt ihm schwer, in der Regel dominiert er eine Runde. Als Minister kann er sich der Vielzahl an Sitzungen nicht entziehen, als Parlamentarier ist das anders. Das mindeste, was sich sagen lässt: Steinbrück nutzt die Freiheit, die ihm sein Dasein als einfacher Abgeordneter bietet, weidlich aus.

Die neue Freiheit gibt Steinbrück nicht nur Zeit, um Vorträge zu halten und Bücher zu lesen, sondern er schreibt auch. Neun Monate sitzt Steinbrück mehr als sonst zu Hause am Schreibtisch, an einem Laptop, die Funktionsweise des Schreibprogramms hat ihm sein Sohn erklärt. Mitte September 2010 erscheint das Buch. Es heißt »Unterm Strich« – den ursprünglich von ihm erdachten Titel »Wie man beim Schach bescheißt« hat er dann doch fallengelassen.[4]

Steinbrücks Buch ist schon vor dem Erscheinen heiß begehrt, neun Verlage bieten darum. Es ist kein autobiographisches Erinnerungs-, sondern ein mitunter trockenes Sachbuch, aber genährt aus der eigenen politischen Erfahrung. Kurzum: Steinbrücks Blick auf die Welt, auf die Finanzkrise und auf die SPD. Die ersten professionellen Reaktionen sind gemischt, zum Teil von Enttäuschung geprägt. Neue Fakten gebe es nicht, schreibt die »FAZ«. »Doll ist es nicht«, findet der »Stern«. Je länger man in dem Buch lese, umso mehr schwinde die Sehnsucht nach dem Politiker Steinbrück.[5] Doch das Lesepublikum sieht das anders. In Zeiten der Finanzkrise ist das Buch eines Autors, der Orientierung zu geben verspricht, besonders gefragt. Die Startauflage beträgt 100 000 Exemplare, mittlerweile sind deutlich mehr Exemplare über die Ladentheke gegangen, eine Taschenbuchausgabe ist erschienen. Zum Vergleich: Frank-Walter Steinmeier hatte als Kanzlerkandidat der SPD gerade einmal 6000 Stück seines Buches verkauft.

Und Steinbrück tut viel für den Erfolg des Buches. Er wirbt mit Fernsehauftritten bei »Beckmann« und »Anne Will« dafür, ein exklusiver Vorabdruck erscheint im »Spiegel«. Auf Dutzenden Veranstaltungen, die oft wie »eine Mischung aus Volkshochschulkurs, Kabarettprogramm und Verkaufsveranstaltung« daherkommen, stellt er die Thesen seines Buches vor.[6] An deren Ende geht es weg wie warme Semmeln. Steinbrück hat fast immer volle Säle, er erntet Zuspruch, auch Kritik, oft Begeisterung. Ein Jahr nach der herben Niederlage der SPD hat er sich in die erste Reihe der deutschen Politiker geschrieben.

Im Sommer 2011 ist Steinbrück der beliebteste Politiker Deutschlands. Im ZDF-Politbarometer wird er ab Juni 2011 geführt und erreicht gleich den Spitzenplatz. Das ist keine kurzfristige Laune der Deutschen, denn bei der Benotung der Spitzenpolitiker auf einer Skala von +5 bis −5 liegt Steinbrück Mitte Oktober 2011 mit einem Wert von +1,5 immer noch einsam an der Spitze, vor Thomas de Maizière, Wolfgang Schäuble, Frank-Walter Steinmeier, die alle den Wert +1,2 erreichen, und Angela Merkel mit +1,0.[7] Bei der Frage nach einer hypothetischen Direktwahl des Bundeskanzlers liegt er in diesen Monaten mal deutlich vor, mal nur ein bis drei Prozentpunkte hinter Angela Merkel. Bei einer Umfrage nach dem gewünschten Kanzler, in der Merkel 43,

Steinbrück 39 Prozent erzielte, war eine klare Mehrheit der
Männer (43 zu 35 Prozent) für Steinbrück, während die
Kanzlerin bei den Frauen (49 zu 36 Prozent) klar vorn lag.[8]
Im ARD-Deutschlandtrend vom August 2011 werden die
Bürger genauer zu Peer Steinbrück befragt. 68 Prozent sind
der Meinung, dass er sagt, was er denkt, und kein Blatt vor
den Mund nimmt. Mehr als die Hälfte, 51 Prozent, meinen,
dass er in der Finanzkrise bewiesen habe, dass er das Land
führen kann, 35 Prozent finden das eher nicht. Und genau die
Hälfte der Befragten ist der Meinung, dass er das Format
habe, Bundeskanzler zu werden, während 43 Prozent daran
eher zweifeln.[9] Und auch bei der Frage, welchem Politiker
man am meisten vertraue, liegt er im August 2011 vor der
Bundeskanzlerin.[10] Das sind erstaunliche Werte für einen Ex-
Minister, der nur noch ein einfacher Abgeordneter ist. Die
Finanz- und Eurokrise ist in diesen Monaten das wichtigste
Thema für die Deutschen, stellen die Meinungsforscher fest.
Und viele Deutsche haben Angst vor eigenen Verlusten. Die
Sehnsucht nach einem Politiker, dem zugetraut wird, Wege
aus der Krise zu finden, ist groß. Steinbrück wird als dieser
Politiker angesehen, als möglicher Retter in der Not. Zwar
nimmt er in der Folgezeit bei diversen Befragungen nicht im-
mer den Spitzenplatz ein, und Angela Merkel kann ihn zwi-
schenzeitlich in der Beliebtheit wieder überholen. Doch unter den ersten drei, zumindest den ersten fünf Plätzen ist
Steinbrück weiter bei allen Politiker-Rankings zu finden.

Ein Kandidat wird geboren

Am 1. Mai 2010 gibt Sigmar Gabriel der »Neuen Westfälischen« ein Interview. Der SPD-Vorsitzende wird auf das Thema Kanzlerkandidatur angesprochen und sagt: »Am Ende
muss der kandidieren, der die größten Chancen zum Gewin-

nen hat.« – »Peer Steinbrück?«, fragt da der Interviewer. Gabriel lobt daraufhin Steinbrück, der als Finanzminister in einer schwierigen Situation Führung gezeigt habe. »Er ist ein Mensch und ein Politiker, auf den die SPD besonders stolz ist. Und ich füge hinzu: dem ich jedes politische Amt in Deutschland sofort zutraue. Aber ob er sich so etwas vorstellen kann, das fragen Sie ihn am besten selber.«[11] Es ist das erste Mal, dass Gabriel den ehemaligen Finanzminister als möglichen Kanzler nennt. »Gabriel bringt Steinbrück ins Spiel«, titeln daraufhin Zeitungen. Ob das dem Kalkül oder einer spontanen Laune des impulsiven Gabriel entsprungen ist, darüber gibt es verschiedene Aussagen. Hochrangige SPD-Politiker behaupten jedenfalls, Gabriel habe das mehr aus Zufall gesagt. Die Weiterungen, die die Nennung dieses Namens in den kommenden Wochen haben wird, habe der SPD-Vorsitzende nicht erahnt. Gabriel freilich hat einen Grund, Steinbrück zu nennen. Fraktionschef Steinmeier liegt in der Gunst der Bürger weit vor dem SPD-Vorsitzenden, ein anderer möglicher Kanzlerkandidat ist nicht in Sicht. Das gefällt Gabriel nicht. Mit seinem Vorpreschen hat er die berühmte K-Frage spannend gemacht.

Gabriel hat Steinbrück zu diesem Zeitpunkt allerdings noch nicht gefragt, ob er sich eine solche Kandidatur vorstellen kann. Aber er will nach diesem Vorstoß auch nicht zurückweichen, ja betreibt sein Spiel weiter. Im Sommer 2010 nennt er in einem Hintergrundgespräch mit »Spiegel«-Redakteuren Steinbrück als möglichen Kanzlerkandidaten, ohne dass er ausdrücklich nach dem ehemaligen Finanzminister gefragt worden wäre. Der »Spiegel«-Kommentar »Kanzlerkandidat Steinbrück« lässt nicht lange auf sich warten, er erscheint am 30. August 2010. Gabriel wolle selbst nicht Kanzlerkandidat werden, er bereite die SPD und die Wähler darauf vor, heißt es. Die SPD habe aber Peer Steinbrück, der zum Kanzler tauge. Steinbrück sei »ein Baum unter Büschen«. Und deswegen habe Gabriel ihn ins Spiel ge-

bracht. Nun ist die Botschaft endgültig in der Hauptstadt-
presse angekommen.[12] Steinbrück denkt nicht daran, Gabriels Vorlage gleich öffentlich anzunehmen. In einem Interview am 13. September
2010 sagt er:»Ich habe keinerlei Ehrgeiz, in eine Führungsposition zurückzukehren.« Über die SPD-Kanzler Helmut
Schmidt und Gerhard Schröder sagt Steinbrück, beide seien
während ihrer Regierungszeit »mit dem Mainstream der
eigenen Partei in Konflikt« geraten. Und fährt fort:»Bei mir
wäre das möglicherweise schon vor einer Wahl der Fall.«
Deshalb halte er es für »äußerst unwahrscheinlich«, dass sich
die Frage einer Kanzlerkandidatur für ihn jemals stelle.[13]

Tatsächlich finden im September 2010 die ersten Gespräche
zwischen Gabriel und Steinbrück über das Thema statt. Beide reden bei einem gemeinsamen Essen darüber, welcher
Kandidat bei einer kommenden Bundestagswahl die besten
Chancen hätte. Und Gabriel macht klar, dass er sich Steinbrück vorstellen kann. Bei den Steinbrücks zu Hause hängt
daraufhin der Haussegen schief, weil Gertrud Steinbrück von
diesen Gedankenspielen nichts hält. Bei weiteren Gesprächen
mit Gabriel sagt Steinbrück zu, dass er unter bestimmten Bedingungen bereit ist, als Kanzlerkandidat anzutreten. Gabriel
bittet Steinbrück, er möge auf dem SPD-Parteitag Ende September 2010 in Berlin sprechen. Steinbrück mahnt seine Partei, sich um Mittelstand, Existenzgründer und Facharbeiter
zu kümmern.»Es reicht nicht, allein für die Interessen von
Rentnern und Hartz-IV-Empfängern zu kämpfen.« Die SPD
könne nur Schutzmacht der Schwachen sein, wenn sie den
»produktivistischen Kern« der Gesellschaft nicht vergesse
und nicht missachte. Seine Rede wird viel beachtet. Wird
Steinbrück neuer Kanzlerkandidat?, fragen die Medien danach.[14] So entsteht die Troika der möglichen Kanzlerkandidaten Gabriel, Steinmeier, Steinbrück.

Steinbrück hält sich allerdings noch über Monate bedeckt,
wenn es um seine Ambitionen geht. Er entwickle eine beson-

dere Kreativität, die K-Frage nicht zu beantworten, wird ihm
bescheinigt. Im Mai 2011 gibt er dann in einem Radiointer-
view zu erkennen, dass er zur Kandidatur bereit ist.»Der
Zeitpunkt wird kommen, wo ich mich in Absprache mit zwei
oder drei Führungspersönlichkeiten der SPD darüber zusam-
mensetze«, sagt er dem Hessischen Rundfunk. Steinbrück
erklärt zugleich, dass er eine Kandidatur mit vollem Einsatz
angehen würde.»Wenn Sie sich entscheiden, für so etwas zu
kandidieren, dann mit voller Kraft und mehr als 100 Prozent.
Wenn, dann wollen Sie gewinnen, und zwar mit jeder Faser
ihres Körpers«, posaunt er. Er sagt zwar zugleich, dass der
Zeitpunkt für eine Kandidatendebatte»jetzt nicht gegeben«
sei. Doch die Agenturmeldungen bringen vor allem den Satz,
dass er sich zu gegebener Zeit entscheiden werde. SPD-Gene-
ralsekretärin Andrea Nahles kritisiert Steinbrück denn auch
prompt für seinen Vorstoß.»Selbstausrufungen sind in einer
modernen demokratischen Partei wie der SPD aus der Mode
gekommen«, moniert sie.[15] Steinbrück weiß freilich genau,
was er tut. Am Ende des Interviews sagt er:»Jede Bemerkung
von mir wird interpretiert. Und hinterher habe ich sieben
Tage Arbeit, mit diesen Kommentaren aufzuräumen und die
Sache wieder geradezubiegen.«[16]

Genau so kommt es. Steinbrück versucht deshalb in den
nächsten Wochen, das Thema K-Frage zu umschiffen. Er
spricht sich sogar mit Andrea Nahles aus. Also wieder Ruhe
in der Debatte? So einfach kommt er nicht davon, erst recht
nicht, wenn es um seinen Nachfolger im Amt des Bundesfinanzministers geht. Wolfgang Schäuble ist – neben Thomas
de Maizière – einer der wenigen Minister, die Steinbrück im
schwarz-gelben Kabinett schätzt. Und auch Schäuble hat
eine hohe Meinung von Steinbrück, besucht sogar einmal
einen Vortrag von ihm, als Steinbrück über die Rolle der Medien spricht. Steinbrück allerdings erwidert diese Geste nicht
durch eine Aufwartung bei einer der vielen öffentlichen Veranstaltungen Schäubles. Anfang Juli 2011 hält Schäuble eine

Laudatio auf seinen Vorgänger im Amt, da jener einen Preis
für sein Buch bekommen hat. Der CDU-Politiker zitiert Cicero: »Vor Männern, die behaupten, dass sie ein Amt nicht
für sich selbst anstreben, muss man sich immer in Acht nehmen.« Und er fügt für seine Partei hinzu: »Wir sind wachsam,
wir sind auf der Hut.«[17]

Helmut Schmidt und Peer Steinbrück

Abgesehen von den Begegnungen zwischen Bundeskanzler
und Hilfsreferent in den Jahren 1979 und 1980 im Kanzleramt
hatten Helmut Schmidt und Peer Steinbrück erst miteinander zu tun, als Steinbrück in seiner Eigenschaft als Wirtschaftsminister in Kiel auch Aufsichtsratsvorsitzender des
Schleswig-Holstein Musik Festivals ist. Schmidt sitzt damals
im Kuratorium des Festivals. Ihre Begegnung ist, wie an anderer Stelle beschrieben, durch den Konflikt Steinbrücks mit
dem Festivalleiter Justus Frantz getrübt, einem Freund
Schmidts. Von einer besonderen Nähe kann damals gewiss
nicht die Rede sein, auch wenn Steinbrück Schmidt 1994
einen Tag lang in dessen Wochenendhaus am Brahmsee besucht. Als Steinbrück später Ministerpräsident wird, gerät er
stärker in Schmidts Blick. Doch erst, als Steinbrück schon
Bundesfinanzminister ist, könne man von einer persönlichen
Bekanntschaft sprechen, sagt Schmidt im Gespräch in der
»Zeit«-Redaktion in Hamburg, wo der Altkanzler in seiner
Funktion als Herausgeber trotz seiner 93 Jahre noch an drei
Tagen in der Woche arbeitet. »Es war gleich eine gegensei-
tige Sympathie da. Wir waren aufeinander neugierig. Ich
habe jemanden entdeckt, der ähnlich tickt und der versteht,
wovon er redet«, so Schmidt. Dabei, so betont er, träfen sie
sich nur wenige Male im Jahr. Dass die gemeinsame Herkunft
für ihr rasches Verständnis füreinander wichtig ist, gibt

Schmidt zu: »Er ist Hamburger, Norddeutscher, das verbindet uns.«

Auf die Frage, ob er mit Steinbrück befreundet sei, antwortet Helmut Schmidt positiv und vergleicht die Beziehung mit jener, die er zu einem ehemaligen amerikanischen Außenminister hat: »Ja, es ist eine Freundschaft. So eine Freundschaft habe ich auch mit George Shultz, den habe ich dann jahrelang nicht gesehen, und es ist wie gestern.« Obwohl Schmidt 28 Jahre älter ist, empfindet er die Beziehung zu Steinbrück nicht als eine, die einem Vater-Sohn-Verhältnis ähnelt. Was dem Altkanzler an Steinbrück besonders gefällt, ist sein ökonomischer Instinkt und die Präzision seines Urteils. Schmidt sieht ihn als einen Politiker, der die Finanzkrise schnell begriffen und im Herbst 2008 das Richtige gemacht habe. Das beeindruckt ihn. Ohne Steinbrück, so meint Schmidt, hätte Angela Merkel die Krise nicht gemeistert.

Steinbrück sucht in seiner Zeit als Finanzminister das Gespräch mit Schmidt, weil die Krise auf den Finanzmärkten ihn bewegt und er um die richtigen Antworten darauf ringt. Auch später fragt er den Altkanzler um Rat, etwa im Herbst 2010, als die Eurokrise sich zuspitzt. Schmidt rät jeweils zu einer grundsätzlichen Antwort auf die Krise. Es müsse eine umfassende systemische Lösung auf nationaler Ebene geben, die Krise müsse zudem Topthema auf der internationalen Ebene sein.

Privat wissen Steinbrück und Schmidt nicht viel voneinander. Ihre Treffen bestehen im Wesentlichen aus Gesprächen über aktuelle politische und ökonomische Fragen. Der Gesprächsband »Zug um Zug«, den sie im Herbst 2011 gemeinsam veröffentlichen, dokumentiert die Art von Gesprächen, die beide führen, auf ziemlich authentische Weise. Das Schachspiel spielt bei ihren Treffen, anders als oft behauptet, selten eine Rolle.

Die Idee zu einem gemeinsamen Buch von Schmidt und Steinbrück kommt etwa ein Jahr vor seinem Erscheinen auf.

Schmidt hat schon eine Reihe von Gesprächsbänden veröffentlicht, die er als gleichberechtigte Interviews bezeichnet,
so etwa eines mit dem Historiker Fritz Stern. Die Bücher des
bei den Deutschen überaus beliebten »Weltökonomen«
Schmidt sind seit Jahren Bestseller. Nun soll ein neuer Band
des »Weisen aus Hamburg« mit dem populären ehemaligen
Finanzminister und Bestsellerautor Steinbrück entstehen –
eine aus Sicht des Verlags todsichere Geschäftsidee. Beide
sprechen sich in dem Buch, wie auch sonst, mit Vornamen
und »Sie« an, eine Umgangsform, die als das hanseatische Du
bekannt ist. Der Vorname steht für Vertrautheit, das »Sie«
demonstriert Respekt und verhindert zugleich zu viel Nähe.
Die Frage einer Kanzlerkandidatur Steinbrücks steht damals schon im Raum. Schmidt und Steinbrück überlegen in
einer Viererrunde, gemeinsam mit einem Literaturagenten
und einem Journalisten der »Zeit«, ob die Kanzlerkandidatur
in dem Buch angesprochen werden soll. Sie kommen zu dem
Schluss, dass sie thematisiert werden müsse. An der Passage
wird eine Weile gefeilt, so dass beide, Steinbrück und Schmidt,
damit einverstanden sind.

Steinbrück weist in dem Buch zunächst darauf hin, dass die
Zeit noch nicht reif sei, den Kanzlerkandidaten der SPD zu
bestimmen. Gabriel, Steinmeier und er hätten »kein Interesse
daran, dass diese Personalfrage die wichtigen Sachfragen
überlagert«. Und: »Wir wollen nicht das Bild einer Selbstbe-
schäftigung liefern, sondern das einer kompetenten SPD, die
über die besseren Lösungsansätze verfügt.« Schmidt antwortet, dass er diese Verabredung verstehe und richtig finde, was
ihn aber nicht hindern müsse, seine Meinung zu sagen: »Und
ob Ihnen das nun sonderlich in den Kram passt oder nicht,
Peer, ich bin aus zwei Gründen der Auffassung, dass die SPD
gut beraten wäre, Sie als Kandidaten für das Amt des Bundeskanzlers zu nominieren.« Zum einen könne Steinbrück Menschen an sich binden, die sich nicht für besonders links hielten, sondern sich zur Mitte der Gesellschaft zählten; zum

anderen habe er – vor allem als Finanzminister – gezeigt, dass
er regieren und verwalten könne. »Deswegen steht meine
Meinung heute schon fest, auch wenn die Führungsgremien
der Sozialdemokratischen Partei noch ein weiteres Jahr brau-
chen«, schließt Schmidt sein Plädoyer.[18]
Am Sonntag, dem 23. Oktober 2011, machen Schmidt und
Steinbrück dann ihren großen Aufschlag. Sie sind als einzige
Gäste in der Sendung »Günther Jauch«. Der Moderator bie-
tet beiden im Gasometer in Berlin-Schöneberg die beste
Fernsehbühne, ohne ihnen allzu kritische Fragen zu stellen.
Mehr als 5,6 Millionen Zuschauer sehen sich Schmidt und
Steinbrück an, das sind rund 1,3 Millionen mehr als bei Ange-
la Merkel, die einen Monat zuvor in der Sendung war. Nach-
dem Schmidt vier Zigaretten geraucht und zwei Ladungen
Schnupftabak zu sich genommen hat, stellt Jauch die Kan-
didatenfrage an den Altkanzler. »Wir brauchen politische
Führer, die wissen, worüber sie reden. Er ist einer, der weiß,
wovon er spricht«, sagt Schmidt. Steinbrück schweigt dazu.
Warum er nichts sage, fragt Jauch süffisant. »Das Gespräch
geht an mir vorbei«, scherzt Steinbrück, um dann hinzuzufügen: »Ich werde mich zu der Frage äußern, falls der Parteivorsitzende sie mir stellt.« Da wirkt das geplante große
politische Kino doch eher wie ein gequältes Theaterstück. Es
ist, wen wundert's, ein wenig kontroverses Gespräch, das
Schmidt und Steinbrück führen, nur einmal, als Schmidt den
chinesischen Kommunismus lobt und darauf besteht, man
dürfe niemandem die Demokratie aufzwingen, wendet Steinbrück ein, das sei zumindest ergänzungsbedürftig – so ähnlich läuft es bei dem Thema auch im Buch.
    Am nächsten Tag erscheint der »Spiegel« mit einem Titel-
foto der beiden Politiker und dem darüber plazierten Satz
»Er kann es« – Schmidts Aussage in dem Interview für das
Magazin, dass Steinbrück zum Kanzler befähigt sei. Steinbrück habe »in seiner Zeit als Finanzminister bewiesen, dass
er regieren und verwalten kann«, fügt Schmidt hinzu.[19] Durch

den Doppelschlag von Fernsehauftritt und »Spiegel«-Titel wird das Ganze als eine wuchtige Kampagne empfunden, mit der Schmidt seinen Schüler Steinbrück zum Kandidaten kürt. Vier Tage später erscheint in Schmidts Hauszeitung »Die Zeit« dann noch ein großer Vorabdruck aus dem Buch.

Warum hat Schmidt seinem Freund Steinbrück Kanzlerqualitäten öffentlich bescheinigt, ihn sozusagen zum Kanzlerkandidaten ausgerufen? Zunächst, weil er davon überzeugt ist, dass Steinbrück dieses Amt gut ausfüllen könnte. Steinbrück hat in den Augen des Altkanzlers – neben den beschriebenen Qualitäten eines Ökonomen – ein profundes Verständnis der deutschen Geschichte, was Schmidt für einen Regierungschef für unerlässlich hält. Eine breite Palette unterschiedlicher politischer und wirtschaftlicher Themen zu beherrschen, hält Schmidt für einen Kanzler ebenfalls für unabdingbar. Sie sich anzueignen, geschehe allerdings wenn, dann vollständig erst im Amt, ist er überzeugt. »Schmidt hat sie erworben, Erhard nicht, Kohl hat sie nicht ganz erreicht, Schröder hat sie auch erworben«, so verteilt Schmidt Noten, die für die SPD-Kanzler besonders gut ausfallen. Im Falle Steinbrücks sei die Grundlage dafür aber heute schon größer, als sie es bei anderen zu Beginn ihrer Kanzlerschaft gewesen sei. »Steinbrück hat heute mehr inhaltliche Breite als Frau Merkel sie hatte, als sie Kanzlerin wurde«, sagt Schmidt im Gespräch. Die Härte, die ein Kanzler brauche, besitze Steinbrück ebenso, wie er selbst sie besessen habe.

Schmidt sieht freilich auch die Schwächen Steinbrücks. Dazu zählt eine gewisse Arroganz, die ihm, Schmidt, selbst nicht fremd sei. Auch erkennt er, der 30 Jahre im Bundestag saß, es als ein Manko Steinbrücks, dass jener so spät in das Parlament eingezogen ist und daher Politik fast nur aus der Erfahrung der Exekutive kennt.

Dass Schmidt schon zu einem so frühen Zeitpunkt Steinbrück als Kanzlerkandidaten vorgeschlagen hat, erklärt er damit, dass er im Alter von 93 Jahren das Gefühl hatte, die

Zeit dränge ihn, seine Meinung zu sagen. Der Tod seiner Frau Loki im Herbst 2010 mag für den Altkanzler dabei eine Rolle gespielt haben. Er will deshalb sein Votum für Steinbrück rechtzeitig kundtun. »Ich habe das mit dem Kanzler gesagt eigentlich in dem Bewusstsein, dass ich nicht mehr viel Zeit habe, das zu sagen«, so Schmidt.

Steinbrücks kritisches Verhältnis zur SPD sieht Schmidt nicht als Hindernis für eine Kanzlerkandidatur oder eine erfolgreiche Kanzlerschaft. »Es fehlt ihm weniger die emotionale Nähe zur SPD als mir«, sagt der Altkanzler, der wie Steinbrück nicht nur Bundesfinanzminister, sondern auch stellvertretender Bundesvorsitzender der SPD war. Die Nähe zu ihrer Partei hätten viele, ja die meisten Kanzler nicht gehabt: »Bei Adenauer, der aus dem Zentrum kam, nicht, bei Erhard schon gar nicht. Bei Kiesinger ging es gerade so, bei Willy Brandt hat die Nähe sich erst als Regierender Bürgermeister in Berlin entwickelt, bei Schröder war es schwierig, und bei Frau Merkel gibt es schon gar keine Nähe.« Ist eine gewisse Ferne von der eigenen Partei vielleicht gar eine Voraussetzung für eine erfolgreiche Kanzlerkandidatur? So weit will Schmidt nicht gehen, aber er betont die Häufung dieses Phänomens, wenn er auf eine einzige Abweichung von der Regel hinweist: »Die große Ausnahme ist Helmut Kohl, der ist wirklich ohne die CDU nicht denkbar.«

Schmidt glaubt selbst, dass sein Vorstoß, Steinbrück solle Kanzlerkandidat werden, jenem nicht genützt, sondern eher geschadet habe. Das Thema sei dadurch für einige Zeit zum Tabu geworden.

Die Partei murrt

Die ersten Reaktionen auf Schmidts Promotion des Kandidaten Steinbrück sind anders, als man es bei einer so gern streitenden Partei wie der SPD erwarten darf. Parteichef Sigmar Gabriel gibt sich am Tag nach dem Auftritt bei »Günther Jauch« betont gelassen, kein giftiges Wort ist ihm zu entlocken. Der Altkanzler habe seine persönliche Meinung zur K-Frage geäußert. »Das ist sein gutes Recht«, befindet Gabriel. Ja, die ganze Debatte um zwei Sozialdemokraten und eine Kanzlerkandidatur sei »äußerst schmeichelhaft für die SPD«.[20] Auch Steinmeier äußert sich freundlich, betont aber ebenso wie Gabriel, dass der Zeitplan, nicht vor Ende 2012 über den Kanzlerkandidaten zu entscheiden, dadurch nicht verändert werde. Die demonstrative Gelassenheit hat ihre Gründe. Beide wissen erstens schon lange, dass das Buch von Schmidt und Steinbrück mit einem medialen Paukenschlag erscheinen wird, sie hatten Zeit, sich darauf einzustellen. Und beide haben zweitens schnell erkannt, dass der Auftritt von den Medien skeptisch bewertet wird, als eher peinlicher Zirkus, als zu viel des Guten und als unsouverän für Steinbrück. Braucht er diese Show? Ist er nicht allein groß genug für eine Kandidatur? Und vermittelt er das Bild eines Mannes, der im heutigen Leben steht, wenn er sich von einem Politiker vorschlagen lässt, der zwar in der Bevölkerung verehrt wird, aber der aufgrund seines Alters doch aus einer anderen Zeit zu kommen scheint?

In der Parteiführung der SPD werden Steinbrücks Auftritte mit dem Altkanzler einhellig so bewertet, dass sie ihm für seine Kandidatur nicht genutzt, sondern geschadet haben. Sie seien zu früh gekommen, so eine Einschätzung. Eine andere lautet, Steinbrück habe unterschätzt, wie viel Popularität ihm schon sein erstes Buch eingebracht habe. Er habe geglaubt, dass er das Buch mit Helmut Schmidt brauche, um tatsächlich in der ersten Reihe der SPD zu landen, ein Anwärter auf

die Kanzlerkandidatur zu werden. »Er hat nicht verstanden,
dass er schon längst in der ersten Reihe war«, so eine Erklärung für Steinbrücks Verhalten.

In der SPD sind viele genervt von der großen Helmut-und-
Peer-Show. Zwar ist Schmidt mittlerweile vom Liebling der
Deutschen auch zum Säulenheiligen der SPD avanciert, so
dass sich – zumal angesichts seines fortgeschrittenen Alters –
jede öffentliche Kritik an ihm verbietet. Und auch im Falle
Steinbrücks wollen viele ihren Unmut nicht äußern, um einen möglichen Kandidaten nicht zu beschädigen. Einige tun
es trotzdem. Kritik äußert etwa Michael Müller, der damals
den Berliner Landesverband führt, zu dem auch Klaus Wowereit, der Regierende Bürgermeister der Hauptstadt, gehört. »In den Parteigremien erlebe ich Skepsis gegenüber
dem Vorgehen von Peer Steinbrück. Natürlich zählt er zu
den möglichen Kanzlerkandidaten, aber sein Agieren wird
als überinszeniert empfunden«, sagt Müller. Und er warnt
davor, die Partei bei der Entscheidung zu übergehen: »Wenn
der Eindruck entsteht, dass an allen Gremien der SPD vorbei
Fakten geschaffen werden sollen, dann kann das sehr schnell
zum Bumerang werden.«

Der damalige Landesvorsitzende der niedersächsischen
SPD, Olaf Lies, moniert: »Der Kanzlerkandidat der SPD wird
nicht in einer Talkshow bestimmt, sondern durch die Partei.
Es zeugt von einer großen Wertschätzung, dass Helmut
Schmidt Peer Steinbrück als möglichen Kanzler benennt.
Aber entschieden ist damit noch nichts.« Zwar gibt es auch
Zustimmung, etwa aus dem Landesverband Brandenburg, in
dem die Pragmatiker dominieren. »Die Debatte ist gut für die
Wahrnehmung der Partei«, sagte der brandenburgische Generalsekretär Klaus Ness. »Jetzt sieht man, dass es in der SPD
mehrere gute Kandidaten gibt, die Kanzler können.« Auch
die Ministerpräsidentin von Nordrhein-Westfalen, Hannelore Kraft, äußert sich positiv über Steinbrücks Auftritt, ebenso
der stellvertretende Fraktionsvorsitzende im Bundestag Hu-

bertus Heil. Steinbrücks mediale Präsenz werde der SPD helfen. Alexander Schweitzer, der Generalsekretär der rheinland-pfälzischen SPD, des Landesverbandes von Kurt Beck, sagt hingegen:»So wichtig der Kandidat, also die Person ist: Die SPD muss auch programmatisch noch ein paar Schritte gehen bis zur nächsten Wahl. Dabei geht es nicht ausschließlich um wirtschaftliche und finanzpolitische Fragen, die im Moment dominieren.«[21]

Dass auch an der viel beschworenen Basis manch einer dem Vorstoß des Duos Steinbrück / Schmidt skeptisch gegenübersteht, kann man bei einer Veranstaltung in Wülfrath bei Wuppertal am 11. November 2011 erleben, fast zwei Wochen nach dem Auftritt bei Günther Jauch. Es ist ein Freitagabend. Eingeladen hat Kerstin Griese, die SPD-Bundestagsabgeordnete im Wahlkreis Mettmann II, der an Steinbrücks eigenen Wahlkreis grenzt. Für die Veranstaltung ist die größte Halle gebucht worden. Es sind gut 300 Leute gekommen, zur selben Zeit läuft das Fußballspiel Deutschland gegen Österreich. Einige ältere Damen sind sehr früh da. Sie sitzen in der dritten Reihe, später setzen sie sich in die erste, um Steinbrück besser sehen zu können. Augenscheinlich sind viele SPD-Mitglieder anwesend. Sie diskutieren schon vor der Veranstaltung vor allem über eine Frage: War es gut, dass der Altkanzler Steinbrück als Kanzlerkandidaten vorgeschlagen hat? »Dass der Helmut Schmidt ihn so protegiert hat, das fand ich nicht gut. Das gibt so ein Geschmäckle, das tut man nicht«, sagt einer um die 50. Sein Nachbar wendet ein:»Aber wen haben sie dann? Steinmeier? Das geht doch nicht.« Ein Dritter gibt zu bedenken:»Aber was macht Steinbrück, wenn in eineinhalb Jahren das Thema Europa durch sein wird?«

Kerstin Griese begrüßt Steinbrück als den Politiker, »dem wir zu verdanken haben, dass die Bundesrepublik Deutschland ohne größeren Schaden die Finanzkrise überstanden hat«. Steinbrück geht auf die Ereignisse rund um seinen Auftritt mit Schmidt ein, besonders darauf, dass das Schachbrett

auf dem Umschlagfoto des gemeinsamen Buches falsch gestanden habe. »Dass der deutsche Journalismus sich darüber
vier Tage aufgeregt hat, als hätten wir keine anderen Probleme, hat mich gewundert«, sagt er zunächst. Nur um dann
minutenlang zu erklären, wie es zu dem falsch aufgestellten
Schachbrett gekommen ist.

Bei dem Treffen in Schmidts Haus in Hamburg-Langen-
horn sei der Altkanzler mit dem Rollator hereingekommen
und habe sich dann an das Schachbrett gesetzt. Es sei deshalb
nicht möglich gewesen, das von der Fotografin aufgestellte
Schachbrett noch einmal zu verrücken. »Hätte ich Helmut
Schmidt gebeten: Steh noch mal auf und geh zum Rollator,
dann hätte er mich erschossen oder erwürgt«, sagt Steinbrück. Logisch ist das nicht: Um ein Schachbrett richtig zu
drehen, muss man nicht aufstehen. Im Weiteren ist Steinbrück bemüht, dem Publikum zu erklären, dass das Buch
nicht als Werbung für eine Kanzlerkandidatur gedacht gewesen sei. Es sei eine Idee des Verlages gewesen, das Buch zu
machen, der Verlag habe zuerst mit Helmut Schmidt gesprochen. »Das Ding ist um die Jahreswende entstanden, es ist
nicht so plaziert worden, dass es um eine leidige Debatte wie
die SPD-Kanzlerkandidatur geht«, sagt er. Hier ist jemand
offensichtlich bemüht darum, den entstandenen Schaden zu
begrenzen. Steinbrück hat erkannt, dass der Hype um seine
Kandidatenkür ihm nicht nützt. Er versucht deshalb, die Luft
aus dem Ballon zu lassen.

Der Eindruck verstärkt sich drei Tage später bei einem gemeinsamen Auftritt von Schmidt und Steinbrück im Berliner
Ensemble am Schiffbauerdamm unweit der Berliner Fried-
richstraße. Es ist nach der Sendung mit Jauch, dem »Spiegel«-
Interview und einer Lesung im Hamburger Thalia-Theater
der letzte gemeinsame Auftritt der beiden, der als Werbung
für ihr Buch gedacht ist. Helmut Schmidt wird im Rollstuhl,
den Stock in der Hand, hereingerollt. Der Moderator Theo
Sommer fragt ihn, ob er Gefallen gefunden habe am Trubel

um das Buch.»Am Gesprächsbuch ja, an der Publizität nein«, sagt Schmidt. Sommer kündigt gleich zu Beginn an, was vorher offenbar besprochen worden ist:»Ich möchte die Kanzlerkandidatur ganz außen vor lassen.« Steinbrück lächelt sein Raubtierlächeln bei diesem Satz. So geht die Diskussion munter um die Eurokrise oder Auslandseinsätze der Bundeswehr, nicht aber um Steinbrück und die Kanzlerkandidatur. Erst am Ende versucht es der Moderator doch noch einmal: Als Schmidt Kanzler gewesen sei, habe bei ihm ein Bild des SPD-Manns August Bebel gehangen.»Welches Bild würde bei Ihnen hängen, wenn Sie Kanzler wären?«, fragt Sommer. Steinbrück antwortet:»Wahrscheinlich würde ich mir gar kein Bild von einer Person hinhängen.« Dann erinnert er sich an die biographische Verbindung zu dem Maler, der so gern auf Usedom gemalt hat, wo Steinbrücks Vorfahren als Gründer des Seebads Heringsdorf wirkten.»Vielleicht am liebsten ein Bild von Feininger«, sagt der Kanzler in spe.

Steinbrücks Programm

Einen guten Monat nach der Aufregung über die Schmidt-Steinbrück-Show tagt vom 4. bis 6. Dezember 2011 der Parteitag der SPD in Berlin. Steinbrück hat es dort schwer. Denn einerseits sind die Erwartungen an ihn hoch, andererseits muss er sich zurückhalten, um nicht Öl ins Feuer zu gießen. Zudem muss er nach Gabriel und Steinmeier sprechen, was seine Aufgabe nicht leichter macht. Gabriel hält nämlich eine Rede, die die Delegierten begeistert. Sie hat zwar inhaltlich manche Widersprüche, der SPD-Chef trifft aber wieder einmal den Sound, der die Herzen der Sozialdemokraten höherschlagen lässt. Steinmeier bringt die erwartete grundsolide, aber wenig mitreißende Rede zum Thema Europa. Umso gespannter sind Beobachter und Journalisten, wie sich Stein-

brück schlagen wird. Wer erwartet, er werde rhetorisch das
Letzte geben und der Partei zeigen, dass in seiner Brust ein
glühend links schlagendes Organ sitzt, der sieht sich enttäuscht. Zwar beginnt er die Rede mit der rhetorischen Wendung »Ich ärgere mich mit euch …«, um dann etwa die geplanten Steuersenkungen der schwarz-gelben Koalition zu
kritisieren, die nichts weiter »als ein Pausentee für die FDP«
seien. Doch schon der Satz »Ich ärgere mich mit euch …«
klingt eher nach dem Funktionär einer befreundeten Ge-
werkschaft als nach dem zukünftigen Kanzlerkandidaten der
deutschen Sozialdemokratie. Vieles andere ist ohnehin guter
alter Steinbrück pur. Etwa: »Wir müssen Regierungsfähigkeit
belegen und Regierungswilligkeit dokumentieren.« Deswegen müssten alle Beschlüsse der SPD einen Robustheitstest
und einen Realitätstest bestehen, sie müssten auch nach der
Regierungsübernahme gelten. Steinbrück fordert die SPD
auf, sich organisatorisch zu öffnen »für Engagierte, die wir
nicht gleich parteipolitisch verhaften wollen«, er beschwört
die Partei, dass sie – wenn sie ein Bündnis zwischen Starken
und Schwachen organisieren wolle – die Starken nicht ver-
prellen dürfe. Zwar kritisiert er den um sich greifenden Nied-
riglohn in Deutschland und die Leiharbeit. Ja, er gibt sogar in
einer für Steinbrück ungewöhnlichen Art Fehler zu, wenn es
um die Entstehung der Finanzkrise geht. Auch die Sozialdemokraten hätten sich »widerstandslos dem Paradigma der
Deregulierung ergeben«. Steinbrück fügt hinzu: »Das schließt
auch eigenes Fehlverhalten mit ein.«

Doch er macht ebenso klar, dass die SPD weiter mit dem
Politiker zu tun haben wird, der sich mit den eigenen Genossen immer wieder anlegen, ihnen nicht nach dem Mund reden
wird. Die Passage, in der er sich im Leitantrag nicht wieder-
gefunden habe, sei jene, in der ein »kalter Pragmatismus« kritisiert wird. Das ist ein Schlagwort, das Steinbrück als gegen
sich gerichtet empfindet. »Es geht um einen Pragmatismus aus
sittlicher Verantwortung«, entgegnet er mit einem Schmidt-

Zitat. Steinbrück schließt seine Rede mit einem Aufruf, man müsse zu einer sozialen Marktwirtschaft zurückfinden, die diesen Namen verdiene. Sein Schlusssatz ist:»Wir werden über Steine gehen müssen. Aber das Wichtigste ist: Wir gehen zusammen.« Er könnte auch so zu verstehen sein: Ihr werdet es schwer haben mit mir. Aber das Wichtigste ist: Mit mir habt ihr eine Chance.

Steinbrück bekommt für seine Rede kräftigen Beifall, aber im Vergleich zum Applaus, den Gabriel einheimst, ist er verhalten. Nur zögerlich steht ein Teil der Delegierten auf. Erst als Gabriel und alle Genossen auf dem Podium sich erheben, tun das auch die meisten im Saal. Manche bleiben demonstrativ sitzen. Steinbrück geht noch einmal nach oben, Gabriel und Steinmeier stellen sich zu ihm. Hier soll Einigkeit vorgeführt, auf keinen Fall der Eindruck erweckt werden, eine Vorentscheidung über den Kanzlerkandidaten sei gefallen.

Manche Journalisten sehen das so. Steinbrücks Rede sei schwach gewesen, damit habe er sich selbst aus dem Rennen um die Kanzlerkandidatur geschossen, glauben einzelne. Weitgehend geteilt wird die Einschätzung, dass mit dem Parteitag der Hype um Steinbrück ein vorläufiges Ende gefunden hat. Gabriel habe klar gepunktet, Steinbrück sei mit einer wenig überraschenden Rede zurückgefallen. »Steinbrück verliert AAA«, titelt die »taz« in Anspielung auf die von den Rating-Agenturen vergebene Bestnote.[22]

In der SPD-Fraktion wird allerdings eine solch skeptische Einschätzung von manchem nicht geteilt. Der Parteitag spiele für die Frage, wer Kanzlerkandidat werde, kaum eine Rolle. Und für die Beliebtheit in der Bevölkerung sei er sogar bedeutungslos. Steinbrück habe mit seiner Rede alles richtig gemacht. Zwar hätte er eine »sozialdemokratische« Rede halten können, die dazu geführt hätte, dass die Delegierten in Jubel ausgebrochen wären. Doch dann wäre er nicht mehr er selbst gewesen. Diesen folgenschweren Fehler habe Steinbrück vermieden.

Wie aber sieht das Programm des Peer Steinbrück aus? Seine Reden und Auftritte drehen sich in den vergangenen zwei Jahren um Europa, um den Euro sowie um die globale und nationale Finanz- und Wirtschaftspolitik in der Krise. Steinbrück betont beim Thema Europa, dass es nicht nur um ökonomische Fragen gehe. »Wir befinden uns in einer Zäsur. Es geht darum, ob Europa ein loser Staatenbund bleibt oder ob es eine Fortentwicklung zu einer tiefer gehenden Integration Europas gibt«, sagt er etwa Ende November 2011 bei einer Veranstaltung des Netzwerks der SPD. Damit die Bürger Europa nicht als die Brüsseler Bürokratie erleben, damit sie auch bereit sind, Belastungen für Europa zu übernehmen, fordert er, »eine neue Erzählung über Europa zu entwickeln, die Europa faszinierend erscheinen lässt«. Steinbrück weist in diesem Zusammenhang darauf hin, dass seine Generation die erste sei, die nicht in einem europäischen Krieg verheizt worden sei. Und er will, dass über das Europa des Rechtsstaats, des Sozialstaats, der Freizügigkeit und der Meinungs- und Pressefreiheit gesprochen wird. Weiter führt er diese Gedanken allerdings nicht aus. Für eine faszinierende Erzählung über Europa ist das wohl zu wenig, gerade angesichts der Zweifel im Süden Europas, wo die wirtschaftliche Situation besonders dramatisch ist.

Steinbrück warnt, ganz im Einklang mit Helmut Schmidt, in diesem Zusammenhang vor deutscher Überheblichkeit. Der Unmut gegenüber einer deutschen Hegemonie in der Krise wachse, die Meinung, dass die Deutschen an der Krise verdienten und dass ihre geldpolitische Orthodoxie der Ruin Europas sei, nehme zu. Die Deutschen hätten also allen Grund, bescheidener aufzutreten.

Der schwarz-gelben Bundesregierung unter Angela Merkel wirft Steinbrück vor, zu widersprüchlich und zu wenig entschieden in der Eurokrise gehandelt und dadurch wertvolle Zeit vertan zu haben. Die Bundesregierung habe viele Haken geschlagen. Erst sollten die Griechen keinen Cent be-

kommen, dann sollte der Rettungsschirm gar nicht eingesetzt, dann zeitlich begrenzt werden; erst seien automatische
Sanktionen für Defizit-Sünder in der Eurozone angekündigt
worden, dann hätten Angela Merkel und der französische
Präsident Nicolas Sarkozy diese Ankündigung wieder zurückgezogen. Dabei habe die Kanzlerin gerade den Rettungsschirm davon abhängig gemacht, dass es diese schärferen
Strafen in Zukunft geben werde. Steinbrücks Vorwurf an Angela Merkel lautet also, sie sei nicht durchsetzungsfähig und
weitsichtig genug, um mit einer Strategie auf die Krise zu reagieren. Er läuft letztlich auf die Aussage hinaus: Solange ich
bei ihr war, lief es gut, aber ohne mich läuft es schlecht.

Schon aus parteipolitischer Sicht muss ein Kanzlerkandidat der SPD die Konfrontation mit der CDU-Kanzlerin suchen. Doch Steinbrücks Kritik an Angela Merkel ist auch aus
der Enttäuschung gespeist, dass sie ihn – trotz der vormals
guten Zusammenarbeit in der großen Koalition – nach dem
Ausscheiden der SPD aus der Regierung kein einziges Mal
um Rat gefragt hat. So berechtigt Steinbrücks Einwände in
der einen oder anderen Frage des Krisenmanagements sind:
Je mehr Angela Merkel bei diesem Management Erfolg hat,
umso schwieriger wird es für Steinbrück, sich gegen sie zu
positionieren.

Was die Finanzkrise betrifft, so kritisiert Steinbrück heute
die neoliberalen Vorstellungen einer weitgehenden Deregulierung der Wirtschaft. Das Paradigma der Deregulierung sei
aber vor der Finanzkrise so mächtig gewesen, dass es die
Kritiker erschlagen habe. Das treffe für die Wissenschaft, die
Publizistik wie für Verbände und Parteien zu. Steinbrück ist
bereit, dafür einen abstrakten Teil der Schuld zu übernehmen. Vorwürfe von der FDP will er sich indes nicht gefallen
lassen. Denn die hätten seinem Vorgänger als Bundesfinanzminister, Hans Eichel, immer vorgehalten, dass es bei den
Hedgefonds nicht zu wenig, sondern zu viel Regulierung
gebe.

Steinbrück erhebt eine Reihe von Forderungen, um die Ursachen der Finanzkrise zu bekämpfen. So fordert er ein Trennbankensystem, das Verbot ungedeckter Leerverkäufe sowie ein Verbot des spekulativen Handels mit Kreditversicherungsscheinen. Eine Finanztransaktionssteuer hält er für notwendig, die Bundesregierung könne sich nicht darauf hinausreden, dass sie dafür nicht alle Staaten in ein Boot bekomme. Steinbrück ist zudem für ein Verbot des Derivathandels. Wetten auf zukünftige Preise von Lebensmitteln, um damit zu spekulieren, müssten verboten werden. Seine Forderungen für eine neue Politik gegenüber den Finanzmärkten packt Steinbrück in die Formel: Renaissance der sozialen Marktwirtschaft und Rückgewinnung des Primats der Politik.

Die »Agenda 2010« verteidigt Steinbrück weiter gegen Angriffe aus den eigenen Reihen. Die Debatte um sie sei leider verkürzt worden auf die Chiffre Hartz IV. »Die Agenda ist der Grund, und das haben viele nicht gesehen, dass wir heute wie Alice im Wunderland in Europa dastehen.«

Steinbrück äußert sich auch zu originär außenpolitischen Themen. Dass die rot-grüne Regierung Ende der neunziger Jahre militärisch auf dem Balkan eingegriffen hat, hält er für richtig. »Auf dem Balkan hat Völkermord stattgefunden. Deswegen war die Intervention gerechtfertigt«, sagt er auf einer Veranstaltung mit Helmut Schmidt. Dass mit der Wehrpflicht auch der Zivildienst abgeschafft worden ist, bedauert Steinbrück. Deswegen will er die Wehrpflicht durch einen nationalen Pflichtdienst ersetzen. »Ich bin für einen nationalen Pflichtdienst. Ich halte es für notwendig, dass junge Männer und Frauen für neun Monate in einem bestimmten Radius um ihren Wohnort herum einen solchen Pflichtdienst leisten«, sagt Steinbrück. Darauf, dass ein solcher Pflichtdienst aus rechtlichen Gründen schwer durchzusetzen sein dürfte, geht er nicht ein.

Die Troika

»Stürmst nicht auch du, Russland, so dahin wie eine kühne Troika, die niemand einholen kann? Der Boden dampft, die Funken sprühen, die Brücken dröhnen ...«[23] So heißt es in Nikolaj Gogols »Die toten Seelen«. Der Begriff Troika bezeichnet ursprünglich eine russische Art des Dreigespanns. Für die SPD hat der Begriff eine allerdings keineswegs nur positive Tradition. Eine Troika der führenden SPD-Politiker gab es schon 1994. Damals versammeln sich kurz vor der Bundestagswahl Oskar Lafontaine und Gerhard Schröder hinter dem Spitzenkandidaten Rudolf Scharping, um die Schwäche der SPD nach der verlorenen Europawahl dieses Jahres auszugleichen. Das Foto der drei Politiker wird im ganzen Land zehntausendfach plakatiert. Aber ihr Bündnis ist nicht mehr als eine Notgemeinschaft zu Wahlkampfzwecken – insgesamt drei Mal tritt die Troika im Wahlkampf zusammen auf. Der Kanzlerkandidat Scharping ist schon vorher per Urwahl bestimmt worden, Lafontaine gilt als Kandidat für das Amt des Finanzministers, Schröder soll den Posten des Wirtschaftsministers übernehmen. Die Konkurrenz zwischen den drei Männern wird dadurch allerdings nicht gemildert. Schon im Jahr nach der Wahl, die einen abermaligen Sieg der Union und ihres Kanzlers Helmut Kohl zum Ergebnis hat, zerbricht die Troika, unter anderem daran, dass Scharping sich eine frühzeitige Festlegung darauf wünscht, im Jahre 1998 abermals Kanzlerkandidat zu werden, was Schröder ablehnt. Er kann darauf hinweisen, dass bisherige frühzeitige Kandidaturen – 13 Monate bei Johannes Rau, faktisch 16 bei Scharping – sich für die SPD nicht ausgezahlt hätten. Allerdings hatte auch der Kandidat Lafontaine 1990 die Wahl klar verloren, auch wenn nur neun Monate zwischen seiner Benennung und dem Wahltermin lagen.

Ein früheres Zusammenspiel von Politikern der SPD, für die der Begriff Troika verwendet wurde, nämlich von Willy

Brandt, Helmut Schmidt und Herbert Wehner, ließ viele interessante Geschichten entstehen, die indes in der Regel wenig mit Harmonie und Geschlossenheit zu tun hatten. Unvergessen sind Wehners despektierliche Bemerkungen in Moskau über Brandt, die Nummer eins sei »entrückt« und »abgeschlafft«, der Regierung fehle der Kopf und der Kanzler bade gern lau in einem Schaumbad. Brandt und Schmidt stritten über die Abgrenzung der Partei nach links, das Verständnis des Vorsitzenden Brandt für die vermeintlich wohlwollenden linksradikalen Idealisten, die in die SPD strömten, hat Schmidt nie geteilt. Alles in allem ist diese wie jene Troika nicht gerade ein Erfolgsmodell für die SPD gewesen.

Doch das ist Schnee von gestern. Die Troika Gabriel, Steinmeier und Steinbrück muss zunächst einmal an die Regierung kommen. Sie ist aber auch gewillt, es besser zu machen als ihre Vorläufer in der Geschichte der Sozialdemokratie.

Das Verhältnis von Steinbrück und Frank-Walter Steinmeier gilt als eng und freundschaftlich. Wer mit dem einen oder dem anderen spricht, bekommt nicht den Eindruck, dass diese beiden Politiker um den wichtigsten Posten konkurrieren, den ihre Partei zu vergeben hat. In ihren politischen Positionen sind sich die »Stones«, wie sie genannt werden, sehr nah. Beide sind pragmatisch orientierte, eher konservative Sozialdemokraten. Ihre Auffassungen, etwa zur Haushalts- und Finanzpolitik, unterscheiden sich kaum. Steinmeier hat die »Agenda 2010« in entscheidendem Maße mit konzipiert, beide haben sie stets verteidigt, Steinbrück noch offensiver als ihr Architekt. Beide sehen die Parteilinke mit Skepsis.

Sowohl Steinmeier als auch Steinbrück waren lange Zuarbeiter in der zweiten Reihe, bevor sie zu Politikern wurden. Steinmeier hatte früh einen wichtigen Posten als Gerhard Schröders Kanzleichef in Hannover und als Kanzleramtschef in der rot-grünen Koalition von 1999 bis 2005. Er wurde aber später als Steinbrück Politiker im eigentlichen Sinne, nämlich

2005 als Außenminister, zu einem Zeitpunkt, als Steinbrück schon zwölf Jahre Landesminister und dann Ministerpräsident gewesen ist. Enger miteinander zu tun haben beide erst als Minister in der großen Koalition. Steinbrück spürt damals, dass ein gutes Verhältnis zwischen dem Außen- und dem Finanzminister entscheidend für den Einfluss der SPD in der Regierung ist. Die »Stones« werden so zum Gespann der SPD in der Regierung, auf das Verlass ist und das sich durch ruhiges Regieren und Kompetenz auszeichnet. Allein: Die stabilisierende Wirkung, die beide in der Koalition ausüben, wird vom Wähler am Ende der Bundeskanzlerin zugerechnet.

Von Streit oder Zerwürfnissen zwischen beiden Politikern ist nichts bekannt. Sie treffen sich regelmäßig, gehen miteinander essen oder Bier trinken, reden dabei nicht nur über Politik. Doch sie verkehren nicht im familiären Kreis miteinander, kämen nicht auf die Idee, gemeinsam in den Urlaub zu fahren.

Was sie unterscheidet, ist ihr Wesen, ihr Temperament. Steinmeier ist konzilianter, weicher und netter als Steinbrück, er kann gut mit Menschen, umarmt sie gern, ist ein Schulterklopfer. Er hat auch durch seine umgängliche Art ein breites Netz in der SPD geknüpft und wird mittlerweile in der Partei auch von jenen geschätzt, die linkere Positionen als er vertreten. Steinmeier ist bekannt dafür, dass er Kompromisse herbeiführen und Leute einbinden kann. Er gilt als verlässlich, als »Mister Seriosität«. Inszenierungen, wie Steinbrück sie schätzt, sind seine Sache nicht.

Steinbrück kann besser reden, die Dinge klar auf den Punkt bringen, er ist intellektuell schärfer. Er ist spontaner, lebendiger und treffender in seinen Analysen. Er reagiert schneller als der oft zögerliche Steinmeier, aber er verändert seine Positionen auch schneller. Der Zugang zu anderen Menschen, das Zuhören, das Steinmeier auszeichnet, fällt Steinbrück schwerer.

Steinbrück und Sigmar Gabriel haben beide eine rasche Auffassungsgabe und können mit ihrer Art zu reden Leute für sich gewinnen. Steinbrück ist besser in der politischen Analyse, Gabriel spricht emotionaler, meist mit einem guten Gefühl für das Publikum. Er kann einen Parteitag besoffen reden, Steinbrück fällt das nicht so leicht. Gabriel ist kreativer, produziert ständig neue Ideen, nervt damit aber auch seine Umwelt. Steinbrück ist besser darin, auf Situationen schnell zu reagieren, wie er 2008 in der Krise gezeigt hat.

Steinbrück und der SPD-Chef können sich sehr direkt die Meinung sagen, sie können auch gut miteinander lachen. Ihr Verhältnis ist entkrampft, aber das heißt nicht, dass es keine wechselseitigen Vorbehalte gibt. In ihren Positionen unterscheiden sie sich. Gabriel nimmt als Vorsitzender auf die Befindlichkeiten der SPD Rücksicht, denkt auch in parteitaktischen Kategorien. Steinbrück hingegen ist an der Sache interessiert, sieht sich nicht durch parteipolitische Grenzen beschränkt. Gabriel neigt dazu, die hehren Werte der Partei in den Vordergrund zu rücken, sich linker zu positionieren, als er es zu Zeiten als Ministerpräsident und als Umweltminister getan hat. Das geht mit Steinbrück nur so weit, wie es nicht dessen Vorstellungen von ökonomischer Vernunft widerspricht, wie das Beispiel der Rente mit 67 zeigt. Zugleich will Gabriel die Bundestagswahl für die SPD gewinnen. Er scheint daher hin- und hergerissen zwischen einer linkeren Politik, die der Partei gefällt, und dem Ziel, ein möglichst gutes Ergebnis bei der Wahl 2013 zu erreichen.

Hinzu kommt die Machtfrage. Steinbrück wäre ohne Gabriel nicht ein möglicher Kanzlerkandidat geworden. Dass er selbst zu unbeliebt ist, um zu kandidieren, weiß Gabriel – eigentlich. Mitunter erweckt er allerdings den Eindruck, er habe es vergessen. Seine Mitarbeiter weisen dann darauf hin, dass die Beliebtheitswerte von Angela Merkel auch nicht besser gewesen seien als jene Gabriels, bevor sie Kanzlerin wurde. Das führt dazu, dass Gabriel nicht wirklich berechenbar ist.

Mitunter brüskiert Gabriel die anderen Troika-Mitglieder. Er setzt sich etwa bei einer gemeinsamen Wahlkampfveranstaltung der Troika in Elmshorn am 25. April 2012 dafür ein, dass – sollte es mehrere Kandidaten für eine Kanzlerkandidatur geben – die SPD eine Urwahl abhalten würde. Der Vorstoß ist nicht mit Steinmeier und Steinbrück abgestimmt, die sich schlecht gegen ihn wehren können. Gabriel geht mitunter noch weiter, wenn es darum geht, Steinbrück in die Schranken zu weisen. So wettert er in Elmshorn gegen die Leute, die andere gern in Leih- und Zeitarbeit schicken wollten, selbst aber am liebsten bis 75 arbeiteten, »Bücher schreiben und Vorträge halten und dafür noch Geld kassieren«. Steinbrück, über dessen rege und gut honorierte Vortragstätigkeit gerade eine Welle von Artikeln erschienen ist, steht für einen Moment verdattert auf der Bühne, um dann ins Mikrophon zu murmeln: »Sag nichts gegen Bücher!«

Gabriel weiß, dass jeder Kandidat nach seiner Ausrufung die Nummer eins wäre. Als Vorsitzender der SPD wäre er dann nur die Nummer zwei. Er kann allerdings, wenn er den Kandidaten auswählt und die SPD die Wahl gewinnt, die Autorität des »Königsmachers« beanspruchen. Gabriel hat zudem durch sein Amt als Parteichef die Macht, inhaltliche Vorgaben für den Kandidaten zu bestimmen. Steinbrück will sich nicht durch solche einmauern lassen. Er will den Wahlkampf nicht durch die SPD-Gremien im Willy-Brandt-Haus dominieren lassen, wenn er Kandidat sein wird. Da liegt Konfliktpotenzial zwischen ihm und Gabriel.

Als die eigentlichen Konkurrenten um die Führung in der SPD erscheinen Gabriel und Steinmeier. Das liegt auch, aber nicht nur an den Führungsposten, die sie innehaben. Seit die SPD in der Opposition ist, hat es immer wieder Reibungen zwischen beiden gegeben. Zunächst scheint Gabriel, durch eine gute Rede und ein fulminantes Ergebnis bei der Wahl zum Vorsitzenden auf dem Dresdner Parteitag Ende 2009 gestärkt, als der entscheidende Akteur der SPD-Spitze, der es sich erlauben könnte, Steinmeier als Fraktionschef beizeiten ersetzen zu lassen. Denn der ehemalige Kanzlerkandidat hat schwer an der Wahlniederlage zu knapsen, befindet sich über Wochen in einem Zustand der Niedergeschlagenheit und hat Mühe, sich in die Rolle des Fraktionsvorsitzenden einer Oppositionspartei einzufinden. Während Gabriel sich vor allem darauf konzentriert, die SPD vom Ballast der Regierungsjahre zu befreien, zu dem er auch den Bundeswehreinsatz in Afghanistan und die Diskussion um Hartz IV und die »Agenda 2010« rechnet, geht es Steinmeier darum, dass die SPD gerade diese Ergebnisse ihrer elfjährigen Regierungszeit nicht negieren darf, sondern sich zu ihnen bekennen muss. Gerade in der Frage, wie die SPD zum Afghanistan-Einsatz steht, engagiert sich Steinmeier stark und verhindert eine Kehrtwende, die Gabriel erwogen hatte.

Steinmeier kommt im Lauf des Jahres 2010 immer mehr in Tritt, wenn es um seine Rolle als Fraktionschef geht. Da die Fraktion ständig über Fragen der Tagespolitik zu entscheiden hat, gelingt es ihm, sich medial gegen Gabriel zu behaupten, der stets für eine zugespitzte Aussage gut und deshalb bei den Journalisten gefragt ist. Steinmeier geht es um Seriosität in Sachfragen, Gabriel hingegen will die SPD als Oppositionspartei stärker auf Angriff trimmen. Daraus ergeben sich Konflikte um die Frage, was richtige und was falsche Opposition ist. Gabriels Bemühen findet sich etwa in seinem Satz wieder, die SPD habe lange genug zuerst an das Land und dann erst an sich gedacht, nun sei es einmal anders herum notwendig. Steinmeier hingegen gibt von Anfang an die diametral entgegengesetzte Losung aus: Die SPD, so sagt er schon Anfang 2010, müsse sich so positionieren, dass sie morgen schon die Regierung wieder übernehmen könne. Angesichts des wenig erfreulichen Bildes, das die Koalition aus Union und FDP abgibt, gewinnt Steinmeiers Sicht an Attraktivität.

Ein Beispiel für die Konflikte zwischen Gabriel und Steinmeier ist der Streit um den Fiskalpakt im Frühjahr 2012. Unterschiedliche Vorstellungen über den Kurs in der Europapolitik gibt es seit der Enthaltung der SPD bei den ersten Griechenland-Hilfspaketen. Damals hatte sich Gabriel gegen Steinmeier durchgesetzt, was allerdings im Nachhinein von vielen als wenig weitsichtig betrachtet wurde. Seitdem folgte die Partei im Wesentlichen dem Kurs Steinmeiers.[24] Beim Fiskalpakt zeigt sich abermals ein unterschiedliches Vorgehen. Gabriel ist der Auffassung, dass es ein Junktim zwischen der Zustimmung der SPD-Bundestagsfraktion zum Fiskalpakt und der von der SPD geforderten Finanztransaktionssteuer geben soll, beruft sich dabei auf einen Beschluss des SPD-Vorstands. Steinmeier hingegen wendet sich gegen ein Junktim. Die Bundesregierung könne eine solche Steuer nicht allein in Europa durchsetzen, zudem sei es für die SPD wichtig, in der Frage beweglich zu bleiben, um aus den Verhandlungen mit der Regierung mit einem Erfolg herauszukommen. Zu einem heftigen Zusammenstoß der beiden Politiker kommt es in der Frage Anfang März 2012. In einem Telefonat vereinbaren sie zunächst, dass die SPD kein Junktim herstellen werde. Gabriel fordert einen Tag später am frühen Morgen per SMS eine Reihe namhafter SPD-Politiker aus Bund und Ländern auf, öffentlich zu erklären, dass es keine Zustimmung der SPD zum Fiskalpakt geben werde ohne eine Beteiligung der Finanzmärkte und Spekulanten, also eine Finanztransaktionssteuer. Steinmeier bekommt diese SMS nicht, aber ihr Inhalt wird ihm von einem der Empfänger mitgeteilt. Bei einem Treffen mit der SPD-Führung am selben Morgen geht er Gabriel sehr aufgebracht an, weil dessen SMS gegen die Verabredung vom Vortag verstoße, der Parteichef ihn zu hintergehen versuche. Der Konflikt sei innerhalb von drei Tagen beigelegt worden, heißt es in der SPD.

Solchen Zusammenstößen liegt auch eine ins Persönliche gehende wechselseitige Einschätzung zugrunde: Steinmeier hält Gabriel für zu impulsiv und für in der Tendenz unseriös,

Gabriel betrachtet Steinmeier als Zauderer. Gabriel habe, wie es in der Partei heißt, zu viel Testosteron, so dass er die Zuspitzung auch dann noch betreibe, wenn sie schade. Steinmeier hat das entgegengesetzte Problem: Er scheut die Zuspitzung oft selbst noch dort, wo sie angebracht, ja notwendig ist. Steinbrück könnte hier einen Mittelweg gehen.

In den Auseinandersetzungen zwischen Gabriel und Steinmeier spielt Steinbrück keine sichtbare Rolle, auch wenn es klar ist, dass er in den meisten Fragen eher mit Steinmeier einer Meinung ist. Dass er keine Funktion in der Partei hat und in der Fraktion nicht mehr als ein einfacher Abgeordneter ist, hat für ihn den Nachteil, dass er zu politischen Alltagsthemen kaum gefragt wird. Steinbrück ist dadurch in den Medien seltener vertreten als Gabriel und Steinmeier. Er besitzt zudem, anders als seine beiden Konkurrenten, keinen Apparat, der ihm zuarbeitet. Das ist ein Nachteil, weil die inhaltliche Tiefe und Breite von Auftritten und Reden durch ein solches Zuarbeiten gewinnen kann.

Während Steinmeier und Gabriel sich montags in drei Gremiensitzungen hintereinander sehen und sich jede zweite Sitzungswoche des Bundestags zu einem längeren Gespräch treffen, müssen die Treffen mit Steinbrück eigens organisiert werden. Eine Dreierrunde findet bei Sigmar Gabriel etwa alle vier Wochen statt. Einen festen Termin gibt es allerdings nicht, Gabriel lädt eigens dazu ein.

Gleichzeitig ist Steinbrück in mehrfacher Hinsicht abhängig von den anderen beiden Troika-Mitgliedern. Letztlich entscheiden sie darüber, ob Steinbrück im Bundestag eine Rede halten soll und ob er auf dem Parteitag der SPD auftritt. Das gilt auch für das Alltagsgeschäft im Bundestag. Steinmeier sorgt immer wieder dafür, dass Steinbrück bei den Sitzungen der Haushalts- und Finanzexperten der Fraktion hinzugezogen wird, etwa wenn es um die Eurokrise geht. Um die Abhängigkeit, erst auf Zuruf tätig werden zu können, zu mildern, bitten Steinmeier und Gabriel schließlich Steinbrück

darum, beim Thema »Neuordnung der Finanzmärkte« eine
führende Rolle zu übernehmen. Dafür wird auch eine Mitar-
beiterstelle in der Fraktion geschaffen. Das Fehlen von Posten und Funktionen hat für Steinbrück
allerdings Vorteile. Anders als Gabriel und Steinmeier kann
er Themen und Orte seiner Auftritte weitgehend frei aus-
wählen, kann selbst die Intensität bestimmen, in der er sich in
Wahlkämpfe und Kampagnen einmischt. Der größte Vorteil
ist, dass Steinbrück dadurch die Chance hat, weit über die
Reihen der Partei hinaus zu wirken und sich im Land bekannt zu machen. Weil er kein Parteiamt innehat, wird er in
der Bevölkerung weniger als Parteipolitiker wahrgenommen
als Gabriel und Steinmeier. Er kann sich freier äußern und
gewinnt gerade dadurch als »Mister Klartext« an Popularität.

Die Konkurrenz zwischen Steinmeier und Gabriel könnte
für Steinbrück ein Vorteil sein. Beide, SPD-Chef wie Fraktionsvorsitzender, vermitteln den Eindruck, dass sie nicht
wollen, dass der jeweils andere Kanzlerkandidat wird. Steinbrück wäre dann eine Art Garantie für Gabriel, dass er Steinmeier nicht als Kanzlerkandidaten vorschlagen muss; für
Steinmeier wäre er wiederum die Versicherung, dass Gabriel
nicht Kandidat wird, wenn er, Steinmeier, selbst nicht zum
Zuge kommt.

Steinbrück, Steinmeier und Gabriel haben sich versichert,
keiner von ihnen werde die Frage der Kanzlerkandidatur
vorantreiben. Sie sind sich einig darin, dass eine Kandidatur,
die länger als ein Jahr andauert, angesichts des immer schnel-
leren und oft überdrehten Medienbetriebs für den Kandidaten nicht zumutbar ist. Denn mit dem Tag der Nominierung
gäbe es für den Kanzlerkandidaten keine Frage mehr, zu der
er sich nicht äußern müsste.

Allerdings gibt es in der SPD durchaus die Meinung, es
hätte Vorteile gehabt, den Kanzlerkandidaten früher zu bestimmen. Altkanzler Gerhard Schröder weist darauf hin, ein
Kandidat müsse auch in der Lage sein, eine lange Strecke öf-

fentlicher kritischer Begutachtung durchzuhalten, und zeigt sich im Herbst 2011 überzeugt, dass die Entscheidung eigentlich schon gefallen sei.[25] Zwar nennt er keinen Namen, doch da er sich kurz nach dem gemeinsamen Auftritt von Helmut Schmidt und Steinbrück äußert, erweckt er den Eindruck, er wolle helfen, die Gunst der Stunde zu nutzen und Steinbrück zum Kanzlerkandidaten zu machen, bevor etwaige Unwägbarkeiten ihm die Sache noch vermasseln können. Im Mai 2012 äußert er sich dann im Zuge einer Buchveröffentlichung explizit:»Mich würde es freuen, wenn Peer Steinbrück Kanzlerkandidat der SPD würde. Er hat alle Aussicht auf Erfolg.«[26] Kritische Äußerungen, sich doch bitte an die Vereinbarung zu halten, dass über die K-Frage jetzt nicht geredet werden sollte, folgen prompt. Nicht nur SPD-Linke, sondern auch der Hamburger Erste Bürgermeister Olaf Scholz und der niedersächsische Spitzenkandidat Stephan Weil sagen das. Und SPD-Chef Gabriel reagiert bei »Günther Jauch« geradezu grob, wenn er sagt, Steinbrück könne ja froh sein, dass die Empfehlung nicht direkt von Schröder-Freund Wladimir Putin komme.

Andere Veteranen der SPD zeigen – ähnlich wie Schröder – in internen Gesprächen eine Präferenz dafür, die K-Frage eher früher als später zu entscheiden, ohne dass sie dazu öffentlich Stellung nehmen. Neben dem Wunsch, Steinbrück solle der Kandidat werden, spielt dabei auch die Überlegung eine Rolle, dass die Troika eine fragile Konstruktion ist.

Denn ebenso wichtig wie die Entscheidung, wer an der Spitze stehen wird, ist die Frage, wie die Troika nach einer Entscheidung über die Kanzlerkandidatur sich weiter präsentieren wird. Vereinbart haben Gabriel, Steinmeier und Steinbrück, dass dann keiner von ihnen abspringen wird, sie zusammen in den Wahlkampf ziehen werden. Ob die Ausrufung des Kanzlerkandidaten ohne große Verletzungen für den einen oder anderen stattfinden wird, ist Mitte 2012 allerdings noch völlig offen. Die Bühne, auf der alle drei spielen

müssen, ist noch nicht gebaut, und die Rollenzuweisungen
fehlen noch.

Überraschend sieht es im Mai 2012 so aus, als könnte aus
der Troika eine Quadriga werden. Bei der vorgezogenen
Landtagswahl in Nordrhein-Westfalen gelingt es Hannelore
Kraft, die bisher mit einer Minderheitsregierung das Land
führt, eine veritable rot-grüne Mehrheit zu erreichen. Das
stärkt die Hoffnung, dass ein solcher Sieg auch 2013 bei der
Bundestagswahl möglich sein wird. Die Wahlsiegerin wird
von den Medien schnell zum vierten möglichen Kanzlerkandidaten der SPD ausgerufen. Sie macht aber ebenso schnell
klar, dass sie das ausschließt. Die drei Troika-Mitglieder sagen auf Nachfrage, dass Hannelore Kraft im Kreis der Kan-
didaten-Kandidaten willkommen wäre. Das fällt ihnen leicht,
denn das Nein der Düsseldorfer Regierungschefin klingt
glaubwürdig. Schließlich würde sie eine sichere Machtposi-
tion im bevölkerungsreichsten Bundesland für eine Mission
mit ungewissem Ausgang aufs Spiel setzen.

Will er?

Will Steinbrück unbedingt Kanzlerkandidat werden? Oder
kokettiert er mehr mit dieser Möglichkeit? Will er, der seine
Freiheit und Unabhängigkeit so hoch schätzt und alles andere als ein Parteisoldat ist, sich den Torturen des Wahlkampfs
unterziehen, als erster Mann einer Partei, die er selbst oft genug skeptisch sieht und die ihn ebenso kritisch bewertet?

Steinbrücks Familie reagiert auf seine Pläne, Kanzlerkandidat zu werden, ablehnend. Sie gibt ihm zu bedenken, dass
er sich noch einmal physisch und psychisch in extremer Weise belasten würde, wo er jetzt ein viel freieres, interessanteres
und bunteres Leben führen könnte als im anstrengendsten
politischen Spitzenjob, den Deutschland zu bieten hat. Er

habe es nicht nötig, sein politisches Leben zu korrigieren oder zu krönen, er könne mit den Noten, die er am Ende einer politischen Laufbahn erhalte, zufrieden sein. Steinbrück wird im Wahljahr 2013 66 Jahre alt sein, Frank-Walter Steinmeier ist neun Jahre jünger, Sigmar Gabriel zwölf. Für Steinbrück bedeutet das: 2013 ist seine erste und letzte Chance, Kandidat zu sein.

Viele, die mit Steinbrück regelmäßig verkehren, erkennen bei ihm einen festen Willen, manche gar einen brennenden Ehrgeiz, Kanzlerkandidat zu werden. Sein Engagement in den Wahlkämpfen im Saarland, in Schleswig-Holstein und in Nordrhein-Westfalen im Frühjahr 2012, wo Steinbrück in der Regel vor vollen Sälen spricht, ist auch Beweis dafür, dass er weiter daran arbeitet, seine Popularität zu steigern – in der SPD und darüber hinaus. Steinbrück glaubt, dass er ein besserer Regierungschef wäre, als es Angela Merkel ist, und dass er viele ihrer Fehler, gerade in der Eurokrise, vermieden hätte. Ebenso klar ist für ihn aber auch, dass die Kanzlerkandidatur eine Tortur für einen Politiker ist, bei der er nur erfolgreich sein kann, wenn die Kampagne auf ihn zugeschnitten ist. Das heißt: Steinbrück will kandidieren, aber er will zugleich, dass die SPD ihm inhaltlich und organisatorisch so weit wie möglich freie Hand lässt. Das ist nicht einfach: Die SPD erhebt von jeher den Anspruch, selbst das Programm zu bestimmen. Ihre Zentrale ist auf den Parteivorsitzenden zugeschnitten und führt ein spezielles Eigenleben. Für den erfolgreichen Wahlkampf ist es aber wichtig, dass nicht das Willy-Brandt-Haus spricht, sondern der zukünftige Bundeskanzler – auf Augenhöhe mit dem tatsächlichen Bundeskanzler oder der Bundeskanzlerin. Wenn der Parteivorstand und die anderen SPD-Gremien ihm Positionen vorgeben würden, mit denen er selbst unglaubwürdig zu werden droht, könnte Steinbrück eine Kandidatur ablehnen. Er will unter der Prämisse kandidieren: Es zählt, was der Kandidat sagt. Der Grüne und Steinbrück-Freund Michael Vesper sieht es so: »Steinbrück hält sich aktuell für den einzig geeigneten Kanzlerkandidaten. Ich glaube, er will es wirklich – allerdings zu seinen Bedingungen, ohne zu enge Fesseln seiner Partei.«

Ist die SPD bereit, die Herrschaft eines Kanzlerkandidaten Steinbrück zu ertragen? Wird sie sich hinter ihn stellen, auch wenn er immer wieder das verletzt, was er selbst den »parteiverträglichen Kodex« nennt? Oder will sie sich lieber treu bleiben und dafür, wenn es sein muss, auch auf die Macht verzichten? Für die CDU, der Angela Merkel von der Familienpolitik über die Abschaffung der Wehrpflicht bis zum Atomausstieg viel zugemutet hat, ist die Antwort klar: Das Wichtigste ist, zu regieren. Für die SPD, deren Gründungsmythos sich aus dem Kampf für die Arbeiter- und Menschenrechte und der Auseinandersetzung mit der staatlichen Obrigkeit speist, ist das anders. Sie ist im Zweifelsfalle bereit, in die Opposition zu gehen oder dort zu verharren, wenn nur die Parteiseele keinen Schaden nimmt. Der tiefe und langjährige Streit um die Arbeitsmarktreformen der »Agenda 2010« und Hartz IV hat gezeigt, wie sehr die SPD von der vermeintlichen Aufgabe ihres Ideals der sozialen Gerechtigkeit getroffen ist. Und wie sehr sie bereit ist, die eigene Regierungsfähigkeit hintanzustellen, wenn es um die Verletzung programmatischer Grundsätze geht.

Wie wichtig ist es, dass der Kanzlerkandidat in der eigenen Partei beliebt und akzeptiert ist? Es ist, so sagen alle führenden SPD-Politiker, ein wichtiges Kriterium für die Auswahl. Schließlich soll der Kandidat die Partei möglichst geschlossen in den Wahlkampf führen, die Parteimitglieder sollen sich in ihrer Freizeit, an Nachmittagen, Abenden oder am Wochenende dafür engagieren, dass ihr Kandidat gewählt wird. Sie müssen für ihn werben, seine Vorzüge darstellen, sich gegebenenfalls für ihn beschimpfen lassen. Der Kandidat muss also in der Partei verankert sein, er muss die eigenen Leute mobilisieren können. Steinbrück hat da, zumindest wenn es um die aktiven Funktionäre der SPD geht, nicht die besten

Karten. Bei den Delegierten von Parteitagen, die mehrheitlich »linker« eingestellt sind als viele einfache Mitglieder, ist er nicht übermäßig beliebt. Das Gleiche gilt auch für die Jusos oder zumindest für deren traditionell besonders links eingestellte Führung.

In der SPD, so sagt ein führender Sozialdemokrat, werde Steinbrück eindeutig unterschätzt. Viele Genossen hätten zudem Schwierigkeiten zu akzeptieren, dass es bei der Frage des Kanzlerkandidaten nicht in erster Linie auf die rund 500 000 SPD-Mitglieder ankomme, sondern auf die gesamte Wahlbevölkerung Deutschlands. Denn selbst wenn man die Partner der SPD-Mitglieder mitzählt, kommt man bestenfalls auf eine Million Wähler. Für einen Wahlsieg braucht die SPD aber weitere zwölf Millionen Wähler. Diese kann die Partei, das hat Gerhard Schröder gezeigt, nur in der Mitte des politischen Spektrums gewinnen. Steinbrück wird gerade von den älteren, pragmatisch orientierten SPD-Politikern zugetraut, eine Wahlauseinandersetzung so zu führen, dass er das Maximum für die SPD herausholen kann. Anders als Schröder fehlt ihm jedoch die »proletarische« Herkunft. Schröder als Halbwaise, Sohn einer alleinerziehenden Mutter, die als Putzfrau arbeitete, konnte – trotz seines Rufs als Genosse der Bosse – die sozialdemokratische Herzblutmelodie anstimmen, ohne dass er dabei unglaubwürdig wirkte. Steinbrück ist dieser Weg aufgrund seiner bürgerlichen Herkunft versperrt.

Als Vorteil Steinbrücks gilt auch, dass das Thema Europa und die Eurokrise bei der Bundestagswahl 2013 voraussichtlich eine wichtige Rolle spielen wird. Selbst wenn das Topthema in der Innenpolitik liegen sollte – im Unterschied zu früher wird die Frage, welche Rolle Deutschland in Europa spielen wird, so bedeutend sein, dass die SPD es sich nicht leisten kann, hier personell schwächer aufzutreten, als es die Union mit Bundeskanzlerin Merkel tun wird. Zugleich gilt aber: Wenn es Angela Merkel gelingt, sich als die starke Frau

zu präsentieren, die Deutschland erfolgreich durch die Eurokrise manövriert hat, dann wäre es auch für einen Kanzlerkandidaten Steinbrück schwer, gegen sie zu punkten.

Im Falle einer Kanzlerkandidatur muss Steinbrück vor
allem damit zurechtkommen, dass er eine neue Rolle einzu-
nehmen hat, durch die er einen großen Teil seiner bisherigen
Vorzüge verliert. Er würde dann mehr als bisher als Parteipolitiker wahrgenommen. Er müsste seine Worte mehr wägen,
ihre mediale Wirkung bedenken und Rücksicht auf die Partei, deren Beschlüsse und Stimmungen nehmen. Denn es ist
ein Unterschied, ob der Abgeordnete Peer Steinbrück in einer Talkrunde sagt, die Sozialdemokratie habe durch den Erfolg des Sozialstaats ihre Idee eingebüßt und bislang keine
neue gefunden, oder ob ein Kanzlerkandidat der SPD das tut.

Nachwort

Kann er es?

Peer Steinbrück hat ein erfülltes politisches Leben hinter sich. Er hat das für seine Generation geltende Rentenalter erreicht, war dreimal Landesminister in zwei Ländern, Regierungschef in Nordrhein-Westfalen und schließlich Bundesminister der Finanzen in jener Zeit, als die Banken- und Finanzkrise Deutschland mit all ihrer Wucht erreichte. Die meisten Berufspolitiker beenden ihre Laufbahn mit weit weniger auf der Habenseite.

Und was, wenn nun doch noch mehr aus ihm wird? Kann er regieren? Gemacht hat er nicht viel anderes. Seit drei Jahren ist er gezwungenermaßen in der Opposition, vorher hat er fast durchgängig in Ministerien gearbeitet, diese geführt – oder aber gleich die ganze Regierung. Parteipolitik erfüllt ihn nicht.

Dass Steinbrück ein Ressort verwalten kann, steht außer Frage. Doch kann er auch gestalten, kann er führen?

Die am weitesten gehende Gelegenheit dazu hat er als Ministerpräsident, als Kopf einer Regierung in Düsseldorf, wenn auch nur für zweieinhalb Jahre. Er ist Hals über Kopf in das Amt gestoßen worden, als Vorgänger Wolfgang Clement 2002 plötzlich nach Berlin wechselt. Von daher ist Steinbrück kein Vorwurf zu machen, dass er ohne Programm, ohne eine zentrale gestalterische Idee das neue Amt übernimmt.

Er will vor allem für Ordnung sorgen. Die Kassenlage ist schlecht in Nordrhein-Westfalen. Die Schuld kann Steinbrück nicht dem politischen Gegner von der CDU in die Schuhe schieben, denn seit Jahrzehnten hat die das Land nicht mehr regieren dürfen. Zudem war er zuvor Finanzminister. Also bleibt nur der Versuch, den Schlamassel selbst unter Kontrolle zu bekommen in den zweieinhalb Jahren bis zur Landtagswahl. Das gelingt ihm nicht wirklich, seine Haushaltsentwürfe stoßen nicht auf die Gnade des Landesverfassungsgerichts. Zudem muss er noch mit den Produkten der Phantasie seines Vorgängers und Freundes Clement kämpfen. Vor allem dessen Wunsch, eine Magnetschwebebahn durch das Land fahren zu lassen, ist aus finanziellen Gründen unerfüllbar. Steinbrück ahnt das schnell, will aber auch nicht sofort kurzen Prozess machen.

Weil ihm ein Plan fehlt, will er wenigstens den Eindruck erwecken, dass er weiß, wo vorne ist. Zu diesem Zweck bricht er einen wüsten Konflikt mit dem wenig geliebten grünen Koalitionspartner vom Zaun, den er mit solcher Härte führt, dass es selbst Bundeskanzler Gerhard Schröder im fernen Berlin angst und bange wird. Die Koalition in Düsseldorf überlebt. Inhaltlich hat Steinbrück aber nicht viel gewonnen, abgesehen davon, dass er das lästige Thema Magnetschwebebahn beerdigt. Die wollten die Grünen sowieso nie haben.

Hat er versagt – zumal die SPD am Ende seiner kurzen Amtszeit die Macht an Rhein und Ruhr nach Jahrzehnten verliert? Das wäre ein ungerechtes Urteil. Steinbrück kämpft gegen widrigste Umstände, allen voran die umstrittenen Hartz-Reformen, die seine SPD viele Stimmen kosten. Aber eines lässt sich an seiner kurzen Zeit an der Spitze einer Regierung doch ablesen. Das einzige Mal, da Steinbrück für das große Ganze zuständig ist, da er als Kapitän nicht nur sagen muss, wo das Schiff hinfahren soll, sondern zugleich dafür sorgen muss, dass in der Mannschaft eine einigermaßen gute Stimmung herrscht, wird deutlich, dass er damit seine Schwierigkeiten hat.

Die Bilanz seiner Jahre als Bundesfinanzminister an der Seite von Kanzlerin Angela Merkel fällt jedenfalls besser aus. Er kann sich zunächst ganz auf ein Thema konzentrieren: das

Ziel, einen ausgeglichenen Haushalt aufzustellen. Die Aufgabe hat er von seinem Vorgänger Hans Eichel geerbt. Ach was: er hat sie von allen Vorgängern geerbt. Auch wenn seine Sparerfolge nicht ganz so groß sind, wie er anfangs glauben machen will, so ist Steinbrück doch auf der Erfolgsspur, sein Plan ist realistisch. Dennoch erweist er sich als vorsichtiger Minister, nennt das Datum, von dem an keine neuen Schulden mehr aufgenommen werden sollen, erst spät. Die Sache hätte gutgehen können.

Dann kommt das große Thema, das seine Amtszeit bestimmt, das er sich ebenfalls nicht aussuchen konnte: die Finanzkrise. Der Mann mit dem Faible für spannende Kinofilme, in denen es gern auch Duellsituationen geben darf, mag so etwas. Held trifft auf Herausforderung. Keine Schnörkel, keine programmatischen Debatten, sondern Deutschland retten.

Nicht nur die eigenen Leute, auch die politische Konkurrenz bescheinigt Steinbrück, in der Finanzkrise vieles richtig gemacht zu haben. Schneller als die Union nebst ihrer Parteivorsitzenden und Kanzlerin Merkel erkennt er, dass nur eine systemische Reaktion auf die Erschütterung der Finanzmärkte helfen kann. Diese schiebt Steinbrück an. Als es in einem kritischen Moment der Krise, im Oktober 2008, darum geht, die deutschen Sparer zu beruhigen und sie daran zu hindern, ihr Geld in großen Summen von den Banken zu holen, zeigt er sich ebenso beherzt wie die Regierungschefin.

Im Team und unter einer starken Hand hat der Regierungspolitiker Peer Steinbrück ein besseres Bild abgegeben als in der Zeit, da er selber Chef sein und den Laden zusammenhalten musste.

Was lässt sich über den politischen Menschen Steinbrück sagen? Er ist hochintelligent und gebildet. Er hat eine schnelle Auffassungsgabe und kann sich in eine schwierige Materie schnell einarbeiten. Er ist kein Ideologe, sondern sucht nach pragmatischen Lösungen. Er denkt nicht zuerst in Kategorien von Parteipolitik. Er redet Leuten nicht nach dem Mund. Und er wäre wohl bereit, unpopuläre Entscheidungen durchzustehen und zu verteidigen.

Steinbrück hat eine Reihe von Überzeugungen, die er über die Jahre nicht verändert hat. Dass die SPD die Starken und die Aufstiegswilligen nicht vergraulen darf, wenn sie die Schwachen in der Gesellschaft schützen will, gehört dazu. In Einzelfragen ist Steinbrück allerdings beweglich, mitunter fast sprunghaft. Seine scharfen Analysen trägt er zwar stets mit großer Überzeugungskraft vor. Das hindert ihn aber nicht daran, auch kurze Zeit später eine andere Meinung mit Wucht zu vertreten.

So kompromisslos und hart, wie er gern tut, ist Steinbrück nicht. Wenn es darum geht, dem Chef der Pleitebank HRE den Rücktritt nahezulegen, dann schafft er das nicht, überlässt es lieber anderen. Wenn er sein Veto als Finanzminister gegen eine Rentengarantie, die er für falsch hält, einlegen könnte, dann tut er es nicht, weil er nicht allein im Kabinett dastehen möchte. Steinbrück will eben doch gemocht und geliebt werden, auch wenn er das so nicht sagen würde.

Steinbrück stürzt sich mitunter in Konflikte, ohne zu überlegen, was am Ende dabei für ihn herauskommt. Er verkämpft sich dann mit großem Einsatz, aber steht am Ende mit leeren Händen da, muss in der Sache selbst klein beigeben. Seine Auseinandersetzung mit den Grünen in Nordrhein-Westfalen ist ein Beispiel für ein solches politisch unkluges Verhalten. Auch sein Streit mit dem Leiter des Schleswig-Holstein Musik Festivals während der Ministerzeit in Kiel lässt früh diesen Zug erkennen.

Steinbrück kann unterhaltsam und anschaulich reden. Er kann komplizierte Inhalte so vermitteln, dass die Zuhörer sie verstehen. Das ist in Zeiten hochkomplexer wirtschaftlicher und politischer Zusammenhänge, wie sie uns gerade in der europäischen und globalen Finanzkrise täglich beschäftigen, ein großer Vorteil. Seine Lust an der Provokation und an einem treffenden sprachlichen Bild führt ihn dabei gelegentlich auf Abwege, kann sogar zerstörerische Wirkungen haben. Sein Bild von der Kavallerie, die man in die Schweiz schicken könne, ist ein Beispiel dafür. Steinbrück tut sich schwer damit, sich zu korrigieren oder um eine Entschuldigung zu bitten, lieber verteidigt er seine Ausreißer, kokettiert mit ihnen. Eine seiner größten Schwächen ist seine Arroganz. Er selbst würde diese Eigenschaft bestreiten, sich eher als undiplomatisch und zuweilen zu wenig sensibel bezeichnen. Steinbrück ist jedenfalls unduldsam gegenüber Dummheit, er kann einem Gegenüber, das er nicht als ebenbürtig betrachtet, sein Überlegenheitsgefühl nur schwer verbergen. Er kann sehr charmant sein, doch nett zu sein zu Leuten, die er nicht sympathisch findet, fällt ihm schwer. Das zu können ist freilich für einen Mann an der Spitze, nicht zuletzt auf internationalem Parkett, wichtig.

Auf Menschen zuzugehen, sich in sie hineinzuversetzen, ihre Emotionen zu begreifen, das fällt Steinbrück schwer. Berechtigte Kritik kann er oft nicht so anbringen, dass die Kritisierten sie annehmen können. Steinbrück wirkt dann schroff. »Steinbrück mag die Menschen nicht«, sagt ein langjähriger Mitarbeiter. Das ist sehr rigoros formuliert, aber ein warmer, den Menschen allzeit zugewandter Typ ist er bestimmt nicht. Wer das nicht braucht, wer stattdessen Intelligenz, Humor, Ironie und Sachlichkeit schätzt, der kann mit ihm gut auskommen.

Steinbrücks unbestrittener großer ökonomischer Sachverstand ist gerade in Zeiten der Finanz- und Eurokrise für einen führenden Politiker von hohem Wert. Steinbrück war und ist vor allem Finanz- und Wirtschaftspolitiker, was Befürchtungen in seiner Partei nährt, ob er seinen Sachverstand auch auf andere politische Felder ausweiten kann. Doch für solche Bedenken gibt es wenig Anhaltspunkte. Steinbrücks Interessen sind jedenfalls viel breiter, als es das Image eines nur Zahlen und Daten verhafteten Finanzpolitikers nahelegt.

Dass er keine Parteikarriere gemacht hat, ja, dass er seine eigene Partei oft scharf kritisiert, ist ein Nachteil, wenn es darum geht, sie in einem Wahlkampf hinter sich zu bringen. Zugleich hat die SPD aber, etwa 2005 im Wahlkampf in Nordrhein-Westfalen, bewiesen, dass sie genug Disziplin aufbringt, solche Vorbehalte hintanzustellen. Sie würde im Falle einer Kanzlerkandidatur Steinbrücks auch diesen Kandidaten akzeptieren und unterstützen, wenn auch im linken Teil der Partei mit weniger Herzblut, als es bei anderen Kandidaten möglicherweise der Fall wäre. Zu den Grünen, dem Wunsch-Koalitionspartner der SPD bei der Bundestagswahl 2013, hat Steinbrück von jeher ein gespanntes Verhältnis. Die Abkehr von der Kernkraft hat er zwar nachvollzogen, aber das Thema Ökologie kommt in seinen Reden bis heute selten vor. Ein Rot-Grüner wird Steinbrück wohl nicht mehr werden. Zugleich hat er seine frühere Antipathie gegenüber der Öko-Partei in weiten Teilen überwunden. Von der FDP, für die er früher Sympathien empfand, grenzt sich Steinbrück heute entschieden ab. Auch bei den Grünen hat sich das Verhältnis zu Steinbrück geändert. Bestes Beispiel dafür ist Bärbel Höhn, Steinbrücks Gegenspielerin in der rot-grünen Koalition in Düsseldorf, von der bis vor kurzem schwer ein gutes Wort über Steinbrück zu hören war. In Berlin sei es heute viel leichter, mit Steinbrück umzugehen, als es in Düsseldorf gewesen sei, sagt sie. Und sie macht eine erstaunliche Eröffnung: »Ich habe mich kürzlich mit ihm getroffen, wir hatten ein gutes Gespräch. Ich könnte mir das vorstellen, nach der Bundestagswahl wieder mit ihm in einer rot-grünen Regierung zusammenzuarbeiten. Ich bin jetzt mit Steinbrück im Reinen.«

Dass Steinbrück kein klassischer Parteipolitiker ist, ist bisher sein größter Vorteil. Er hat es dadurch geschafft, weit über die Kreise der SPD und derer, die mit ihr sympathisieren, hinaus Aufmerksamkeit und Zustimmung zu erringen. Mit seinen Büchern und einer Vielzahl von Veranstaltungen hat er als ehemaliger Minister und einfacher Abgeordneter die Republik »gerockt«, sich seine aktuelle Popularität erschrieben und vor allem erredet. Dass er es ohne herausragendes Amt in Regierung, Parlament oder Partei bis an die Spitze der Beliebtheitsumfragen geschafft hat und sogar für das politisch wichtigste Amt gehandelt wird, ist ein in der Geschichte der Bundesrepublik einmaliger Vorgang.

Zugleich ist das Interesse und die Zustimmung, die Steinbrück in der Bevölkerung erzeugen kann, eine Gabe, die nur wenige Politiker besitzen. Steinbrück hat damit auch das Image eines Technokraten, das ihm zu Beginn seiner Karriere anhaftete, überwunden. In einer Zeit, in der die Skepsis der Bevölkerung gegenüber den Parteipolitikern gewachsen ist, erfüllt Steinbrück die Sehnsucht nach dem anderen, dem atypischen Politiker.

Für einen Kanzlerkandidaten Steinbrück hieße das, dass er auch Bürger, die der SPD mit einiger Skepsis gegenüberstehen, gewinnen könnte. Um aus einer Bundestagswahl als Siegerin hervorzugehen, hat die SPD immer einen Kandidaten gebraucht, der in der Bevölkerung weit beliebter war als die Partei und der über deren ureigenste Anhängerschaft hinaus Leute für sich einnehmen konnte. Das war bei Helmut Schmidt ebenso der Fall wie bei Gerhard Schröder. Auch Steinbrück könnte das leisten. Zwar werden in Deutschland nach wie vor die Parteien gewählt, es gibt keine Direktwahl des Kanzlers. Aber gerade in Zeiten stetig abnehmender Parteibindungen kommt es eher noch mehr als früher auf die Person an der Spitze an. Steinbrück würde das Kunststück fertigbringen müssen, die SPD hinter sich zu vereinen und auf sie Rücksicht zu nehmen, aber gleichzeitig nicht den Nimbus eines atypischen Politikers ganz zu verlieren. Angela Merkel hat das mit ihrer präsidialen Art zu regieren geschafft. Manch einer in der Union traut das auch dem ehemaligen Finanzminister zu. »Steinbrück wäre für uns der gefährlichste Gegner«, sagt ein führender CDU-Politiker.

Um Bundeskanzler zu werden, braucht es nicht zuletzt den Willen zur Macht. Der SPD-Vorsitzende Sigmar Gabriel hat ihn, und er hat ein engeres Verhältnis zur Partei als Steinbrück. Gabriel kann polarisieren und gut reden. Über die SPD hinaus auszustrahlen ist ihm aber bisher wenig gelungen. Gabriel ist zu sprunghaft, zu unseriös und zu unbeliebt, als dass er – zumindest gegenwärtig – als Kanzlerkandidat ein gutes Ergebnis für die SPD erzielen könnte.

Frank-Walter Steinmeier ist sowohl in der SPD als auch in der Bevölkerung beliebt, wirkt seriös und bedacht. Er wägt Entscheidungen ab, mitunter bis zur Zögerlichkeit. Was ihm fehlt, ist die Fähigkeit, in einem Wahlkampf zu polarisieren. Vor allem aber fehlt ihm der letzte Wille zur Macht, den es braucht, um das politisch wichtigste Amt in Deutschland zu erobern. Die Niederlage des Kanzlerkandidaten Steinmeier 2009 erklärt sich nicht allein, aber auch mit darin.

Peer Steinbrück hat viele Stärken und eine Menge Schwächen. Ob er eine Chance hat, von den Deutschen zum Regierungschef gemacht zu werden, oder ob diese es lieber noch einmal vier Jahre mit Angela Merkel halten, ist gegenwärtig unklar. Gegen die Union mit einer beliebten Kanzlerin an der Spitze wird es jeder Herausforderer schwer haben. Gelingen kann das nur mit einem Kandidaten, der populär in der Bevölkerung ist, die Fähigkeit zur Zuspitzung besitzt und die Aura seriösen Sachverstands hat. Das jedenfalls gilt für jenen Mann, von dem dieses Buch handelt.

Anhang

Anmerkungen

Um den Anmerkungsapparat nicht unnötig auszudehnen, sind nicht alle im Text befindlichen Zitate mit einer eigenen Fußnote versehen worden. Das gilt besonders, wenn mehrere Zitate hintereinander einer Fundstelle entnommen wurden. Findet sich also ein wörtliches Zitat ohne Fußnote, so weist in der Regel die nächste Fußnote auf die Fundstelle hin. Zitate ohne Fußnote können ebenfalls auftauchen, wenn sie aus einem Gespräch stammen, das die Verfasser persönlich geführt haben.

Vorwort
Ohne Amt ganz oben

1   Vgl. http://forschungsgruppe.de/Umfragen/Politbarometer/Archiv/ Politbarometer_2011 (sowie 2012)

Kapitel 1
Herkunft, Familie, Jugend

1   Helmut Schmidt/Peer Steinbrück: Zug um Zug. Hamburg 2011, S. 298–299
2   »Dank für den Pommern-Bericht« (Leserbrief Ernst Steinbrück). Hamburger Abendblatt, 23. 10. 1975
3   »Mein Vater war eher CDU-Wähler«. Cicero, 12/2007, S. 116
4   Peer Steinbrück über Bosheit. Süddeutsche Zeitung, 9. 1. 2010
5   Schröders letzter Mann. Die Zeit, 12. 5. 2005
6   Victor Klemperer: Curriculum Vitae, Jugend um 1900. Bd. 1, Berlin 1989, S. 127

7   Helmut Schmidt/Peer Steinbrück: Zug um Zug. Hamburg 2011, S. 302
8   Jürgen Schröder: Delbrücks und Steinbrücks. Zwei Familiendynastien
      haben es im Nordosten zu einigem Ansehen gebracht. Nordkurier,
      11. 8. 2008; Einst »Schreckgespenst« von Heringsdorf. Frankfurter
      Allgemeine Zeitung, 3. 6. 1995
9   Zitiert nach: Lothar Gall u. a.: Die Deutsche Bank. München 1995, S. 3
10   Zitiert nach: Lothar Gall u. a.: Die Deutsche Bank. München 1995, S. 84
11   Berthold Litzmann: Im alten Deutschland. Berlin 1923, S. 180
12   Zitiert nach: Jürgen Schröder: Delbrücks und Steinbrücks. Zwei Fami-
      liendynastien haben es im Nordosten zu einigem Ansehen gebracht.
      Nordkurier, 11. 8. 2008
13   Zitiert nach: http://www.humanist.de / religion / deschner.html
14   »Not jenseits des Erträglichen«. Zitiert nach: http://www.ekir.
      de / www / 3C7AD9507A5B48B2BAC28E1F1559857C.htm
15   Helmut Schmidt / Peer Steinbrück: Zug um Zug. Hamburg 2011, S. 97;
      Stadt im Fokus. Die Welt, 29. 5. 2008
16   Vgl. Daniel Friedrich Sturm: Peer Steinbrück. München 2012, S. 19
17   Helmut Schmidt / Peer Steinbrück: Zug um Zug. Hamburg 2011, S. 97
18   Helmut Schmidt / Peer Steinbrück: Zug um Zug. Hamburg 2011, S. 97.
      Vgl. Daniel Friedrich Sturm: Peer Steinbrück. München 2012, S. 24
19   »Als Kind habe ich Kriegsschiffe nachgebaut«. Frankfurter Allgemei-
      ne Zeitung, 4. 4. 2012
20   Helmut Schmidt / Peer Steinbrück: Zug um Zug. Hamburg 2011, S. 108
21   Zitiert nach: »Mehr Geist, weniger Korps-Geist«. Der Freitag,
      30. 3. 2007; das Schmidt-Zitat in: Detlef Bald: Die Bundeswehr. Eine
      kritische Geschichte, 1955–2005. München 2005, S. 89
22   Die Einschätzung des NRW-Innenministeriums laut http://www.mik.
      nrw.de / uploads / media / ib1970.pdf; das Zitat von Horst Ehmke in:
      »Rechtsrum und kehrt«. Der Spiegel, 15 / 1971
23   Vgl. Daniel Friedrich Sturm: Peer Steinbrück. München 2012, S. 27–28
24   Helmut Schmidt / Peer Steinbrück: Zug um Zug. Hamburg 2011, S. 96
25   »Mit dem Latein am Ende«. Der Spiegel, 36 / 1969
26   Schröders letzter Mann. Die Zeit, 12. 5. 2005
27   Schröders letzter Mann. Die Zeit, 12. 5. 2005
28   Vgl. Daniel Friedrich Sturm: Peer Steinbrück. München 2012, S. 39
29   Schröders letzter Mann. Die Zeit, 12. 5. 2005; Vanessa de L'Or: Staats-
      feind unter Willy Brandt. Cicero, 22. 12. 2005
30   Das Liebespaar vom Rhein. Bunte, 5. 1. 2005
31   Zitiert nach: Schröders letzter Mann. Die Zeit, 12. 5. 2005; vgl. auch:
      Grüne Dame der ersten Stunde (Nachruf). Bonner General-Anzeiger,
      18. 2. 2004
32   »Man muss vor sich bestehen können«. NRW SPD: Vorwärts Nord-

rhein-Westfalen 2 / 2005; http://www.nrwspd.de / db / docs / doc_8367 _200596111231.pdf

33 Hoffen auf glücklichen Ausgang. Rheinische Post online, http://www. rp-online.de / politik / deutschland / nur-geliehene-macht-gertrud-steinbrueck-im-portraet-1.1602818

34 Das Liebespaar vom Rhein. Bunte, 5. 1. 2005

35 Das Liebespaar vom Rhein. Bunte, 5. 1. 2005; Peer Steinbrück über Bosheit. Süddeutsche Zeitung, 9. 1. 2010

36 Pennefelder Schüler rechnen mit den Steinbrücks. Bonner General-Anzeiger, 24. 5. 2011

37 Der unaufhaltsame Hamburger Peer Steinbrück. Hamburger Abendblatt, 30. 12. 2011

38 Jenseits von Berlin. Süddeutsche Zeitung, 10. 4. 2007

Kapitel 2
Spieler, Sammler, Redner

1 »Als Kind habe ich Kriegsschiffe nachgebaut«. Frankfurter Allgemeine Zeitung, 4. 4. 2012

2 »Ich bevorzuge offene Partien«. Süddeutsche Zeitung, 19. 8. 2008

3 »Ich bevorzuge offene Partien«. Süddeutsche Zeitung, 19. 8. 2008

4 Helmut Pfleger: Ein Lob den Großmüttern. Deutsches Ärzteblatt, Heft 51–52, 24. 12. 2007

5 http://www.schachmatt.de / 42-news-aus-der-schachwelt / 1694-schaukampf-steinbrueck-kramnik.html

6 »Ich bevorzuge offene Partien«. Süddeutsche Zeitung, 19. 8. 2008

7 »Ich bevorzuge offene Partien«. Süddeutsche Zeitung, 19. 8. 2008

8 »Schmeißt diese Briefe ungelesen weg«. Cicero, 4 / 2011

9 »Mein Vater war eher CDU-Wähler«. Cicero, 12 / 2007

10 Genosse Ruck. Stern, 26. 6. 2003

11 »Onkel Dagobert war definitiv kein Spekulant«. Der Tagesspiegel, 1. 2. 2011

12 Das Liebespaar vom Rhein. Bunte, 5. 1. 2005

13 »Als Kind habe ich Kriegsschiffe nachgebaut«. Frankfurter Allgemeine Zeitung, 4. 4. 2012

14 »Als Kind habe ich Kriegsschiffe nachgebaut«. Frankfurter Allgemeine Zeitung, 4. 4. 2012

15 »Als Kind habe ich Kriegsschiffe nachgebaut«. Frankfurter Allgemeine Zeitung, 4. 4. 2012

16   Peer Steinbrück: »Jetzt mischt Gladbach die Erste Liga auf«. Welt am
     Sonntag, 11. 5. 2008
17   Vgl. Daniel Friedrich Sturm: Peer Steinbrück. München 2012, S. 253
18   Peer Steinbrück. »Ich bin draußen und fühl mich wohl dabei«. Bonner
     Generalanzeiger, 6. 10. 2010
19   Vgl. Helmut Schmidt / Peer Steinbrück: Zug um Zug. Hamburg 2011,
     S. 167, 171
20   Zitiert nach: Die Liebe, so reich ... http://www.sueddeutsche.de / poli-
     tik / steinbrueck-liest-heidegger-die-liebe-so-reich--1.239691.; Vgl. Stein-
     brück und der Dämon. Handelsblatt, 29. 8. 2007; Helmut Schmidt / Peer
     Steinbrück: Zug um Zug. Hamburg 2011, S. 166
21   Vgl. »Ich muss mal raus aus der politischen Käseglocke«. Die Welt,
     4. 2. 2008
22   Vgl. Daniel Friedrich Sturm: Peer Steinbrück. München 2012,
     S. 256–257
23   Peer Du. Park Avenue, 1. 2. 2008
24   Eine Sprache für unsere Lage. Frankfurter Allgemeine Sonntagszei-
     tung, 12. 6. 2011
25   Peer Steinbrück über Bosheit. Süddeutsche Zeitung, 9. 1. 2010; Frage-
     bogen, in: Bunte, 19. 5. 2005
26   Zitiert nach: Die Verklärung der Glühwürmchen. Süddeutsche Zei-
     tung, 3. 9. 2011
27   Daniel Friedrich Sturm: Peer Steinbrück. München 2012, S. 173

Kapitel 3
Referentenjahre

1   Vgl. Daniel Friedrich Sturm: Peer Steinbrück. München 2012, S. 42
2   »Ich bin ein wirksamer Linker«. Forschungsminister Hans Matthöfer
    über sich und die Kernenergie. Frankfurter Rundschau, 28. 4. 1977
3   »Ich bin Gegner einer Denkpause«. Der Spiegel, 15. 8. 1977
4   Forderung nach Baustopp für Kernkraftwerke. Arndt: Auf jeden Fall
    ein Moratorium. Frankfurter Allgemeine Zeitung, 19. 9. 1977
5   Helmut Schmidt / Peer Steinbrück: Zug um Zug. Hamburg 2011, S. 78
6   Helmut Schmidt / Peer Steinbrück: Zug um Zug. Hamburg 2011, S. 79
7   »Viele Politiker sind rundgeschliffen wie Eierkohle«. Die Welt,
    24. 12. 2009
8   Helmut Schmidt / Peer Steinbrück: Zug um Zug. Hamburg 2011,
    S. 78–79

9   Eigentlich im Hintergrund. Der Spiegel, 4. 9. 1978
10   Wallmanns Widerpart. Frankfurter Allgemeine Zeitung, 3. 9. 1984
11   Eigentlich im Hintergrund. Der Spiegel, 4. 9. 1978
12   Vgl. Daniel Friedrich Sturm: Peer Steinbrück. München 2012, S. 45
13   Das Zitat ist die Selbsteinschätzung Schülers in: Frankfurter Gesichter:
     Manfred Schüler. Frankfurter Allgemeine Zeitung (Rhein-Main-Zei-
     tung), 11. 6. 1994
14   Helmut Schmidt / Peer Steinbrück: Zug um Zug. Hamburg 2011, S. 69
15   Helmut Schmidt / Peer Steinbrück: Zug um Zug. Hamburg 2011, S. 67
16   Helmut Schmidt / Peer Steinbrück: Zug um Zug. Hamburg 2011, S. 70
17   »Meine Frau hätte mich fast entmündigt«. Stern, 24. 11. 2005
18   Der unaufhaltsame Hamburger Peer Steinbrück. Hamburger Abend-
     blatt, 30. 12. 2011
19   Helmut Schmidt / Peer Steinbrück: Zug um Zug. Hamburg 2011,
     S. 172
20   Vgl. Daniel Friedrich Sturm: Peer Steinbrück. München 2012, S. 53
21   Peer Steinbrück: Unterm Strich. München 2011, S. 422
22   Christian Stöcker: Flugzeuge im Kopf. Spiegel Online, 1. 9. 2011,
     http://www.spiegel.de / netzwelt / netzpolitik / 0,1518,783641,00.html
23   Helmut Schmidt sagt Nein zur Kandidatur. Respekt und Betroffenheit
     bei der SPD. Frankfurter Allgemeine Zeitung, 27. 10. 1982
24   Daniel Friedrich Sturm: Peer Steinbrück. München 2012, S. 56
25   »Uns sind die Träume abhandengekommen«. Der Spiegel, 16. 5. 1983
26   Keiner kennt das Land wie er. Die Zeit, 11. 5. 1990
27   Helmut Schmidt / Peer Steinbrück: Zug um Zug. Hamburg 2011, S. 73
28   Schröder wollte Steinbrück in NRW – Bitte, wen? Die Welt, 14. 5. 2012;
     vgl. auch Daniel Friedrich Sturm: Peer Steinbrück. München 2012,
     S. 64

Kapitel 4
Minister im Norden

1   Vgl. Daniel Friedrich Sturm: Peer Steinbrück. München 2012, S. 69
2   Vgl. Daniel Friedrich Sturm: Peer Steinbrück. München 2012, S. 69–70
3   Zitiert nach Daniel Friedrich Sturm: Peer Steinbrück. München 2012,
     S. 69–70
4   Björn Engholm wollte nicht wie Barschel enden. Die Welt, 14. 9. 2007
5   Helmut Schmidt / Peer Steinbrück: Zug um Zug. Hamburg 2011,
     S. 178

6   Peer Steinbrück: »Wer umgelegt worden ist, kann nicht ausbilden«.
     Frankfurter Allgemeine Zeitung, 9. 9. 1997
7   »Gift für den Standort Deutschland«. Die Welt, 22. 4. 2004
8   Vgl. Ein Spieler, entnervt. die tageszeitung, 13. 6. 2003
9   Zitiert nach: Schleswig-Holsteinischer Landtag, 13. Wahlperiode, 90.
     Sitzung (Protokoll der Sitzung vom 27. April 1995), S. 6215
10   Schrille Töne hinterm Deich. Der Spiegel, 48 / 1994
11   Schleswig-Holsteinischer Landtag, 13. Wahlperiode, 76. Sitzung (Pro-
     tokoll der Sitzung vom 7. Dezember 1994), S. 5268
12   Der Norden sucht einen Schlussakkord für ein Konzert in Moll. Die
     Welt, 7. 4. 1995
13   Abschied mit erhobenem Taktstock. Frankfurter Allgemeine Zeitung,
     13. 1. 1995
14   Helmut Schmidts Brief zu seinem Austritt aus dem Festival-Kuratori-
     um. Welt am Sonntag, 26. 3. 1995
15   Helmut Schmidt / Peer Steinbrück: Zug um Zug. Hamburg 2011,
     S. 165
16   2,6 Millionen Verlust – Frantz erhebt Vorwürfe gegen SPD-Minister.
     Welt am Sonntag, 2. 4. 1995; Der Norden sucht einen Schlussakkord
     für ein Konzert in Moll. Die Welt, 7. 4. 1995
17   Festival der Misstöne. Die Woche, 2. 6. 1995
18   Schleswig-Holsteinischer Landtag, 13. Wahlperiode, 90. Sitzung (Pro-
     tokoll der Sitzung vom 27. April 1995), S. 6214
19   Das Thema Nordstaat steht wieder einmal auf der Tagesordnung.
     Stuttgarter Zeitung, 15. 6. 1998; Mit einer Drohung bringt Simonis ihr
     Kabinett auf Kurs. Die Welt, 15. 6. 1998
20   Steinbrück hinterlässt große Lücke. Handelsblatt, 6. 10. 1998; Stein-
     brück geht – folgt Walter? Frankfurter Allgemeine Zeitung, 5. 10. 1998
21   Heide, Heide, Heide. Der Spiegel, 29. 6. 1998

Kapitel 5
Chef von einem Viertel Deutschlands

1   Norddeutscher mit Profil. Stuttgarter Zeitung, 23. 10. 1998
2   Steinbrück: Belebung des Steinkohlebergbaus. Frankfurter Allgemei-
     ne Zeitung, 31. 10. 1998
3   Vorrang für Bahn ist wenig realistisch. Handelsblatt, 12. 2. 1999
4   SPD-Länder wollen steuerliche Verbesserung für den Mittelstand.
     Frankfurter Allgemeine Zeitung, 17. 3. 2001

5   Rot-Grün in NRW hat Auswirkungen auf den Bund. Berliner Zeitung,
    31. 5. 2000
6   Rot-Grün in NRW hat Auswirkungen auf den Bund. Berliner Zeitung,
    31. 5. 2000
7   »Die neue WestLB AG wird bündnisfähig sein«. Frankfurter Allge-
    meine Zeitung, 6. 10. 2001
8   Peer Steinbrück – NRW-Ministerpräsident will Rot-Grün fortsetzen.
    Deutsche Presse-Agentur, 16. 5. 2005
9   Unsichtbarer Dritter. Handelsblatt, 10. 10. 2002
10 Steinbrück folgt Clement in Düsseldorf. Frankfurter Allgemeine Zei-
    tung, 9. 10. 2002
11 Zitiert nach: »Scharf wie eine Waffe«. Der Spiegel, 42 / 2002
12 »Scharf wie eine Waffe«. Der Spiegel, 42 / 2002
13 Überragendes Ergebnis für Clement-Nachfolger Peer Steinbrück.
    Frankfurter Allgemeine Zeitung, 4. 11. 2002
14 Landtag Nordrhein-Westfalen, Plenarprotokoll 13 / 71, 6. 11. 2002,
    S. 7239
15 Landtag Nordrhein-Westfalen, Plenarprotokoll 13 / 71, 6. 11. 2002,
    S. 7240
16 Steinbrück: Verzicht und Zumutungen. Frankfurter Allgemeine Zei-
    tung, 21. 11. 2002
17 Steinbrück sagt Bergleuten Unterstützung zu. Frankfurter Allgemeine
    Zeitung, 17. 12. 2002
18 Brief des Ministerpräsidenten des Landes Nordrhein-Westfalen an
    Frau Barbara Steffens MdL vom 4. 2. 2003; liegt den Verfassern vor.
19 »Herr Steinbrück ist halt etwas altmodisch«. Bild, 7. 2. 2003
20 Politik ohne Kind. die tageszeitung, 7. 2. 2003
21 Pränatale Flasche. Neue Rhein-Zeitung, 7. 2. 2003
22 Politik ohne Kind. die tageszeitung, 7. 2. 2003
23 Streit um Baby in Sitzung hat Nachspiel. Süddeutsche Zeitung,
    7. 2. 2003
24 Mann ohne Botschaft. Focus, 19. 4. 2003
25 http://www.infratest-dimap.de / uploads / tx_nosimplegallery / nrwt030
26 http://www.infratest-dimap.de / uploads / tx_nosimplegallery / nrwt030
27 »Stramme Knappen des Kanzlers«. Frankfurter Allgemeine Zeitung,
    30. 4. 2003
28 »Stramme Knappen des Kanzlers«. Frankfurter Allgemeine Zeitung,
    30. 4. 2003

Kapitel 6
Der Kampf um die Macht am Rhein

1   Die SPD bangt um die Macht. Frankfurter Allgemeine Sonntagszeitung, 25. 5. 2003
2   Koalition mit FDP war für Steinbrück schon nach NRW-Wahl kein Tabu. AFP, 27. 5. 2003
3   Spannungen zwischen Schröder und Steinbrück. Frankfurter Allgemeine Zeitung, 27. 5. 2003
4   An Peer Steinbrück hängt das Schicksal von Rot-Grün in Düsseldorf. dpa, 27. 5. 2003
5   »Kein Verständnis für Steinbrück«. Frankfurter Allgemeine Zeitung, 28. 5. 2003
6   Spannungen zwischen Schröder und Steinbrück. Frankfurter Allgemeine Zeitung, 27. 5. 2003
7   »Kein Verständnis für Steinbrück«. Frankfurter Allgemeine Zeitung, 28. 5. 2003
8   »Das Problem muss in der SPD gelöst werden«. Der Tagesspiegel, 28. 5. 2003
9   Schlachtszenen in Ostwestfalen. Frankfurter Allgemeine Zeitung, 30. 5. 2003
10 »Es geht schlicht nicht mehr weiter wie gehabt«. Frankfurter Allgemeine Sonntagszeitung, 8. 6. 2003
11 »Es geht schlicht nicht mehr weiter wie gehabt«. Frankfurter Allgemeine Sonntagszeitung, 8. 6. 2003
12 »Es geht schlicht nicht mehr weiter wie gehabt«. Frankfurter Allgemeine Sonntagszeitung, 8. 6. 2003
13 »Es geht schlicht nicht mehr weiter wie gehabt«. Frankfurter Allgemeine Sonntagszeitung, 8. 6. 2003
14 Steinbrück: Wir brauchen mehr Rot pur. Frankfurter Allgemeine Zeitung, 16. 6. 2003
15 »Steinbrück will den Bruch«. Frankfurter Allgemeine Zeitung, 16. 6. 2003
16 Steinbrück: Wir brauchen mehr Rot pur. Frankfurter Allgemeine Zeitung, 16. 6. 2003
17 Steinbrück: Wir brauchen mehr Rot pur. Frankfurter Allgemeine Zeitung, 16. 6. 2003
18 S-Bahn statt Metrorapid. Frankfurter Allgemeine Zeitung, 28. 6. 2003
19 http://www.infratest-dimap.de/uploads/tx_nosimplegallery/nrwt030
20 »Die Folterkammer der SPD bleibt geschlossen«. Frankfurter Allgemeine Sonntagszeitung, 22. 2. 2004

21 »Mehr Disziplin, weniger Selbstinszenierung«. Die Welt, 16. 3. 2004
22 Der Fremdling. Frankfurter Allgemeine Sonntagszeitung, 28. 9. 2003
23 In Zeiten des Thesensterbens. Frankfurter Allgemeine Zeitung, 5. 11. 2003
24 In Zeiten des Thesensterbens. Frankfurter Allgemeine Zeitung, 5. 11. 2003
25 Die hinkende Nachhut. Frankfurter Allgemeine Zeitung, 3. 2. 2004
26 Blamage für Steinbrück. Die Welt, 12. 2. 2004
27 »Wir sind in einer labilen Lage«. Frankfurter Rundschau, 14. 2. 2004
28 »Die Folterkammer der SPD bleibt geschlossen«. Frankfurter Allgemeine Sonntagszeitung, 22. 2. 2004
29 »Wir haben Steine statt Brot«. Wirtschaftswoche, 4. 3. 2004
30 »Wir haben Steine statt Brot«. Wirtschaftswoche, 4. 3. 2004
31 »Bürger haben uns das Vertrauen entzogen«. Die Welt, 12. 3. 2004
32 »Bürger haben uns das Vertrauen entzogen«. Die Welt, 12. 3. 2004
33 »Mehr Disziplin, weniger Selbstinszenierung«. Die Welt, 16. 3. 2004
34 »Ich schwöre nicht ab«. Der Spiegel, 26. 4. 2004
35 »Was, wenn der Sozialstaat wirklich in die Krise gerät?«. Die Zeit, 1. 7. 2004
36 SPD-Ministerpräsident kritisiert Manager-Gehälter. Bild, 19. 7. 2004
37 http://www.infratest-dimap.de / uploads / tx_nosimplegallery / nrw_04
38 http://www.infratest-dimap.de / uploads / tx_nosimplegallery / nrw_04
39 http://www.infratest-dimap.de / uploads / tx_nosimplegallery / nrw_041
40 Der Image-Macher. Financial Times Deutschland, 28. 12. 2004
41 Das Liebespaar vom Rhein. Bunte, 5. 1. 2005
42 »Nicht jeder Sack Reis fällt uns auf die Füße«. Frankfurter Allgemeine Zeitung, 19. 3. 2005
43 Herr Steinbrück, haben Sie Angst vor der Wahlniederlage? Bild, 26. 3. 2005
44 Peer Steinbrück: Unterm Strich. München 2011, S. 264
45 Peer Steinbrück: Unterm Strich. München 2011, S. 264–265
46 Peer Steinbrück: Unterm Strich. München 2011, S. 264–265
47 »Die Menschen sind enttäuscht«. Der Spiegel, 21. 3. 2005
48 »Die Menschen sind enttäuscht«. Der Spiegel, 21. 3. 2005
49 »Ich bin ins Gelingen verliebt«. Focus, 11. 4. 2005
50 Grüne Wettbewerber, schwarz-gelbe Gegner. Die Welt, 14. 4. 2005; »Es geht nicht an, ein immer noch höheres Reformtempo zu fordern«. Frankfurter Allgemeine Sonntagszeitung, 17. 4. 2005
51 »Einige Herren haben jedes Augenmaß verloren«. Süddeutsche Zeitung, 30. 4. 2005
52 »Ich bin ins Gelingen verliebt«. Focus, 11. 4. 2005
53 Peer und er – in: Der Untergang. die tageszeitung, 21. 5. 2005

54   Machtwechsel in Nordrhein-Westfalen. Frankfurter Allgemeine Zeitung, 23. 5. 2005
55   Im Korsett veralteter Strukturen. Frankfurter Allgemeine Zeitung, 17. 5. 2005

Kapitel 7
In Berlin

1   Wird Steinbrück der neue Star in der SPD? Bild am Sonntag, 29. 5. 2005
2   Müntefering umwirbt Steinbrück. Financial Times Deutschland, 3. 6. 2005
3   Steinbrück verzichtet auf Bundespolitik. Süddeutsche Zeitung, 14. 6. 2005
4   »Die Lage ist dramatisch«. Focus, 31. 10. 2005
5   Steinbrück wechselt nicht nach Berlin. Frankfurter Allgemeine Zeitung, 14. 6. 2005
6   »Die Wahl wird in der Mitte entschieden«. Handelsblatt, 8. 7. 2005
7   »Die Wahl wird in der Mitte entschieden«. Handelsblatt, 8. 7. 2005
8   »Opposition ist Mist. Ich kann das nur bestätigen«. Berliner Zeitung, 6. 8. 2005
9   Clement, Eichel und Steinbrück für große Koalition. Frankfurter Allgemeine Zeitung, 8. 8. 2005
10   Eckart Lohse / Markus Wehner: Rosenkrieg. Die große Koalition 2005 bis 2009. Köln 2009, S. 21
11   Szenario 1: Steinbrück kommt. Frankfurter Allgemeine Sonntagszeitung, 11. 9. 2005
12   Wie sich die Grünen an Peer Steinbrück rächen. Handelsblatt, 14. 9. 2005
13   Diskussion um große Koalition dauert an – Grüne attackieren Peer Steinbrück. Die Welt, 15. 9. 2005
14   Reichensteuer und Mehrwertsteuer. Frankfurter Allgemeine Zeitung, 14. 10. 2005
15   Reichensteuer und Mehrwertsteuer. Frankfurter Allgemeine Zeitung, 14. 10. 2005
16   Sparer aus Überzeugung. Rheinischer Merkur, 20. 10. 2005
17   »Die Lage ist dramatisch«. Focus, 31. 10. 2005
18   »Die SPD kann nicht ewig in den Bäumen sitzen«. Süddeutsche Zeitung, 16. 11. 2005
19   »Die SPD kann nicht ewig in den Bäumen sitzen«. Süddeutsche Zeitung, 16. 11. 2005

20 »Gelegentlich gibt es Zielkonflikte«. Handelsblatt, 18.11.2005
21 »Meine Frau hätte mich fast entmündigt«. Stern, 24.11.2005
22 »Meine Frau hätte mich fast entmündigt«. Stern, 24.11.2005
23 »… und dennoch gibt es einen nölenden Unterton«. Frankfurter Allgemeine Sonntagszeitung, 16.7.2006
24 Immer Ärger mit den Nachfolgern. Frankfurter Allgemeine Sonntagszeitung, 30.7.2006
25 Landtag Nordrhein-Westfalen, Plenarprotokoll 13/72, 7.11.2002, S. 7267
26 Lobbyisten in die Produktion. Rede Peer Steinbrücks vor der Industrie- und Handelskammer Frankfurt. In Auszügen dokumentiert in: Frankfurter Allgemeine Zeitung, 12.1.2006
27 Lobbyisten in die Produktion. Rede Peer Steinbrücks vor der Industrie- und Handelskammer Frankfurt. In Auszügen dokumentiert in: Frankfurter Allgemeine Zeitung, 12.1.2006
28 Lobbyisten in die Produktion. Rede Peer Steinbrücks vor der Industrie- und Handelskammer Frankfurt. In Auszügen dokumentiert in: Frankfurter Allgemeine Zeitung, 12.1.2006
29 Lobbyisten in die Produktion. Rede Peer Steinbrücks vor der Industrie- und Handelskammer Frankfurt. In Auszügen dokumentiert in: Frankfurter Allgemeine Zeitung, 12.1.2006
30 »Die Lage ist dramatisch«. Focus, 31.10.2005
31 »Die SPD kann nicht ewig in den Bäumen sitzen«. Süddeutsche Zeitung, 16.11.2005
32 Eisern sparen und schweigen. Süddeutsche Zeitung, 10.1.2005
33 »Erhebliche Fliehkräfte«. Der Spiegel, 2.2.2006
34 Lobbyisten in die Produktion. Rede Peer Steinbrücks vor der Industrie- und Handelskammer Frankfurt. In Auszügen dokumentiert in: Frankfurter Allgemeine Zeitung, 12.1.2006
35 Vgl. Eckart Lohse/Markus Wehner: Rosenkrieg. Die große Koalition 2005 bis 2009. Köln 2009, S. 43 ff.
36 Vgl. Eckart Lohse/Markus Wehner: Rosenkrieg. Die große Koalition 2005 bis 2009. Köln 2009, S. 43 ff.
37 Große Koalition düpiert Finanzminister Steinbrück. Süddeutsche Zeitung, 9.12.2005
38 »Bella figura machen«. die tageszeitung, 21.12.2005
39 »Kürzungen allein bringen den Haushalt nicht ins Lot«. Stuttgarter Zeitung, 20.2.2006
40 Er wär so gern wie Helmut Schmidt. Stern, 29.6.2006
41 Nashorns Ruhe vor dem Sturm. Die Welt, 20.2.2006
42 »Kein Imageberater für Steinbrück«. Frankfurter Allgemeine Zeitung, 21.2.2006

43   Steinbrücks Image-Beratung sorgt für Unmut. Frankfurter Rund-
      schau, 21. 2. 2006
44   »Da trink ich einen Wein drauf«. Focus, 25. 2. 2006
45   »Unter stringenter Politik versteh ich etwas anderes«. Süddeutsche
      Zeitung, 7. 7. 2006
46   Lob vom alten Gegenspieler. Süddeutsche Zeitung, 11. 11. 2006
47   Peer Steinbrück: Unterm Strich. München 2011, S. 37–38
48   Peer Steinbrück: Unterm Strich. München 2011, S. 175–176
49   Ein Manager mit Beamtenstatus. Die Zeit, 9. 6. 2004
50   Rot-Grün strafft Zügel am Grauen Markt. Financial Times Deutsch-
      land, 12. 3. 2004
51   »Dem Ausquetschen von Unternehmen einen Riegel vorschieben«.
      Börsen-Zeitung, 30. 12. 2006
52   »Wir wurden nicht so gefeiert wie Obama«. die tageszeitung, 8. 4. 2009
53   »Dem Ausquetschen von Unternehmen einen Riegel vorschieben«.
      Börsen-Zeitung, 30. 12. 2006
54   G7 setzt auf positive Seiten von Hedgefonds. Börsen-Zeitung, 13. 2. 2007
55   »Gute Politik braucht manchmal auch Reifezeit«. Die Welt, 7. 5. 2007
56   »Ich soll hier den Doofmann spielen«. Süddeutsche Zeitung, 21. 9. 2009

Kapitel 8
In der Krise

1   Peer Steinbrück: Unterm Strich. München 2011, S. 176–177
2   »Die politische Körpersprache der SPD ist nicht intakt«. Süddeutsche
      Zeitung, 14. 7. 2007
3   Wundertüte mit Knallfrosch. Süddeutsche Zeitung, 5. 9. 2007
4   »Die Leute halten uns für verrückt«. Süddeutsche Zeitung, 19. 12. 2007
5   »Nicht nach links schielen«. Der Spiegel, 2. 2. 2008
6   Ohne rechte Bescheidenheit. Frankfurter Allgemeine Zeitung, 16. 1.
      2008
7   »Die Banken müssen zügig Klarschiff machen«. Frankfurter Allgemei-
      ne Zeitung, 7. 2. 2008
8   »Die Banken müssen zügig Klarschiff machen«. Frankfurter Allgemei-
      ne Zeitung, 7. 2. 2008
9   »Ich freue mich mit Josef Ackermann«. Frankfurter Allgemeine Sonn-
      tagszeitung, 10. 2. 2008
10   »Ich freue mich mit Josef Ackermann«. Frankfurter Allgemeine Sonn-
      tagszeitung, 10. 2. 2008

11   »Banken müssen die Infektionsgefahr bekämpfen«. Die Welt, 13. 2. 2008
12   »Banken dürfen nicht zu gierig sein«. Bild, 3. 4. 2008
13   Harsche Kritik am forschen Finanzminister. Frankfurter Allgemeine
     Zeitung, 11. 4. 2008
14   Merkel stützt Steinbrück. Frankfurter Allgemeine Zeitung, 12. 4. 2008
15   Zit. nach: Sparen, sparen, sparen. Die Welt, 12. 4. 2008
16   Gewittergott und Hasenfuß. Der Spiegel, 30. 6. 2008
17   Peer Steinbrück: Unterm Strich. München 2011, S. 200–201
18   »Wir sind längst noch nicht durch«. die tageszeitung, 16. 9. 2008
19   »Wir sind längst noch nicht durch«. die tageszeitung, 16. 9. 2008
20   Peer Steinbrück: Unterm Strich. München 2011, S. 202–203
21   Vgl. Peer Steinbrück: Unterm Strich. München 2011, S. 203–204
22   Politik fordert Konsequenzen in der Förderbank KfW. Frankfurter
     Allgemeine Zeitung, 18. 9. 2008
23   Steinbrück droht KfW mit Konsequenzen – Herbe Kritik nach Über-
     weisung an Lehman. Börsen-Zeitung, 18. 9. 2008
24   »In einen Abgrund geblickt«. Der Spiegel, 29. 9. 2008
25   Deutscher Bundestag, Plenarprotokoll 16/179, 25. September 2008,
     S. 18968–18 969
26   Deutscher Bundestag, Plenarprotokoll 16/179, 25. September 2008,
     S. 18 971
27   Deutscher Bundestag, Plenarprotokoll 16/179, 25. September 2008,
     S. 18976–18 977
28   Peer Steinbrück: Unterm Strich. München 2011, S. 203
29   Vgl. Peer Steinbrück: Unterm Strich. München 2011, S. 205–207
30   »In einen Abgrund geblickt«. Der Spiegel, 29. 9. 2008
31   Vgl. Peer Steinbrück: Unterm Strich. München 2011, S. 209
32   Peer Steinbrück: Unterm Strich. München 2011, S. 209–210
33   Peer Steinbrück: Unterm Strich. München 2011, S. 209–210
34   Peer Steinbrück: Unterm Strich. München 2011, S. 211–212
35   Haben wir die Krise wirklich im Griff, Herr Steinbrück? Bild,
     13. 10. 2008
36   »Manchmal muss man Feuer mit Feuer bekämpfen«. Frankfurter All-
     gemeine Sonntagszeitung, 18. 1. 2009
37   Vgl. Daniel Friedrich Sturm: Peer Steinbrück. München 2012,
     S. 232–235
38   Haben wir die Krise wirklich im Griff, Herr Steinbrück? Bild,
     13. 10. 2008
39   Steinbrück: Auch er verlor Geld in der Finanzkrise. Bild am Sonntag,
     26. 10. 2008
40   »Ich bin absolut desillusioniert«. Financial Times Deutschland,
     14. 1. 2009

41   »Ihr werdet euch anstrengen müssen«. Welt am Sonntag, 26. 4. 2009
42   »Dann bin ich eben der Schuldenkaiser«. Bild am Sonntag, 5. 7. 2009
43   Vgl. Steinbrück gibt keine Ruhe. Frankfurter Allgemeine Zeitung,
     17. 3. 2009
44   Berner Parlament böse auf Berlin. Frankfurter Allgemeine Zeitung,
     19. 3. 2009
45   Gestapo-Reminiszenz im Streit Steinbrück gegen die Schweiz. Frank-
     furter Allgemeine Zeitung, 21. 3. 2009
46   »Wie tief es runtergeht, kann ich nicht sagen«. Süddeutsche Zeitung,
     19. 3. 2009
47   Herr Steinbrück, wann geht es wieder aufwärts? Stern, 2. 4. 2009
48   »Ihr werdet euch anstrengen müssen«. Welt am Sonntag, 26. 4. 2009
49   Deutscher Bundestag, Plenarprotokoll 16 / 211, 19. März 2009, S. 22 716
50   »Politik hätte früher handeln müssen«. Der Tagesspiegel, 23. 11. 2008
51   http://www.forschungsgruppe.de / Umfragen / Politbarometer / Ar-
     chiv / Politbarometer_2005; sowie 2006, 2007, 2008, 2009
52   »Wie tief es runtergeht, kann ich nicht sagen«. Süddeutsche Zeitung,
     19. 3. 2009
53   »Wie tief es runtergeht, kann ich nicht sagen«. Süddeutsche Zeitung,
     19. 3. 2009
54   Vgl. Eckart Lohse / Markus Wehner: Guttenberg. Biographie. Mün-
     chen 2011, S. 188 ff.
55   Peer Steinbrück: Unterm Strich. München 2011, S. 152–153
56   Herr Steinbrück, wann geht es wieder aufwärts? Stern, 2. 4. 2009
57   »Ich verspreche nichts«. Die Zeit, 20. 5. 2009
58   »Gekläffe kommt nicht an«. Der Spiegel, 15. 6. 2009
59   »Keiner weiß, wofür Merkel steht«. Die Welt, 3. 9. 2009
60   Kommt der Heizkosten-Zuschuss? Bild, 14. 7. 2008
61   »Wir müssen die Reformfähigkeit des Staates erhalten«. Süddeutsche
     Zeitung, 3. 9. 2008
62   Antipathen, die sich lieben. die tageszeitung, 6. 12. 2008
63   »Wir sind längst noch nicht durch«. die tageszeitung, 16. 9. 2008
64   Große Koalition auch nach 2009 drin! Bild, 18. 12. 2008
65   »Wie tief es runtergeht, kann ich nicht sagen«. Süddeutsche Zeitung,
     19. 3. 2009
66   Herr Steinbrück, wann geht es wieder aufwärts? Stern, 2. 4. 2009
67   »Keiner weiß, wofür Merkel steht«. Die Welt, 3. 9. 2009
68   »Der Markt muss zahlen«. die tageszeitung, 15. 9. 2009

Kapitel 9
Unter Genossen

1 »Herumkritteln bringt nichts«. Frankfurter Rundschau,18. 8. 2007
2 Verschleiß und Verfall. Peer Steinbrücks Abschiedsrede im SPD-Vorstand. Der Spiegel, 12. 10. 2009. Die folgenden Zitate sind, soweit nicht anders angegeben, diesem Text entnommen.
3 Peer Steinbrück: Unterm Strich. München 2011, S. 433
4 Peer Steinbrück: Unterm Strich. München 2011, S. 436–437
5 Peer Steinbrück: Unterm Strich. München 2011, S. 40–41
6 »Kurt Beck wird Kanzlerkandidat der SPD«. Süddeutsche Zeitung, 13. 7. 2007
7 Peer Du. Park Avenue, 1. 2. 2008
8 Vgl. Beck spricht Machtwort. Süddeutsche Zeitung, 4. 9. 2007
9 Machtkampf der Stellvertreter. SPD: Nahles greift Steinbrück und Steinmeier an. Frankfurter Allgemeine Sonntagszeitung, 20. 1. 2008
10 Warnungen in der SPD vor »Wortbruch« Becks. Frankfurter Allgemeine Zeitung, 23. 2. 2008
11 Zwei links, zwei rechts und keinen fallenlassen. Süddeutsche Zeitung, 4. 3. 2008
12 Die SPD, die Pest und die Cholera. Stern, 28. 8. 2008; Peer Steinbrück: Unterm Strich. München 2011, S. 454
13 Steinbrück soll sich entschuldigen. Stern.de, 28. 8. 2008
14 »Das war abwegig«. Frankfurter Allgemeine Sonntagszeitung, 16. 3. 2008
15 Ja ich will. Stern, 11. 9. 2008
16 Peer Steinbrück: Unterm Strich. München 2011, S. 450
17 Peer Steinbrück: Unterm Strich. München 2011, S. 458
18 »Es war ein Erdbeben«. Der Spiegel, 13. 9. 2010.
19 Helmut Schmidt/Peer Steinbrück: Zug um Zug. Hamburg 2011, S. 140–141
20 »Die Privilegierten gefährden diese Gesellschaft«. die tageszeitung, 16. 9. 2010
21 Steinbrück bereut Rentengarantie. Focus-Online, 3. 8. 2010, http://www.focus.de/politik/deutschland/ex-minister-steinbrueck-bereut-rentengarantie_aid_537414.html
22 Steinbrück provoziert seine Partei. Berliner Zeitung, 6. 1. 2012
23 »Es war ein Erdbeben«. Der Spiegel, 13. 9. 2010
24 »Ich bin gegen den Ausschluss von Sarrazin aus der SPD«. Bild, 15. 11. 2010
25 Kritik an Sarrazin und Steinbrück. Frankfurter Allgemeine Zeitung, 22. 5. 2012

26   Vgl. Helmut Schmidt / Peer Steinbrück: Zug um Zug. Hamburg 2011,
      S. 136–137
27   SPD-Linke bekommt bei Steinbrück »keine Pickel«. FTD.de,
      27. 6. 2011
28   Warum hat die SPD ein Problem mit Ihnen? Bild, 29. 5. 2012
29   Peer Steinbrück: Unterm Strich. München 2011, S. 412
30   Vgl. Daniel Friedrich Sturm: Peer Steinbrück. München 2012, S. 94
31   Peer Steinbrück: Unterm Strich. München 2011, S. 414

Kapitel 10
Kandidat

1   Helmut Schmidt / Peer Steinbrück: Zug um Zug. Hamburg 2011,
      S. 196
2   Fakt. ARD, 6. 12. 2011
3   Fakt. ARD, 6. 12. 2011
4   Vgl. Daniel Friedrich Sturm: Peer Steinbrück. München 2012, S. 254
5   Gegen den Strich. Frankfurter Allgemeine Zeitung, 17. 9. 2010; Helmut Schmidt für Anfänger. Stern, 16. 9. 2010
6   Peer macht keine Pickel. Frankfurter Rundschau, 1. 7. 2011
7   Vgl. ZDF-Politbarometer vom 14. Oktober 2011, http://www.zdf.
      de / ZDFmediathek / beitrag / video / 1466986 / ZDF-Politbarometer-
      vom-14.-Oktober-2011# / beitrag / video / 1466986 / ZDF-Politbaro-
      meter-vom-14.-Oktober-2011
8   Männer finden Steinbrück besser, Frauen Merkel. Bild.de, 10. 7. 2011;
      http://www.bild.de / politik / inland / bundeskanzler-wahl / maenner-
      finden-steinbrueck-besser-und-frauen-merkel-18776030.bild.html
9   ARD-DeutschlandTREND vom August 2011, erhoben von infratest
      dimap. Vgl. http://www.tagesschau.de / inland / deutschlandtrend1362.
      pdf
10   Stern, 1. 9. 2011
11   »Schamloser Wahlkampf«. Neue Westfälische, 1. 5. 2010
12   Kanzlerkandidat Steinbrück. Der Spiegel, 30. 8. 2010
13   »Es war ein Erdbeben«. Der Spiegel, 13. 9. 2010
14   Zitiert nach: Wird Peer Steinbrück neuer Kanzlerkandidat? Handelsblatt, 27. 9. 2010
15   Vgl. Steinbrück will Kanzler werden. Frankfurter Allgemeine Sonntagszeitung, 15. 5. 2011
16   Zitiert nach: Grundsätzlich bereit. Süddeutsche Zeitung, 16. 5. 2011

17   Der Reservekanzler. Handelsblatt, 7. 7. 2011; Nachfolger auf der Hut.
      Süddeutsche Zeitung, 7. 7. 2011
18   Helmut Schmidt / Peer Steinbrück: Zug um Zug. Hamburg 2011,
      S. 156–157
19   »Er kann regieren«. Der Spiegel, 24. 10. 2011
20   Wer wird Visionär? Süddeutsche Zeitung, 25. 10. 2011
21   Steinbrück – jetzt schon? Frankfurter Allgemeine Sonntagszeitung,
      30. 10. 2011
22   Steinbrück verliert AAA. die tageszeitung, 7. 12. 2011
23   Nikolaj Gogol: Die toten Seelen. Aus dem Russischen übertragen von
      Fred Ottow. München 1974, S. 319
24   Vgl. SPD einig über Fiskalpakt. Frankfurter Allgemeine Sonntagszei-
      tung, 1. 4. 2012
25   »Die Frage, wer Kanzlerkandidat wird, ist wohl entschieden«. Welt am
      Sonntag, 4. 12. 2011
26   Daniel Friedrich Sturm: Peer Steinbrück. München 2012, S. 278

Bildnachweis

Namensregister

Werner Bartens

Heillose Zustände

Warum die Medizin die Menschen krank und das Land arm macht

Wachstum lieben alle. Wenn aber die Gesundheitsindustrie wachsen soll, müssen mehr Menschen krank sein. Deutschlands profiliertester Medizinjournalist Werner Bartens zeigt, wie Krankheiten erfunden und weshalb unnötige Medikamente verschrieben werden. Oft hängen aufwendige Untersuchungen nicht vom Verlauf der Krankheit ab, sondern von der Verfügbarkeit und vom Abschreibebedarf teurer Geräte.

»Heillose Zustände« ist die überfällige Abrechnung eines Insiders mit einem System, das die Menschen kränker, nicht gesünder macht.

»Klar ist: Ein gutes Gesundheitssystem gibt es nicht zum Schnäppchenpreis, aber wer räumt da eigentlich mal auf in diesem Selbstbedienungsladen der Lobbygruppen? Und wo ist die Lobbygruppe der Patienten?«

Frank Plasberg, »Hart aber Fair«

Droemer